Gerhard Heimler

Taubertal

Zwischen Frankenhöhe, Hohenlohe, Odenwald und Spessart

50 ausgewählte Touren

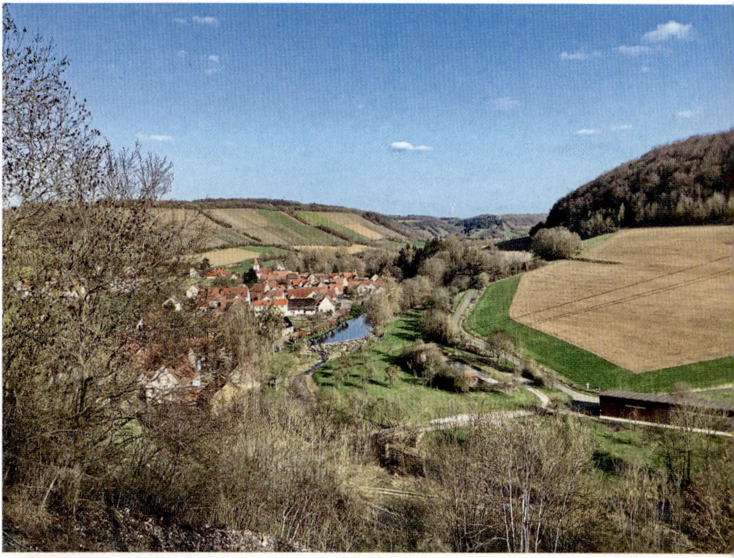

ROTHER
BERGVERLAG

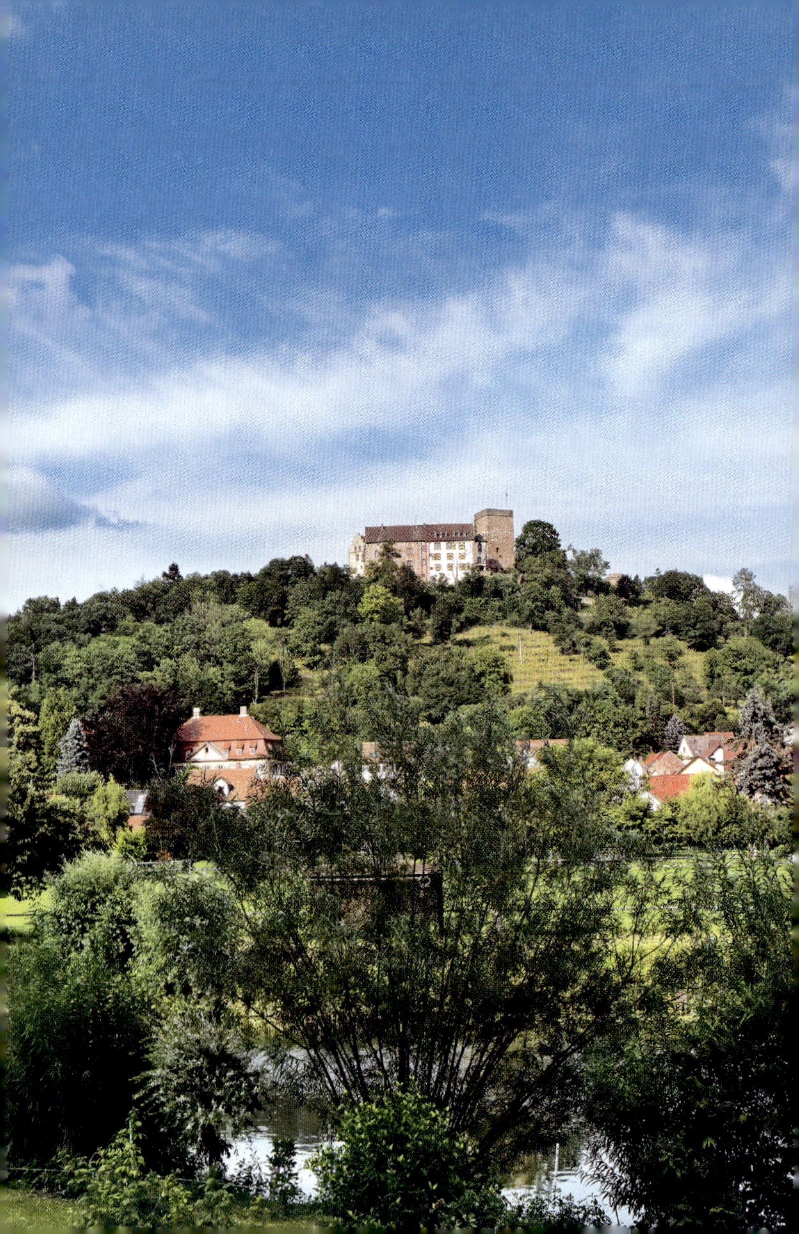

VORWORT

Als ich Freunden erzählte, dass ich an einem Wanderführer über das Taubertal schreibe, bekam ich zu hören: Da fährt man doch bloß mit dem Rad, aber da wandert doch keiner. Sie dachten natürlich an den vielbefahrenen Radweg »Liebliches Taubertal«, der ursächlich zum radlerfreundlichen Image der Region beiträgt. Mir sind auf meinen Touren tatsächlich auch viele Radfahrer begegnet, nicht nur an der Tauber, auch in manchen ihrer Nebentäler. Aber eben auch immer wieder Menschen, die genau wie ich wandernd unterwegs waren. Der Panoramaweg Taubertal, ein 133 km langer Fernwanderweg, hat viel dazu beigetragen, dass das Taubertal auch als Wanderregion wahrgenommen wird. Neben einigen Gemeinden ist es besonders dem Touristikverband Liebliches Taubertal zu verdanken, dass Wandernden mittlerweile ein beachtliches Netz an gut markierten Wanderwegen zur Verfügung steht.

Und ich kann versprechen: Es lohnt sich, das Tauberland in Wanderschuhen zu erkunden. Die alte Kulturlandschaft mit den für sie so typischen Steinriegeln an den Talhängen und alten Bildstöcken am Wegesrand bietet reichlich Gelegenheit für Exkursionen in die Vergangenheit. Nahezu alle Geschichtsepochen haben links und rechts der Tauber ihre Spuren hinterlassen, nicht nur in den größeren Städten wie Rothenburg oder Bad Mergentheim, auch in vielen kleineren Dörfern lässt sich oft die ein oder andere kunsthistorische Entdeckung machen. Zudem bietet das Taubertal samt Umland äußerst vielfältige Landschaftseindrücke. So macht es beispielsweise großen Spaß, an den Talhängen der Tauber und ihrer Nebenbäche hochzusteigen und dabei die wechselnden Vegetationsformen zu studieren. Unbedingt sehenswert sind die Trockenhänge des Taubertales mit ihrer einzigartigen Flora und Fauna. In diesen Naturschutzgebieten aber bitte stets auf den Wegen bleiben und nicht wegen eines schönen Fotomotivs querfeldein gehen. Die sensiblen Pflanzen- und Tierarten, die dort leben, werden es Ihnen danken. Zu guter Letzt ist Tauberfranken, wie die Region auch genannt wird, ein Weinanbaugebiet – wie unschwer an den Weinbergen zu erkennen ist, die fast in seinem gesamten Verlauf den Fluss begleiten. Genusswandernde finden an der Tauber damit ein wahres El Dorado vor. Neben den hervorragenden Weinen hat der Landstrich aber noch viel mehr kulinarische Köstlichkeiten zu bieten.

Ich hoffe, damit genug gute Gründe aufgeführt zu haben, um Ihnen das romantische Taubertal als Wandergebiet schmackhaft zu machen. Wenn Sie einmal da waren, geht es Ihnen dann hoffentlich so wie mir und Sie kommen immer wieder.

Frankfurt am Main im Herbst 2023 — Gerhard Heimler

Die Gamburg ist eine Perle des Taubertales (Tour 38).

INHALTSVERZEICHNIS

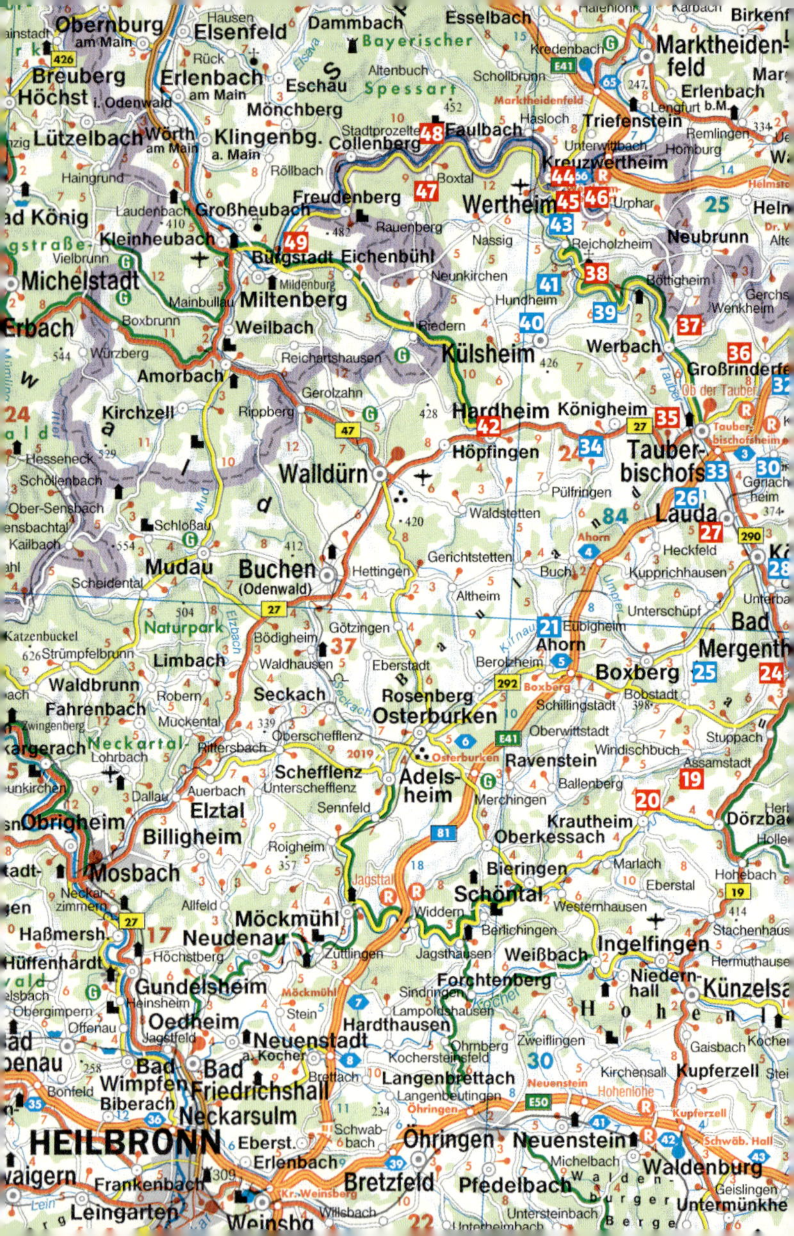

Obernburg am Main
Elsenfeld
Dammbach
Esselbach
Marktheidenfeld
Bayerischer Spessart
Breuberg
Höchst i. Odenwald
Erlenbach am Main
Eschau
Altenbuch
Schollbrunn
Erlenbach
Mönchberg
Lützelbach
Wörth am Main
Klingenbg. a. Main
Collenberg
Faulbach
Hasloch
Triefenstein
Remlingen
Röllbach
Boxtal
Kreuzwertheim
Homburg
Haingrund
Freudenberg
Wertheim
Urphar
Laudenbach
Großheubach
Rauenberg
Neubrunn
Kleinheubach
Bürgstadt
Eichenbühl
Nassig
Reicholzheim
Vielbrunn
Michelstadt
Mildenburg
Neunkirchen
Böttigheim
Mainbullau
Miltenberg
Hundheim
Wenkheim
Erbach
Boxbrunn
Weilbach
Riedern
Würzberg
Reichartshausen
Külsheim
Werbach
Amorbach
Großrinderfeld
Gerolzahn
Kirchzell
Rippberg
Hardheim
Königheim
Ob der Tauber
Tauberbischofsheim
Höpfingen
Hesseneck
Schöllenbach
Walldürn
Pülfringen
Ober-Sensbach
Waldstetten
Lauda
Kailbach
Schloßau
Heckfeld
Mudau
Buchen (Odenwald)
Hettingen
Gerichtstetten
Buch
Kupprichhausen
Scheidental
Altheim
Unterschüpf
Naturpark
Götzingen
Eubigheim
Katzenbuckel
Strümpfelbrunn
Bödigheim
Ahorn
Mergentheim
Limbach
Waldhausen
Eberstadt
Berolzheim
Boxberg
Waldbrunn
Robern
Seckach
Rosenberg
Bobstadt
Fahrenbach
Muckental
Osterburken
Schillingstadt
Zwingenberg
Oberschefflenz
Oberwittstadt
Stuppach
Neckartal
Rittersbach
Windischbuch
Neckargerach
Lohrbach
Ravenstein
Assamstadt
Schefflenz
Adelsheim
Ballenberg
Dallau
Auerbach
Unterschefflenz
Merchingen
Elztal
Sennfeld
Krautheim
Obrigheim
Dörzbach
Billigheim
Oberkessach
Roigheim
Bieringen
Marlach
Mosbach
Eberstal
Hohebach
Jagsttal
Schöntal
Neckarzimmern
Allfeld
Westernhausen
Möckmühl
Widdern
Haßmersheim
Neudenau
Berlichingen
Stachenhausen
Ingelfingen
Höchstberg
Züttlingen
Jagsthausen
Weißbach
Hüffenhardt
Forchtenberg
Hermuthausen
Niedernhall
Künzelsau
Gundelsheim
Heinsheim
Sindringen
Obergimpern
Lampoldshausen
Hohenlohe
Offenau
Oedheim
Stein
Hardthausen
Jagstfeld
Neuenstadt a. Kocher
Ohrnberg
Zweiflingen
Gaisbach
Kochersteinsfeld
Bad Wimpfen
Bad Friedrichshall
Brettach
Langenbrettach
Kirchensall
Kupferzell
Bonfeld
Langenbeutingen
Öhringen
Biberach
Neckarsulm
Neuenstein
Schwäb. Hall
HEILBRONN
Eberst.
Schwabbach
Öhringen
Michelbach
Waldenburg
Erlenbach
Frankenbach
Bretzfeld
Pfedelbach
Waldenburger Berge
Geislingen
Untermünkheim
Leingarten
Weinsberg
Willsbach
Untersteinbach

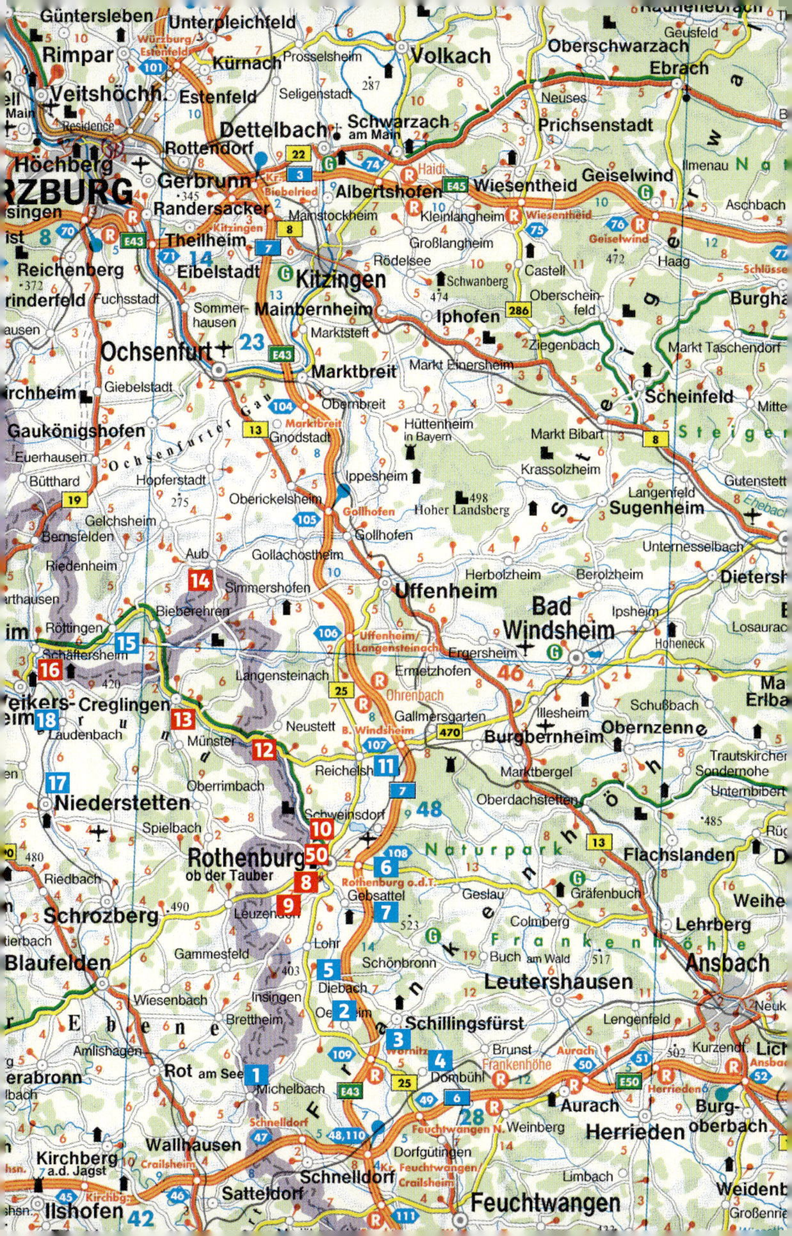

Güntersleben
Unterpleichfeld
Rimpar
Kürnach
Prosselsheim
Volkach
Oberschwarzach
Geusfeld
Ebrach
Veitshöchh.
Estenfeld
Seligenstadt
Neuses
Residence
Dettelbach
Schwarzach am Main
Prichsenstadt
Rottendorf
Höchberg
Gerbrunn
Albertshofen
Wiesentheid
Geiselwind
Ilmenau
ZBURG
Randersacker
Mainstockheim
Kleinlangheim
Aschbach
Theilheim
Großlangheim
Haag
Reichenberg
Eibelstadt
Kitzingen
Rödelsee
Castell
Schwanberg
Fuchsstadt
Sommerhausen
Mainbernheim
Iphofen
Oberscheinfeld
Marktsteft
Ochsenfurt
Ziegenbach
Markt Taschendorf
Marktbreit
Markt Einersheim
Giebelstadt
Obernbreit
Scheinfeld
Gaukönigshofen
Gnodstadt
Hüttenheim in Bayern
Markt Bibart
Euerhausen
Ochsenfurter Gau
Krassolzheim
Bütthard
Hopferstadt
Ippesheim
Langenfeld
Sugenheim
Obereickelsheim
Hoher Landsberg
Gelchsheim
Gollhofen
Bernsfelden
Riedenheim
Aub
Gollachostheim
Unternesselbach
Herbolzheim
Berolzheim
Simmershofen
Uffenheim
Bad Windsheim
Ipsheim
Biebelried
Röttingen
Schäftersheim
Langensteinach
Ergersheim
Hoheneck
Ermetzhofen
Ohrenbach
Creglingen
Laudenbach
Gallmersgarten
Illesheim
Schußbach
Obernzenn
Neustett
Burgbernheim
Münster
Reichelsh.
Marktbergel
Trautskirchen
Sondernohe
Oberrimbach
Oberdachstetten
Niederstetten
Schweinsdorf
Spielbach
Naturpark
Rothenburg ob der Tauber
Flachslanden
Riedbach
Gebsattel
Geslau
Gräfenbuch
Schrozberg
Leuzenbach
Colmberg
Lehrberg
Frankenhöhe
Lohr
Gammesfeld
Schönbronn
Buch am Wald
Blaufelden
Ansbach
Diebach
Leutershausen
Wiesenbach
Insingen
Brettheim
Schillingsfürst
Lengenfeld
Amlishagen
Brunst
Kurzendorf
Wornitz
Rot am See
Dombühl
Michelbach
Aurach
Herrieden
Burgoberbach
Wallhausen
Weinberg
Dorfgütingen
Kirchberg a.d. Jagst
Schnelldorf
Limbach
Satteldorf
Feuchtwangen
Ilshofen
Weidenbach
Großenried

TOP-TOUREN

Längs der Täler von Tauber und Steinbach
Vom mittelalterlichen Rothenburg geht es an der von zahlreichen Mühlen flankierten Tauber entlang. Höhepunkt der Tour ist jedoch der steile Abstieg ins Steinbachtal, der nahezu alpin anmutet (Tour 10, 4.20 h).

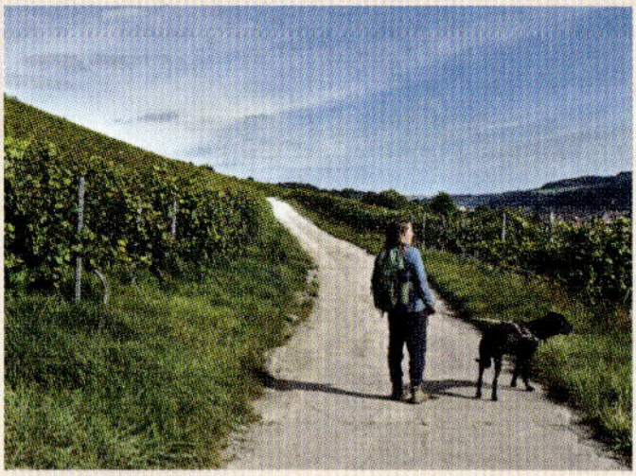

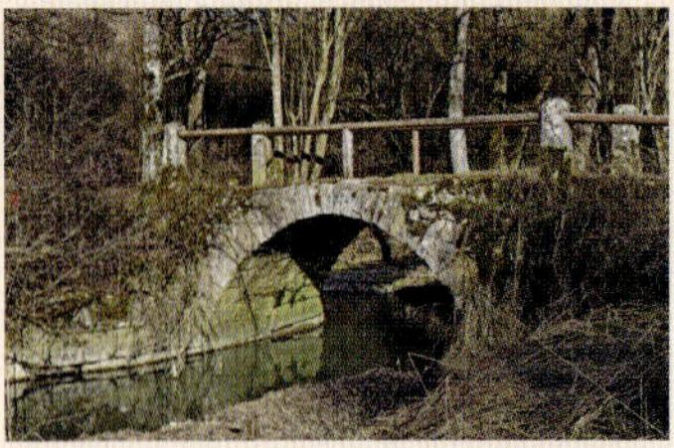

Auf den Spuren des Deutschen Ordens
Dass die Stadt Bad Mergentheim genauso wie ihre Umgebung vom Deutschen Orden geprägt wurde, lässt sich auf dieser kurzweiligen Tour gut nachvollziehen (Tour 23, 3.20 h).

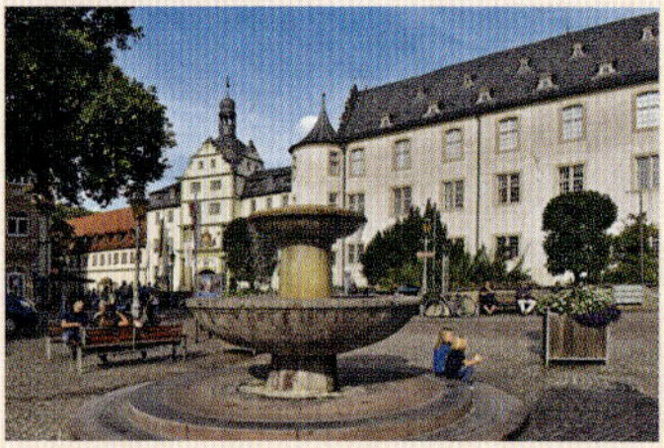

Geschichtsträchtiger Gollachgrund
Die Wanderung entlang der Gollach erfordert etwas Ausdauer, belohnt aber mit vielfältigen Landschaftseindrücken und kulturhistorischen Attraktionen wie der romanischen Kunigundenkapelle und dem malerischen Städtchen Aub (Tour 14, 5.40 h).

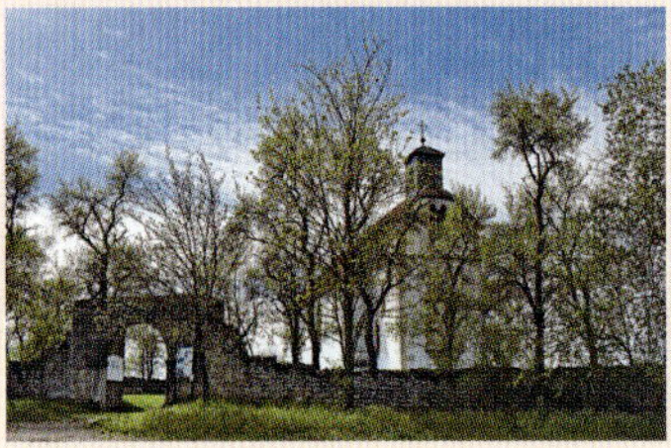

Rund um das tauberfränkische Weinmekka
Beckstein ist das Zentrum des tauberfränkischen Weinbaues. Seine Umgebung hat aber noch viele andere Facetten zu bieten, was diese Wanderung unterstreicht (Tour 27, 5.30 h).

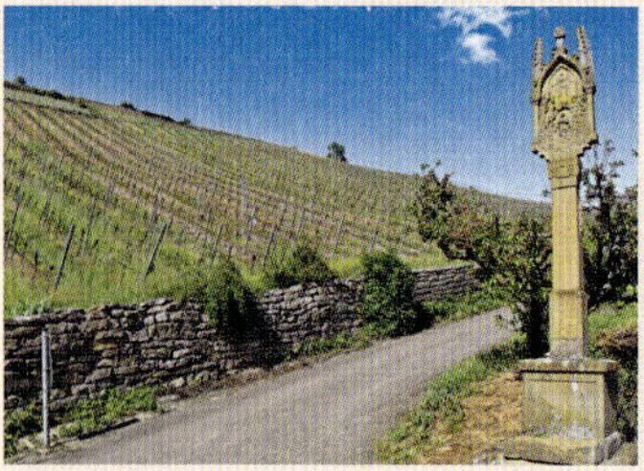

Abstecher ins Jagsttal
Der schönste Abschnitt dieser längeren Runde führt von Burg Krautheim oberhalb am weiten Talgrund der Jagst entlang. Besonders schön ist der Blick auf den Fluss über die Rebflächen am Heiligenberg hinweg (Tour 20, 5.20 h).

Zu den Trockenhängen am Lindenberg
Neben vielen tollen Ausblicken auf die Täler von Welzbach und Tauber macht diese Tour vor allem das Naturschutzgebiet am Lindenberg mit seiner einmaligen Trockenrasenvegetation reizvoll (Tour 36, 4.50 h).

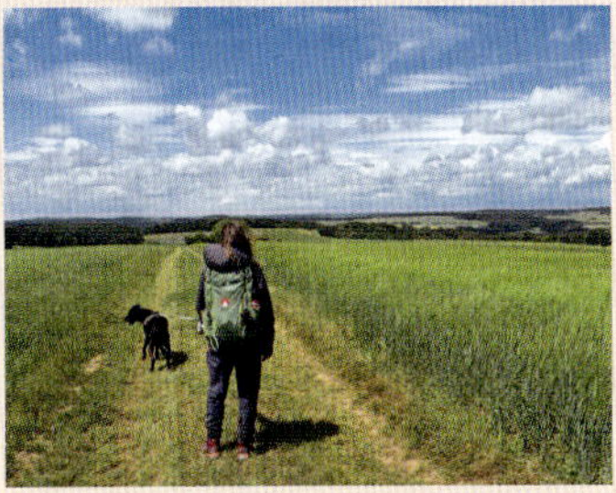

Kulturhistorische Perlen an der Untertauber
Das prächtige Zisterzienserkloster Bronnbach und die hoch über dem Ort Gamburg thronende Burg sind die Highlights dieser Wanderung, die nicht nur Geschichtsfreunde begeistert (Tour 38, 3.50 h).

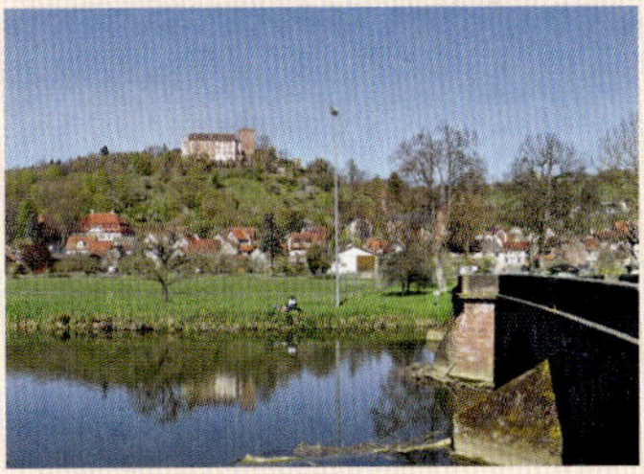

Zum Hohen Herrgott
Von Külsheim führt diese landschaftlich wunderschöne Tour zum Hohen Herrgott, einer Spitzenweinlagen in Tauberfranken. Beim gleichnamigen Flurkreuz schweift der Blick weit ins Umland (Tour 40, 3.20 h).

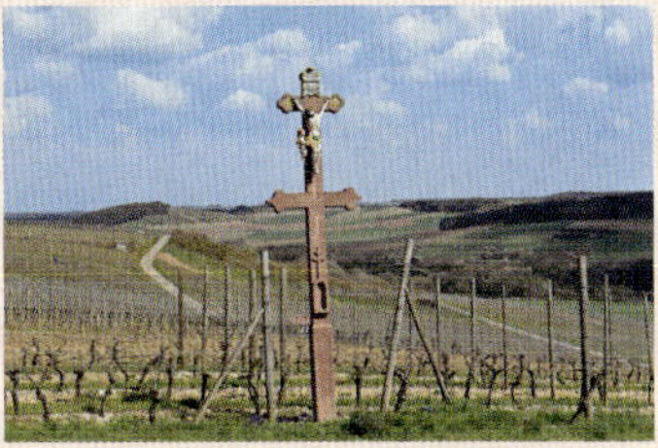

Herrliches Untermainpanorama
Ein Höhepunkt dieser Tour links und rechts des idyllischen Wildbaches ist der Ausblick von den Hohen Steinen ins Untermaintal bis zur Burgruine Henneburg (Tour 47, 5.30 h).

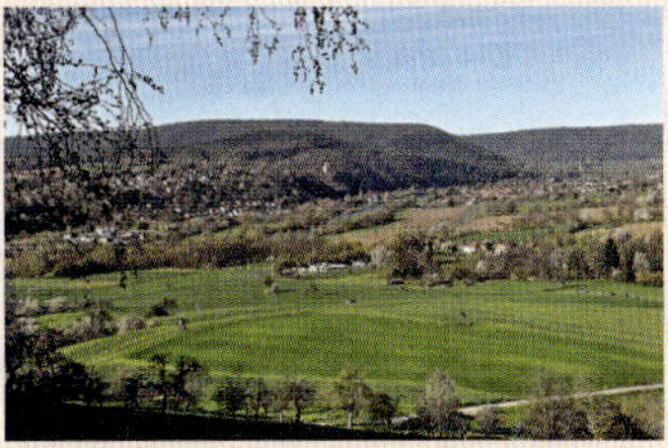

Über den Wannenberg und den Bürgstadter Berg
Sowohl am Beginn in Freudenberg wie auch am Ende in Miltenberg erwartet uns auf dieser Streckenwanderung eine mächtige Burg. Wer gerne längere Zeit durch schattigen Laubmischwald wandert, wird diese Tour lieben (Tour 49, 3.40 h).

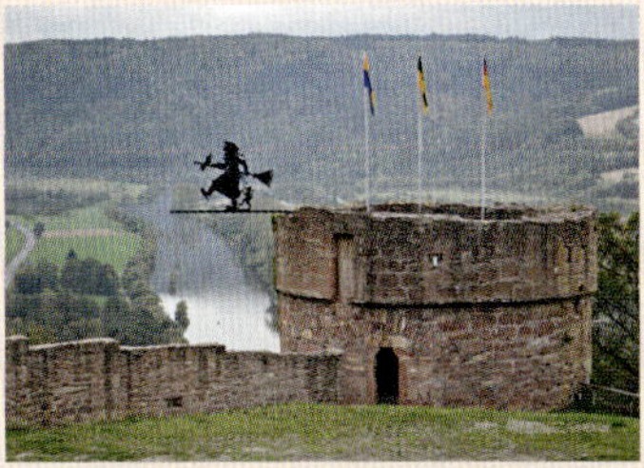

WICHTIGE HINWEISE FÜR UNTERWEGS

Anforderungen

Die 50 vorgestellten Wanderungen zwischen Frankenhöhe, Hohenlohe, Odenwald und Spessart stellen keine speziellen Anforderungen an das technische Können, generell können alle Touren in diesem Wanderführer mit einer guten Grundkondition bewältigt werden. Wenn Trittsicherheit oder gar der Einsatz von Wanderstöcken erforderlich sein sollten, ist dies bei der jeweiligen Tour in der Kurzinfo vermerkt. Schwierige (»schwarze«) Touren mit längeren steilen An- und Abstiegen und Passagen in weglosem Terrain oder mit ausgesetzten Stellen gibt es in diesem Buch nicht.
Die Schwierigkeitsgrade der Touren in diesem Wanderführer ergeben sich aus der Farbe der jeweiligen Tourennummer. Dabei werden folgende Kategorien unterschieden:

SCHWIERIGKEITSKATEGORIEN

■ = Leicht
Wanderungen auf überwiegend gut ausgebauten und markierten Wegen ohne schwierige Passagen oder übermäßig lange Auf- oder Abstiege.

■ = Mittel
Wanderungen auf Wegen oder Pfaden, die auf einigen Passagen Trittsicherheit erfordern, längere Auf- bzw. Abstiege umfassen und eine gute Kondition verlangen.

Tourenlängen

Die meisten Wanderungen in diesem Buch sind zwischen 10 und 15 km lang und verstehen sich als Halbtagestouren, die sich bequem an einem Vor- oder Nachmittag ablaufen lassen. Einige kürzere Strecken mit Spaziergangscharakter, aber auch einige Tageswanderungen mit Längen über 20 km ergänzen die Tourenauswahl. In der Mehrzahl handelt es sich dabei um Rundtouren, die wieder zum Ausgangspunkt – in der Regel ein Bahnhof oder eine Bushaltestelle – zurückführen. Ein paar Wanderungen sind ferner als Streckentouren mit verschiedenen Anfangs- und Endpunkten konzipiert worden. Für die Liebhaber einer mehrtägigen Fernwanderung wurde zudem der 133 km lange Panoramaweg Taubertal mit in diesen Wanderführer aufgenommen.

Gehzeiten

Die Zeitangaben sind als Richtwerte zu verstehen, die sich ausschließlich auf die reine Gehzeit einer Wanderung beziehen. Für Pausen, Fotostopps oder eventuelle Besichtigungen muss deshalb entsprechend mehr Zeit eingeplant werden.

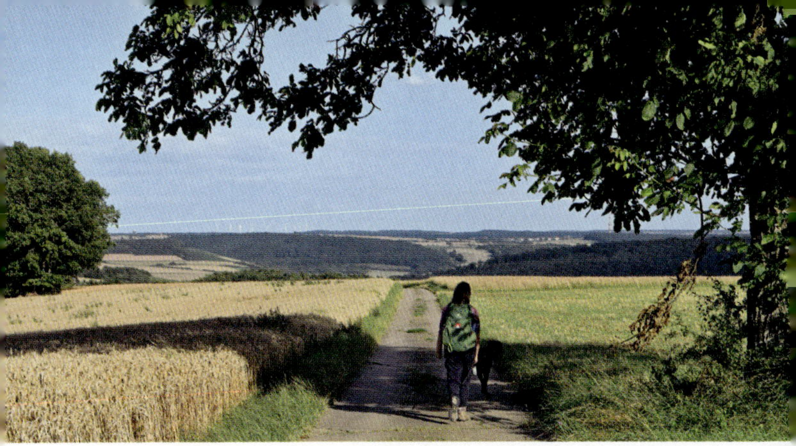

Über Ackerhochflächen geht es aussichtsreich nach Beckstein (Tour 27).

Höhenunterschiede

Tauberfranken ist ein eher flachwelliger Landstrich ohne größere Erhebungen. In diese vom Ackerbau geprägte Gäulandschaft hat sich die Tauber streckenweise tief eingeschnitten und dadurch ein von steilen Abhängen flankiertes Tal geschaffen. Dies trifft auch auf einige ihrer Nebenbäche und -flüsse zu, wie beispielsweise die Schandtauber, den Herrgottsbach und den Vorbach. Dort ist beim Wandern jeweils mit steileren An- und Abstiegen zu rechnen, manche Touren wechseln sogar mehrmals zwischen Tal und Hochfläche hin und her. Ansonsten weist das Wandergebiet noch in den angrenzenden Mittelgebirgen Frankenhöhe, Spessart und Odenwald etwas größere Höhenunterschiede auf. Ferner wird generell angegeben, mit wie vielen Höhenmetern (als Summe aller An- und Abstiege) die Wandernden jeweils rechnen müssen. Außerdem lässt sich der Verlauf der jeweiligen Wanderstrecke in einem Höhenprofil ablesen.

Bemerkungen zur Wegbeschaffenheit

Wer in Tauberfranken wandert, muss wissen, dass man häufig auf Schotter und Asphalt unterwegs ist. Längere Streckenabschnitte auf naturbelassenen Wegen und Pfaden sind eher die Ausnahme. Nahezu alle offiziell markierten Wanderwege verlaufen überwiegend auf befestigten Wirtschafts- und Flurwegen, die primär zu landwirtschaftlichen Zwecken angelegt wurden. Selbst im Wald hat man es oft mit geschotterten und geteerten Wegen zu tun. Abschnittsweise verlaufen einige markierte Wanderwege mangels einer besseren Alternative sogar an einer Landstraße oder neben einer Autobahn entlang. Dies ist sozusagen die Schattenseite des Wanderns in einer alten, vom Menschen geschaffenen Kultur-, Agrar- und Weinlandschaft, wie sie das Taubertal nun einmal verkörpert.

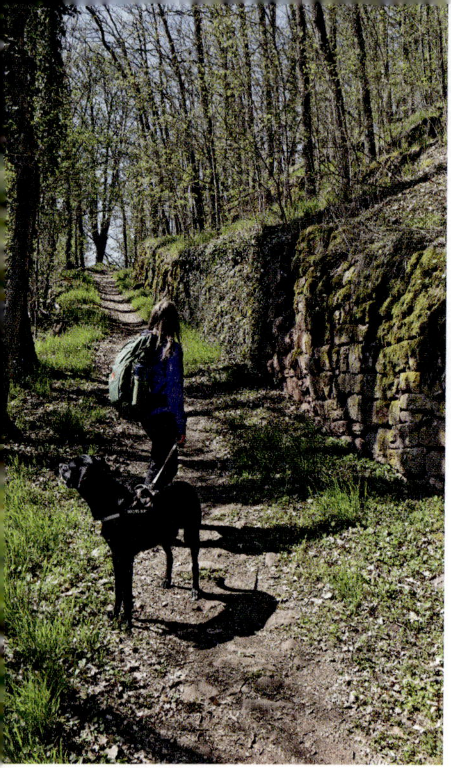

Ausrüstung

Da die meisten Touren auf gut befestigten Wegen verlaufen, sind in der Regel Sportschuhe mit einer festen Sohle ausreichend, aber spezielle Wander- oder Trekkingschuhe sind natürlich stets eine gute Wahl. Dass ansonsten – je nach Tourenlänge und Jahreszeit – eine Kopfbedeckung, ein Regenschutz sowie Getränke und etwas Proviant in den Rucksack gehören, versteht sich von selbst.

Um vor Orientierungsproblemen (die es eigentlich auf den überwiegend bestens markierten Wegen in diesem Wanderführer nicht geben sollte) gewappnet zu sein, empfiehlt sich die Mitnahme einer Wanderkarte oder die Installation einer Navigations- bzw. Wander-App (siehe unten) auf dem Smartphone.

Abstieg auf schönem, von alten Steinmauern gesäumtem Weg nach Niklashausen (Tour 38).

GPS-TRACKS UND KOORDINATEN DER AUSGANGSPUNKTE

Auf **gps.rother.de** stehen zu diesem Wanderführer GPS-Tracks und die Koordinaten der Ausgangspunkte zum kostenlosen Download bereit. Dieser QR-Code führt direkt zum Download.
1. Auflage, Passwort: **459701rga**

Die GPS-Tracks können in die **Rother App** importiert werden. In der App kann man unterwegs stets sehen, wo man gerade ist und wo es langgeht. **Anleitungen dazu: rother.de/gps**

Trotz sorgfältiger Prüfung können wir Fehler und zwischenzeitliche Veränderungen nicht ausschließen. Verlassen Sie sich für die Orientierung niemals einzig und allein auf die GPS-Daten, sondern beurteilen Sie die Verhältnisse vor Ort.

Wandern mit Kindern

Touren, die sich auch für Kinder eignen, sind mit einem Symbol gekennzeichnet. Diese Wanderungen sind nicht allzu lang, vor allem bieten sie viel Abwechslung und Spielmöglichkeiten. Die Kondition und Motivation der Kinder müssen die Eltern jedoch letztendlich selber einschätzen.

Beste Wanderzeit

Wandern im Taubertal ist im Prinzip zu jeder Jahreszeit möglich, am besten aber naturgemäß zwischen Anfang April bis Ende Oktober. Im Frühjahr beleben die Obstbaumblüte und gelbe Rapsfelder die Landschaft, im Herbst bereiten vor allem die Weinregionen mit ihrem goldgelb oder rotbraun gefärbten Weinlaub ein besonderes Wandervergnügen. Im Sommer sind dagegen die Waldgebiete (vor allem in der Frankenhöhe, im Spessart und im Odenwald) beliebte Ziele, weil sie vor zu starker Sonneneinstrahlung und Hitze schützen. Schließlich kann Wandern auch im Winter bei leichter Schneebedeckung und Nebel reizvoll sein, doch Möglichkeiten für ausgiebige Schneewanderungen sind links und rechts der Tauber eher selten.

Klima

Klimatisch liegt das Wandergebiet des Taubertals in einem Übergangsbereich zwischen der ozeanischen und der kontinentalen Klimazone. Es zeichnet sich durch relativ hohe Temperaturen im Sommer und durch meist milde Winter mit wenigen Frosttagen aus.

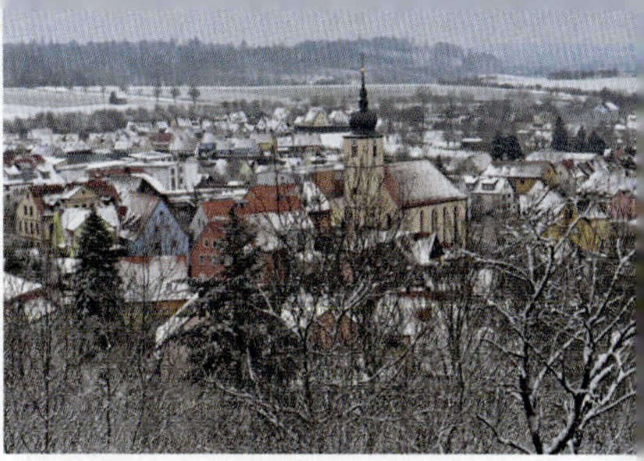

Das verschneite Schillingsfürst (Tour 3).

SYMBOLE

Symbole im Tourenkopf

- 🚌 mit ÖPNV erreichbar
- ✗ Einkehrmöglichkeit
- 👨‍👧 für Kinder geeignet

Symbole im Höhenprofil

- Ort mit Einkehrmöglichkeit
- Einkehrmöglichkeit
- Schutzhütte, Unterstand
- Bushaltestelle
- Bahnhof, -haltepunkt
- P Parkplatz
- Fähre
- Gipfel
- Aussichtspunkt
- Kirche, Kapelle, Kloster
- Burg, Schloss, Ruine
- (Aussichts-)Turm
- Denkmal, Monument
- † Bildstock, Wegkreuz
- ∴ historische, archäologische Stätte
- Rast-, Picknickplatz
- Quelle, Brunnen
-)(Brücke, Steg
- Abzweigung

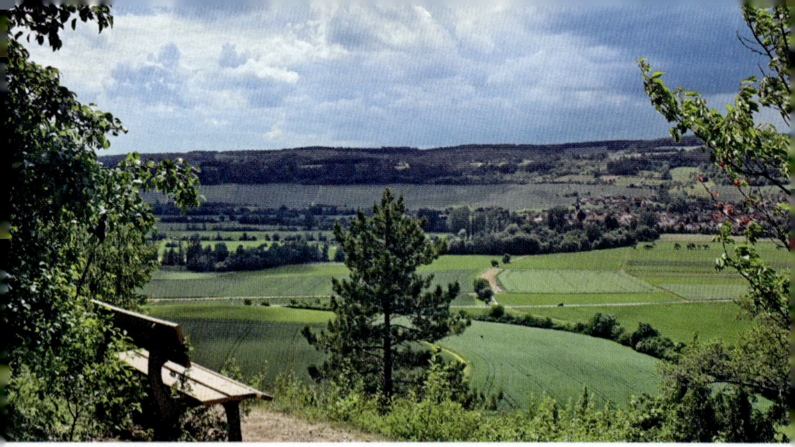

Gewitterstimmung am Aussichtspunkt Tauberblick oberhalb von Werbach (Tour 36).

Mit Niederschlägen zwischen 550 bis 700 Millimeter pro Jahr zählt die Region zu den eher trockenen Gebieten, was unter anderem an der Vegetation zum Ausdruck kommt (u.a. Halbtrocken- und Trockenrasen). Durch den Klimawandel hat sich die Anzahl der Sonnentage mit Temperaturen bis 25° Celsius nahezu verdoppelt, die der heißen Tage (über 25° Celsius) sogar verdreifacht. Auch Hitzewellen haben im Sommer stark zugenommen, dazu die Häufigkeit schwerer Gewitter. Außerdem ist durch die zunehmende Dürre die Waldbrandgefahr gestiegen.
Es ist daher ratsam, vor Beginn einer Tour die aktuellen Wettervorhersagen (z.B. wetter.com, wetteronline.de) bzw. Unwettermeldungen und das Waldbrandrisiko (z.B. unwetterzentrale.de, wettergefahren.de) im Internet abzufragen.

Unterwegs mit Bahn und Bus

Die Ausgangsorte aller Touren in diesem Wanderführer können mit Bahn und Bus erreicht werden. Per Bahn gelangt man über die DB-Strecke Frankenbahn (Würzburg–Heilbronn–Stuttgart) nach Lauda im Taubertal. Weitere Verbindungen gibt es im Main-Tauber-Kreis auf den von der Westfrankenbahn betriebenen Linien Wertheim–Lauda–Bad Mergentheim–Crailsheim (Tauberbahn) sowie Aschaffenburg–Miltenberg–Wertheim (Maintalbahn). Das bayerische Rothenburg ob der Tauber ist von Nürnberg aus über Ansbach und Steinach per Regionalbahn erreichbar (Auskünfte unter bahn.de und westfrankenbahn.de).
Für den Busverkehr im Main-Tauber-Kreis ist der Verkehrsverbund Rhein-Neckar (VRN, vrn.de) zuständig, im Landkreis Ansbach der Verkehrsverbund Großraum Nürnberg (VGN, vgn.de) und im Landkreis Würzburg der Verkehrsunternehmen-Verbund Mainfranken GmbH (VVM, vvm-info.de).

Neben den Linienbussen verkehren im gesamten Taubertal auch RufTaxis, die vor Fahrtantritt telefonisch oder im Internet gebucht werden müssen. Manche kleinere Orte sind sogar nur mit einem RufTaxi erreichbar. Nähere Informationen finden sich auf den Websites der drei oben genannten Verkehrsverbünde.

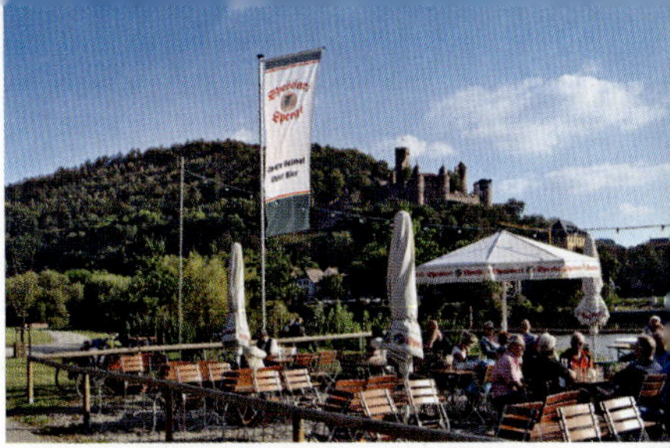

Schöne Einkehr direkt am Main mit Blick auf Burg Wertheim (Tour 44).

Einkehr

In den Städten wie Rothenburg ob der Tauber, Bad Mergentheim, Lauda oder Wertheim eine Einkehrmöglichkeit zu finden, bereitet keinerlei Probleme. Schwieriger ist es dagegen in kleineren Orten, wo Gaststätten meist unter der Woche erst am späten Nachmittag oder abends geöffnet haben. Nur an den Wochenenden findet man auf dem Land tagsüber mit Sicherheit eine Bewirtung. Gibt es auf einer Tour keine Einkehrmöglichkeit, ist dies im Tourenkopf bzw. in der Kurzinfo ausdrücklich vermerkt. In diesem Fall sollte man genügend Proviant und Getränke in den Rucksack packen.

■ **Wichtiger Hinweis:** Die bei den Einkehrtipps in der Kurzinfo angegebenen Öffnungszeiten sind Stand Herbst 2023. Allerdings hat sich auch im Wandergebiet das v.a. in ländlichen Regionen grassierende Wirtshaussterben als Folge von Corona-Pandemie, Kostensteigerungen, Arbeitskräftemangel etc. weiter verschärft. Es ist daher möglich, dass manche Gaststätte ihren Betrieb inzwischen eingestellt oder zumindest eingeschränkt hat. Deshalb sei dringend empfohlen, sich telefonisch bzw. auf verlässlichen Websites zu vergewissern, ob und wann die ins Auge gefasste Lokalität geöffnet hat.

Wanderkarten

Die Tourenkärtchen in diesem Wanderführer sind zur Orientierung ausreichend, darüber hinaus sind aber zusätzliche Wanderkarten hilfreich, insbesondere um eigenständig Abstecher oder Varianten einzuplanen sowie für einen großräumigeren Überblick.

Wir empfehlen für die Touren auf bayerischem Gebiet die Karten der Serie ATK25 des Landesamtes für Digitalisierung, Breitband und Vermessung (LDBV, ldbv.bayern.de). Dies sind hervorragende topografische Karten im Maßstab 1:25 000 mit Wander- und Radwegen sowie mit Höhenlinien und Schummerung.

Für die in Baden-Württemberg verlaufenden Touren verweisen wir auf die amtlichen Wanderkarten 1:25 000 des Landesamtes für Geoinformation und Landentwicklung (LGL, lgl-bw.de). Auf diesen topografischen Karten sind allerdings nur die Fernwanderwege eingetragen und leider nicht das übrige Wanderwegenetz.

Der Umwelt zuliebe ...

Auch beim Wandern hinterlassen wir einen ökologischen Fußabdruck, aber im Einklang mit der Natur unterwegs zu sein, ist gar nicht so schwer!

VORBEREITUNG UND ANFAHRT

- Sich vorab informieren, worauf in Bezug auf Natur und Umwelt in der jeweiligen Wanderregion besonders zu achten ist.
- Soweit möglich mit Bahn und Bus anreisen, Wander- und Rufbusse nutzen.
- Ist eine Anfahrt mit dem Auto nötig, Fahrgemeinschaften bilden.
- Bei weiten Anfahrten Mehrtagestouren planen oder von einem Quartier vor Ort aus mehrere Touren absolvieren.
- Flugreisen möglichst reduzieren und durch Beiträge zu Klimaschutzprojekten kompensieren.

KLEIDUNG UND AUSRÜSTUNG

- Beim Kauf von Outdoor-Kleidung auf umweltfreundliche und faire Herstellung achten und Kleidungsstücke möglichst viele Jahre nutzen.
- Ausrüstung kann man eventuell auch gebraucht kaufen oder ausleihen.
- Reparieren statt neu kaufen.

VERPFLEGUNG

- Beim Einkauf Bio-Ware, regionale und saisonale Erzeugnisse bevorzugen.
- Hütten und Gasthäuser auswählen, die regionale Produkte verwenden.
- Auf Einwegflaschen und Plastikverpackungen verzichten, stattdessen wiederverwendbare Trinkflaschen und Brotzeitboxen benutzen.

ÜBERNACHTUNG

- Bei lokalen Anbietern buchen, damit Menschen vor Ort profitieren.
- Auf Hütten und in anderen Unterkünften Strom und Wasser sparen.

UNTERWEGS

- Wege benutzen und Abkürzer vermeiden.
- Sperrungen von Wegen und Schutzgebieten respektieren.
- Keine Blumen pflücken und keine Pflanzen entnehmen.
- Waldbrandgefahr beachten.
- Müll wieder mit nach Hause nehmen und dort entsorgen.
- Toilettengänge in freier Natur möglichst vermeiden.
- Lärm vermeiden.
- Hunde an die Leine nehmen.

ROTHER
BERGVERLAG

WANDERREGION TAUBERTAL

Gebietsabgrenzung

Das Wandergebiet umfasst den gesamten Verlauf der Tauber von ihrer am Rand der Frankenhöhe gelegenen Quelle bis zu ihrer Mündung in den Main bei Wertheim. Ferner bezieht es das von einigen Nebenbächen durchzogene Umland mit ein, für das sich der Namen Tauberfranken eingebürgert hat. Politisch-administrativ gehört diese Region überwiegend zum Main-Tauber-Kreis in Baden-Württemberg, kleinere Teile am Oberlauf entfallen auf die bayerischen Landkreise Ansbach und Würzburg.
Die Tourismusregion »Liebliches Taubertal« beginnt dagegen erst ab Rothenburg ob der Tauber und reicht sogar bis nach Freudenberg am Main. Über das skizzierte Kerngebiet hinaus führen einige Touren in die benachbarten Mittelgebirge Frankenhöhe, Odenwald und Spessart sowie ins Jagsttal.

Geografie und Geologie des Taubertales

Die Tauber entspringt nahe des Weilers Weikersholz in Baden-Württemberg und wechselt bereits nach etwa 500 Metern als schmales Rinnsal hinüber ins bayerische Mittelfranken. Dort schlängelt sie sich durch das sanft wellige Vorland der Frankenhöhe, die sich weiter im Osten als Steilstufe über die weite Ebene erhebt. Diese wird geologisch von überwiegend tonigen Gesteinen des Unterkeupers gebildet, während die Frankenhöhe selber aus einer Wechselfolge von Ton- und Sandsteinen des Mittleren Keupers besteht. Auf ihrem Weg nach Norden nimmt die mäandernde Tauber durch die Wässer der ihr zufließenden Bäche stetig an Breite zu, was ihr zunehmend den Charakter eines richtigen Flusses verleiht.
Unterhalb von Gebsattel trifft sie auf den Oberen Muschelkalk, in dessen hartes Kalkgestein sie dank ihrer Erosionskraft ein enges, schluchtartiges Tal eingeschnitten hat. Bereits kurz unterhalb von Rothenburg ob der Tauber endet dieser wohl spektakulärste, aber nur wenige Kilometer lange Abschnitt des Taubertales bei Detwang. Anschließend weitet sich das Tal, weil die Tauber jetzt durch den weniger widerstandsfähigen Mittleren Muschelkalk (Ton, Gips, Salz) fließt, der den Talboden und die unteren Hanglagen einnimmt. Ab Weikersheim kommen in den unteren Hanglagen die harten Kalk- und Dolomitgesteine des Unteren Muschelkalks zum Vorschein.

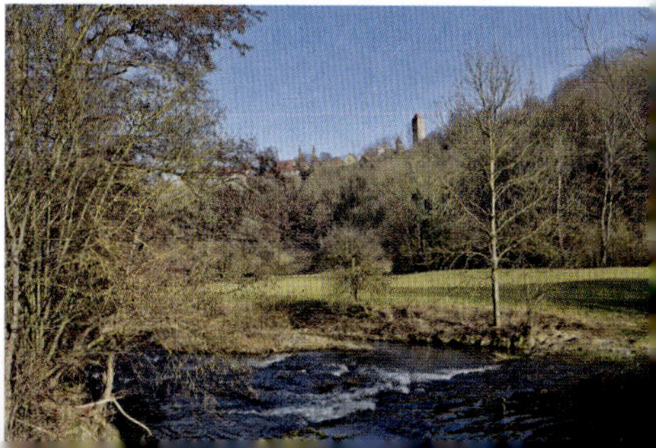

Die Tauber bei der Fuchsmühle unterhalb von Rothenburg (Tour 9).

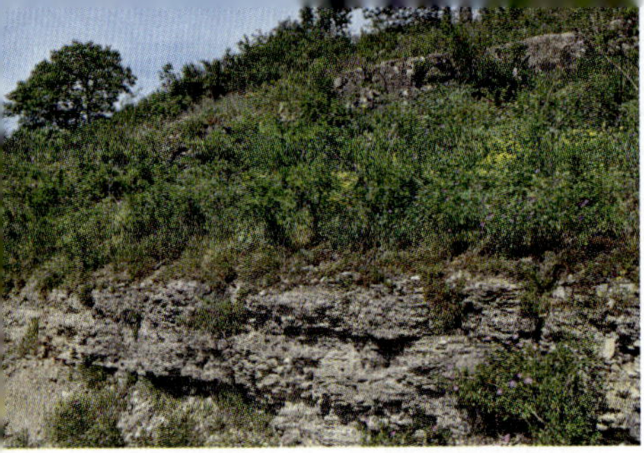

Blütenpracht am Muschelkalkhang im Naturschutzgebiet Kreuzberg (Tour 37).

Die Talhänge weisen nun eine charakteristische Dreiteilung auf, entsprechend den von der Tauber durchschnittenen Gesteinsschichten des widerstandsfähigen Unteren, des mergelig-tonigen Mittleren sowie des harten und mächtigen Oberen Muschelkalks. Der letztgenannte bildet die weite Gäufläche aus, die sich links und rechts des Flusses als vom Ackerbau genutzte Hochebene ausdehnt. Deren Böden verdanken ihre außerordentliche Fruchtbarkeit einer stellenweise meterdicken Ablagerung von Löss, der in der Nacheiszeit von gigantischen Stürmen angeweht wurde.

Bedingt durch das extreme Klima des Taubertales – es zählt mit zu den trockensten und wärmsten Gebieten in Deutschland – hat sich an den Muschelkalkhängen eine spezielle Vegetation in Gestalt von Trocken- und Halbtrockenrasen entwickelt. An ihrer Entstehung war aber auch der Mensch beteiligt, da ab dem 19. Jh. aufgrund des Aufkommens von Schädlingen und Rebkrankheiten viele Weinberge aufgegeben werden mussten. Deren Flächen wurden stattdessen in Streuobstwiesen und Weiden für Schafe und Ziegen umgewandelt, mit dazwischenliegenden ungenutzten Schutthalden (Steinriegeln) und Heckensäumen. So entstand ein einzigartiges Mosaik unterschiedlichster Trockenlebensräume für viele vom Aussterben bedrohten Pflanzen- und Tierarten. Daher mag es nicht verwundern, dass die Trockenhänge des Taubertales als Naturschutzgebiete ausgewiesen sind (u.a. am Lindenberg, siehe Tour 37).

Auf der Höhe von Bad Mergentheim ändert die Tauber ihre bisherige Ost-West-Fließrichtung nach Nordwesten. Das Tal erreicht nun seine größte seitliche Ausdehnung, was darauf hindeutet, dass der Fluss seine Tiefenerosion weitgehend abgeschlossen hat und dafür in die Breite arbeitet. Hinter Werbach tritt die Tauber in den Spessart und damit geologisch in den Buntsandstein ein. Durch dessen dicht bewaldetes Plateau windet sie sich in einem engen, schluchtartigen Tal bis nach Wertheim, wo sie schließlich nach etwa 130 Kilometern in den Main mündet.

Die Taubermündung in den Main in Wertheim (Tour 43).

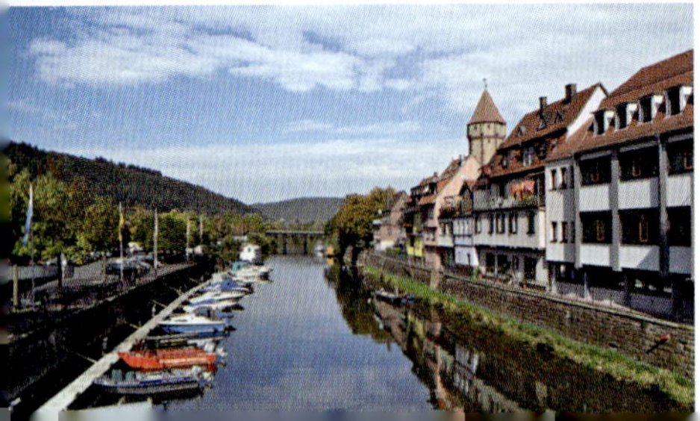

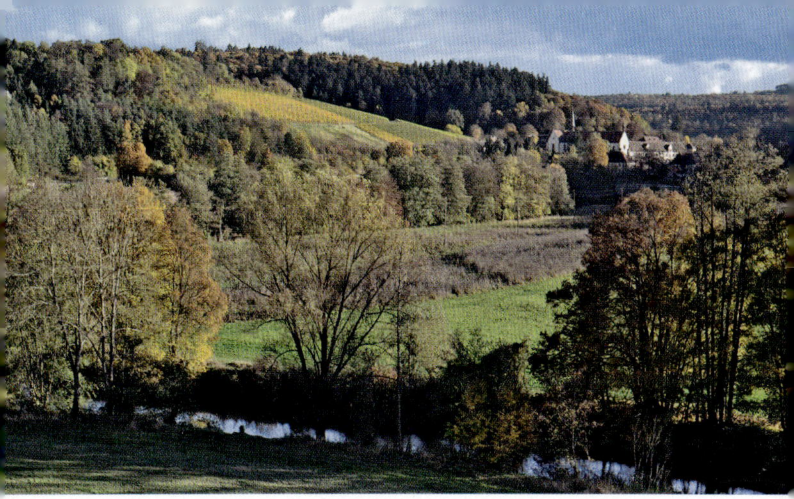

Blick vom Satzenberg auf das Taubertal mit Kloster Bronnbach (Tour 43).

Dass die Tauber in ihrem Verlauf von Osten nach Westen bzw. Nordwesten immer ältere erdgeschichtliche Formationen durchfließt, mag paradox erscheinen. Wurden doch Buntsandstein, Muschelkalk und Keuper in dieser Abfolge ursprünglich übereinander abgelagert. Diese horizontalen Schichtpakete wurden jedoch in der Tertiärzeit durch eine tektonische Anhebung leicht nach Osten verkippt. Dadurch entstand das Süddeutsche Schichtstufenland mit steilen Anstiegen im Nordwesten und flachen Abdachungen nach Südosten hin.

Kulturland Tauberfranken

Wer im Taubertal wandernd unterwegs ist, stößt immer wieder auf zwei besondere Merkmale, die für diese alte Kulturlandschaft prägend sind. Zum einen sind dies die mächtigen Steinriegel, die sich längs der Abhänge des Flusses und einiger seiner Nebenbäche ins Tal hinunterziehen. Man findet sie vor allem dort, wo Wein angebaut wurde bzw. wird, da die Winzer früher die Steine aus ihren Wingerten auslasen und an deren Rändern zu gewaltigen Halden auftürmten. Heute sind diese Steinansammlungen wichtige Lebensräume für manche bedrohte Tier- und Pflanzenarten.
Ferner begegnet man fast überall kunstvollen, teils jahrhundertealten Bildstöcken als sichtbarer Ausdruck für eine tief in der Bevölkerung verwurzelten Volksfrömmigkeit. Dazu laden viele kleine Kapellen und liebevoll arrangierte Mariengrotten Wandernde zu einer inneren Einkehr ein. In Bad Mergentheim, Creglingen und Rothenburg ob der Tauber lassen sich zudem kunstvolle Altäre der berühmten mittelalterlichen Künstler Tilman Riemenschneider und Matthias Grünewald bestaunen.

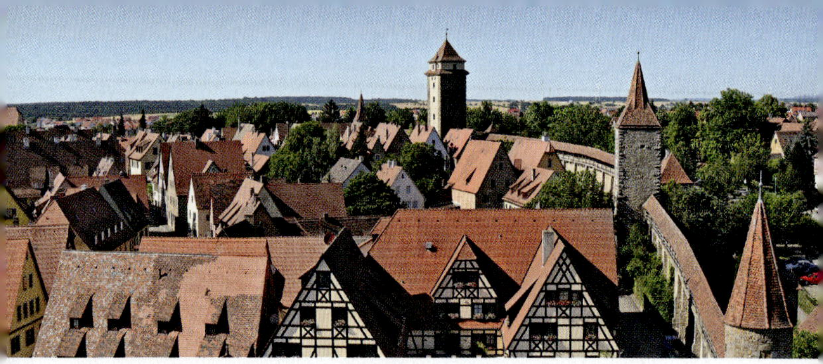

Rothenburg-Blick vom Röderturm auf die Stadtbefestigung (Tour 8).

Darüber hinaus ist Tauberfranken ein geschichtsträchtiger Landstrich, was an der enormen Dichte von alten Burgen, Schlössern und Klöstern genauso ablesbar ist wie an der alten, größtenteils mittelalterlichen Bausubstanz in vielen der idyllischen Städtchen und Dörfer. Die ältesten Spuren menschlicher Besiedlung reichen bis zu den Kelten zurück, die um 600/500 v. Chr. an der Tauber nachweisbar sind. Augenfälligstes Beispiel jener Epoche ist das Oppidum Finsterlohr (siehe Tour 12), eine der größten keltischen Ringwallanlagen in Süddeutschland. Auch deuten manche Ortsnamen (u.a. Lauda) wie auch der Name der Tauber selber (keltisch dubr = Wasser) auf einen keltischen Ursprung hin.

Unter den Römern wurde der Taubergrund ins Limesvorland einbezogen, das nächste Kastell nahe des heutigen Osterburken lag nur etwa 20 Kilometer vom Fluss entfernt. Die nachfolgenden Alemannen wurden etwa ab dem Jahr 500 von den Franken verdrängt, die als erste das Land systematisch besiedelten. Ortsnamen, die auf »-heim« und »-hausen« enden, geben sich als fränkische Gründungen zu erkennen. Im Mittelalter war der Taubergau fest in der Hand des Adelsgeschlechts Hohenlohe, das jedoch ab 1555 an Einfluss verlor. Ab der frühen Neuzeit kam es zu einer politischen Zersplitterung, wobei die Gebietszugehörigkeiten oft von Ort zu Ort wechselten. Die bedeutendsten Herren über das Taubergebiet waren der Deutsche Orden, das Fürstbistum Würzburg, das Kurfürstentum Mainz sowie die Grafschaft Wertheim, die Reichsstadt Rothenburg und die Markgrafenschaft Ansbach. Unter Napoleon wurden deren Territorien den Königreichen Württemberg und Bayern sowie dem Großherzogtum Baden zugeschlagen. Heute gehört das Tauberland größtenteils zu Baden-Württemberg, nur kleine Bereiche in den Landkreisen Ansbach und Würzburg sind bayerisch.

Diese kleine historische Replik mag dazu beitragen, das unterwegs Gesehene etwas besser einordnen zu können. Es lohnt sich aber unbedingt, sich etwas Zeit für eine Besichtigung der ein oder anderen kunsthistorischen Sehenswürdigkeit zu nehmen (Highlights siehe Kasten rechts).

LOHNENDE ZIELE IN DER WANDERREGION

Bad Mergentheim: Deutschordensschloss, Deutschordensmuseum, Kur- und Schlosspark, historischer Marktplatz mit Milchlingsbrunnen, Mörikehaus, Münster St. Johannes, Pfarrkirche Mariä Krönung im Ortsteil Stuppach mit der Stuppacher Madonna von Matthias Grünewald (bad-mergentheim.de).

Bronnbach: Kloster mit Klosterkirche und romanisch-gotischem Kreuzgang, barocke Säle, Orangerie, Vinothek Taubertal (kloster-bronnbach.de).

Creglingen: Herrgottskirche mit Marienaltar von Tilman Riemenschneider, Fingerhutmuseum, Romschlössle, Jüdisches Museum, Lindleinturm-Museum (creglingen.de).

Detwang: St.-Peter-und-Paul-Kirche mit dem Heilig-Kreuz-Altar von Tilman Riemenschneider (rothenburg-evangelisch.de).

Freudenberg am Main: Burgruine, Fachwerkrathaus, Amtshausgalerie, Rauch-Zoo, Mainpromenade mit Kneippbecken und Bouleplatz (freudenberg-main.de).

Gamburg ob der Tauber: Burg aus dem 12. Jh., Burggarten, Buschermuseum (werbach.de).

Igersheim: Burgruine Neuhaus, Heimatmuseum im Kulturhaus (igersheim.de).

Königshofen: Goten (ehemalige Zehntscheune von 1544), St.-Mauritius-Kirche (lauda-koenigshofen.de).

Lauda: Reste der Stadtbefestigung (Oberes Tor), Heimatmuseum, sehenswerte Fachwerkhäuser, St.-Jakobus-Kirche (lauda-koenigshofen.de).

Markelsheim: Marktplatz mit Brunnen und Fachwerkhäusern (markelsheim.de).

Röttingen: Burg Brattenstein, historisches Rathaus, Weinmuseum, Sonnenuhrenweg (roettingen.de).

Rothenburg ob der Tauber: einzigartig erhaltenes mittelalterliches Stadtbild, Marktplatz mit Rathaus, Stadtmauer mit Türmen aus dem 14. Jh., St.-Jakobs-Kirche mit dem Heilig-Blut-Altar von Tilman Riemenschneider, Franziskanerkirche mit Franziskusaltar von Riemenschneider, Reichsstadtmuseum, Mittelalterliches Kriminalmuseum, Deutsches Weihnachtsmuseum, Topplerschlösschen, Burggarten (rothenburg.de).

Tauberbischofsheim: Kurmainzisches Schloss mit Tauberfränkischem Landschaftsmuseum, Türmersturm, St.-Martin-Kirche, Liobakirche, Bonifatiuskirche, Marktplatz mit neugotischem Rathaus (tauberbischofsheim.de).

Tauberrettersheim: Tauberbrücke von Balthasar Neumann (1733), Kräuterlehrgarten mit Kneippanlage (tauberrettersheim.de).

Weikersheim: historischer Ortskern, Tauberländer Dorfmuseum, Renaissanceschloss mit Alchemiemuseum, Schlosspark und Orangerie, Planetenweg, Sternwarte, Museum im Gänsturm (weikersheim.de).

Wertheim: Burg, Altstadt mit historischem Marktplatz, Stiftskirche, Hofhaltung (heute Rathaus), Kilianskapelle, Marienkapelle, Spitzer Turm, Hofgartenschlösschen, Glasmuseum, Grafschaftsmuseum im alten Rathaus (tourismus-wertheim.de).

Weinland an der Tauber

Zwischen Rothenburg ob der Tauber und Wertheim sind Weinberge, die das Flusstal säumen, stete Begleiter der Tauber. Zudem wächst Wein auch an den Talflanken einiger ihrer Nebenbäche. Urkunden belegen die lange Tradition des Weinbaues, die bis ins frühe Mittelalter zurückreicht. Besonders das Zisterzienserkloster in Bronnbach verhalf im 12. Jh. der Kultivierung des Rebensaftes zu einer ersten Blüte. Doch die einst etwa 6000 Hektar umfassende Anbaufläche schrumpfte im Laufe der Zeit, bedingt durch eingeschleppte Krankheiten, die Reblaus und klimatische Schwankungen, auf aktuell 1100 Hektar zusammen. Ehemalige Weinberge, die längst von Sträuchern überwuchert sind oder für den Obstanbau genutzt werden, erkennt man heute noch in der Landschaft an den mächtigen Steinriegeln im Muschelkalk oder an alten Terrassen im Buntsandstein. Beide erdgeschichtlichen Formationen bieten ein hervorragendes Terroir für hochklassige Weiß- und Rotweine. An der mittleren Tauber ist es der Muschelkalk mit seinen mineralstoffreichen Böden, an der Untertauber der Buntsandstein, dessen Böden für qualitätvolle Rotweine prädestiniert sind.

Kurioserweise wird der Taubergrund gleich drei deutschen Weinbaugebieten zugeordnet. Der Oberlauf zwischen Rothenburg ob der Tauber, Tauberzell und Röttingen gehört zum Weinanbaugebiet Franken (Bereich Maindreieck). Daran schließt sich im mittleren Taubertal das Anbaugebiet Württemberg mit dem Bereich Kocher-Jagst-Tauber an. Der Unterlauf ist schließlich Teil des Anbaugebietes Baden, Bereich Tauberfranken. Das Privileg, ihre Weine in den bauchigen Bocksbeutel abfüllen zu dürfen, genießen allerdings nur die Winzer im Anbaugebiet Franken und im badischen Bereich Tauberfranken.

Was die Weinsorten anbelangt, dominieren im Taubertal die Weißweine. Leitsorten sind Müller-Thurgau und Silvaner, dazu werden unter anderem auch die

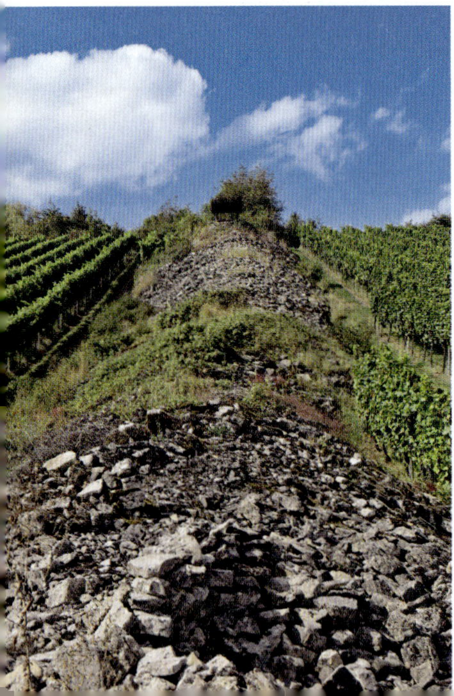

Einer von vielen Steinriegeln im Weinland an der Tauber.

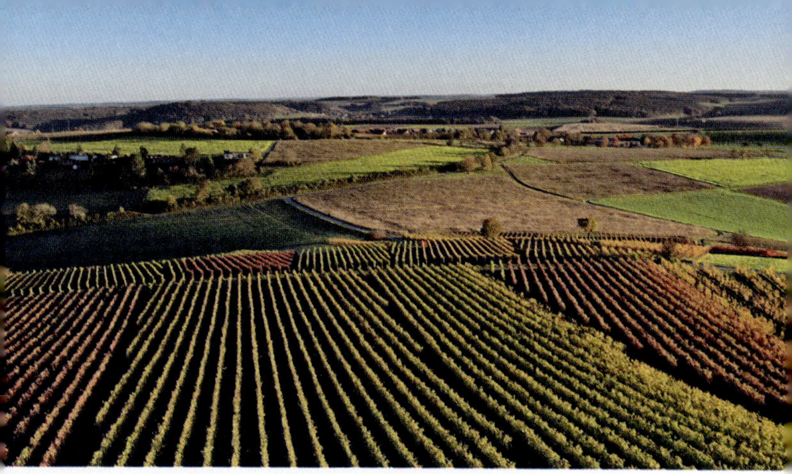

Rebflächen am Stahlberg bei Uissigheim (Tour 39).

Sorten Kerner, Bacchus, Riesling und Traminer angebaut. Bei den Rotweinen nimmt der Schwarzriesling die bestimmende Rolle ein, dazu kommen die Sorten Blauer Spätburgunder, Dornfelder, Regent und Acolon. Eine regionale Spezialität ist der autochthone Tauberschwarz, eine Rotweinsorte, die ursprünglich aus dem Taubertal stammt, aber dann lange Zeit in Vergessenheit geriet. Erst seit den 1980er-Jahren erlebt sie bei den Weinkennern eine beachtliche Renaissance.

Für Wandernde bieten sich unterwegs immer wieder Möglichkeiten, den ein oder anderen Tropfen direkt bei einem Winzer zu verkosten. Viele von ihnen verwandeln ihre Weingüter zeitweise in Besen- oder Heckenwirtschaften. Dort wird dann der eigene Wein zu regionalen Gerichten und bodenständiger Hausmannskost ausgeschenkt. Allerdings sind die Öffnungszeiten begrenzt, um die Konkurrenz zur örtlichen Gastronomie einzugrenzen. Einige Winzer betreiben aber auch einen ganzjährigen professionellen Weinausschank und bieten ihre Weine in einer eigenen Vinothek an. Über 30 private Weingüter gibt es im Weinland Taubertal, dazu gesellen sich die drei Genossenschaften Becksteiner Winzer eG, Weingärtner Markelsheim EG und Winzergenossenschaft Franken GWF. Natürlich finden im Jahreslauf in den Weinorten an der Tauber viele Weinfeste und sonstige Events rund um den Wein statt. Wer eines davon besuchen will, sollte am besten mit Bahn und Bus anreisen.

Informationen rund um das Weinland an der Tauber:

- liebliches-taubertal.de
- weinland-taubertal.de
- becksteiner-winzer.de
- markelsheimer-wein.de

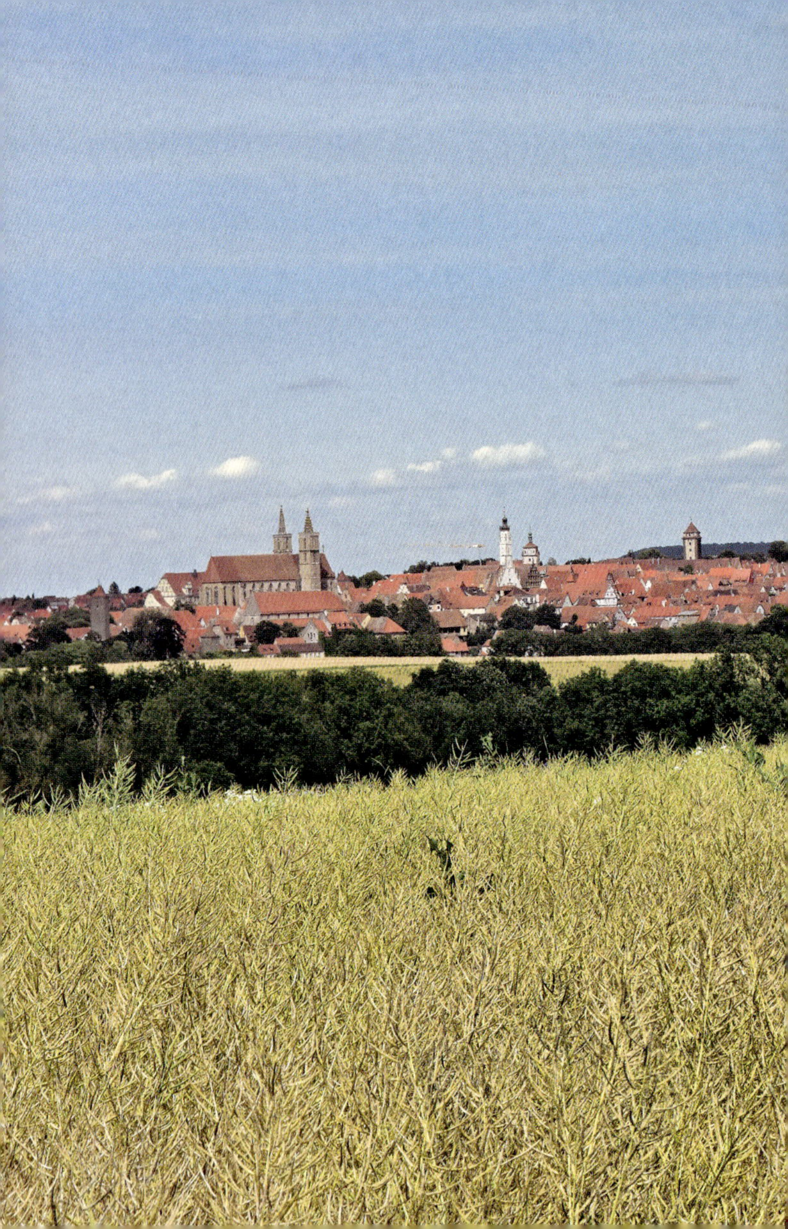

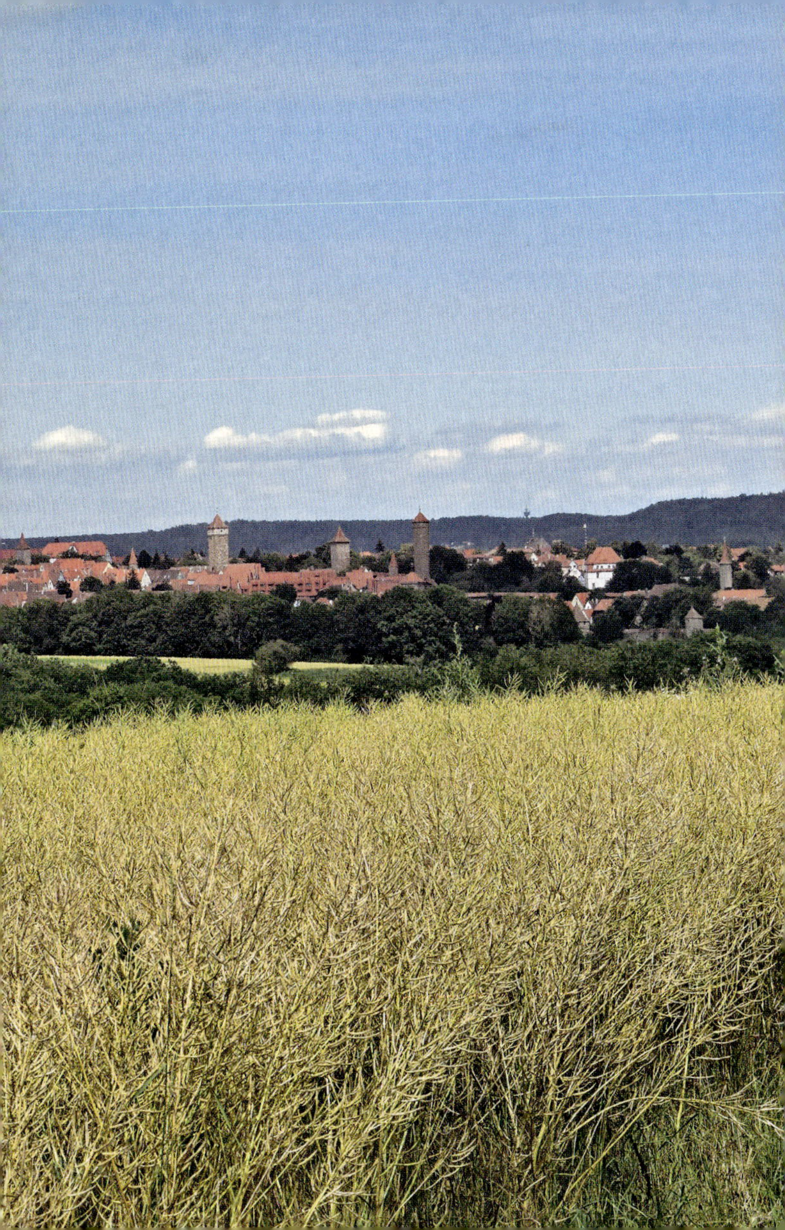

↗ 100 m | ↘ 100 m | 12.9 km

1 Zur Tauberquelle

3.40 h

Ein Fluss mit zwei Quellen

Eine Wanderung zur Tauberquelle ist leichter gesagt als getan, denn gleich an zwei Orten weisen Schilder auf den Ursprung des Flusses hin. Lange Zeit stritten der Weiler Weikersholz in Baden-Württemberg und dessen bayerische Nachbargemeinde Wettringen um die Ehre der einzig wahren Quelle. Seit 1976 gilt zwar der Klingenbrunnen bei Weikersholz »als oberste Quelle, die ständig schüttet« offiziell als Ursprung der Tauber, doch in Wettringen ist man immer noch auf die eigene Quelle stolz. Wir wollen auf unserer Tour grenzüberschreitend beide aufsuchen und dabei die leicht hügelige Landschaft im westlichen Vorland der Frankenhöhe erkunden. Auf dem Weg zurück zu unserem Ausgangspunkt in Wettringen durchqueren wir die Überreste der sogenannten Rothenburger Landhege, einer spätmittelalterlichen Grenzbefestigung der einstigen Freien Reichsstadt.

Ausgangspunkt: Wettringen, Marktplatz (421 m). Anfahrt mit ÖV: Bahn bis Bahnhof Rothenburg o.d. Tauber, von dort mit Bus 817 bis Wettringen Mitte. Navi: 91631 Wettringen, Marktplatz 5 (Parkplätze vorhanden).
Anforderungen: Nur wenige moderate An- und Abstiege; meist auf geschotterten Wegen; überwiegend offenes Gelände mit wenig Schatten; auch mit Kindern empfehlenswert.
Markierung: Storch auf Gelb, ohne Markierung, Storch auf Gelb.
Einkehr: In Michelbach a.d. Lücke (Abstecher ca. 1,8 km hin/zurück): Gasthof Deutsches Haus, Tel. 07955/2414; Brauereigaststätte Schwarzer Adler, Tel. 07955/2209. In Wettringen: Gasthaus Zum Goldenen Lamm, Marktplatz 5, Tel. 09869/233, nur Sa 9–19 Uhr geöffnet.
Karte: ATK25 Blatt H05 Schillingsfürst 1:25 000.
Info: Die Rothenburger Landhege wurde im Spätmittelalter von der Reichsstadt Rothenburg angelegt, um damit ihr etwa 400 qkm großes Territorium, die sogenannte Rothenburger Landwehr, vor Plünderungen zu schützen. Sie bestand überwiegend aus einem System von Gräben und mit Dornengestrüpp bewachsenen Erdwällen und bot nur an wenigen Stellen Durchlass. Sie verlor im Dreißigjährigen Krieg ihre Bedeutung und wurde dann 1804 auf Befehl Napoleons aufgelöst und teilweise eingeebnet.

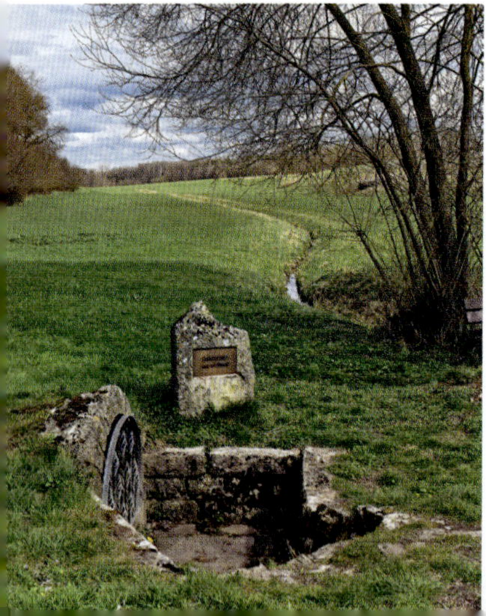

Die Tauberquelle bei Weikersholz.

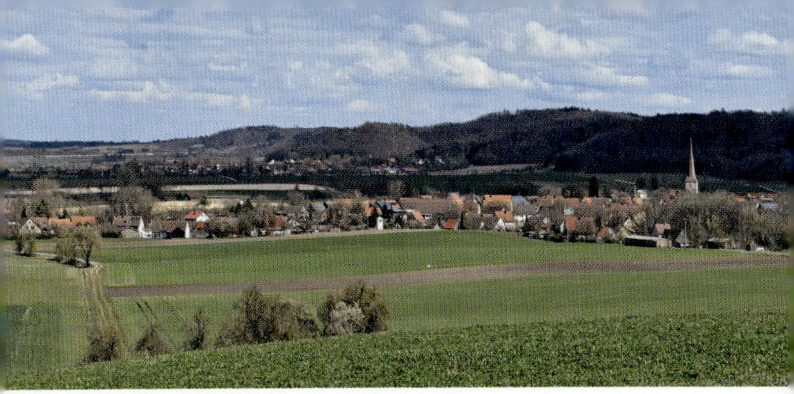

Wettringen mit der Frankenhöhe.

Vom **Marktplatz** ❶ in **Wettringen** folgen wir der Markierung Storch in nordwestlicher Richtung und schwenken rechts in die Straße »An der Steige« ein. Sie führt uns in einer Linksbiegung über die hier noch einem Bach ähnliche Tauber hinweg zur Kleinansbacher Straße. Auf dieser rechts aus dem Ort hinaus auf die Feldflur, wo wir uns bei einer Weggabelung halb links halten müssen. Nach knapp 400 m links abbiegen und auf einem geschotterten Weg leicht aufwärts über Felder und Wiesen. Dann am Waldrand entlang mit schönem Blick zurück auf Wettringen und die Frankenhöhe im Hintergrund.

Nun kurz durch einen lichten Waldstreifen hindurch und danach bei der Gabelung weiter geradeaus längs des Waldrands. Am Waldeck, wo auch die (unsichtbare) Landesgrenze zwischen Bayern und Baden-Württemberg verläuft, biegt unsere Storch-Markierung nach links in Richtung der im Talgrund liegenden Weiher ab. Wir halten uns aber ohne Markierung unverändert geradeaus über die Feldflur. Leicht abwärts gelangen wir im Talgrund zum **Klingenbrunnen**, der offiziellen **Tauberquelle** ❷. Man mag kaum glauben, dass hier einer der schönsten Nebenflüsse des Mains entspringt, denn es plätschert und sprudelt hier nichts. Der gemauerte Quelltopf ist meist trocken, was sicher eine Folge des Klimawandels ist. Wenigstens lädt eine Ruhebank zu einer kleinen Verschnaufpause ein.

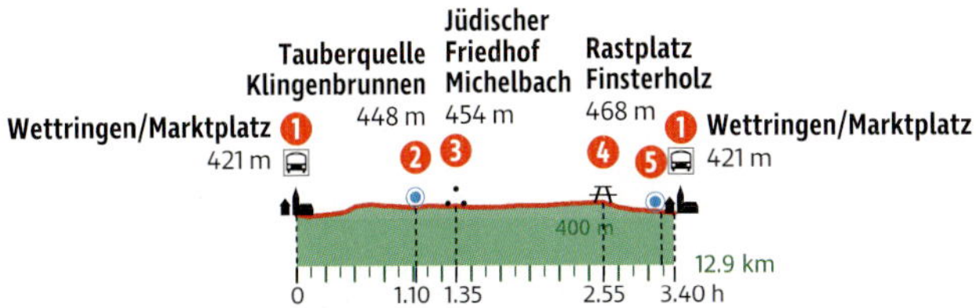

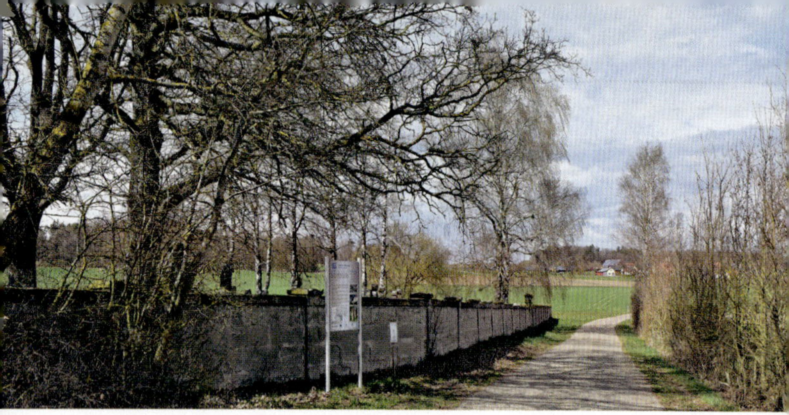

Jüdischer Friedhof am Weg nach Michelbach.

Von dort einige Schritte hinauf zu einem Querweg, der uns nach links an die Kreisstraße kurz vor **Weikersholz** bringt. Zunächst einige Schritte rechts in den Weiler hinein, dann links in das namenlose Sträßchen, das uns sogleich wieder hinaus auf die Feldflur bringt. Beim ersten Querweg (er ist als Radweg nach Waldhausen ausgeschildert) links und auf diesem Schotterweg in südlicher Richtung halten. Eine Markierung gibt es nach wie vor keine. Beim **Jüdischen Friedhof** ❸, der direkt am Wegesrand liegt, legen wir einen kurzen Halt ein und werfen einen Blick über die Mauer auf das Gräberfeld. Danach folgen wir dem ersten Abzweig nach links über die flache Wiesenflur und gehen knapp 600 m an einem schmalen Bach entlang, wobei wir leicht versetzt die Kreisstraße überqueren. So gelangen wir zu einer Wegkreuzung bei einer Ruhebank kurz vor Michelbach an der Lücke. Wem nach einer Einkehr zumute ist, kann hier rechts in den Ort abbiegen, der auch mit einem sehenswerten Schloss und einer alten Synagoge aufwarten kann.

Ansonsten nehmen wir den Weg, der nach halb rechts abzweigt und folgen diesem konsequent (weiter ohne Markierung) über Felder und vorbei an den Weihern, die wir beim Herweg von oben gesehen haben (und passieren dort abermals die Landesgrenze). Beim T-Kreuz danach stößt von links wieder die Storch-Markierung zu uns, die uns nun zuverlässig zurück nach Wettringen begleiten wird. Wir biegen rechts ab und halten geradlinig auf die St. 2247 zu. Auf dieser einige Meter nach rechts, dann wieder links auf einen Flurweg und nun stetig geradeaus über die Feldflur auf das vor uns liegende Waldgebiet zu. Nach etwas mehr als 500 m biegt die Storch-Markierung nach rechts ab und bringt uns bis zu einem Abzweig, dem wir nach links folgen – und zwar weiterhin über die Felder bis kurz vor dem Weiler Theuerbronn. Dort bei einem Waldstück links, dann über Wiesen und vorbei an einer Pferdeweide in den Wald hinein. Es geht nun stetig leicht aufwärts bis zu einem schönen **Rastplatz ④**, wo drei Infotafeln über die Rothenburger Landhege informieren. Ein paar Meter weiter passieren wir tatsächlich die stark verwitterten Überbleibsel dieser einstigen Rothenburger Grenzbefestigung (siehe Info).

In der Folge wandern wir immerzu hangabwärts durch den Laubwald und schließlich aus ihm hinaus. Bei der Wegspinne am Waldrand links abbiegen und dem Weg über die Felder bis zur St. 2247 folgen. Dort beim Werksgelände rechts halten und am Ortsrand von **Wettringen** entlang bis zur querenden AN16. Auf dieser links in das Dorf hinein bis zur zweiten **Tauberquelle ⑤**, die direkt an der Straße rechts aus der Böschung heraussprudelt. Trotz ihrer eher unromantischen Lage vermittelt sie mehr »Quellen-Feeling« als der Klingenbrunnen bei Weikersholz. Weiter auf der Grüber Straße ortseinwärts, dann rechts in die Straße »An der Tauberquelle« bis zur Schulstraße. Auf dieser nach links und dann rechts an der Kirche vorbei kommen wir wieder zurück zum **Marktplatz ①**.

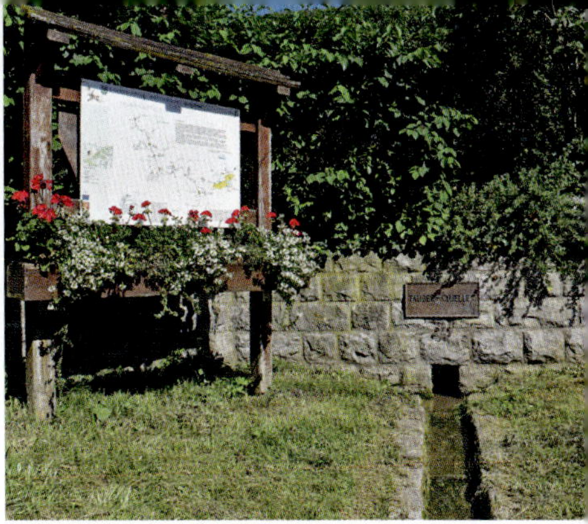

Die Tauberquelle in Wettringen.

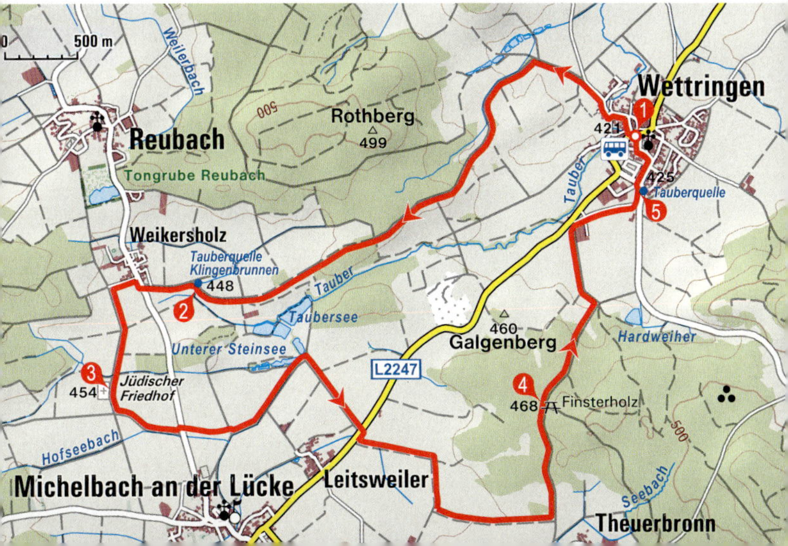

↗ 230 m | ↘ 230 m | 12.5 km

2 Zum Bodenlosen Loch

3.40 h

Mit der Oestheimer Nixe unterwegs

Von der noch jungen Tauber bietet sich ein Abstecher ins westliche Vorland der Frankenhöhe an. Um uns ein Stück dieser reizvollen sanft welligen Landschaft näher zu erwandern, folgen wir im kleinen Dorf Unteroestheim dem örtlichen Wanderweg »Nixe«. Schon nach wenigen Metern lässt sich der Enthusiasmus erahnen, mit dem dieser Weg angelegt wurde. Denn er bietet so ziemlich alles, was wanderlustige Herzen höherschlagen lässt: Neben einer bestens markierten Streckenführung wartet er nicht nur mit Ruhebänken und Rastplätzen auf, sondern auch mit diversen Infotafeln, die auf Interessantes im Gelände aufmerksam machen. Dazu verführen einige Aussichtspunkte dazu, immer wieder den Blick weit übers Land schweifen zu lassen. Warum der Weg Nixe heißt, erfahren wir am Ende der Tour beim Bodenlosen Loch, einer Gipskarstquelle und zugleich eines der schönsten Geotope in Bayern.

Ausgangspunkt: Unteroestheim, Landgasthof Schwarzer Adler (390 m). Anfahrt mit ÖV: Bahn bis Bahnhof Rothenburg o.d. Tauber, von dort mit Bus 807 oder 817 bis Haltestelle Unteroestheim Würzburger Straße. Navi: 91583 Diebach-Unteroestheim, Würzburger Str. 8 (Parkplätze an der Straße).
Anforderungen: Nur wenige mäßige An- und Abstiege; überwiegend auf geschotterten und naturbelassenen Wegen; fast ausschließlich offenes Gelände; auch mit Kindern empfehlenswert.
Markierung: Schwarze Nixe auf Gelb.
Einkehr: Unterwegs keine Möglichkeit. In Unteroestheim: Landgasthof Schwarzer Adler, Würzburger Str. 8, Tel. 09868/845, landgasthof-schwarzeradler.de, saisonal eingeschränkte Öffnungszeiten, Mo Ruhetag.
Karte: ATK25 Blatt H05 Schillingsfürst 1:25 000 (LDBV Bayern).
Info: Das Bodenlose Loch entstand durch Auslaugung des wasserlöslichen Grundgipses im Untergrund. Der azurblau schimmernde Weiher mit einem Durchmesser von ca. 20 m besitzt einen Quelltrichter mit 8 m Durchmesser und einer Tiefe von nahezu 6 m. Pro Sekunde sprudeln mehrere Dutzend Liter Wasser aus ihm in den Oestheimer Mühlbach, der bei der Heckenmühle in die Tauber mündet. Im Laufe eines Jahres werden durch das Quellwasser etwa 4000 bis 6000 Tonnen Gipsgestein aufgelöst und abtransportiert (lfu.bayern.de/geologie/bayerns_schoenste_geotope/40).
Tipp: Wenn das Kleine Schäfermuseum in Diebach geschlossen ist, anrufen bei Familie Hornung, Tel. 09868/5714 oder 959156, oder den Schlüssel dort abholen (Bellershauser Str. 2/4).

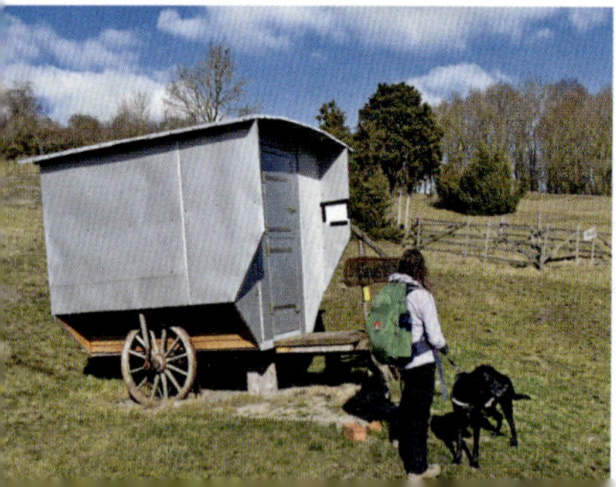

Im Schäferkarren verbirgt sich ein kleines Museum.

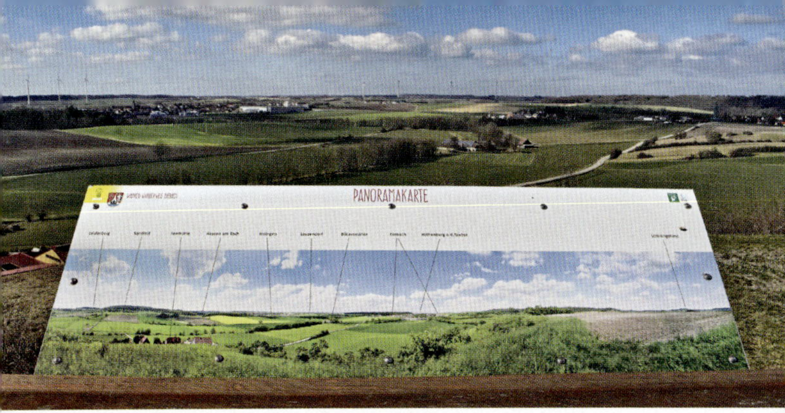

Eine Panoramatafel erklärt die Aussicht vom Mühlbuck.

Vom **Landgasthof Schwarzer Adler** ❶ in **Unteroestheim** sind es nur ein paar Schritte auf der Würzburger Straße in westlicher Richtung, bis wir bei der rechts abzweigenden Mühlstraße den Einstieg in unsere Tour finden. Ab jetzt gibt uns die Markierung der gelben Nixe zuverlässig die Richtung vor. Auf der Mühlstraße bis ans Ortsende und dort hinter einem Wanderportal rechts auf einem geteerten Flurweg leicht aufwärts. Nach etwa 100 m scharf links auf einen Wiesenweg, der gleich rechts umbiegt und hangaufwärts zum originellen **Kleinen Schäfermuseum** führt. Dabei handelt es sich um einen alten Schäferkarren, der malerisch inmitten von Schafpferchen am Hang platziert wurde. Mit Sicherheit eines der kleinsten Museen in Deutschland.

Weiter hinauf auf die Ackerhochfläche und dort auf einem Stichweg links zur **Aussichtsplattform Mühlbuck** ❷. Bis nach Rothenburg schweift hier oben der Blick über die leicht hügelige Landschaft. Zurück zur Hangkante, wo wir uns jetzt geradeaus halten und auf einem Wiesenweg, vorbei an Sträuchern und einem Wäldchen, bis zu einem querenden Pflasterweg gelangen. Hier biegen wir – mit Schloss Schillingsfürst vor Augen – rechts ab und halten uns abwärts hinunter in den Talgrund eines Bächleins. Von dort geht es dann wieder hinauf zu einem breiten Schotterweg, dem wir zunächst nach links, dann in einer Rechtsbiegung weiter hangaufwärts folgen. Nach Passieren einer aufgelassenen Tongrube macht unser Weg eine weite Linkskurve und führt hoch zum **Aussichtspunkt Kirchbuck** ❸ auf dem Ackerplateau.

Weiter auf dem Schotterweg bis zu einem Abzweig vor einem Sendemast und dort rechts hinunter zu einem Sträßchen, auf dem wir etwa 200 m nach links gehen. Dann rechts abbiegen und auf einem unbefestigten Feldweg über den **Bellershauser Graben** hinweg leicht aufwärts bis zu einem runden Wasserbehälter. Dort rechts hinunter zu einer T-Kreuzung, an

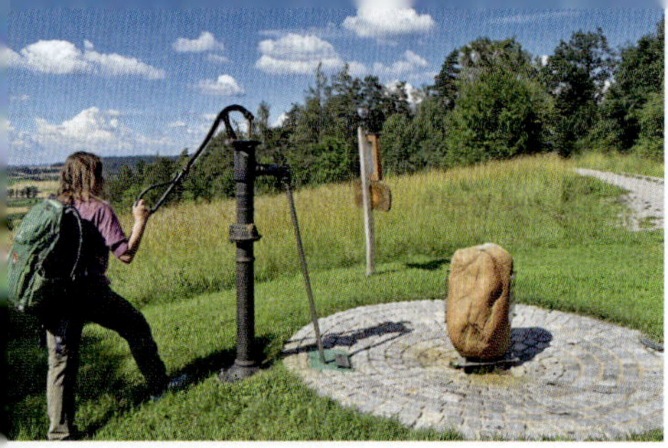

Am Rastplatz Wasserscheide.

der wir uns links halten müssen; nach etwa 200 m rechts auf einen Wiesenweg (ab hier begleitet uns eine Weile der Europäische Wasserscheideweg), der geradlinig auf einen querenden Weg zusteuert. Auf diesem kurz nach links, dann gleich wieder nach rechts bis ein Wiesenweg nach links abzweigt. Er führt an einem **Badeweiher** entlang und mündet dahinter in einen Schotterweg. Der Wasserscheideweg biegt hier nach rechts ab, wir halten uns aber nach links stetig hangaufwärts.

Oben bei der Ruhebank beim Peterschlag (Infotafel) rechts in den Wald hinein und darin bei der Wegkreuzung mit der Infotafel »Alte Bahn« weiter geradeaus. In der Folge in leicht kurvigem Verlauf zunächst stetig aufwärts, dann weitgehend ebenerdig durch den lichten Laubwald, vorbei an der Infotafel »Leyerer Eichenweg«. Schließlich erreichen wir am Waldrand auf einer Wiese den **Rastplatz Wasserscheide** 4 mit Pumpbrunnen und Quellstein. Wasser, das von hier oben nach Norden abwärts fließt, strebt über den Oestheimer Mühlbach, die Tauber, den Main und den Rhein der Nordsee zu. Fließt das Wasser dagegen in südlicher Richtung ab, landet es über den Seefeldgraben, die Wörnitz und die Donau irgendwann im Schwarzen Meer.

Etwa 100 m nach dem Rastplatz geht es bei einer Baumskulptur scharf rechts durch Hecken hindurch die Alte Steige hinunter zur Landstraße nach Oberoestheim. Auf dieser einige Meter nach rechts, dann links auf einen unbefestigten Feldweg und beim nächsten Abzweig rechts. Den **Gänsesee** umrundend erreichen wir eine Schutzhütte und halten uns beim T-Kreuz dahinter nach links (nach rechts ist eine Abkürzung der Tour zurück nach Unteroestheim ausgeschildert). Dann rechts auf einen Wiesenweg abbiegen, der parallel zur St. 2419 verläuft; nach etwa 600 m nehmen wir den Abzweig nach links über die Landstraße hinweg hinauf zur **Bauernschanze** 5, einer keltischen Anlage, von der jedoch nicht mehr viel zu erkennen

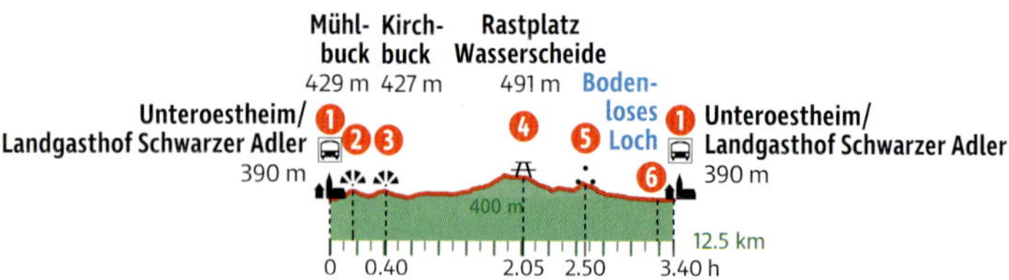

ist (Infotafel). Die Aussicht von hier oben ist aber allemal den Abstecher wert.
Auf demselben Weg zurück zur St. 2419 und geradewegs über sie hinweg und dahinter halb links auf einen Grasweg (und nicht dem Schotterweg nach rechts folgen). Nun immerzu fast geradlinig über die ebene Feld- und Wiesenflur und dabei leicht versetzt ein Sträßchen überqueren. Beim nächsten Querweg rechts abbiegen, anschließend links auf einen Grasweg, der zu einem querenden Schotterweg führt.

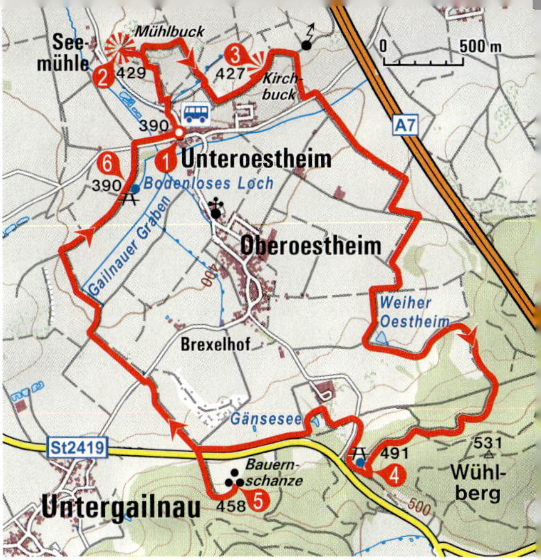

Diesem folgen wir nach rechts und erreichen kurz darauf das **Bodenlose Loch** 6, einen azurblau schimmernden Weiher, der von einer Gipskarstquelle gespeist wird. Hier ist auch die Nixe zuhause, der unsere Tour ihren Namen verdankt. Wer nach ihr sucht, wird sie sicher am Ufer des Loches entdecken.
Zurück nach **Unteroestheim** ist es jetzt nur noch ein Katzensprung: Weiter geradeaus bis zur querenden Landstraße und auf ihr wenige Meter nach rechts zurück zum Ausgangspunkt beim **Landgasthof Schwarzer Adler** 1.

Das Bodenlose Loch bei Unteroestheim.

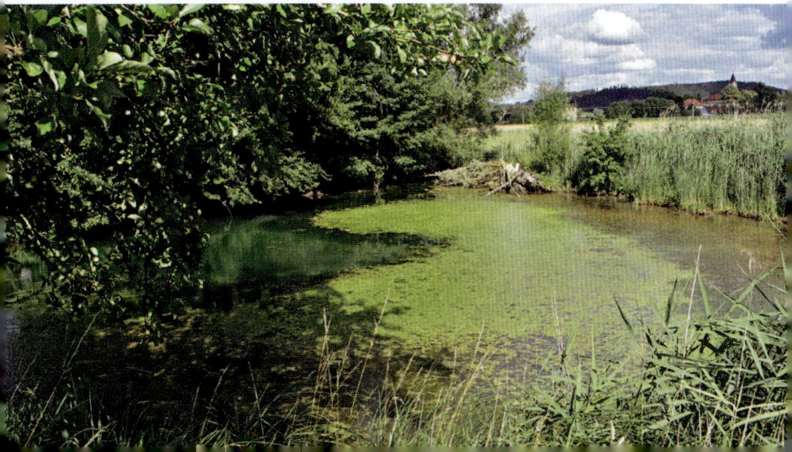

↗ 210 m | ↘ 210 m | 10.7 km

3 Rund um Schillingsfürst

3.00 h

Abstecher zu einem Höhepunkt der Frankenhöhe

Etwas abseits der Tauber bietet sich das malerische Städtchen Schillingsfürst mit seinem weithin sichtbaren Schloss für eine erlebnisreiche Wandertour an. Hier am Rand der Frankenhöhe, auf der die europäische Hauptwasserscheide verläuft, entspringt mit der Wörnitz ein weiterer fränkischer Fluss. Ihr Wasser strömt über die Donau zum Schwarzen Meer, während die Tauber über Main und Rhein in die Nordsee entwässert. Kein Zufall also, dass unsere Tour beim Wasserscheidenbrunnen in der Oberstadt von Schillingsfürst beginnt. Zuerst geht es zum wildromantischen Magdalenenbrünnl, von dort über den Aussichtspunkt Dragonergrund zum historischen Brunnenhaus. Nach einer längeren Waldetappe kehren wir nach Schillingsfürst zurück; dort besuchen wir die Wörnitzquelle und nehmen schließlich den Anstieg hinauf in die Oberstadt in Angriff. Wer für eine Besichtigung des Schlosses zu müde ist, sollte die Tour unbedingt im Biergarten des Schlosscafés mit herrlichem Blick auf Stadt und Umland ausklingen lassen.

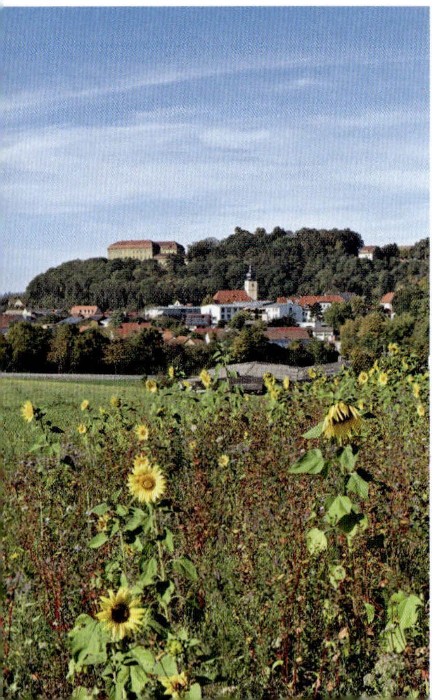

Ausgangspunkt: Schillingsfürst, Wasserscheidenbrunnen beim Dörflermuseum (539 m). Anfahrt mit ÖV: R7/S4 bis Bahnhof Dombühl, von dort mit Bus 818 bis Haltestelle Schillingsfürst Wasserturm. Navi: 91583 Schillingsfürst, Neu Gasse 1 (Parkplätze ums Eck in der Schafhofsteige).

Anforderungen: Nur moderate An- und Abstiege; überwiegend auf geschotterten Wegen; auch mit Kindern empfehlenswert.

Markierung: Main-Donau-Weg/Fernweg Romantische Straße, Fuchs auf Gelb, Wasserscheideweg, Igel auf Gelb.

Einkehr: Unterwegs keine, außer von Ostersonntag bis Ende Oktober an jedem 2. Sonntag im Monat 13–17 Uhr Kaffee und Kuchen in der Museumsscheune des Bronnenhauses. In Schillingsfürst: Gasthof Adler, Am Markt 8, Tel. 09868/1411, gasthof-adler.info, Mi Ruhetag; Restaurant Lisztoria, Am Wall 6, Tel. 0177/2003314, pizzeria-lisztoria-restaurant.eatbu.com,

Schillingsfürst vom Galgenberg aus.

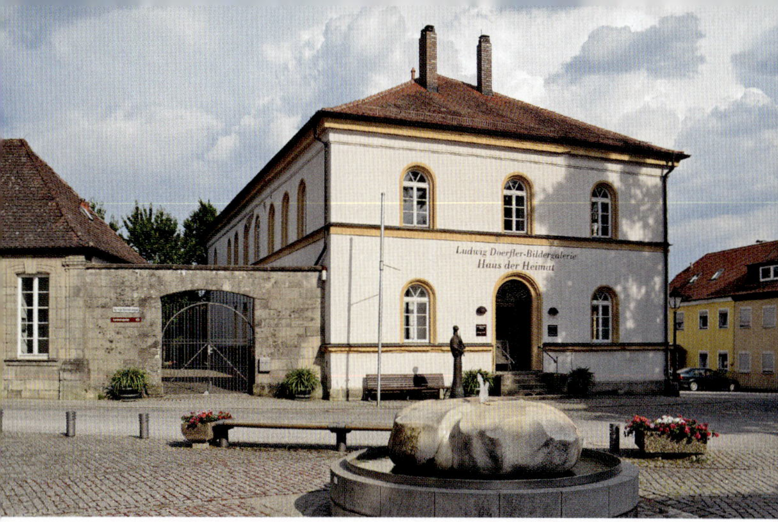

Der Wasserscheidebrunnen vor dem Ludwig-Dörfler-Museum in Schillingsfürst.

Di–Fr 6–21 Uhr, Sa/So12–21 Uhr, Mo Ruhetag; Schlosscafé Schillingsfürst, Am Wall 10, Tel. 09868/7406, schlosscafe-schillingsfuerst.de, Di–So 10–23 Uhr, Mo Ruhetag.

Karte: ATK25 Blatt H05 Schillingsfürst 1:25 000.

Info: Das Brunnenhaus wurde 1702 gebaut und versorgte jahrhundertelang Schloss Schillingsfürst mit Wasser. Durch eine im deutschsprachigen Raum einmalige Ochsentretanlage wurde das Pumpwerk in Gang gesetzt. Heute fungiert das Gebäude als Technik- und Heimatmuseum (brunnenhausmuseum.de).

Tipp: Schloss Schillingsfürst sowie der dazugehörige fürstliche Falkenhof bilden ein attraktives Besuchsziel vor oder nach der Tour (schloss-schillings fuerst.de).

Vom **Wasserscheidebrunnen** 1 vor dem Ludwig-Dörfler-Museum in der Oberstadt von **Schillingsfürst** orientieren wir uns zunächst an den Markierungen des Main-Donau-Weges und des Fernweges Romantische Straße auf der Schafhofsteige ortsauswärts (mit Blick zum Dörflermuseum nach links). Nach wenigen Metern zeigt ein Wegweiser nach rechts ins Kardinalsgärtchen, einen kleinen Park mit einem Denkmal für den Komponisten Franz Liszt. Wer hier abbiegt und sich dann immer geradeaus hält, kann die Tour zum Aussichtspunkt Dragonergrund abkürzen.
Ansonsten auf dem Sträßchen abwärts hinunter in den Ortsteil **Schafhof**, wo wir auf die Markierung Fuchs auf Gelb stoßen. Mit ihr und den beiden anderen Zeichen rechts in ein namenloses Sträßchen, das uns hinaus auf die Feldflur bringt. Gleich hinter dem Ortsschild links auf einen gepflasterten Feldweg abbiegen, der sich längs eines Bacheinschnitts hinzieht. Bei einem schönen Rastplatz biegt der Pflasterweg nach rechts ab, wir bleiben

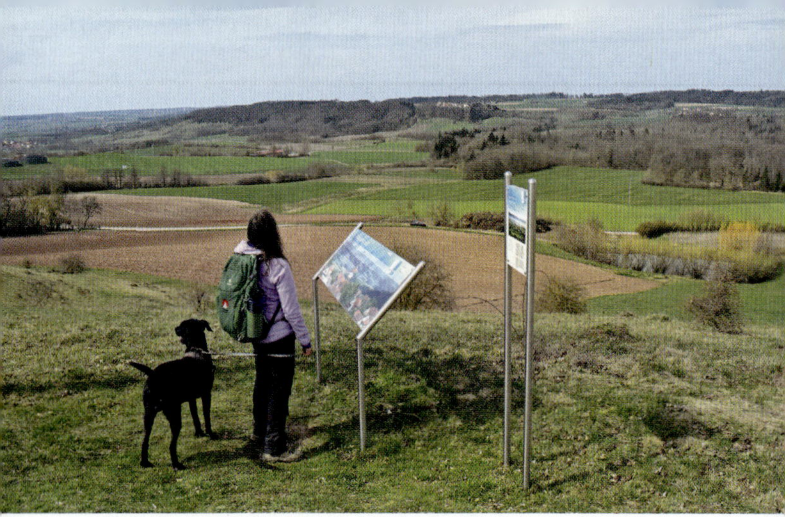

Am Aussichtspunkt Dragonergrund mit Panoramatafel.

aber weiter geradeaus auf einem unscheinbaren Wiesenweg, der weiterhin längs des Baches in den Wald hineinführt. Dort über eine kleine Treppe hinunter in den Talgrund und über den Bach hinweg hoch zu einem breiten Querweg. Diesem folgen wir mit unseren drei Markierungen nach links und gelangen leicht abwärts zum Eingang einer kleinen Schlucht (der Weg ist durch sie hindurch als Bohlenpfad angelegt). Darin sprudelt munter am Wegesrand das **Magdalenenbrünnl** ❷ – direkt neben einem kleinen Wasserfall des nahen Baches.
Nach einer kurzen Pause an diesem wildromantischen Ort kehren wir um und halten uns nun auf dem breiten Waldweg immerzu geradeaus – ab jetzt geleitet von der Markierung des Wasserscheideweges. Sie bringt uns aus dem Wald hinaus auf die Wiesenflur, wo wir uns stetig an der Waldkante entlang halten – mit schönem Blick hinüber nach Schillingsfürst mit Schloss. Beim ersten Querweg rechts vor zur Straße nach Stilzendorf und diese leicht versetzt überqueren, dann in wenigen Windungen den wallartigen Abhang hoch. Oben gelangen wir zum **Aussichtspunkt Dragoners-**

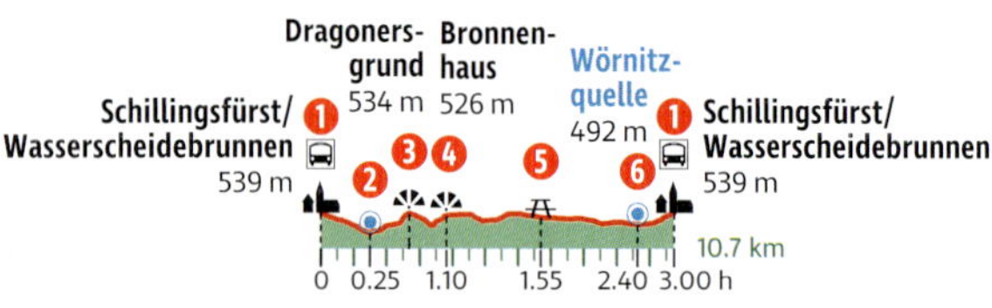

grund ❸ – eine Panoramatafel erläutert die Sicht ins nördliche Umland.

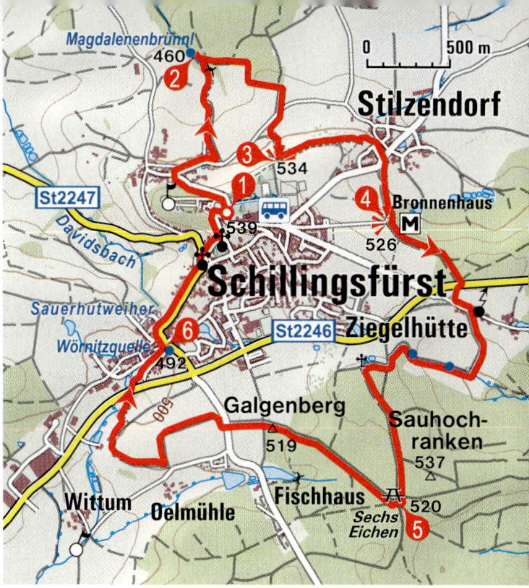

Wir setzen unseren Weg nach links fort, wobei wir uns nun bis ans Ende der Tour an der Markierung Igel auf Gelb orientieren (der Wasserscheideweg biegt hier nach rechts ab). Nach etwa 400 m steigen wir bei einem hölzernen Aussichtspavillon auf einem Wiesenpfad hinunter nach **Stilzendorf**. Wir durchschreiten den kleinen Ort mit unserer Igel-Markierung und erklimmen danach erneut den Wiesenhang hinauf in den Weiler **Bronnenhaus** ❹. Beim historischen, 1702 errichteten **Brunnenhaus** mit Museum (siehe Info) befindet sich ein Rastplatz an der Hangkante mit schöner Aussicht bis zur Burg Colmberg.

Hinter dem Areal geht es links auf einem Schotterweg an einem Wald vorbei und schließlich in ihn hinein. Darin bei der ersten Gabelung aufpassen, denn der Igel-Weg teilt sich dort in zwei Routen auf. Wir nehmen seine rechts abzweigende kürzere Variante und gelangen auf ihr am Waldende zur St. 2246, die wir leicht versetzt überqueren. Kurz danach erreichen wir über die Ortsverbindungsstraße hinweg den Ortsteil **Ziegelhütte** und halten uns auf einem geteerten Fuß- und Radweg nach links in das kleine Dorf hinein. Bei erster Gelegenheit rechts abbiegend wandern wir hinunter in den Talgrund des Bächleins **Sulzach**, wo uns die Igel-Markierung nach rechts weist. Es geht nun immerzu leicht aufwärts über Wiesen und um ein Waldeck herum hoch zu einem geschotterten Querweg. Diesem folgen wir kurz nach links, biegen aber, bevor er in den Wald hineinführt, rechts ab und halten uns an dessen Rand entlang.

Erst hinter einer kleinen **Kapelle** tauchen wir links in den Forst ein, jetzt auch begleitet von der Markierung Rotkreuz. Ein angenehm zu begehender

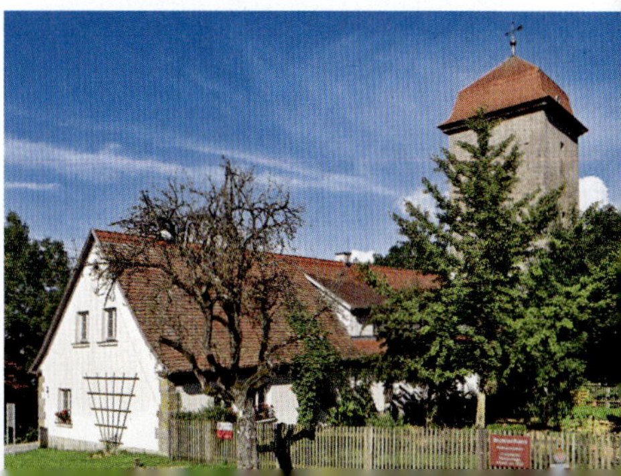

Das Brunnenhausmuseum in Bronnenhaus bei Schillingsfürst.

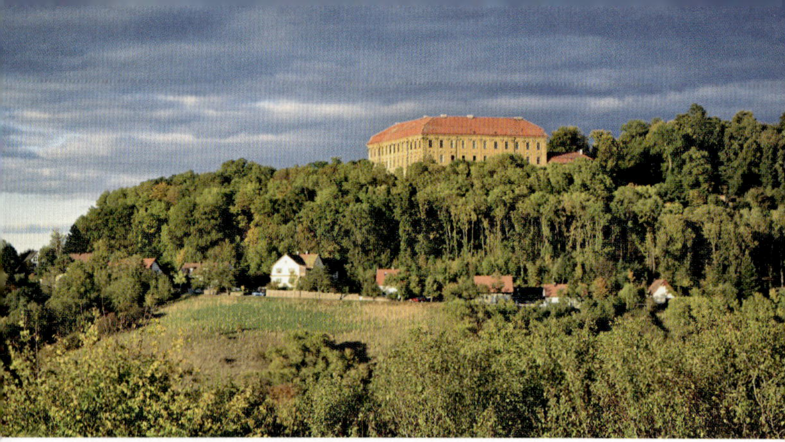

Schloss Schillingsfürst im Abendlicht.

naturbelassener Weg bringt uns schließlich doch zu dem Schotterweg, dem wir vorhin nicht gefolgt sind. Auf diesen rechts einschwenkend gelangen wir zum **Rastplatz Sechs Eichen** ❺, der sich in einer Wegtriangel befindet. Dort biegen wir zweimal rechts ab und wandern nahezu geradlinig und leicht abschüssig durch den schattigen Mischwald (Rotkreuz geht beim Rastplatz geradeaus weiter). Am Waldrand tut sich ein herrlicher Blick auf Schillingsfürst mit seinem Schloss, seinen beiden Kirchen und dem markanten Wasserturm auf.

Dieses Panorama begleitet uns nun noch eine Zeitlang auf unserem Weg über die baumlose Ackerhochfläche des **Galgenberges**. Zunächst überqueren wir einen kreuzenden Flurweg, dann mit etwas Versetzung die Kreisstraße AN35. Bei zwei Sendemasten biegt unser Weg mit der Igel-Markierung links ab und bringt uns über Streuobstwiesen hinunter zu einem Querweg, dem wir nach rechts folgen. Er führt uns eine Zeitlang an der Hangkante entlang und macht dabei eine Rechtsbiegung um die Ackerhochfläche. Hinter einer Ziegenweide geht es scharf links den mit Streuobst bestandenen Abhang hinunter.

Unten rechts an der Wörnitz entlang, dann durch eine Unterführung unter der St. 2246 hinweg, erreichen wir den Ortsrand von **Schillingsfürst**. Vorbei an der Kneippanlage gelangen wir auf dem Hirtengässchen zur eingefassten brunnenähnlichen **Wörnitzquelle** ❻. Dort biegen wir links in die Dombühler Straße ab und lassen uns in der Folge von unserem Igel auf der Frankenheimer Straße, dem Kirchenweg, dem Anton-Roth-Weg und der Steinernen Steige hoch zur Straße »Am Wall« geleiten; wer mag, kann dort einen Abstecher nach links zum Schloss machen. Ansonsten sind es nur noch wenige Meter nach rechts zurück zu unserem Ausgangspunkt beim **Wasserscheidebrunnen** ❶.

↗ 220 m | ↘ 220 m | 16.2 km

4.30 h

Rund um Dombühl

4

Unterwegs auf dem Naturerlebnisweg

Auf ihrer Website bezeichnet sich die Marktgemeinde Dombühl als ein wahres Wanderparadies: »Die sanfte, dünn besiedelte Hügellandschaft im romantischen Franken mit ihren weiten Tälern, Flussläufen und großen Wäldern ist bestens für schöne Ausflüge und Wanderungen geeignet«. Na ja – das kann ja jeder behaupten. Machen wir also die Probe aufs Exempel und gehen einen der örtlichen Wanderwege ab. Schon seines Namens wegen entscheiden wir uns für den Naturerlebnisweg. Und wir werden nicht enttäuscht: Es gibt unterwegs viel zu entdecken, wie beispielsweise den im Wald versteckten Luitpoldbrunnen, das weithin unbekannte Kloster Sulz oder die Schafhutungen oberhalb von Dombühl. Und der Gang über den bewaldeten Klosterberg lässt streckenweise Urwaldfeeling aufkommen. Schließlich bietet sich an einigen Geländepunkten die Möglichkeit, den Blick weit ins Land schweifen zu lassen. Die Gemeinde Dombühl hat also nicht zu viel versprochen.

Rastplatz auf der Schafhutung mit herrlicher Aussicht über Dombühl, dahinter die Wehrkirche St. Veit.

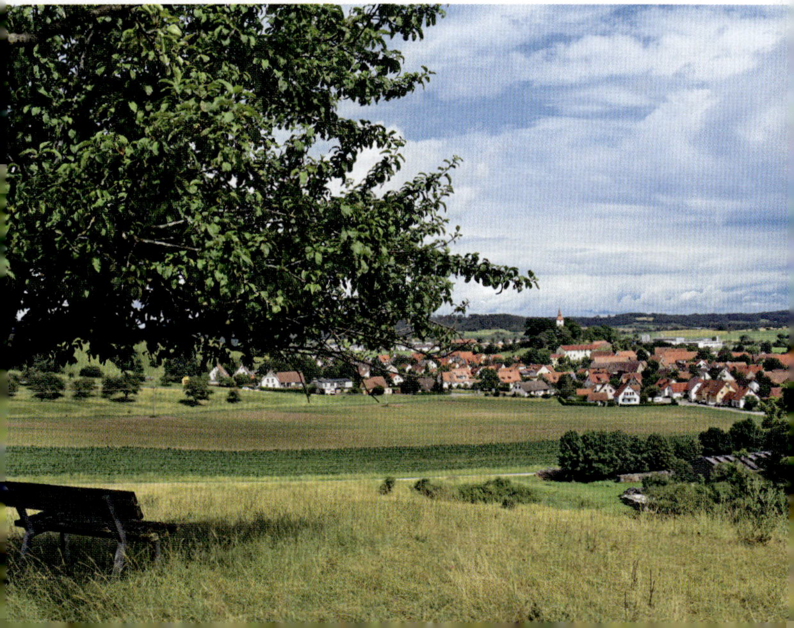

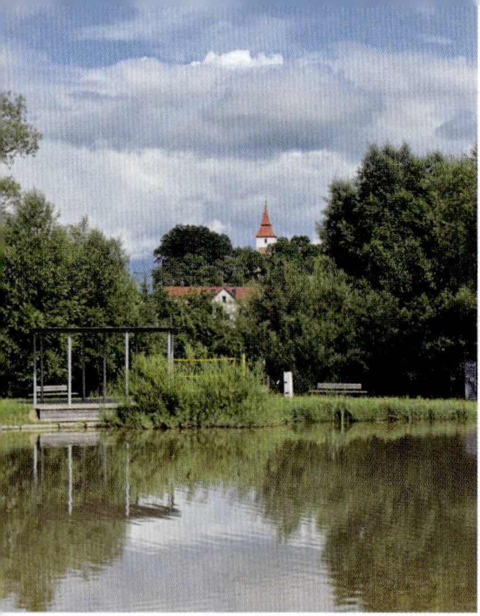

Im Dombühler Erlebnispark.

Ausgangspunkt: Bahnhof Dombühl (471 m). Anfahrt mit ÖV: über die Bahnlinie Nürnberg–Stuttgart, von Nürnberg mit S-Bahn-Anschluss (S4). Navi: 91601 Dombühl, Am Bahnhof 2 (Parkplätze vorhanden).
Anforderungen: Nur moderate An- und Abstiege; einzelne kurze Etappen verlaufen auf wenig befahrenen Landstraßen, ansonsten teils auf geschotterten, teils auf naturbelassenen Wegen; etwa die Hälfte der Tour geht über offenes Gelände ohne Schatten.
Markierung: Blaue Stadtsilhouette auf Weiß (Naturerlebnisweg), ohne Markierung, blaue Stadtsilhouette (Naturerlebnisweg).
Einkehr: In Bortenberg: Gasthaus zur Linde, Tel. 09868/90749, wendhack.de, Di–Fr 16–22.30 Uhr, Sa/So 11–22.30 Uhr, Mo Ruhetag. In Dombühl: Gleis D – Café am Bahnhof, tägl. geöffnet; Gasthaus zum Goldenen Lamm, Am Markt 19, Tel. 09868/7350; Pizzeria La Dolce Vita da Toni, Bahnhofstr. 45, Tel. 09868/356, Mo/Di Ruhetag.
Karte: ATK25 Blatt H05 Schillingsfürst 1:25 000 (LDBV Bayern).
Info: Das dem kleinen Ort den Namen gebende Kloster Sulz wurde um 1200 von Prämonstratenserinnen gegründet. Mit Einführung der Reformation im Fürstentum Ansbach wurde es im Jahr 1556 aufgelöst. Neben der Marienkirche ist besonders die ehemalige Klostermühle an der Sulzach sehenswert.
Tipp: Nach der Tour bietet sich in Dombühl ein Besuch des Naturerlebnisbades sowie des benachbarten Erlebnisparks Natur & Teich an (dombuehl.de/freizeittourismus).

Am **Bahnhof** von **Dombühl** ❶ treffen wir gleich auf die Markierung des örtlichen Naturerlebnisweges, die uns nun ständig die Richtung vorgeben wird. Auf der Straße »Am Bahnhof« geht es links in die Bahnhofstraße, die durch ein Gewerbegebiet hindurchführt, das wir nach etwa 300 m gerne hinter uns lassen. Dann links in die Johannes-Böhme-Straße, die uns nach Unterquerung der Bahngleise aus dem Ort hinausbringt. Nach der Bahnunterführung links auf einen Flurweg, der zunächst an den Gleisen entlang verläuft; dann in einer Rechtsbiegung über Felder auf die schmale Landstraße zu. Auf dieser gehen wir knapp 100 m nach links und biegen bei der folgenden Straßenkreuzung erneut links ab auf das Sträßchen nach Kloster Sulz.
Nach etwa 200 m rechts über die Wiesenflur und dort in einer Rechtsbiegung an einem alten Bahngleis entlang bis zu einem Querweg. Auf diesem links über die Schiene und die Sulzach hinweg zur Straße nach **Bortenberg**.

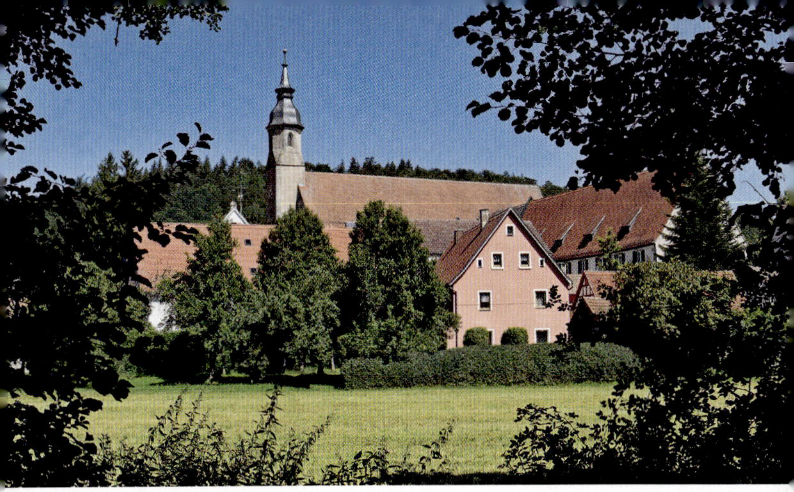

Kloster Sulz ist klein, aber sehenswert.

Wir gehen wenige Meter nach links in das kleine Dorf hinein und halten uns mit unserer Markierung aufwärts bis hoch ans Ortsende. Dort biegen wir rechts auf einen Schotterweg ab, der in den nahen Wald hineinführt. Nach knapp 900 m nehmen wir bei einem Wegweiser einen etwas steileren Pfad hinauf zum **Luitpoldbrunnen** ❷, einer eingefassten Quelle mit Rastplatz mitten im Wald.

Es geht ein kleines Stück weiter aufwärts, dann links auf einen naturbelassenen Weg, der sich ebenerdig und nahezu geradlinig durchs Gehölz zieht. Über den zweiten nach rechts abzweigenden Weg gelangen wir zu einem breiten Schotterweg, dem wir nach rechts folgen. Er führt uns in einer weiten halbkreisförmigen Biegung aus dem Wald hinaus; nun rechts etwa 300 m am Waldrand entlang, dann links über Felder leicht abwärts zu einem Sträßchen, dem wir uns nach rechts anvertrauen. Nach Unterqueren der Bahnlinie biegen wir links in die AN4 ab und erreichen bald darauf den Ort **Kloster Sulz** ❸ mit seiner weithin sichtbaren Marienkirche. Beim Friedhof halten wir uns nach links am Ortsrand entlang, bis ein schmaler Fußweg nach rechts abzweigt. Auf diesem gelangen wir längs eines Bachgrabens zum malerischen Dorfplatz, der sich für einen kleinen Besichtigungsrundgang anbietet. Weiter halb rechts die Bergstraße hoch ans Ortsende und dort bei drei Garagen rechts in die Sackgasse. An deren Ende links auf einem naturbelassenen Weg in den Wald hinein, dort bei der folgenden Gabelung links halten (hier ist die Markierung undeutlich) und bei der nächstfolgenden rechts.

Nun geht es auf einem schmalen, naturbelassenen Pfad, der dem Namen Naturerlebnisweg alle Ehren macht, längere Zeit in leichtem Auf und Ab

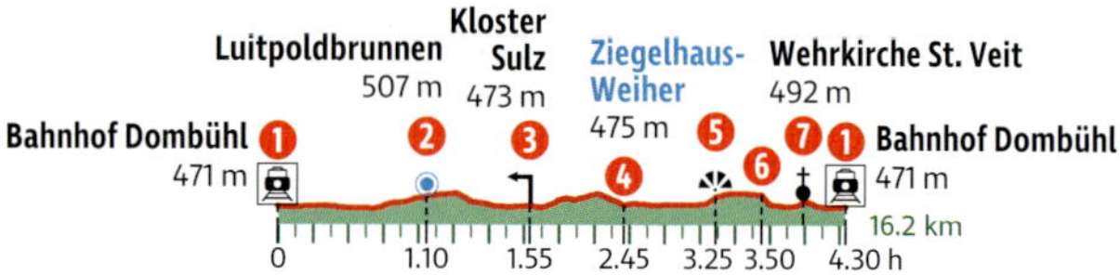

über den bewaldeten **Klosterberg**. Mit kleinen Kindern und Hunden sollte man hier lieber nicht wandern, denn an einigen Stellen behindert dichtes Dornengestrüpp das Vorankommen. Schließlich mündet unser Pfad nach einer letzten kurzen Abwärtspassage in einen breiten Schotterweg. Wir folgen diesem nach rechts aus dem Wald hinaus hinunter in den Weiler **Ziegelhaus**, wo wir uns auf einer Ruhebank bei einem **Weiher** 4 von den Strapazen der Klosterberg-Überschreitung erholen können. In der Ortsmitte rechts halten und auf einem Schotterweg über die Felder auf den Wald zu. Davor links abbiegen und eine Zeitlang auf schönem Grasweg am Waldrand entlang. Dann rechts längs eines Wieseneinschnittes bis zu einem querenden Schotterweg, der uns nach links durch einen Waldstreifen hindurch wieder auf die Feld- und Wiesenflur bringt.
Kurz vor Dombühl biegen wir rechts ab und folgen einem leicht geschotterten Feldweg aufwärts an den Ortsrand der Marktgemeinde. Kaum dort angekommen, verlassen wir den Ort schon wieder über die erste (namenlose) Straße, die nach rechts abzweigt und in einen unbefestigten Fußweg übergeht. Dieser zieht sich den Wiesenhang hoch zur Plateaukante, wo wir

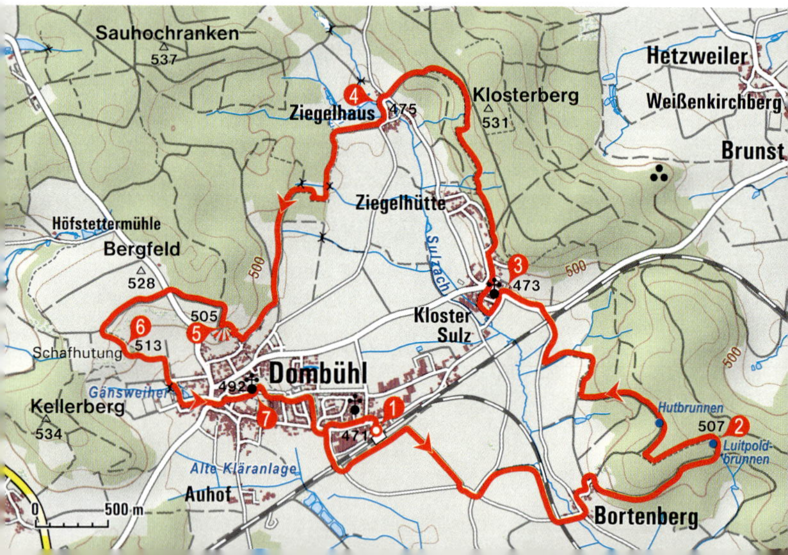

uns links halten müssen. Bei einer **Ruhebank** ❺ bietet sich uns der bisher schönste Ausblick auf unserer Tour über Dombühl hinweg nach Kloster Sulz und in die weitere Umgebung.
Weiter an der Hangkante entlang bis zu einer Ruhebank in einer Streuobstwiese; dort rechts halten und über Felder in Richtung Wald. Dann links längs des Waldrandes bis zur AN35, diese überqueren und geradeaus über die Ackerhochfläche mit schönem Ausblick ins südliche Umland. Auf Höhe der Hochspannungsleitung kürzen wir den offiziellen Verlauf des Naturwanderweges etwas ab und biegen ohne Markierung links auf einen Wiesenweg ab, der leicht abwärts zur **Schafhutung** ❻ führt. Über die mit Streuobst bestandene Weidefläche gehen wir diagonal abwärts zu einer **Ruhebank**, von der aus wir nochmals das herrliche Panorama genießen können.

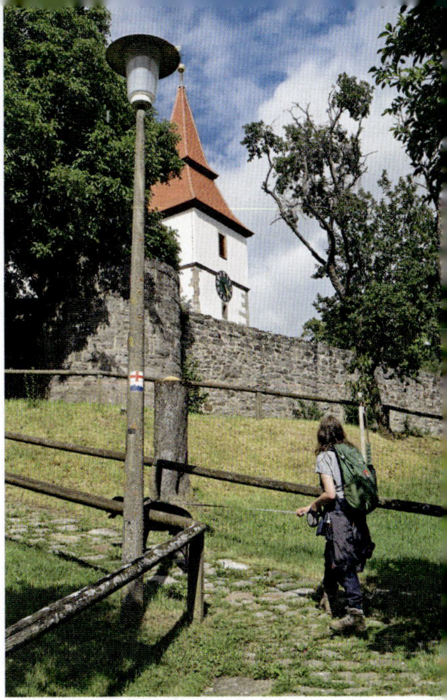

Steil geht es hinauf zur Wehrkirche St. Veit.

Von dort steigen wir hinunter zu einem Schotterweg, dem wir nach rechts folgen. Am Ortsrand von **Dombühl** stoßen wir wieder auf die Markierung des Naturerlebnisweges und gehen mit ihr ein paar Meter links in die Breslauer Straße. Dann gleich wieder rechts auf einen Fußweg, der uns durch den netten **Erlebnispark Natur & Teich** zur Köllenbergstraße bringt. Auf dieser nach links, vorbei am Naturerlebnisbad, bis zur großen Straßenkreuzung und über diese hinweg geradeaus in die Frankenstraße. Nach einigen Metern links in die Straße »Rosenau« und auf dieser in einer Rechtskehre aufwärts. Auf einem steilen Fußweg gelangen wir schließlich hoch zur **Wehrkirche St. Veit** ❼ – eine der ältesten Wehranlagen im mittelfränkischen Raum mit fantastischer Aussicht.
Nach einem Rundgang um die Kirchenanlage verlassen wir die Anhöhe in östlicher Richtung auf dem Kirchbuckweg und folgen diesem abwärts zur Friedhofstraße. Auf dieser links am Friedhof vorbei und kurz danach rechts auf einen Fußweg, der uns durch einen Grünstreifen hindurch zur Bahnhofstraße führt. Jetzt sind es nur noch wenige Meter nach links zurück zu unserem Ausgangspunkt am **Bahnhof Dombühl** ❶.

↗ 150 m | ↘ 150 m | 10.9 km

5 Rund um Diebach

2.45 h

Links und rechts der jungen Tauber

Bei Diebach lässt sich erahnen, dass sich die Tauber langsam zu einem richtigen Fluss entwickelt. Seit ihrer Quelle hat sie bereits das Wasser vieler Bäche und Rinnsale aufgenommen, wodurch sich ihr Bett sichtbar verbreitert hat. Aber noch ist sie vom Charakter her eher ein größerer Bach. Hier im Vorland der Frankenhöhe hat sie noch ausreichend Platz zum Mäandrieren und es macht Spaß, ihren mal engen, mal weiten Schlaufen zu folgen. Dies macht besonders den Reiz zu Beginn unserer Tour aus. Dann wenden wir uns von der Tauber weg ins leicht hügelige Umland, wandeln auf geschichtsträchtigen Spuren und genießen herrliche Ausblicke auf die Stadtsilhouette des aus der Ferne grüßenden Rothenburg ob der Tauber.

Ausgangspunkt: Diebach, Ortsmitte beim Rathaus (392 m). Anfahrt mit ÖV: Bahn bis Bahnhof Rothenburg o.d. Tauber, von dort mit Bus 807 bis Haltestelle Diebach Kirche. Navi: 91583 Diebach, Hauptstr. 5 (nur wenige Parkmöglichkeiten im Ort).
Anforderungen: Nur wenige moderate An- und Abstiege; meist auf asphaltierten Wegen/Straßen, etappenweise auf Schotter; ausschließlich offenes Gelände ohne Schatten; auch mit Kindern empfehlenswert.
Markierung: Weiße Krone auf Blau.

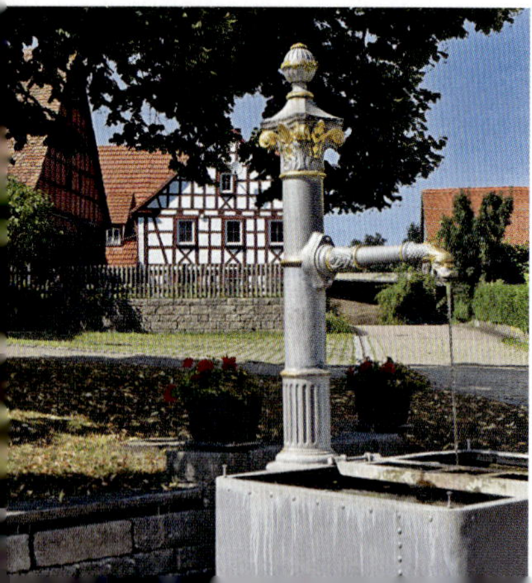

Einkehr: Unterwegs keine Möglichkeit. In Diebach: Gasthaus Zur Post, Hauptstr. 5, Tel. 09868/385, Di–So ab 16 Uhr, Mi Ruhetag.
Variante: Wer die lange Etappe von Diebach hoch zum Babywald längs der AN7 meiden möchte, biegt beim Wegpunkt 4 rechts ab und folgt der gelben Nixe. Beim Abzweig hinter dem Aussichtpunkt Kirchbuck links und auf einem Flurweg ohne Markierung unter der A7 hinweg. Dahinter geradeaus auf einem unbefestigten Feldweg bis an den Ortsrand von Bellershausen. Von dort mit der Markierung des Laurentius-Weges über die St. 2247 hinweg in einen Wald. Dort biegt der Zubringer zum Krone-Weg links ab und führt zur AN7. Auf ihr einige Meter links zum Babywald. Die Wanderstrecke verlängert sich so um 3,5 km.
Karte: ATK25 Blatt H05 Schillingsfürst 1:25 000 (LDBV Bayern).
Tipp: Wer mit Kindern unterwegs ist, sollte unbedingt eine längere Rast am Diebacher Badeweiher einplanen. Dort befinden sich neben einem Spielplatz ein Bewegungsparcours sowie ein Outdoor-Mensch-ärgere-dich-nicht-Spiel (fichtenberg.de/freizeit-tourismus/natur-see/diebach-stausee).

Brunnen in Diebach.

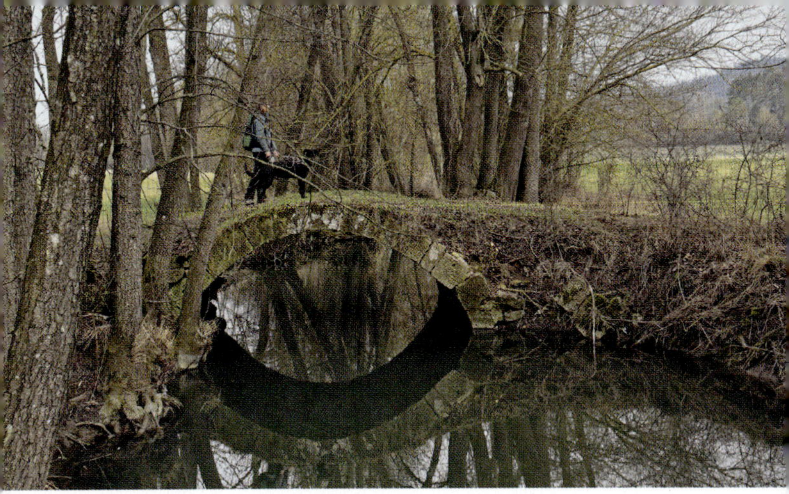

Die steinerne Alte Heubrücke bei Diebach.

Wir starten in der Ortsmitte von **Diebach** beim **Rathaus ①** und wenden uns mit Blick zur St. Bartholomäuskirche rechts in die Bockenfelder Straße. Geleitet werden wir auf der gesamten Tour von der Markierung des regionalen Wanderweges Krone (weiße Krone auf Blau). Am Ortsende bei einem Pferdehof links auf einen Flurweg, der uns über die schmale Tauber hinweg bringt. Nach der Brücke am Flüsschen entlang, das hier leicht mäandriert; wir tangieren eine Flussschleife und gelangen über eine Streuobstwiese zu einem Rinnsal, das rechts des Weges in die Tauber mündet. Nahe der Mündung werfen wir einen Blick auf die **Alte Heubrücke ②**, die schon lange ihre verkehrstechnische Bedeutung verloren hat. Keine Straße, kein Feldweg führt mehr über sie hinweg, aber sie gilt als eine der ältesten Tauberbrücken, die noch im Originalzustand erhalten geblieben sind.

Von der Heubrücke folgen wir dem Rinnsal nach links (mit Blick zur Fließrichtung der Tauber) durch eine Brücke der ehemaligen Bahnlinie hindurch. Gleich dahinter links auf einen geteerten Flurweg und nach etwas mehr als 100 m rechts auf einen Feldweg, der leicht ansteigend hoch auf die Feldflur führt. Dort knickt der Weg nach links ab und mündet bald darauf in einen breiten Schotterweg. Diesem folgen wir leicht abwärts und passieren das Gelände des ehemaligen Kalkwerk-Steinbruches, auf den eine Infotafel aufmerksam macht. Vor der Brücke rechts halten und dann am Ortsrand von Diebach entlang.

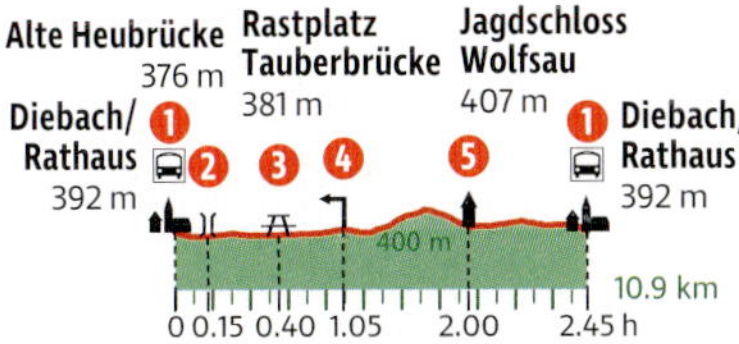

Wer in den Sommermonaten mit Kindern unterwegs ist, kommt sicherlich nicht ohne Zwischenstopp am **Diebacher Badeweiher** vorbei, der rechts des Weges liegt (siehe Tipp). Von dort über die Insinger Straße hinweg (hier steht eine Infotafel über die ehemalige Bahntrasse) weiter am Ortsrand entlang und bei einer Gabelung den rechten Weg nehmen, der dann weiter geradeaus an der Heckenmühle vorbei verläuft. Bei der folgenden Gabelung links abbiegen und kurz danach auf einer breiten **Brücke** über die Tauber. Links des Weges taucht gleich ein schöner, schattiger **Rastplatz** ❸ auf, der sich für ein Picknick anbietet.

Auf dem kombinierten Fuß- und Radweg geht es nun etwa 500 m stur geradeaus bis zu einer Wegkreuzung; dort biegen wir links ab und gehen an der Böllersmühle vorbei leicht aufwärts bis zu einem querenden Sträßchen. Auf diesem knapp 200 m nach rechts, dann links auf einem Feldweg hoch auf die Ackerhochfläche. Dort oben haben wir bei einer **Wegkreuzung** ❹ freie Sicht zum Schloss Schillingsfürst und ins flachwellige Umland. Wer die Variante ablaufen möchte (siehe dort), biegt hier rechts ab. Ansonsten wenden wir uns mit der bewährten Krone-Markierung nach links hinunter zur St. 2247. Vor der Straße biegen wir links ab und gehen an ihr entlang bis zum Sportplatz (hier befindet sich ein Wanderportal zum Krone-Wanderweg) am Ortsrand von Diebach. Dort überqueren wir die Hauptstraße und halten uns rechts auf der AN7 wieder ortsauswärts.

Es folgt eine mehr als 1 km lange Wegstrecke, die wir kontinuierlich aufwärts auf der Straße zurücklegen müssen, es gibt keinen Fußweg, auf den man ausweichen könnte. Glücklicherweise fahren hier nur wenige Autos, aber Spaß macht dieser Abschnitt unserer ansonsten kurzweiligen Tour wahrlich

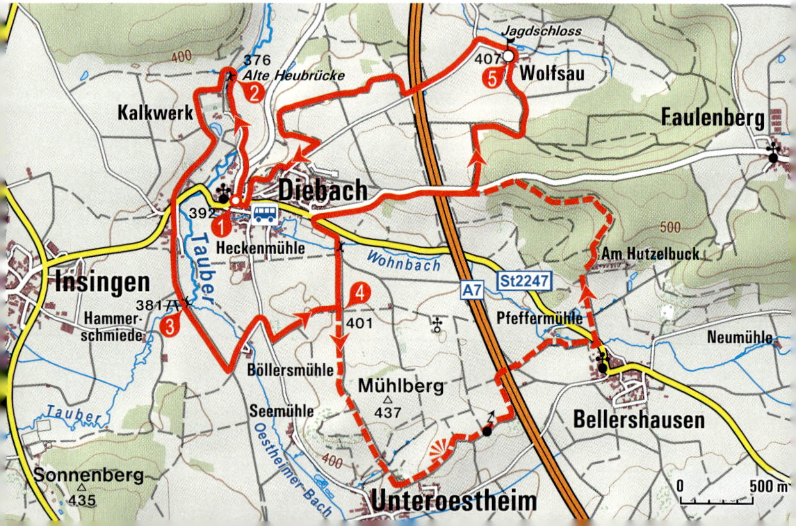

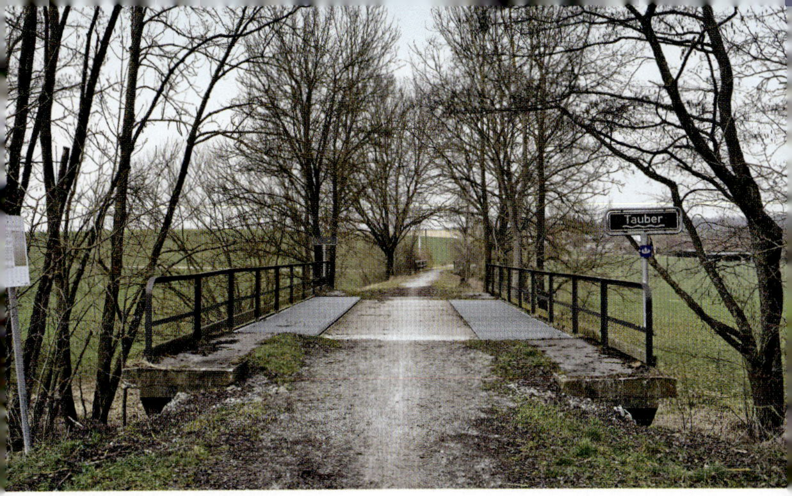

Geradlinig geht es über die Tauber.

nicht (wer ihn umgehen möchte, folgt der etwas längeren Variante). Nach Überqueren der Autobahn (A7) den ersten Weg nach links einschlagen (hier kommt auch die Variante wieder an) und den **Babywald** passieren. Nun immer am Waldrand entlang aufwärts bis zum Scheitelpunkt bei einer Ruhebank mit schönem Panoramablick hinüber nach Rothenburg.

Dann über Felder abwärts bis zu einem Querweg und auf diesem am Wald entlang bis zu einem Abzweig am Waldrand (hier steht etwas abseits des Weges der Prof.-Krauss-Gedenkstein). Dort links abbiegen und über Wiesen und Felder nach **Wolfsau**. Im Ort beim **Jagdschloss** 5 links halten und das kleine Dorf wieder verlassen. Bei der Straßengabelung dahinter links auf dem Sträßchen in Richtung Diebach (Straßenwegweiser beachten) leicht aufwärts über die Feldflur und die A7 unterqueren. Danach rechts auf einen Feldweg und beim nächsten Abzweig gleich wieder links. Nun über die Ackerhochfläche, zunächst an einem Wäldchen vorbei, dann über die offene Flur. Beim Wandern längs der Hangkante ergeben sich immer wieder schöne Blicke auf die Stadtsilhouette von Rothenburg.

Schließlich knickt unser schöner Wiesenweg nach links ab und umrundet längs des Plateaurandes die Ackerhochfläche. Er mündet dann in das Sträßchen nach Wolfsau, das uns rechts an den Ortsrand von **Diebach** in ein Neubaugebiet bringt. Beim Haus-Nr. 29 biegen wir rechts auf einen Fußweg ab und folgen diesem in einer Linkskehre. Er führt uns durch Streuobst hindurch über eine Hügelkuppe (von hier schöner Blick auf den Ort) und von dort über ein Gässchen und über eine Treppe hinunter zur Hauptstraße. Auf ihr halten wir uns rechts und erreichen nach wenigen Metern unseren Ausgangspunkt beim **Rathaus** 1.

↗ 200 m | ↘ 200 m | 13.6 km

6 Von Neusitz zum Karrachsee

4.20 h

Weite Blicke vom Lug ins Land

Das vor den Toren Rothenburgs liegende Neusitz ist der ideale Ausgangsort für eine erlebnisreiche Tour hoch auf die Frankenhöhe. Hier erwarten uns ausgedehnte Laubmischwälder, in denen man stundenlang wandern kann, ohne einer Menschenseele zu begegnen. Unterwegs statten wir den beiden Karrachseen einen Besuch ab, wobei besonders der Kleine Karrachsee durch seine idyllische Lage mitten im Wald besticht. Über die Schweinsbachquelle steuern wir dann den Lug ins Land an, dessen Name Programm ist – er bietet eine weite Aussicht über Rothenburg hinweg in die Hohenloher Ebene. Über den Schafhof kehren wir nach Neusitz zurück und lassen dort im Gasthof bei einem Bier die Wanderung ausklingen.

Ausgangspunkt: Neusitz, Heilig-Kreuz-Kirche (418 m). Anfahrt mit ÖV: Bahn bis Bahnhof Rothenburg o.d. Tauber, von dort mit Bus 818 bis Haltestelle Neusitz Kirchfeldring. Navi: 91616 Neusitz, Kirchfeldring 10 (Parkplätze beim Friedhof).
Anforderungen: Überwiegend moderate An- und Abstiege, nur der Abstieg vom Lug ins Land zum Schafhof ist etwas steiler; überwiegend auf geschotterten und naturbelassenen Wegen, nur kurze Abschnitte auf Asphalt.

Markierung: W13, Wasserscheideweg, Rotkreuz, Jakobsweg, Wasserscheideweg, Roter Flieger, W11, ohne Markierung.
Einkehr: Unterwegs keine Möglichkeit. Daher Rucksackproviant mitnehmen. In Neusitz: Gasthof Neusitz, Im Dorf 8, Tel. 09861/93999, gasthof-neusitz.de, Fr–So 11.30–14 Uhr u. 17.30–21 Uhr, Do nur abends, Mo–Mi Ruhetage; Gasthof Alte Steige, An der Steige 16, Tel. 09861/709960.
Karte: ATK25 Blatt G06 Bad Windsheim 1:25 000 (LDBV Bayern).

Beim Großen Karrachsee.

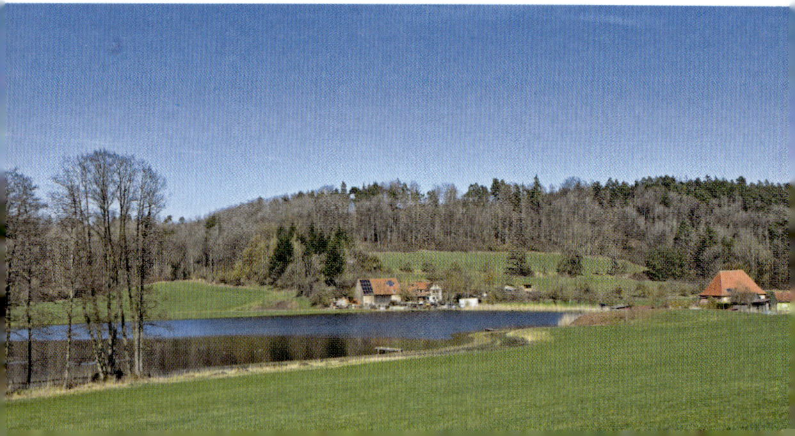

Unsere Tour beginnt in **Neusitz** am Parkplatz bei der **Heilig-Kreuz-Kirche** ❶. Mit der Markierung W13 gehen wir den Kirchfeldring hinunter und biegen rechts in die Horabacher Straße ein. Dort stoßen wir auf die Markierung des Zubringers zum Wasserscheideweg und halten uns mit beiden Wegzeichen ortsauswärts. Am Ortsende links auf einen geteerten Flurweg, der längs einer Weiherkette verläuft und in einen Querweg mündet. Diesem ebenfalls geteerten Weg folgen wir nach rechts hangaufwärts in ein Waldgebiet hinein. Oben bei einem **Rastplatz** nahe der St. 2250 kommt von rechts der Wasserscheideweg hinzu, an dem wir uns nun vorrangig orientieren. Wir folgen ihm in einer Schlaufe über die St. 2250 hinweg und biegen rechts in die Straße nach Wachsenberg ein. Einige Meter später weist uns ein Wegweiser ohne Markierung nach links zu einem **Aussichtspunkt** ❷ mit schönem Blick auf das nahe Rothenburg.

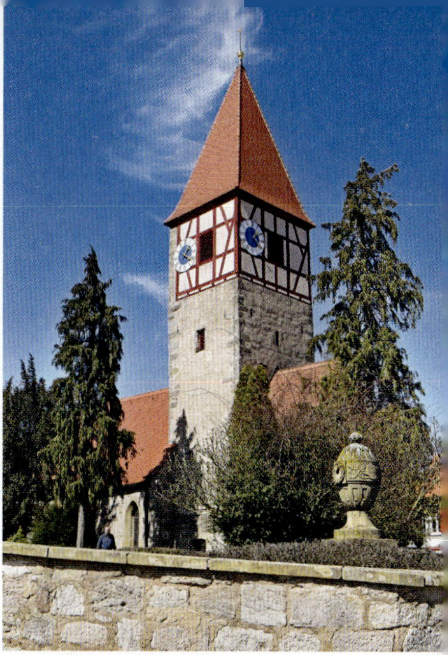

An der Kirche in Neusitz beginnt unsere Tour.

Zurück auf der Straße halten wir uns noch etwa 150 m geradeaus, bevor es nach rechts in den Wald hinein geht. Neben der Markierung des Wasserscheideweges ist nun auch das Rotkreuz unser Begleiter. Wir folgen längere Zeit der breiten Waldfuhre nahezu geradlinig durchs Gehölz. Über eine große Wegkreuzung hinweg gelangen wir zu einer Gabelung, wo wir den links abzweigenden Weg nehmen. Bei der folgenden Kreuzung ist Aufmerksamkeit geboten: Nicht geradeaus auf dem Wasserscheideweg weiter, sondern rechts abbiegen! Eigentlich wäre jetzt das Rotkreuz unsere Markierung, doch von ihm ist weit und breit nichts zu sehen. Nach etwas

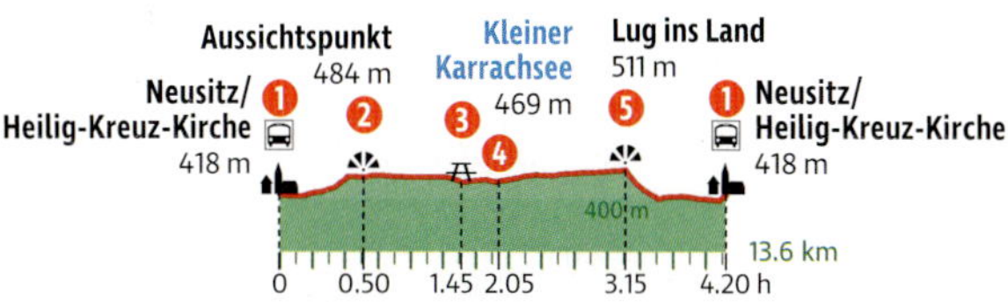

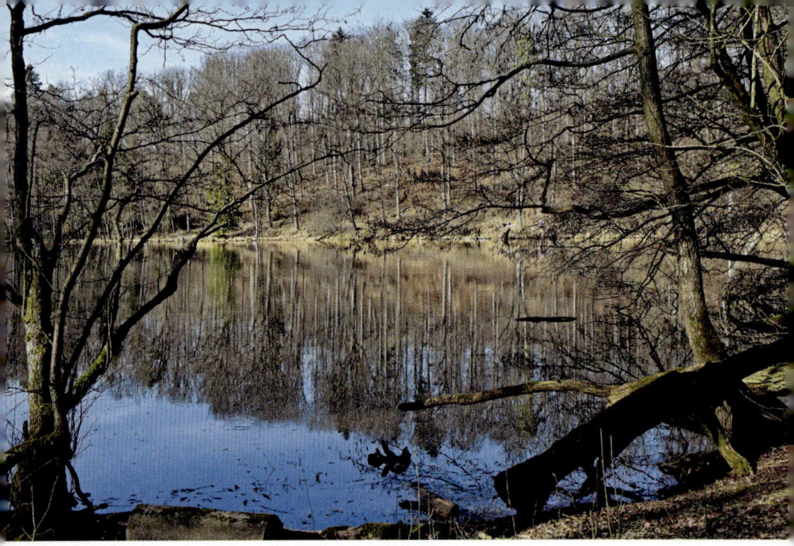

Der Kleine Karrachsee liegt versteckt im Wald.

mehr als 600 m ist erneut Konzentration angesagt, denn wir müssen einen etwas unscheinbaren und weiterhin nicht markierten Weg nach links einschlagen. Er führt uns stetig abwärts hinunter an den Rand der Talaue des **Karrachbaches**.

Unten beim Querweg endet die markierungslose Phase – wir stoßen zwar nicht auf das Rotkreuz, dafür auf den Mittelfränkischen Jakobsweg und den Fränkischen Marienweg und halten uns mit beiden nach links. Zunächst passieren wir den Abzweig zur rechts am Großen Karrachsee gelegenen Karrachmühle (Privatweg, Durchgang verboten!), gleich danach einen schönen **Rastplatz** ❸ nahe des Seeufers. Etwa 500 m weiter kommt von links der Wasserscheideweg wieder zu uns und wir gehen mit ihm nach rechts, den Karrachbach überquerend, in den Forst hinein. Es geht erst aufwärts, dann über einen Bergrücken hinweg hinunter zum malerisch mitten im Wald gelegenen **Kleinen Karrachsee** ❹. Ein idyllisches Plätzchen, das man hier nicht vermutet hätte!

Von dort gelangen wir in stetigem leichten Anstieg zum **Wildenbrünnlein**, das einige Meter links des Weges plätschert. Danach mündet unser Weg in das Sträßchen von Neusitz nach Linden; wir folgen diesem einige Meter nach links und biegen dann rechts auf einen breiten Weg ab. Dieser zieht sich eine Zeitlang nahezu geradlinig durch den Wald, bis wir eine Gabelung erreichen. Dort verabschiedet sich der Wasserscheideweg nach rechts, wir halten uns aber nach links und folgen dabei den Markierungen Blaustrich, Blaukreuz und Roter Flieger.

Einige Meter weiter kommen wir an der **Schweinsbachquelle** vorbei, die rechts unterhalb von uns entspringt und die eine breite Kerbe in den Abhang genagt hat. Kurz nach der Quelle gesellt sich die W-11-Markierung hinzu, die uns nun die Richtung vorgeben wird. Sie führt uns zunächst von unserem breiten Schotterweg nach rechts auf einen naturbelassenen Pfad, der sich längs der Hangkante hinzieht und wieder in eine weitere Schotterfuhre mündet. Auf ihr gelangen wir aus dem Wald hinaus auf die offene Feldflur zu einem Wasserbehälter, links von uns sind die Häuser von Wachsenberg zu sehen (die Wirtschaft dort ist leider dauerhaft geschlossen). Noch ein paar Schritte und wir stehen am Rand der Hochebene **Lug ins Land**, vom **Aussichspunkt** 5 genießt man einen schönen Blick auf Rothenburg und die Hohenloher Ebene.
Dann geht es auf einem geschotterten Pfad halbwegs steil den Abhang hinunter (Vorsicht, Rutschgefahr!) zu einem Querweg. Auf diesem links an der Autobahn (A7) entlang zum Schafhof, wo wir den W-11-Weg verlassen. Stattdessen biegen wir ohne Markierung links auf einen Schotterweg ab, der uns leicht aufwärts über Felder zu einer Gabelung bringt. Dort rechts auf einen unbefestigten Feldweg, der hinunter zu einem geteerten Flurweg führt. Dieser bringt uns zur St. 2250, die wir leicht versetzt überqueren. Dann leitet ein Fußweg geradeaus nach **Neusitz** hinein, wo die Markierung W11 wieder auftaucht. Mit ihr gehen wir an der Wirtschaft und dem Feuerwehrhaus vorbei in Richtung Kirche, wobei wir die letzten Meter hoch zur **Heilig-Kreuz-Kirche** auf einer steilen Treppe bewältigen müssen. Durch den Friedhof hindurch gelangen wir schließlich zurück zu unserem Ausgangspunkt auf dem **Parkplatz** 1.

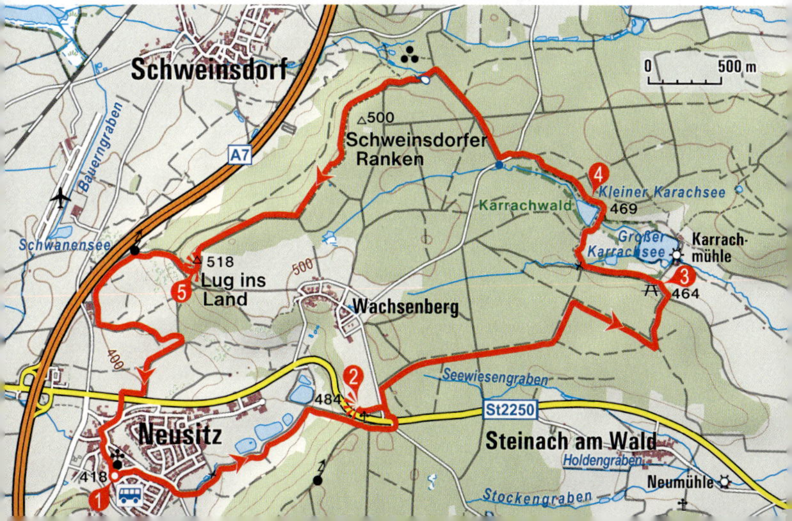

↗ 160 m | ↘ 160 m | 11.2 km

7 Bergles-Tour bei Gebsattel

3.30 h

Auf den Spuren der Hüteschäfer

Der Namen dieser Tour lässt erahnen, dass es unterwegs nicht allzu steil werden wird. Denn ein »Bergle« ist eben ein kleiner Berg oder ein Hügel. Tatsächlich führt der von der Gemeinde Gebsattel angelegte Berglesweg auf zwei kleinere Erhebungen, die dennoch eine famose Sicht ins Rothenburger Land ermöglichen – den Kreuzlesberg und den Wolfsberg. Aber das Alleinstellungsmerkmal dieser Wanderung sind eindeutig die unter Naturschutz stehenden Schafhutungen bei Kirnberg. Diese Mager- und Trockenrasen gehören zu den artenreichsten Lebensräumen in Mitteleuropa. Zahlreiche gefährdete oder sogar vom Aussterben bedrohte Tier- und Pflanzenarten finden hier ein Rückzugsgebiet. Bereits seit langer Zeit werden die kargen Hänge von Schafen beweidet. Die »vierbeinigen Rasenmäher« sorgen dafür, dass die artenreichen Magerrasen nicht verbuschen und leisten damit einen wichtigen Beitrag zum Erhalt dieser einzigartigen Vegetation. Unnötig zu erwähnen, dass wir beim Gang durch diese sensiblen Flächen die Wege nicht verlassen.

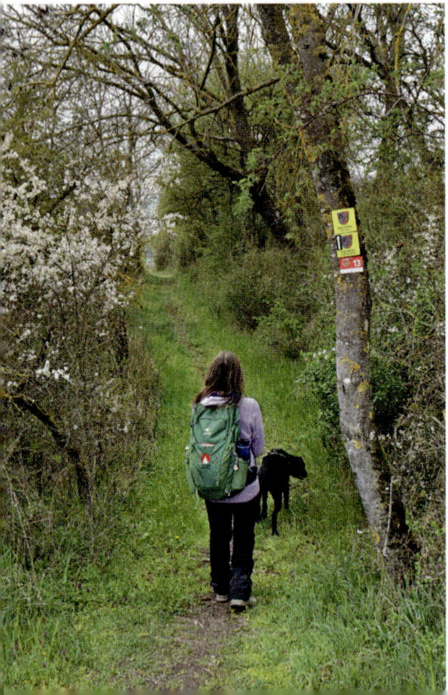

Ausgangspunkt: Gebsattel, Wanderparkplatz bei der Sportanlage (370 m). Anfahrt mit ÖV: Bahn bis Bahnhof Rothenburg o.d. Tauber, von dort mit Bus 807 bis Haltestelle Gebsattel Schlossstraße; von dort zu Fuß über Schlossstraße und Bodenweg zur Sportanlage. Navi: 91607 Gebsattel, Bodenweg 1 (Parkplätze vorhanden).
Anforderungen: Keine nennenswerten An- und Abstiege; etwa zur Hälfte auf Asphalt (Straßen, Wege) und Schotter bzw. naturbelassenen Wegen; überwiegend offenes Gelände mit wenig Schatten; auch mit Kindern empfehlenswert.
Markierung: W13, Berglesweg Hauptroute, ohne Markierung, W13, Berglesweg Hauptroute.
Einkehr: In Kirnberg: Gasthaus zur Linde, Tel. 09861/2618, zur-linde-kirnberg.de, Do–Mo ab 17.30 Uhr, So/Fei auch 11.30–14.00 Uhr, Mi Ruhetag. In Gebsattel: Gasthof zum Lamm, Schlossstr. 2–4, Tel. 09861/8968,

Schöner Pfad vom Wolfsberg abwärts.

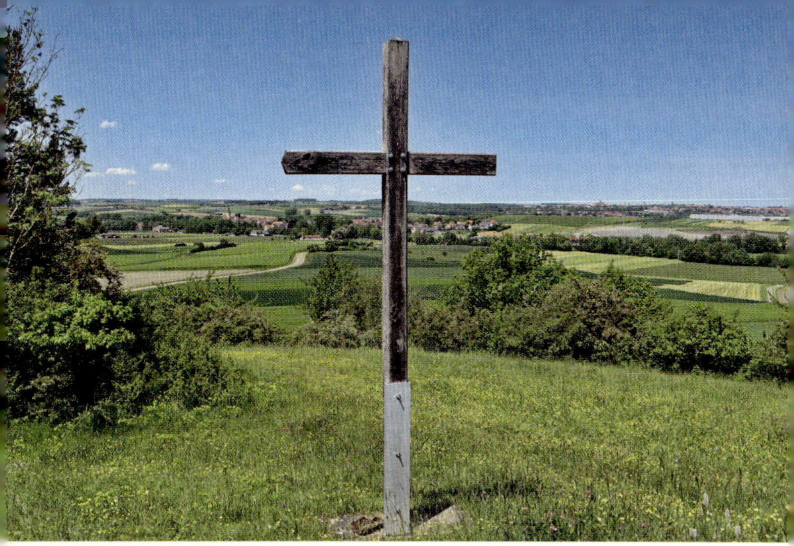

Panorama auf dem Kreuzlesberg.

gasthaus-lamm-gebsattel-rothenburg.de, Mi Ruhetag; Gasthof Schwarzer Adler, Kirchdorfstr. 4, Tel. 09861/2626, schwarzer-adler-rothenburg.com, Mo u. Mi–Sa 16.30–23 Uhr, So 10–14 Uhr u. 17–22 Uhr, Di Ruhetag.
Karte: ATK25 Blatt H05 Schillingsfürst 1:25 000 (LDBV Bayern).
Info: Gebsattel bestand ursprünglich aus zwei Orten, dem älteren Kirchdorf links der Tauber und dem jüngeren Schlossdorf rechts der Tauber. Das Schloss der Grafen von Rothenburg-Kornburg hat seinen Ursprung im 11. Jh., der heutige Bau entstand jedoch vermutlich im 15. Jh. Es ist in Privatbesitz und kann nicht besichtigt werden (gebsattel.de).

Ausgangspunkt unserer Tour, die nicht durchgängig mit dem Berglesweg der Gemeinde **Gebsattel** identisch ist, ist der **Wanderparkplatz** ❶ bei der Musikhalle und Sportanlage außerhalb des Ortes. Von dort mit den Markierungen W13 und Berglesweg Hauptroute auf dem Fahrweg in Richtung Osten und beim querenden Flurweg nach rechts. Bei erster Gelegenheit links auf einen Schotterweg, der nahezu geradlinig auf die Autobahn (A7) zuläuft. Davor bei einem Wegweiser rechts (W13 biegt hier nach links ab), an der A7 entlang und dann in einer Rechtsbiegung auf den **Kreuzlesberg**. Oben angekommen bietet sich uns beim **Gipfelkreuz** ❷ ein wunderschöner Ausblick über Gebsattel hinweg nach Rothenburg und über Neusitz bis zum Lug ins Land am Rand der Frankenhöhe.
Den Abstieg bewältigen wir durch Hecken hindurch hinunter zu einem querenden Flurweg. Auf diesem gehen wir nach links leicht aufwärts auf den Wald zu, allerdings ohne Markierung. Das Eichenblatt auf Gelb, das

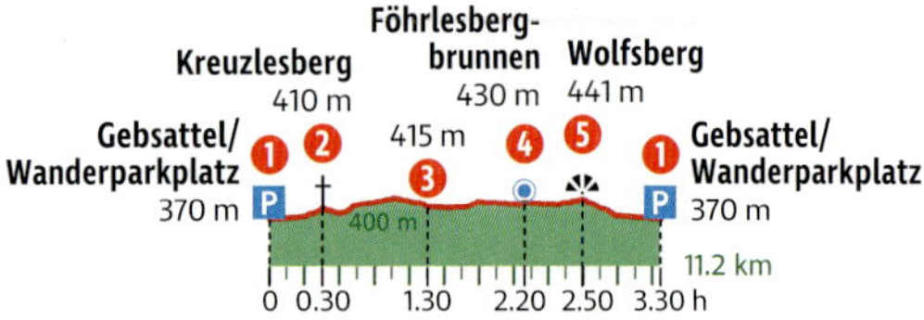

uns nun eigentlich führen sollte, taucht erst am Waldrand auf und macht sich später aber wieder rar. Orientieren sollte man sich an ihm besser nicht. Im Wald folgen wir einem breiten unbefestigten Weg, bis er eine Rechtskurve macht, und halten uns dort links hoch zu einem schmalen Weg, der parallel zur nahen Autobahn verläuft. Auf diesem gelangen wir nach rechts stetig leicht aufwärts auf die Feldflur und gehen an deren Rand auf die Straße nach Rödersdorf zu. Ab hier sollte eigentlich die Elster auf Gelb unsere Markierung sein, aber von ihr ist genauso wenig zu sehen wie schon vom Eichenblatt vorher. So gehen wir weiter ohne Markierung links über die A7 hinweg nach **Rödersdorf** und biegen im Ort links ab in Richtung Pleikartshof (Straßenwegweiser beachten!).
Längs eines wenig befahrenen Sträßchens geht es dann hinunter in den Weiler **Pleikartshof** ❸, den wir zügig in einer Linkskurve durchschreiten. Weiter auf dem Sträßchen, vorbei an einem mit Wacholder bewachsenen Magerrasenareal, bis zur querenden St. 2249. Auf dieser einige Meter nach links, dann beim Naturschutzgebiet-Schild rechts auf einen Schotterweg, der sich längs des mit Sträuchern bewachsenen Abhanges entlangzieht. Wir nehmen den Hinweis auf dem Schild natürlich ernst und bleiben strikt auf unserem Weg. Nach etwa 300 müssen wir aufpassen, denn nun geht es links zwischen zwei Heckenreihen hindurch den Hang hoch. Oben auf dem querenden Schotterweg links halten; er macht dann eine Biegung nach

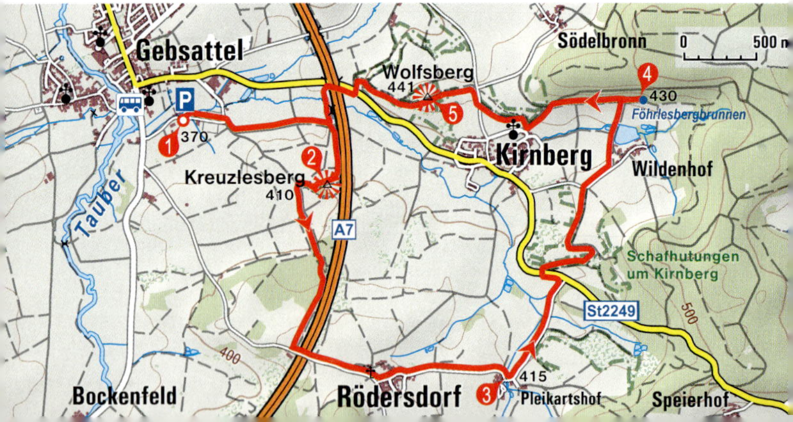

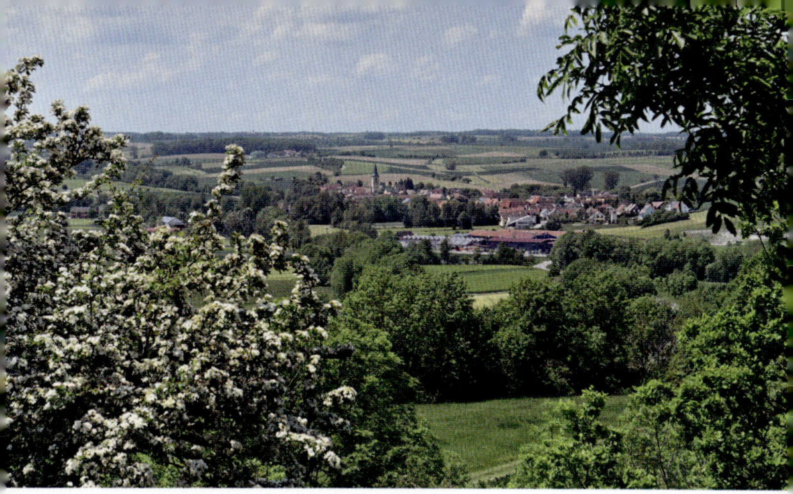

Die Hohenloher Ebene mit Gebsattel vom Wolfsberg aus.

rechts und führt längs eines weiteren sträucherbestandenen Magerrasen-Streifens zu einem Sträßchen. Diesem folgen wir halb rechts an den Rand des Weilers **Wildenhof** und biegen dort noch vor dem Ortsschild links ab.
Auf der Höhe des großen Weihers kommen von links die Markierungen Berglesweg und W13 wieder zu uns und wir gehen mit beiden Zeichen geradeaus auf den Wald zu. Am Waldrand auf einem Schotterweg zunächst etwa 125 m nach rechts zum **Föhrlesbergbrunnen** 4 mit Rastplatz, dann zurück und nun geradeaus am Wald entlang. Bei der nächsten Wegkreuzung links leicht abwärts in Richtung **Kirnberg** und am Ortsrand gleich wieder rechts aufwärts (geradeaus sind es nur wenige Meter zur sehenswerten St.-Maria-und-Michael-Kirche). Nun links, vorbei an einem weiteren Magerrasenstreifen bis zu einem Sträßchen, dem wir einige Meter nach rechts folgen. Dann links auf einen Schotterweg, der uns hoch auf den **Wolfsberg** 5 bringt. Er ist immerhin 441 m hoch und bietet einen tollen Rundumblick (Hohenloher Ebene, Gebsattel, Rothenburg, Neusitz, Lug ins Land, Schlossberg).
Bei einer Ruhebank geht es in westlicher Richtung auf einem schönen Pfad abwärts; erst durch dichtes Gesträuch, dann über offenen Magerrasen und schließlich erneut durch Hecken. Unten bei der Solaranlage links auf einen breiten Schotterweg, der in die St. 2249 mündet. Auf der Straße rechts halten und die A7 unterqueren; gleich nach der Autobahn links und dann an ihrer Böschung entlang, bis wir beim Wegweiser den Schotterweg erreichen, den wir schon vom Hinweg kennen. Jetzt schwenken wir rechts auf ihn ein und erreichen in Kürze den **Wanderparkplatz** 1 beim Sportgelände.

↗ 270 m | ↘ 270 m | 8.6 km

2.45 h

8 Auf dem Rothenburger Panoramaweg

Fantastische Ausblicke auf die alte Reichsstadt

Das romantische Rothenburg mit seinem nahezu vollständig erhaltenen mittelalterlichen Stadtbild ist das Tor zum lieblichen Taubertal, wie der Flusslauf jetzt bis zur Mündung bei Wertheim in den Main genannt wird. Ab hier schneidet sich die Tauber zunächst tief in den harten Muschelkalk ein und bildet bis Creglingen den wohl spektakulärsten Talabschnitt. Es lohnt sich, etwas länger in der einstigen Reichsstadt zu verweilen und ihr Umland auf mehreren Touren zu erkunden. Diese Wanderung führt uns auf die Hochfläche westlich der Tauber und ermöglicht uns traumhafte Ausblicke auf die Silhouette der Stadt. Mit Fug und Recht wird unsere Wanderstrecke daher als Panoramaweg bezeichnet. Auch wenn die Tour nicht allzu lang ist, sollte man trotzdem ein bisschen Kondition mitbringen. Denn es müssen an den Talflanken von Tauber und Schandtauber einige steilere An- und Abstiege bewältigt werden.

Ausgangspunkt: Rothenburg ob der Tauber, Marktplatz (425 m). Anfahrt mit ÖV: Bahn bis Bahnhof Rothenburg o.d. Tauber. Navi: 91541 Rothenburg ob der Tauber, Marktplatz 2 (Parkmöglichkeiten unter parken-rothenburg.de).
Anforderungen: Kurzweilige Tour mit einigen steileren An- und Abstiegen; überwiegend auf geschotterten Wegen; überwiegend offenes Gelände mit wenig Schatten; auch mit Kindern empfehlenswert.
Markierung: W6, W6b.
Einkehr: Wirtshaus Unter den Linden, an der Bronnenmühle, Tel. 09861/5909, unter-den-linden-rothenburg.de, geöffnet von Frühlingsanfang bis Ende Oktober, Mo Ruhetag; diverse Gaststätten und Cafés in Rothenburg.
Variante: Nach der Skischanze mit W6a über die steile Fuchssteige hinunter ins Taubertal zur Fuchsmühle (von hier 25 m nach rechts zum sehenswerten Topplerschlösschen); dort links entlang der Tauber, dann rechts auf der hölzernen Wackelbrücke (Nomen ist nicht Omen) über den Fluss und auf der steilen Eselssteige den bewaldeten Hang des Burgberges hoch. Am Südausgang der Burg treffen wir wieder auf unseren Hauptweg W6. Er führt uns links durch den schönen Burggarten (tolle Aussicht nach Süden), wo wir ihn aber gleich wieder verlassen. Ohne Markierung rechts durch das Burgtor und immer geradeaus durch die Herrngasse zurück zum Marktplatz.
Karte: ATK25 Blatt G05 Rothenburg ob der Tauber 1:25 000.

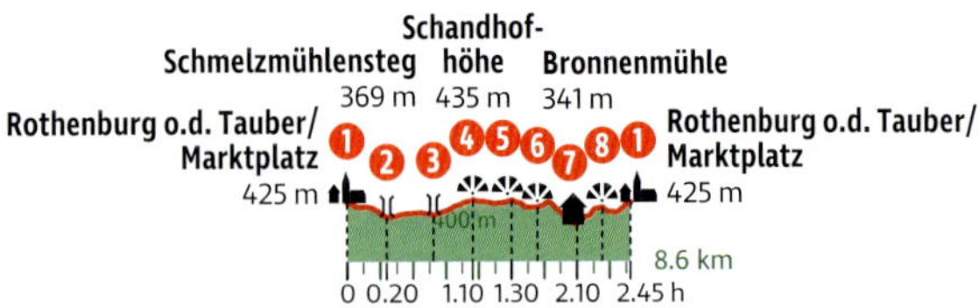

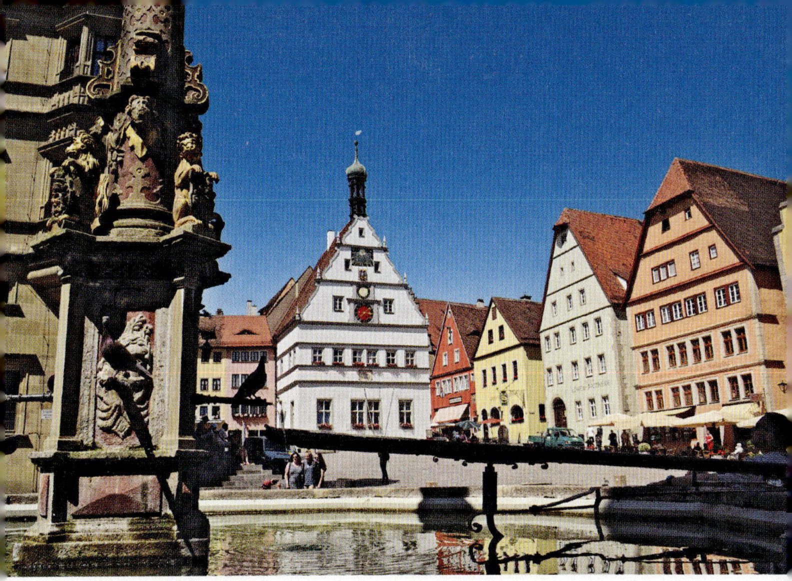

Am Rothenburger Marktplatz.

Info: Mit der Errichtung einer staufischen Kaiserburg im Jahr 1142 beginnt die Geschichte der Stadt. Die Erhebung zur Freien Reichsstadt erfolgt im Jahr 1274. Um 1400 erlebt sie unter Bürgermeister Toppler die größte Blüte. Nach dem Dreißigjährigen Krieg, in dem das protestantische Rothenburg von der kaiserlichen Armee unter General Tilly eingenommen, aber nicht zerstört wird, verliert es nach und nach an Bedeutung. Nach dem Ende der Reichsstadt 1802 setzt der wirtschaftliche Niedergang ein und die Stadt sinkt sozusagen in einen Dornröschenschlaf. Dies stellt sich jedoch später als Glücksfall heraus, denn im Zeitalter der Romantik entdecken Maler und Poeten die Stadt als Sinnbild des deutschen Mittelalters und werden damit Wegbereiter für den späteren Tourismus. Heute ist Rothenburg eines der meistbesuchten Reiseziele in Deutschland für Besucher aus aller Welt. Umfassende Informationen findet man unter rothenburg-tourismus.de.

Vom **Marktplatz** ❶ in **Rothenburg** gehen wir zunächst ohne Markierung auf der Oberen und Unteren Schmiedgasse in südlicher Richtung hinunter zum Plönlein. Weiter durch den Siebersturm in die Spitalgasse und auf dieser zur wuchtigen Spitalbastei. An ihr auf einem Fußweg rechts vorbei und auf dem überdachten Wallgrabensteg bis zur Straße »Taubertalweg«, die wir überqueren. Auf der anderen Straßenseite steht ein Wegweiser, bei dem einige der lokalen Wanderwege beginnen, auch der W6, dem wir nun folgen. Er führt uns die Medersteige hinunter ins Taubertal, wobei wir zunächst das weitläufige Areal des Wildbades und dann die Rückseite der Gipsmühle passieren. Auf dem überdachten **Schmelzmühlensteg** ❷ über-

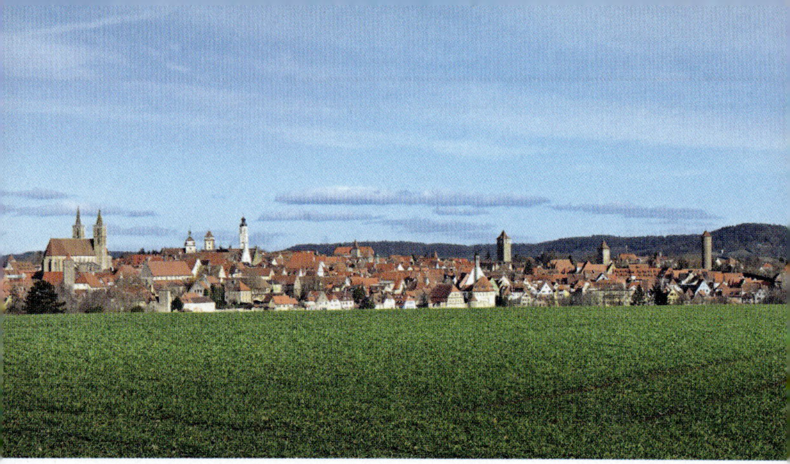

Stadtpanorama von der Schandhofhöhe aus.

queren wir die Tauber und halten geradeaus auf den querenden Taubertalweg zu. W6 biegt hier nach rechts ab, wir gehen aber geradeaus weiter und folgen nun der Markierung W6b entlang des breiten Schotterweges mit dem Namen **Schandtaubertal**. Tatsächlich wandern wir nun eine Zeitlang an der Schandtauber entlang, die ein paar Meter flussabwärts bei der Gipsmühle in die Tauber mündet.

Kurz vor der **Hammerschmiede** 3 wechseln wir auf einem Holzsteg auf die andere Flussseite und halten uns danach scharf rechts (nicht links zur Mühle, die Markierung ist hier ungenau – man beachte auch die W5a). Auf einem schönen Grasweg geht es dann, vorbei an einer sonnigen Ruhebank, den Wiesenhang hinauf zum Schandhof. Kurz davor mit W6b links abbiegen und der Markierung rechts vorbei am Gehöft leicht aufwärts auf die offene Feldflur folgen. Mit jedem Schritt vorwärts baut sich die Stadtsilhouette von Rothenburg deutlicher vor uns auf. Der schönste Blick auf die Stadt bietet sich uns jedoch vom höchsten Punkt der **Schandhofhöhe** 4. Wer hier kein Foto macht, ist selber schuld.

Danach biegt unser Weg nach links ab und führt hinunter zur St. 1022, die wir überqueren. Nach knapp 130 m rechts, vorbei am sogenannten Amerikanerwäldchen, bis zu einem Parkplatz. Dort stoßen wir wieder auf die Markierung W6 und halten uns mit ihr nach links zum **Kletterwald** 5. Bei der dortigen Sitzgruppe lässt sich der zweite Panoramablick auf Rothenburg genießen. Weiter längs des Waldes hinunter zur Leuzenbronner Straße und über diese hinweg in den lichten Buchenwald hinein. Nach etwa 70 m lohnt ein kleiner Abstecher nach rechts zur alten **Rothenburger Skischanze** mit einem weiteren tollen Ausblick auf die Stadt, das Taubertal und den Burggarten. Eine Tafel erklärt, was im Einzelnen zu sehen ist.

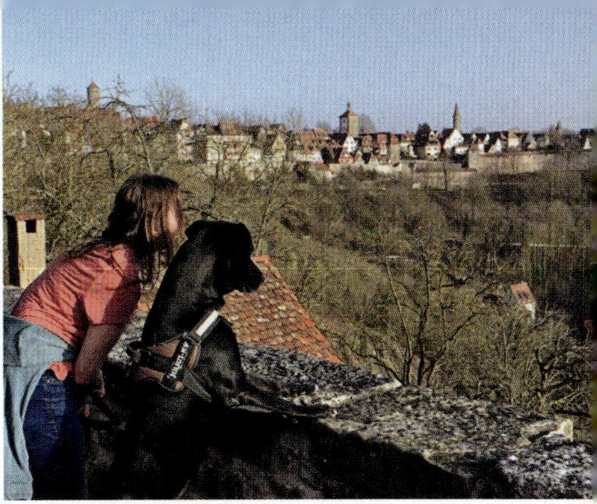

Blick vom Burggarten auf die Stadtsilhouette.

Zurück auf unserem W6er-Weg weiter geradeaus, bis unser Pfad in eine breite Waldfuhre mündet. Auf dieser nach rechts bis zum **Bismarckdenkmal** 6, dem vierten Aussichtspunkt auf unserer Tour. Von hier aus lässt sich vor allem die südwestliche Altstadt mit dem vorgelagerten Weinberg gut überblicken. Eine Panoramatafel hilft bei der Orientierung. Dann immerzu der breiten Fuhre durch den Wald folgen, bis uns W6 nach links weist. In der Folge am sogenannten **Keltenwall** entlang hangabwärts zu einem querenden Pfad. Auf diesem nach rechts und nun in weit ausladenden Serpentinen den steilen Waldhang hinunter bis zur Vorbachstraße.

Dort rechts halten und gleich wieder links auf dem Taubertalweg über den Vorbach. Dann rechts auf der **Barbarossabrücke** über die Tauber, vorbei an der **Bronnenmühle** 7, wo sich der Biergarten des Wirtshauses Unter den Linden für eine gemütliche Einkehr anbietet. Danach rechts auf der Kurzen Steige steil aufwärts hoch zur Stadt. Oben rechts längs der Stadtmauer bis zum **Burggarten** 8 der Alten Burg. Es lohnt sich, etwas länger durch die wunderschöne Parkanlage zu flanieren und die Aussicht von hier oben ins Taubertal zu genießen.

Dann zum Südausgang und außerhalb der Mauer scharf links oberhalb des Weinbergs längs des Weinsteigs und des Panoramaweges, vorbei an der Kneippanlage. Schließlich auf einer Treppe hinauf zur **Eichkanzel**, dem letzten Aussichtspunkt auf unserer Tour mit Blick ins Taubertal mit Doppelbrücke und Kobolzeller Kirche. Vorbei an der Rückseite des Kriminalmuseums gelangen wir wieder in die Schmiedgasse, auf der wir wie auf dem Herweg zu unserem Ausgangspunkt am **Marktplatz** 1 von **Rothenburg** zurückkehren.

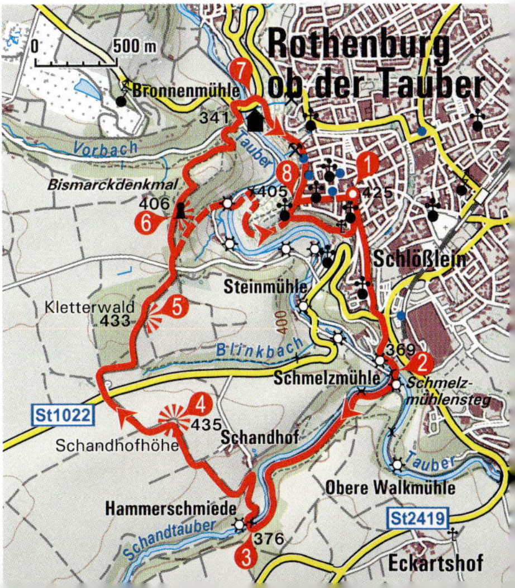

↗ 200 m | ↘ 200 m | 14.7 km

9 Von Rothenburg nach Bettenfeld

3.50 h

Entlang der Schandtauber

Die Schandtauber ist zwar nicht der längste, dafür aber der bemerkenswerteste Zufluss der Tauber. Denn bevor sie in Bettenfeld in einer Karstquelle zutage tritt, hat sie bereits etwa 8 km unterirdisch zurückgelegt. Ihr eigentlicher Ursprung liegt beim baden-württembergischen Gammesfeld, wo ihr Wasser sogleich im verkarsteten Muschelkalk der Hohenloher Ebene versickert. Durch Gänge und Hohlräume des zerklüfteten Untergrundes findet das Flüsschen seinen Weg bis Bettenfeld und fließt von dort oberirdisch weiter bis zu seiner Mündung in die Tauber bei Rothenburg. Gerade einmal 5 km beträgt damit der sichtbare Verlauf der Schandtauber – kein Wunder, dass sie im Mittelalter ursprünglich »Schantauber« genannt wurde, was so viel heißt wie kurze Tauber. Auf unserer Wanderung von Rothenburg aus wollen wir der Schandtauberquelle in Bettenfeld einen Besuch abstatten und über die aussichtsreiche Schandhofhöhe und durch das wildromantische Blinktal in die Stadt zurückkehren.

Ausgangspunkt: Rothenburg ob der Tauber, Marktplatz (425 m). Anfahrt mit ÖV: Bahn bis Bahnhof Rothenburg o.d. Tauber. Navi: 91541 Rothenburg ob der Tauber, Marktplatz 2 (Parkmöglichkeiten unter parken-rothenburg.de).
Anforderungen: Außer je einem steilen Ab- und Anstieg im Taubertal sind keine nennenswerten Höhenunterschiede zu bewältigen; überwiegend auf geschotterten Wegen, etappenweise auf Gras; Tour führt längere Zeit über offenes Gelände ohne Schatten.
Markierung: W5, W5b, W5.
Einkehr: In Bettenfeld: Gasthof zum Grünen Baum Tel. 09861/2933, gasthof-kellermann.de, Mo/Di Ruhetage; Sonntagscafé im Wildbad, Tel. 09861/9770, wildbad.de, geöffnet von Ostersonntag bis Erntedank 13.30–17 Uhr; diverse Gaststätten und Cafés in Rothenburg.
Variante: Die Touren 8 und 9 lassen sich zu einer längeren Wanderung kombinieren. Erst folge man Tour 9 über Betten-

Gemütliches Wandern über die Hochebene.

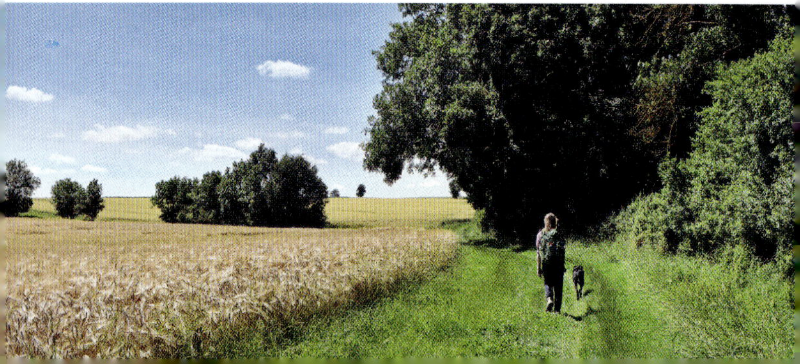

feld bis zum Parkplatz beim Kletterwald und orientiere sich ab da am Verlauf von Tour 8. Allerdings verpasst man dadurch den schönen Weg durchs Blinktal. Die Länge der kombinierten Tour beträgt ca. 16 km.
Karte: ATK25 Blatt H05 Schillingsfürst 1:25 000 (LDBV Bayern).
Info: Am südwestlichen Ortsrand von Bettenfeld liegt die Schandtauberhöhle unter der Erdoberfläche verborgen, die größte bekannte Muschelkalkhöhle in Süddeutschland. Durch sie fließt auf einer Länge von mehr als 1 km unterirdisch die Schandtauber hindurch, bevor sie im Ort in einer Karstquelle ans Tageslicht tritt. Über weite Strecken kann die Höhle nur mit einer Taucherausrüstung begangen werden. Sie steht unter Naturschutz und ist nicht öffentlich zugänglich.

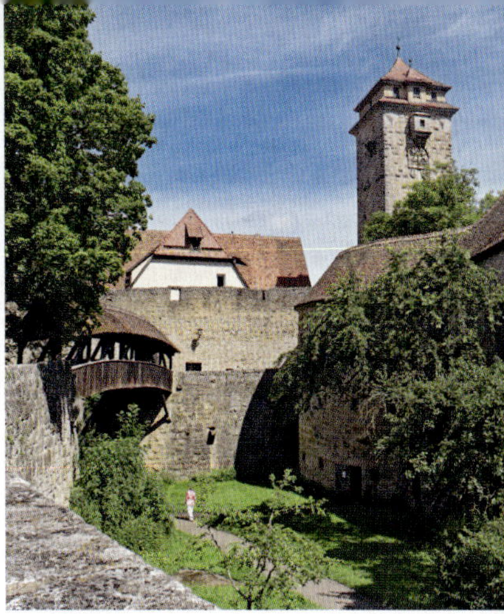

Spitalbastei in Rothenburg.

Wir starten auf dem **Marktplatz** ❶ von **Rothenburg**, gehen auf der lang gezogenen Schmiedgasse bis zur Straße »Taubertalweg« und über diese hinweg auf der Medersteige hinab ins Taubertal. Auf dem **Schmelzmühlensteg** ❷ überqueren wir den Fluss und halten uns geradeaus entlang der **Schandtauber** bis zur Hammerschmiede. Infostelen eines wasserwirtschaftlichen Lehrpfads zur Geologie und Kulturgeschichte des Flüsschens begleiten uns bis hierher. Wir wandern mit W5 geradeaus (nicht W6b nach rechts!) auf dem breiten Schotterweg. Der Gang durch das schluchtartige Tal ist besonders im Sommer äußerst angenehm, wenn die Bäume an seinen steilen Flanken ausreichend Schatten spenden.
Allmählich steigt der Weg an und führt schließlich hinauf auf die Hochfläche. Dort biegen wir rechts ab und gehen längere Zeit am bewaldeten Plateaurand entlang – rechts unter uns rauscht die Schandtauber, links von uns dehnen sich endlose Getreidefelder aus. Nach etwa 3 km knickt unser W5er-Weg nach links ab und mündet in einen querenden Fahrweg. Auf diesem schwenken wir nach rechts ein und gehen auf den Kirchturm

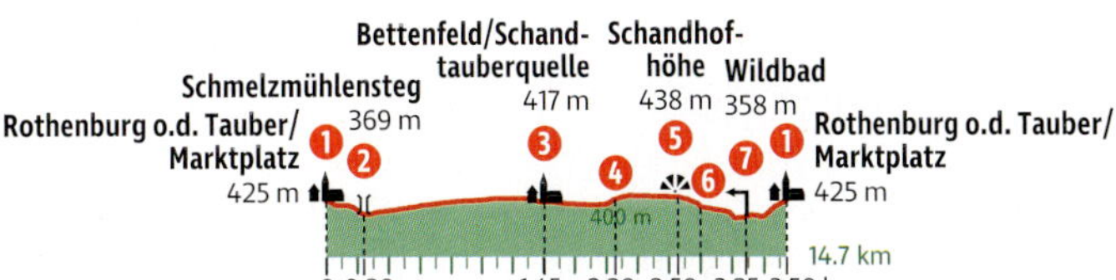

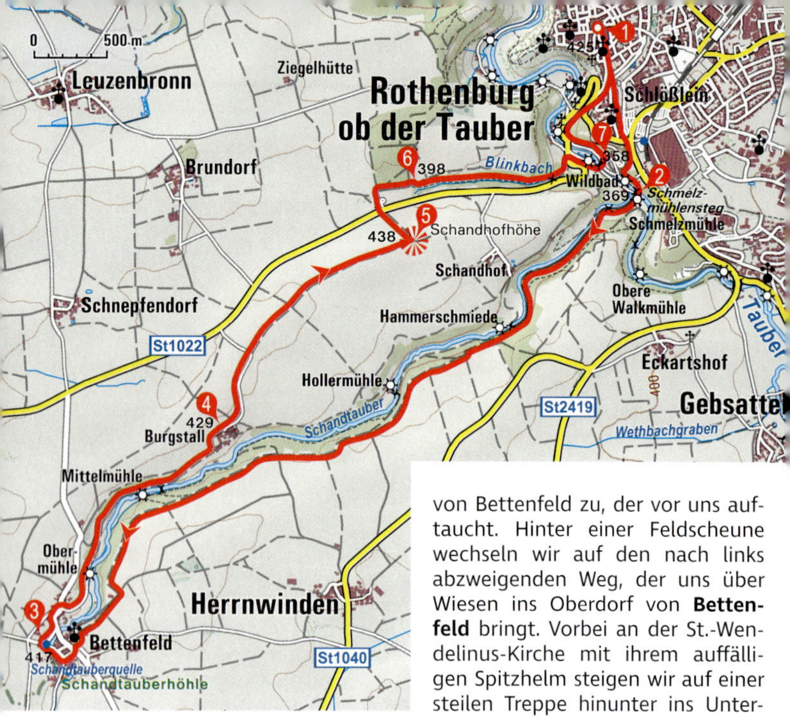

von Bettenfeld zu, der vor uns auftaucht. Hinter einer Feldscheune wechseln wir auf den nach links abzweigenden Weg, der uns über Wiesen ins Oberdorf von **Bettenfeld** bringt. Vorbei an der St.-Wendelinus-Kirche mit ihrem auffälligen Spitzhelm steigen wir auf einer steilen Treppe hinunter ins Unterdorf. Ein Wegweiser weist uns zur **Schandtauberquelle** ❸, wo der bisher unterirdisch dahin fließende Fluss an die Erdoberfläche gelangt.

Von der Quelle zurück auf die namenlose Hauptstraße, halten wir uns mit Blick zur Kirche nach links ortsauswärts. Auf Höhe des **Gasthofes zum Grünen Baum** mit W5b rechts ab und leicht abwärts hinunter in das wunderschöne naturbelassene Obere Schandtaubertal. Dort geht es zunächst an der malerischen Obermühle vorbei, dann in einen Waldstreifen hinein, in dem wir die am anderen Flussufer gelegene Mittelmühle passieren. Nach Verlassen des Wäldchens führt uns ein schöner Wiesenweg über Trockenrasen aufwärts zum **Gut Burgstall** ❹, das wir auf einem Fahrweg umgehen. Dahinter taucht die Markierung W5 wieder auf, mit der wir uns geradeaus leicht aufwärts halten. Vom

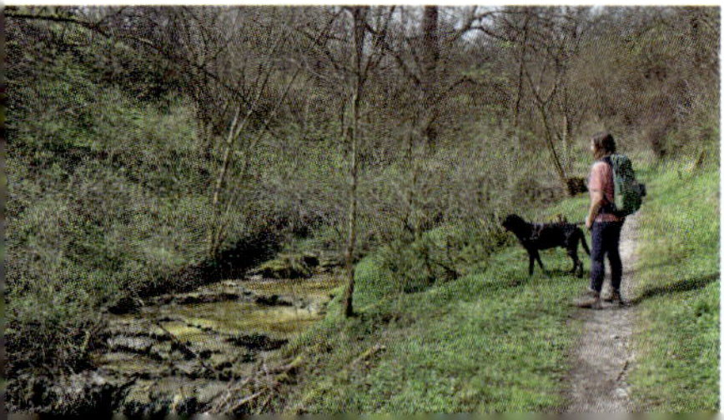

Auf schönem Weg im Blinkgrund.

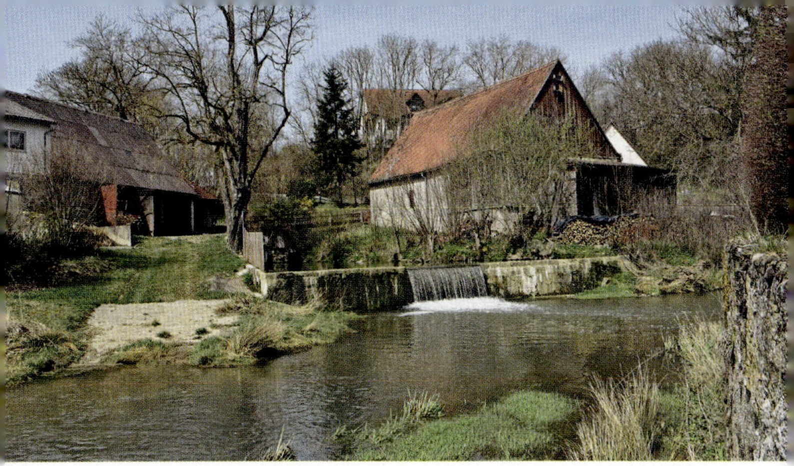

An der Schandtauberquelle in Bettenfeld.

höchsten Punkt der Ackerhochfläche haben wir in unserer Laufrichtung eine schöne Aussicht auf die Steilstufe der Frankenhöhe am Osthorizont. Dann stetig leicht abwärts über Getreide- und Rapsfelder, wobei Schritt für Schritt die Dächer und Türme Rothenburgs deutlicher vor uns auftauchen; von der **Schandhofhöhe** 5 ist der Blick auf die Stadt umwerfend schön. Weiter links hinunter zur St. 1022 und über diese hinweg rechts zum Parkplatz des Kletterwalds. Dort halten wir uns jetzt aber mit W5 halb rechts in ein Wäldchen hinein und steigen hinunter in den wildromantischen Talgrund des **Blinkbaches** 6. Die folgende Passage längs des munter dahinplätschernden Baches macht richtig Spaß.

Unser Pfad mündet schließlich in die St. 1022, der wir nur ein paar Meter nach links folgen, um gleich wieder rechts in den Taubertalweg abzubiegen. Hinter der Schwabenmühle links auf einem Steg über die Tauber hinein ins weitläufige Areal des **Wildbades** 7. Vor dem Kurhaus links halten (Vorsicht, hier fehlt eine Markierung!) und auf einem Sträßchen knapp 80 m tauberabwärts bis zu einem kleinen einzeln stehenden Gebäude. Gleich dahinter rechts auf Trittstufen eine Böschungsmauer hoch und danach auf einem Hangweg aufwärts. Dann links auf einen Pfad, der sich am Abhang des parkähnlichen Laubwaldes hinzieht und schließlich in Windungen hinunter in den Taubergrund führt. Vom Waldrand bietet sich uns ein einmaliger Blick auf die beeindruckende Doppelbrücke und die darüberliegende Stadt.

Über die querende Straße »Taubertalweg« gelangen wir in die Kobolzeller Steige, auf der wir steil aufwärts in die Stadt hinaufsteigen. Durchs Kobolzeller Tor hindurch und vorbei am Plönlein erreichen wir über die Schmiedgasse wieder unseren Ausgangspunkt am **Marktplatz** 1 von **Rothenburg**.

TOP

10 Von Rothenburg nach Bettwar

↗ 350 m | ↘ 350 m | 14.7 km

4.20 h

Auf Höhenwegen mit alpinem Feeling

Unsere Tour beginnt als gemütlicher Spaziergang von Rothenburg ins ehemalige Reichsdorf Detwang, das mit einem Meisterwerk spätgotischer sakraler Kunst aufwarten kann. In der romanischen Kirche St. Peter und Paul befindet sich der Heilig-Kreuz-Altar des berühmten Bildschnitzers und Bildhauers Tilman Riemenschneider (1460–1531). Hinter Detwang geht unsere Wanderung aber dann richtig los. Wir erklimmen die rechte Talflanke der Tauber und wandern, über den Einschnitt des in die Tauber mündenden Steinbaches hinweg, an ihr entlang bis Bettwar. Unser Rückweg nach Rothenburg verläuft auf einem Höhenweg längs des idyllischen Steinbachtals. Einer der spektakulärsten Abschnitte unserer Tour ist mit Sicherheit der Abstieg auf dem steilen Alpinsteig hinunter zur Steinbachbrücke. Über die weite Ackerhochfläche kehren wir schließlich zurück in die Stadt. Wie wäre es nach der Tour mit einer lokalen, Schneeball genannten süßen Köstlichkeit? Oder vielleicht lieber in der Jakobskirche den Heiligblutaltar bestaunen, ein weiteres Meisterwerk von Tilman Riemenschneider?

Ausgangspunkt: Rothenburg ob der Tauber, Marktplatz (425 m). Anfahrt mit ÖV: Bahn bis Bahnhof Rothenburg o.d. Tauber. Navi: 91541 Rothenburg ob der Tauber, Marktplatz 2 (Parkmöglichkeiten unter parken-rothenburg.de).
Anforderungen: Unterwegs sind einige steilere An- und Abstiege zu bewältigen; etwa zur Hälfte auf geschotterten und naturbelassenen Wegen; teils über offenes Gelände; mit Kindern empfiehlt sich die Variante durchs Steinbachtal (siehe dort!).
Markierung: Ohne Markierung, W1, Panoramaweg Taubertal, W9.
Einkehr: In Detwang: Gasthof Schwarzes Lamm, Tel. 09861/6727, hotelschwarzeslamm.de, Mo/Mi Ruhetage; Gasthaus Tauberstube, Tel. 09861/4518, tauberstube.de, Di Ruhetag. In Bettwar: Gasthof Alte Schreinerei, Tel. 09861/1541, alte-schreinerei.de, Mi/Do Ruhetage; diverse Gaststätten und Cafés in Rothenburg.
Variante: Mit W9a von Steinbach durch das Steinbachtal bis zum Steffeleinsbrunnen 7. Schöner Wegverlauf mit mehrfacher Überquerung des Baches; verkürzt die Wanderung auf knapp 11 km.
Karte: ATK25 Blatt G05 Rothenburg ob der Tauber 1:25 000 (LDBV Bayern).
Info: Einen Überblick über die zahlreichen Sehenswürdigkeiten, Museen und Veranstaltungen der alten Reichsstadt und weitere nützliche Infos findet man unter rothenburg-tourismus.de.
Tipps: 1) Der Riemenschneider-Altar in Detwang kann zu folgenden Öffnungszeiten besichtigt werden: April–Oktober: So 10–12 Uhr, Mo–Sa 14–16 Uhr; November–März: geschlossen; Eintrittsgebühr: 1,50 € für Erwachsene, 1 € für Schüler/Studierende; Kirchenführungen für Gruppen auf Anfrage (Tel. 09861/700625, Pfarrer O. Gussmann).
2) Naschkatzen sollten die Rothenburger Schneeballen probieren, ein kugelförmiges Gebäck aus Mürbeteig, das traditionell mit Puderzucker, manchmal auch mit Zimtzucker bestreut oder mit Schokolade überzogen wird.

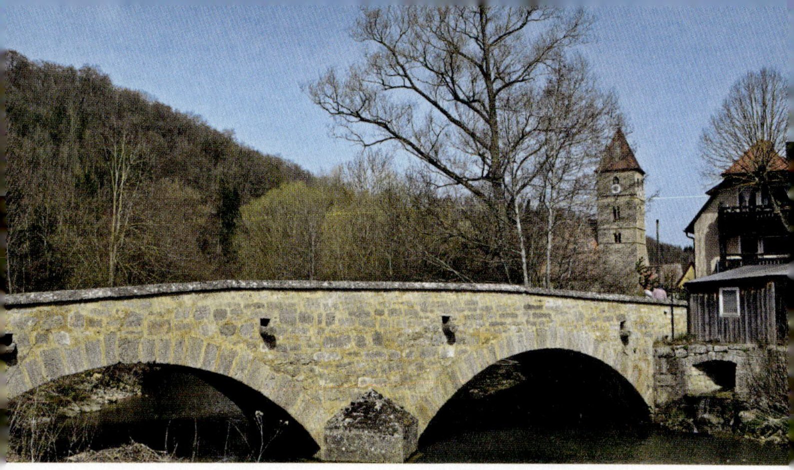

Historische Steinbrücke über die Tauber und St.-Peter-und-Pauls-Kirche in Detwang.

Vom **Marktplatz** ❶ in **Rothenburg** gehen wir zunächst ohne Markierung auf der Herrngasse in westlicher Richtung und betreten an deren Ende durch das Burgtor den **Burggarten**. Rechts vom Tor befindet sich eine Aussichtsplattform, von der aus wir das Taubertal im Nordwesten der Stadt überblicken können. Beim danebenliegenden Nordausgang beginnt der mit W1 ausgeschilderte Wanderweg nach Detwang. Wir folgen ihm aus der Parkanlage hinaus längs der Stadtmauer bis zum Strafturm und weiter über die Kurze Steige hinunter ins Taubertal zur **Bronnenmühle**.
Dort überqueren wir die Reutsächser Steige und flanieren auf einem Fußweg an der Tauber entlang, vorbei an der Ludlesmühle, bis **Detwang**. Zur sehenswerten **St.-Peter-und-Pauls-Kirche** ❷ mit dem Riemenschneider-Altar geht es nach links; das Gotteshaus ist jedoch in der Regel verschlossen, für Besichtigungen gibt es feste Öffnungszeiten (siehe Tipp). Von der Kirche kommend gehen wir in der Ortsmitte geradeaus und orientieren uns jetzt an der Markierung des Panoramaweges Taubertal, die uns bereits eine Zeitlang begleitet. Nach dem **Gasthaus Tauberstube** biegen wir links ab und überqueren anschließend die Hindenburgstraße.
Leicht aufwärts geht es dann über Felder zu einem einzelnen Grundstück, wo unser Weg scharf rechts abbiegt und auf eine Gabelung an der St. 2268 zusteuert. Dort halten wir uns scharf links und stoßen nach wenigen Metern auf die W-9-Markierung, die von rechts aus Richtung Rothenburg hinzukommt. Sie wird uns nun zuverlässig bis ans Ende der Tour die Richtung vorgeben. Die folgende Passage auf dem sogenannten Mittelhangweg führt uns – über zwei Bacheinschnitte hinweg – auf halber Höhe am Talhang entlang und ermöglicht uns immer wieder schöne Blicke ins Tal der Tauber links von uns. Nach etwas mehr als 1 km mündet unser Weg

in einen geteerten Flurweg, dem wir nach rechts leicht aufwärts folgen. Oben links und bei der folgenden Gabelung bei einem **Bildstock** halb links halten. Dann immerzu geradeaus am Rand der Ackerhochfläche entlang, bis es in einen Wald hinein geht. Darin wird aus unserem Weg ein Pfad, der kerzengerade steil den Abhang hinunter läuft. Nicht zu Unrecht nennen die Einheimischen diese Etappe die »Kniebrecherin«.

Unten angekommen halten wir uns rechts hinein nach **Steinbach** ❸, wo wir auf einer Brücke den gleichnamigen Bach überqueren. Wer die Tour durchs Steinbachtal abkürzen möchte (siehe Variante), kann hier mit W9a rechts abbiegen. Ansonsten biegen wir links ab, verlassen den Ort wieder und nehmen einen Flurweg, der sich zunächst parallel zur St. 2268 hinzieht und dann nach rechts abknickt. Er führt leicht aufwärts zu einer Gabelung, wo wir scharf links abbiegen. Nun immerzu einem schönen, nahezu ebenerdigen Hangweg längs des Taubertals bis zu einem **Rastplatz** ❹ mit Sitzgruppe folgen. Der Blick von dort ins Taubertal über Bettwar hinweg auf die Weinbergslage Hasennestle bei Tauberzell ist unglaublich schön. Kurz vor **Bettwar** halten wir uns mit W9 links hinunter in das Dorf mit seiner schmucken **Kirche St. Georg** ❺ und einem gemütlichen Gasthof.

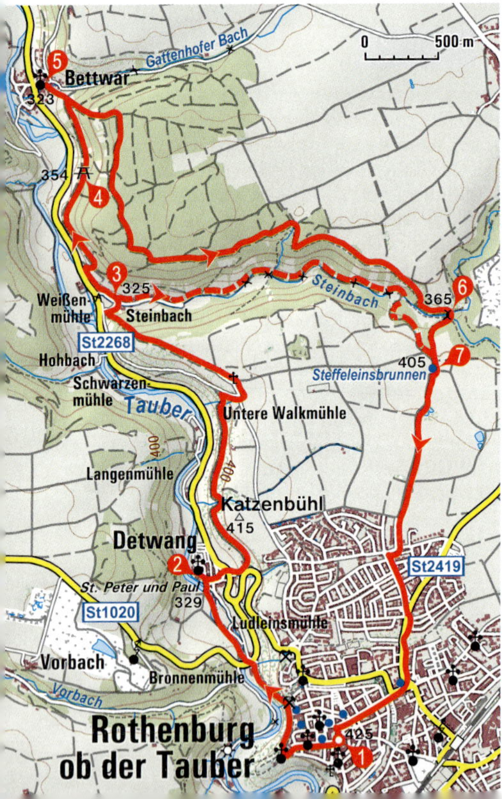

Unser Abstecher dorthin ist jedoch ein Stichweg, daher kehren wir auf demselben Weg zurück und halten uns oben dann über den Hangweg geradeaus hinweg. Es geht etwas steiler bergauf durch den Hangwald, bis die Steigung allmählich abnimmt. Beim ersten Abzweig biegen wir rechts ab und folgen längere Zeit einer breiten Fuhre durch das Waldgebiet. Dann links auf einem Querweg bis zu einer Gabelung und dort rechts abbiegen. Bei der folgenden Gabelung links halten und dann dem brei-

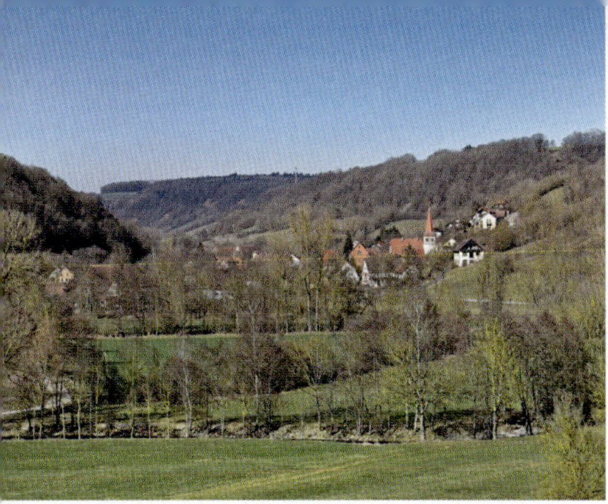

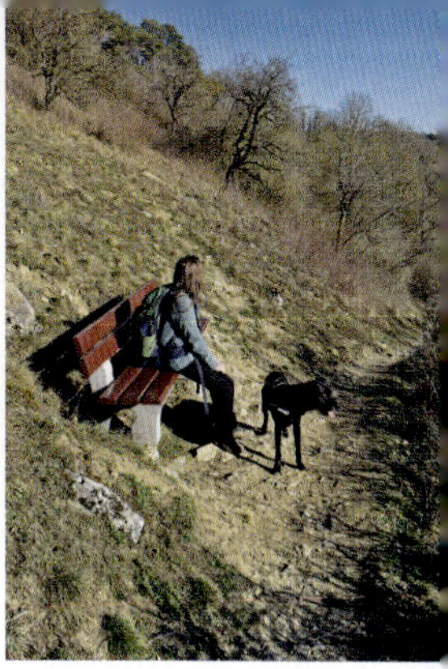

Die kleine Ortschaft Bettwar liegt romantisch im Taubertal. *Rast am Alpinsteig.*

ten Weg folgen, der sich halbwegs geradlinig oberhalb des Steinbachtals hinzieht. Nach etwas mehr als 600 m zweigt nach rechts ein Pfad ab, der sich an der Hangkante des Tales entlangschlängelt und dann hinaus auf die Feldflur führt.

Bald zweigt der sogenannte **Alpinsteig** nach rechts ab und führt uns steil hinunter ins Steinbachtal – eine Ruhebank auf halber Höhe kommt uns da für eine kleine Verschnaufpause gerade recht. Unten zunächst links am Bach entlang, dann rechts auf der alten **Steinbachbrücke** 6 über ihn hinweg. Am anderen Ufer halb rechts steil den Gegenhang hoch zum **Steffeleinsbrunnen** 7 mit einem schattigen Rastplatz unter Kastanienbäumen. Vorbei an einem alten Sühnekreuz gehen wir leicht aufwärts über die offene Feldflur auf Rothenburg zu – links von uns erstreckt sich im Osten die Steilstufe der Frankenhöhe mit dem vorgelagerten Endseer Berg.

Am Stadtrand über den Gattenhofer Weg in die Paul-Finkler-Straße, dort rechts bis zum Kreisel, dann links in die Ernst-Geißendörfer-Straße bis zur Einmündung in die Würzburger Straße. Dieser bis zur Ampelanlage folgen und dann rechts auf einen Fußweg, der in Richtung Innenstadt führt. Durch das Würzburger Tor (auch Galgentor genannt) gelangen wir über die Galgengasse und die Georgengasse zurück zum **Marktplatz** 1 von **Rothenburg**.

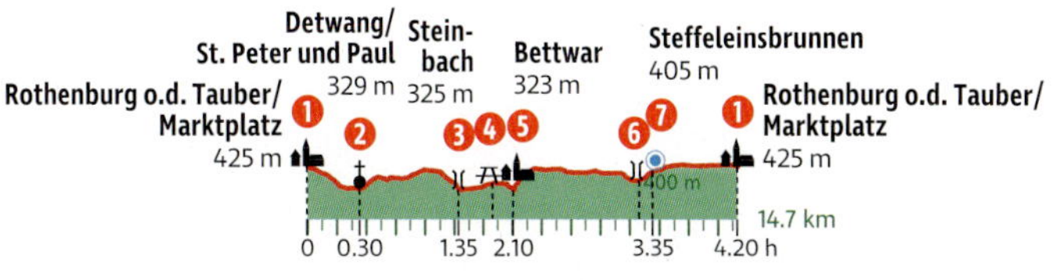

↗ 70 m | ↘ 70 m | 12.5 km

11 Auf dem Reichelshofer Bierwanderweg

3.30 h

Exkursion in die fränkische Bierwelt

Bitte keine falschen Hoffnungen. Freibier gibt es unterwegs keines, auch wenn unsere Tour »Bierwanderweg« heißt. Der Namen ist ursächlich darin begründet, dass die Wanderung beim Landwehr-Bräu in Reichelshofen beginnt und dass an der Strecke weitere Wirtshäuser liegen, die das süffige Bier dieser Brauerei ausschenken. Da unsere Wanderung nicht allzu lang und schwierig ist, bleibt uns unterwegs auch genügend Zeit für die kulinarischen Genüsse. Jeder Gasthof am Wegesrand kann mit einer schmackhaften Küche aufwarten, wo sicher für jeden Gaumen etwas geboten wird. Gut gestärkt können wir uns auf dem Rückweg sogar einen kleinen Umweg zur »Grauen Lagune« erlauben, einem naturkundlichen Schmankerl am Fuß des Endseer Bergs.

Ausgangspunkt: Reichelshofen, Brauereigasthof Landwehr-Bräu (413 m). Anfahrt mit ÖV: Bahn bis Bahnhof Rothenburg o.d. Tauber, von dort mit Bus 857 bis Haltestelle Reichelshofen (oder mit Bahn bis Bahnhof Hartershofen und die Wanderung dort beginnen). Navi: 91628 Steinsfeld, Reichelshofen 31.
Anforderungen: Tour ohne nennenswerte An- und Abstiege; teils auf geteerten Flurwegen, teils auf geschotterten Wald- und Flurwegen; fast ausschließlich über offenes Gelände ohne Schatten.
Markierung: Logo Bierwanderweg Landwehr-Bräu, ohne Markierung, Lehrpfad Endsee (Logo Gelbbauchunke), Logo Bierwanderweg Landwehr-Bräu.
Einkehr: Brauereigasthof Landwehr-Bräu, Steinsfeld-Reichelshofen, Tel. 09865/9890, landwehr-braeu.com; Schwarzes Ross, Steinsfeld, Tel. 09861/94910, zehntscheune.info; Gasthaus Zur Neuen Welt, Steinsfeld, Tel. 09861/3224, zur-neuen-welt.de; Gasthaus zum Schwan, Steinsfeld-Hartelshofen, Tel. 09861/3387, hotel-zum-schwan-rothenburg.de, Fr–Di 17.30–20.30 Uhr, So/Fei auch 11.30–13.30 Uhr, Mi/Do Ruhetage.
Variante: Hinter dem »Fjord« auf dem Bierwanderweg bleiben und vorbei an

Kleiner Hopfengarten der Landwehr-Bräu bei Reichelshofen.

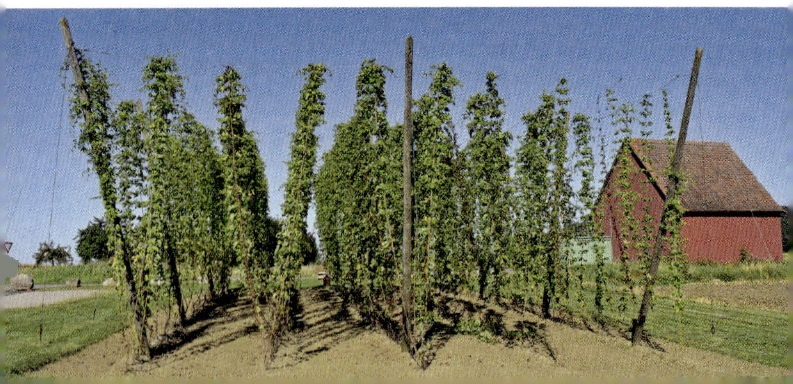

einem großen Gipsbruch nach Reichelshofen zurückkehren (ohne den Umweg zur Grauen Lagune); die Strecke verkürzt sich dadurch auf 10,8 km.
Karte: ATK25 Blatt G06 Bad Windsheim 1:25 000 (LDBV Bayern).
Info: Graue Lagune: Der Gipsbruch Endsee ist ein aufgelassener Steinbruch, in dem ein 7 m mächtiges Gipsflöz, der sogenannte Grundgips, abgebaut wurde. Es entstand vor ca. 230 Millionen Jahren zur Zeit des Mittleren Keupers bei trockenem Klima durch Eindampfung einer vom Meer abgeschnittenen Lagune. Heute ist der Bruch ein Biotop für seltene Amphibien wie z.B. den Kammmolch. (lfu.bayern.de/geologie/bayerns_schoenste_geotope/10).

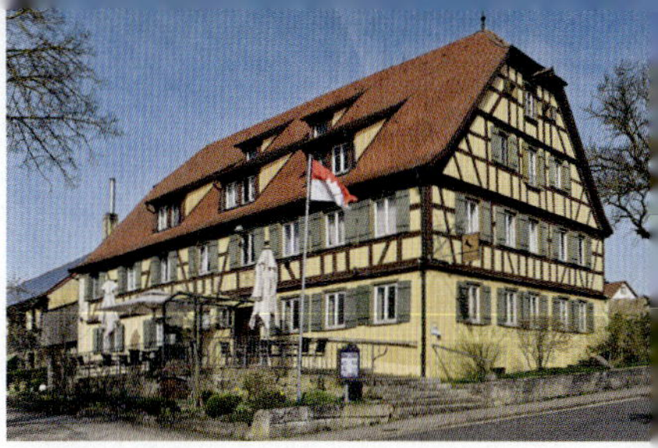

Gasthof Schwarzes Ross in Steinsfeld.

Tipp: Die Brauerei der Landwehr-Bräu kann nach Anmeldung besichtigt werden, im Preis der Führung sind drei Biere inbegriffen (Infos unter landwehrbier.de/bierkultur-erleben, Anmeldung unter Tel. 09865/98971).

Beim **Gasthof Landwehr-Bräu** ❶ in **Reichelshofen** folgen wir dem Logo des Bierwanderwegs über die breite Durchgangsstraße hinweg und gehen auf einer schönen Pappelallee in westlicher Richtung geradeaus. Kurz vor der kleinen Konradskapelle biegen wir beim Straßenschild mit den Hausnummern 9, 10 und 11 links ab und verlassen das Dorf auf einem Sträßchen. Ab jetzt wandern wir ständig über die weite und nahezu ebene Wiesenflur, bis wir den Endseer Berg erreichen werden.
Nach dem letzten Gehöft rechts auf einen Flurweg, dann beim folgenden Wegkreuz bei der Kläranlage links. Längs eines Bächleins ist der Nachbarort **Ellwingshofen** schnell erreicht. Gleich am Ortsrand beim Weiher links halten und das kleine Dorf schon wieder verlassen. Nun gehen wir, die St. 2419 überquerend, auf einem Wiesenweg am Graben des Fischbachs entlang, bis wir einen Weiher erreichen. Dort rechts halten und unserer Markierung folgend auf den Graben des Eghüttenbachs zu. Der parallel dazu verlaufende Flurweg bringt uns nach rechts an den Rand von **Steinsfeld** ❷. Merkwürdigerweise biegt der Bierwanderweg gleich links ortsauswärts ab, anstatt nach rechts auf der Dorfstraße zum **Gasthof Schwarzes Ross** am Dorfplatz zu führen. Wer jetzt schon eine Einkehr braucht, findet den etwa 300 m langen Weg dorthin aber auch ohne Markierung. Ansonsten folgen wir der vorgegebenen Laufrichtung auf einem Fußweg längs der AN8 ins nahe Hartershofen, wo der **Gasthof Zum Schwan** direkt am Wegesrand (besser: Straßenrand) nicht zu verfehlen ist. Kurz vor dem Ortsende beim Kriegerdenkmal links in Richtung Urphershofen (Straßenwegweiser).
Unser Sträßchen wird draußen auf der Feldflur zu einem Schotterweg, der nach etwa 400 m nach rechts abbiegt und das Bahngleis überquert. Wir bleiben aber beim Bahnübergangsschild weiter geradeaus auf einem leicht geschotterten Feldweg. Beim folgenden Querweg biegen wir rechts ab und

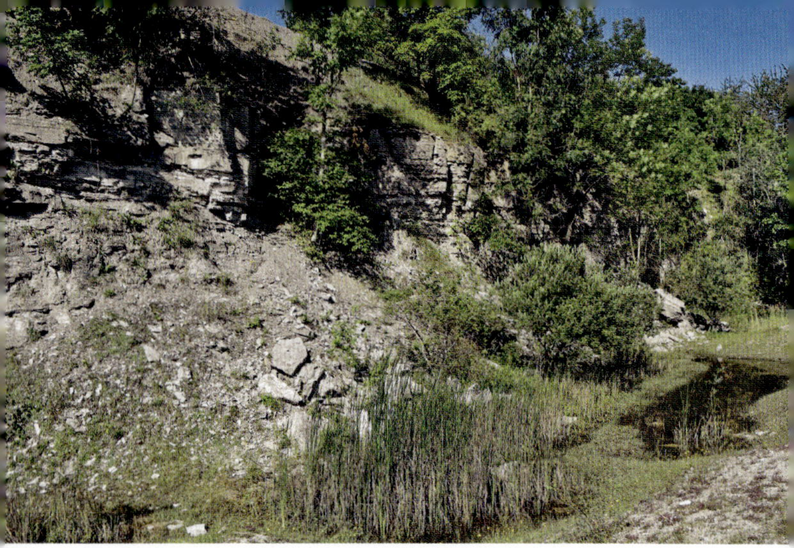

Das Geotop Gipsbruch Endsee, auch Graue Lagune genannt.

halten uns dann vor dem Bahngleis nach links. Dann geht es etwa 500 m direkt an der Schiene der Bahnlinie Steinach–Rothenburg entlang, bis wir in einem Waldstreifen auf einen Querweg stoßen. Auf diesem nach links über die Talaue des **Ensbaches** und ein Industriegleis hinweg zu einem querenden breiten Schotterweg.

Jetzt stehen wir am Fuß des markanten **Endseer Berges** (471 m), der von einem ursprünglichen Laubwald bedeckt wird. Neben Eichen, Eschen und Rotbuchen sind hier auch seltenere Baumarten wie beispielsweise die Elsbeere heimisch. Wir gehen nach links in den Wald hinein, wobei uns nun abschnittweise die Gelbbauchunken-Markierung des Naturlehrpfades Endsee begleitet. Auf Höhe des Betriebsgeländes eines großen Baustoffkonzerns, der hier Gips abbaut, macht unser Weg leicht aufwärts führend eine Rechtskurve. Rechts des Weges können wir durch die Bäume einen Blick in den sogenannten **Fjord** 3 werfen, eine renaturierte ehemalige Abbaugrube, in der das Grundwasser zu einem lang gezogenen See aufgestaut wurde.

Kurz danach verlassen wir den Bierwanderweg (und den Lehrpfad) und halten uns rechts, anstatt geradeaus weiter zu gehen. Ohne Markierung erreichen wir in leichtem Anstieg einen querenden Schotterweg, dem wir nach rechts folgen. Nachdem unsere Tour bisher nur über flaches, baumloses Land verlaufen ist, tut die folgende Etappe durch den Wald am Südhang des Endseer Berges richtig gut. Viel zu schnell bringt uns ein kurzer Abstieg hinunter zu einem geteerten Fahrweg, wo wir auch wieder auf den Lehr-

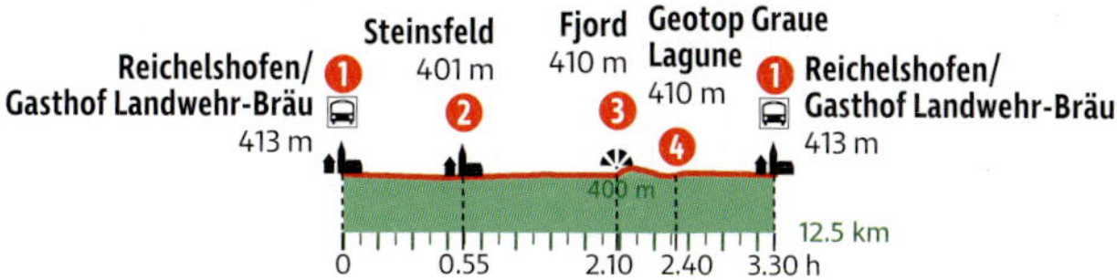

pfad treffen. Nach links ist es nicht mehr weit zur **Grauen Lagune** ❹, wie der aufgelassene Gipsbruch genannt wird, der sich etwas abseits links des Wegs hinter Büschen versteckt. Auf einem Trampelpfad gelangen wir dorthin und blicken von oben auf die weißen Bruchwände, die sich in einigen Tümpeln spiegeln. Eine Infotafel erläutert das Geotop.

Anschließend geht es hinunter zu einer Gabelung am Ortsrand von **Endsee**; dort folgen wir weiter dem Lehrpfad auf einem nach links abzweigenden geteerten Weg. Er verläuft oberhalb des Dorfes und führt zum westlichen Ortsende. Dort biegen wir links auf einen Schotterweg ab, der parallel zur St. 2416 zunächst über Streuobstwiesen, dann längs eines Waldstreifens verläuft. Am Waldeck kommt von rechts der Bierwanderweg wieder zu uns; wir bleiben auf ihm ein Stück geradeaus, folgen dann der Straße nach Hartershofen rechts bis zu ihrer Einmündung in die St. 2416 und überqueren dann die breite Landstraße. Auf einem Fuß- und Radweg geht es nun nach links, immer an der Straße entlang, zurück nach **Reichelshofen** zum **Gasthof Landwehr-Bräu** ❶. Wer unterwegs bisher noch nicht eingekehrt ist, sollte es dort nun ausgiebig nachholen.

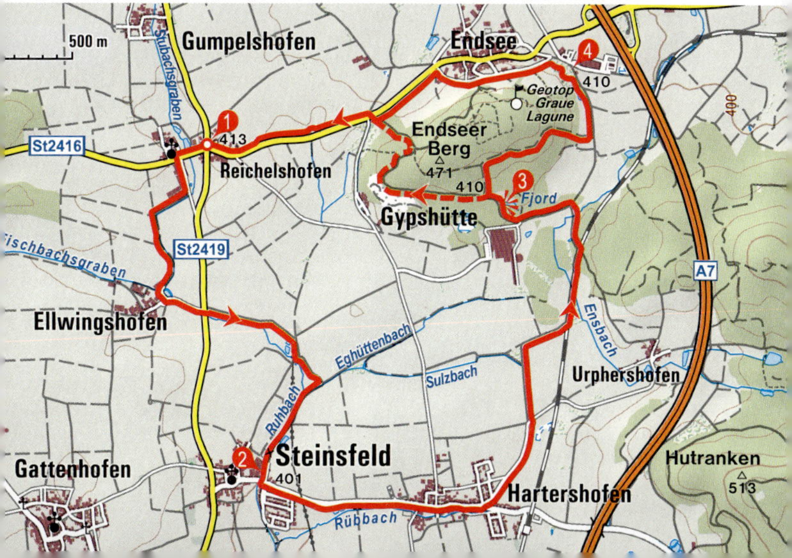

↗ 340 m | ↘ 340 m | 10.2 km

12 Rund um Tauberzell

3.30 h

Hasennestle und keltisches Oppidum

Im malerischen fränkischen Häckerdorf Tauberzell dreht sich alles um den Wein. Ein wappengeschmückter ehemaliger Fassdeckel verweist in der Ortsmitte auf die 700-jährige Weinbautradition mit dem Hinweis »Weinort der Chorherren von Herrieden«. Unsere Tour führt uns auch sogleich hinauf in die Weinlage Tauberzeller Hasennestle, wo uns ein Weinlehrpfad die angebauten Rebsorten vorstellt. Müller-Thurgau und Silvaner überwiegen, dazu Bacchus und die Rotweine Schwarzriesling und Regent. Im Tal überqueren wir in Tauberscheckenbach die Tauber und nehmen den Anstieg auf die Hochfläche bei Burgstall in Angriff. Dort begeben wir uns im weitläufigen Areal des keltischen Oppidums auf eine Zeitreise in die Eisenzeit. Bei der Holdermühle mit ihrem gemütlichen Biergarten setzen wir nochmals über die Tauber, erklimmen dann in einem letzten Steilanstieg die nördliche Talflanke und kehren oberhalb der Rebflächen zurück nach Tauberzell.

Ausgangspunkt: Tauberzell, Bushaltestelle Am Brunnen (294 m). Anfahrt mit ÖV: Bahn bis Bahnhof Rothenburg o.d. Tauber, von dort mit Bus 819 nach Tauberzell. Navi: 91587 Adelshofen-Tauberzell, Creglinger Straße.
Anforderungen: Überwiegend geteerte und geschotterte Wege; drei steilere Anstiege, ansonsten eher moderater Wegverlauf; auch mit Kindern empfehlenswert.
Markierung: Ohne Markierung, Jakobsweg/Panoramaweg Taubertal, HW4, Archäologischer Rundweg, LT 27, ohne Markierung, Jakobsweg/Panoramaweg Taubertal, ohne Markierung.

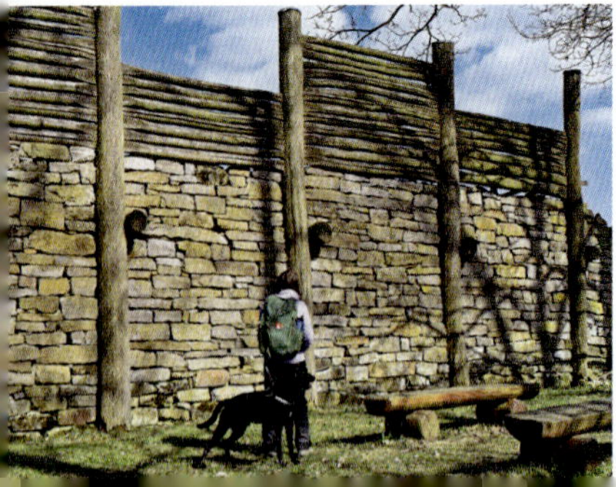

Einkehr: Gasthaus Holdermühle, Tel. 07933/912317, gasthaus-holdermuehle.de, Mo–Mi Ruhetage. In Tauberzell: Landhaus zum Falken, Tel. 09865/941940, landhaus-zum-falken.de, Mo/Di Ruhetage, variierende Öffnungszeiten, tel. Reservierung erwünscht.
Karte: ATK25 Blatt G05 Rothenburg ob der Tauber 1:25 000.
Info: Das keltische Oppidum von Finsterlohr-Burgstall datiert aus der späten Eisenzeit (Latènezeit) und gilt mit seiner Ausdehnung von etwa 123 ha als eine der größten Befestigungsanlagen dieser Epoche in Süddeutschland. Ob das Areal dauerhaft besiedelt oder nur in Gefahrenzeiten als Fliehburg genutzt wurde, ist nicht bekannt. Eine teilweise rekonstruierte Pfostenschlitzmauer veranschaulicht die Bauweise der heute nur noch als Wall erhaltenen Befestigung. Wer mehr über die Zeit der Kelten erfahren möchte, begebe sich auf den rund 2,5 km langen Archäologischen Lehrpfad mit sechs Stationen (kelten-creglingen-finsterlohr.de).

An der rekonstruierten Pfostenschlitzmauer des Oppidums Finsterlohr.

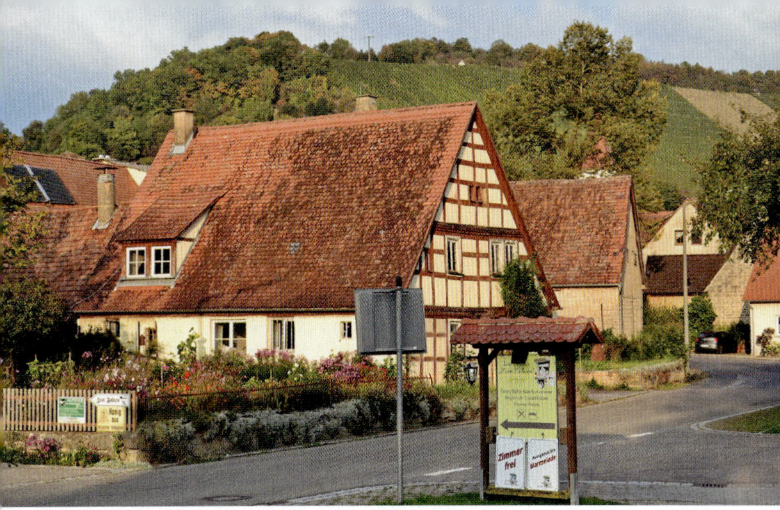

Tauberzell mit der Weinlage Hasennestle im Hintergrund.

Von der **Bushaltestelle Am Brunnen** ❶ in **Tauberzell** gehen wir nicht direkt in östlicher Richtung an der Hauptstraße entlang, sondern machen ohne Markierung einen kleinen Umweg, der uns vorbei am Feuerwehrhaus durch ein Gässchen zur Tauber führt. Auf einem Steg überqueren wir den Fluss und halten uns links an seinem Ufer entlang bis zur malerischen steinernen Brücke. Auf ihr nochmals über die Tauber und dann einige Meter nach links auf der Hauptstraße. Den ersten nach rechts abzweigenden Wirtschaftsweg nehmen wir steil aufwärts hinein in die Weinberge, jetzt geführt von der Jakobsweg-Markierung. An den Hängen auf der anderen Talseite sehen wir mächtige Steinriegel, die uns auf unseren Wanderungen durch Tauberfranken immer wieder begegnen werden.

Zwei nach rechts abzweigende Wege ignorieren wir und biegen oben auf der Höhe scharf rechts ab. Inzwischen hat sich auch der Panoramaweg Taubertal zu uns gesellt und wir folgen nun sowohl seiner Markierung als auch der des Jakobswegs in einer Linkskurve in die Weinlage **Hasennestle**. Gleich hinter der **Biegung** ❷ bietet sich uns ein herrlicher Ausblick über das Taubertal bis zu den Türmen von Rothenburg, und wenn wir uns umdrehen, liegt uns Tauberzell zu Füßen. Unser geteerter Wirtschaftsweg führt nun stetig oberhalb der Weinhänge entlang, vorbei an einigen schmucken Weinbergshäuschen und einem Spalier unterschiedlicher Rebsorten des ebenfalls hier verlaufenden Weinlehrpfads.

Am Ende der Rebflächen biegt unser Wirtschaftsweg nach links ab, wir bleiben jedoch geradeaus und folgen einem unbefestigten Pfad längs eines Heckensaumes. Auf dieser Etappe sind gelegentlich echte Jakobsmuscheln

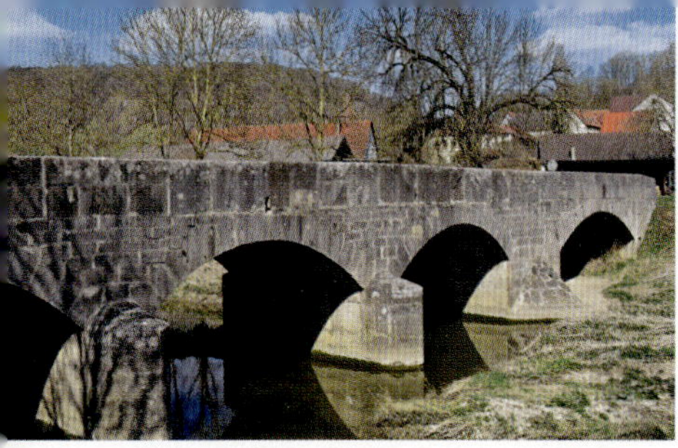

Steinerne Tauberbrücke in Tauberscheckenbach.

als Markierungen angebracht worden, um auf den Verlauf des Jakobswegs aufmerksam zu machen. Dann halb rechts hinein in ein Waldstück, wo uns ein schöner Hohlweg hinunter nach **Tauberscheckenbach** führt. An der Einmündung zur Hauptstraße halten wir uns links, überqueren den Gickelhäuser Bach und folgen vor der Kirche den Schildern »Burgstall/Keltenwall« nach rechts, nun geleitet von der Markierung HW4. Dann links an der Tauber entlang und nach dem Sägewerk Karrenmühle rechts auf der **steinernen Brücke** ❸ über den Fluss. Auf einem kleinen, wenig befahrenen Sträßchen geht es nun hinauf auf die Hochfläche in den Weiler **Burgstall**, der bereits zu Baden-Württemberg gehört. Die Landesgrenze Bayern–Baden-Württemberg haben wir kurz vorher unmerklich in einem Wäldchen passiert.

Am Ende des kleines Ortes wenden wir uns nach rechts (Beschilderung »Keltenwall«) und gelangen zum **Infozentrum** ❹ des **Oppidums Finsterlohr** ❹. Hier befinden sich diverse Infotafeln und ein Nachbau eines keltischen Hauses, dazu ein Picknickplatz. Nun vertrauen wir uns dem archäologischen Rundweg an, dessen Station 2 besonders eindrucksvoll ist. Denn hier wurde ein Stück **Pfostenschlitzmauer** ❺ der ehemaligen Befestigungsanlage rekonstruiert. Danach rechts am deutlich sichtbaren Wall entlang und nach der Station 3 (Münzwesen und Sprache) rechts durch diesen hindurch auf die freie Fläche, die eine Ahnung von der Größe des Oppidums vermittelt.

Etwa 100 m weiter geht es links in den Wald hinein und dort gleich wieder nach rechts. Ein paar Meter weiter links zweigt ein unbefestigter Pfad ab, der mit LT 27 markiert ist. Er bringt uns stetig abwärts durch den Wald, in etwa parallel zu einem schmalen, meist ausgetrockneten Bacheinschnitt. Die unsichtbare Landesgrenze haben wir bereits vor dem Abstieg überschritten. Unten im Tal biegen wir kurz vor der Hautschenmühle scharf links ab und wandern auf einem geteerten Fuß- und Radweg nahezu ebenerdig

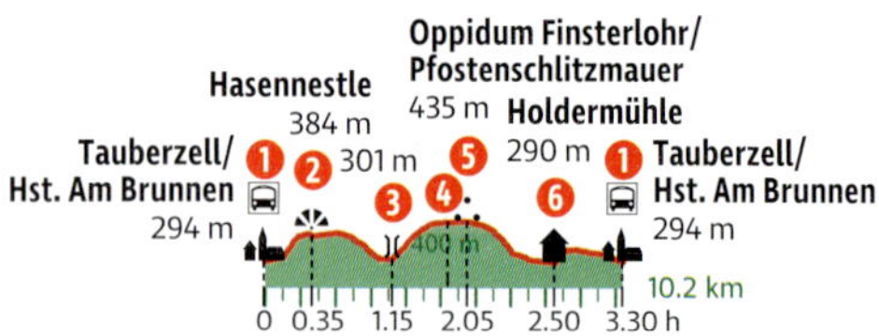

bis zur **Holdermühle** 6, wo uns in dem Gasthaus mit Biergarten eine gemütliche Einkehr erwartet.

Dort rechts über die Tauber, dann leicht versetzt über die Landstraße und auf einem Schotterweg den mit Streuobst bestandenen Abhang hoch. Bei der ersten Wegkreuzung biegt LT 27 nach links in Richtung Archshofen ab, wir bleiben aber ohne Markierung weiter geradeaus hangaufwärts und gelangen in einen Waldstreifen. Darin stoßen wir wieder auf den Jakobsweg und den Panoramaweg Taubertal und folgen beiden nach rechts aus dem Wäldchen hinaus in die Weinflur. Es geht nun immerzu fast geradlinig und weitgehend ebenerdig oberhalb der Weinhänge entlang, wobei wir einige Steinriegel passieren und herrliche Ausblicke ins Taubertal und schließlich auf Tauberzell genießen. Ein besonders schöner Aussichtspunkt auf Tauberzell mit dem Hasennestle im Hintergrund befindet sich bei einer **Ruhebank** direkt an der Hangkante. Schließlich biegt unser Weg rechts hinunter zur Straße Tauberzell–Neustett ab, wo sich unsere beiden Markierungen nach links verabschieden. Wir biegen rechts ab und erreichen ohne Markierung nach wenigen Metern den Ortsrand von **Tauberzell**. Im Ort bei der Kirche rechts und längs der Hauptstraße zurück zu unserem Ausgangspunkt an der **Bushaltestelle** 1.

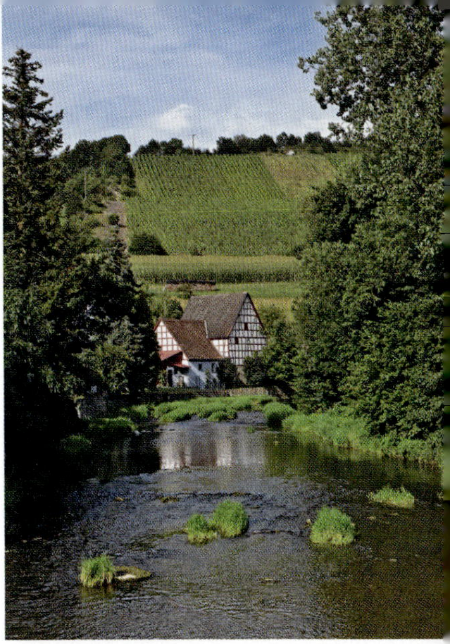

Die Tauber bei Tauberzell.

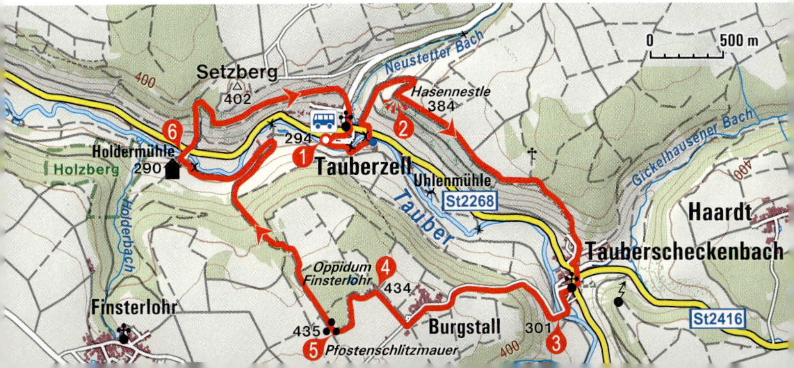

↗ 380 m | ↘ 380 m | 15.7 km

13 Rund um Creglingen

4.50 h

Riemenschneiders Meisterwerk

Unsere Tour beginnt direkt bei der Herrgottskirche außerhalb von Creglingen und das mit gutem Grund. So bleibt uns entweder vorher oder hinterher genügend Zeit, um in dem Kirchlein den berühmten Marienalter von Tilman Riemenschneider (um 1460–1531) ausgiebig zu bewundern. Er gilt als das Hauptwerk des berühmten Würzburger Bildhauers und Holzschnitzers, der von 1505 bis 1510 daran gearbeitet hat. Wer das sogenannte Lichtwunder erleben möchte, sollte die Wanderung für die zweite Augusthälfte einplanen. In diesem Zeitraum fällt alljährlich durch ein Westfenster des Gotteshauses zwischen etwa 17 und 18 Uhr das Sonnenlicht so ein, dass es direkt den Altar anstrahlt und die zum Himmel auffahrende Maria hell erleuchtet. Aber auch jenseits dieses spirituellen Moments ist unsere Wanderung reizvoll. Sie führt uns längs des munter plätschernden Herrgottsbaches nach Münster und weiter über die aussichtsreiche Hochebene zurück ins Taubertal bei Archshofen. Auf einer der schönsten Etappen des Panoramaweges Taubertal geht es schließlich stetig an der Hangkante entlang nach Creglingen. Dort ist ein Bummel durch die malerische Altstadt Pflicht, bevor wir zur Herrgottskirche zurückkehren.

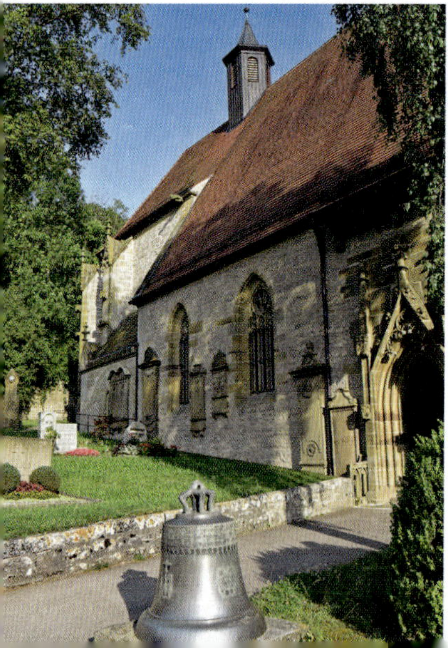

Ausgangspunkt: Herrgottskirche (299 m), an der L1005 außerhalb von Creglingen. Anfahrt mit ÖV: Bahn bis Weikersheim, von dort mit Bus 963 bis Creglingen ZOB, von dort mit Bus 969 bis zur Haltestelle Herrgottskirche. Navi: 97993 Creglingen, Herrgottskirche 1A.
Anforderungen: Überwiegend geschotterte und geteerte Wege, abschnittweise auch auf Gras- und unbefestigten Wegen; zwei steilere An- und Abstiege, ansonsten eher moderater Wegverlauf.
Markierung: LT 28, zeitweise Panoramaweg Taubertal.
Einkehr: Gasthaus zum Ross, Archshofen, Tel. 07933/582; Gaststätte Zum Herrgottstal bei der Herrgottskirche, Tel. 07933/518, gaestehaus-herrgottstal.de, Di Ruhetag. In Creglingen: diverse Gaststätten und Cafés, creglingen.de.
Karte: ATK25 Blatt G06 Rothenburg ob der Tauber 1:25 000.

Eingang zur Herrgottskirche.

Bei der **Herrgottskirche** ❶ gibt uns die Markierung LT 28 die Richtung vor. Wir folgen ihr zunächst auf einem Fußweg etwa 200 m parallel zur Landstraße in südlicher Richtung und halten uns dann auf einem Wiesenpfad rechts abwärts in den Talgrund des Herrgottsbaches. Nach dessen Überquerung geht es über ein paar Treppenstufen hinauf zu einem querenden Schotterweg, auf dem wir nach links einschwenken. Gemütlich längs des Bachgrundes flanierend erreichen wir nach knapp 1,5 km den Ortsrand von **Münster**. Das kleine Dorf ist auf der Hauptstraße schnell durchquert, ein kleiner Stopp bietet sich jedoch bei der sehenswerten **Kirche** ❷ an.

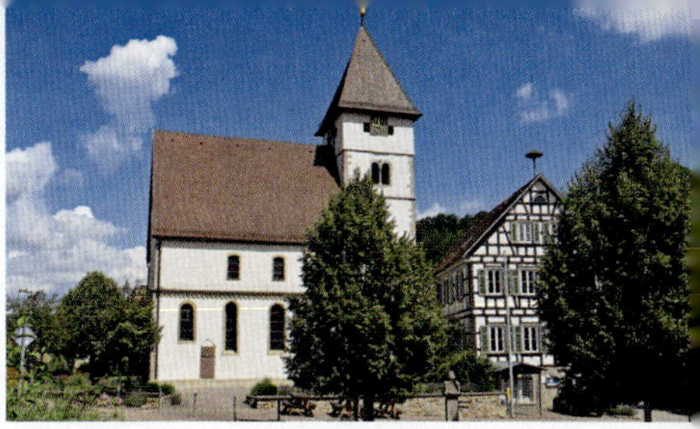

Der Dorfplatz in Münster.

Am Ortsende auf Höhe des Campingplatzes links auf einen geteerten Fahrweg, der stetig aufwärts führt. Dabei passieren wir rechts von uns im Tal das Freizeitgebiet Münsterseen. Oben auf der Ackerhochfläche gelangen wir in einer Linksbiegung zu einer Weggabelung bei einem markanten Einzelbaum. Dort müssen wir ohne eine erkennbare Markierung zunächst links und dann gleich wieder rechts abbiegen. Nahezu ebenerdig geht es in der Folge über die weite Feldflur, vorbei an einem kleinen Tümpel bis zu einer Wegkreuzung bei einer Waldspitze. Bevor wir uns dort nach links orientieren, lohnt ein kurzes Innehalten für einen Blick in Richtung Osten, wo sich am Horizont die dem südlichen Steigerwald vorgelagerten Zeugenberge erheben. Leicht abwärts ist nach etwa 200 m ein Waldstreifen erreicht, wo wir einen kleinen Abstecher zum **Menzenbrünnlein** ❸ unternehmen, einem schattigen Rastplatz an einer kühlen Quelle. Eine Wohltat besonders im Sommer auf der ansonsten baum- und schattenlosen Hochfläche.

Zurück am Rand des Wäldchens biegen wir scharf rechts auf einen Schotterweg ab, der uns zu einem querenden Flurweg bringt. Auf diesem nach links, dann in einer weiten Rechtskurve und schließlich halbwegs geradlinig durch Kornfelder hindurch. Markierungen sind auf diesem Wegabschnitt eher Mangelware. Bei einer Wegkreuzung an einem Wäldchen ohne erkennbare Markierung rechts halten. Stetig leicht abwärts wandernd

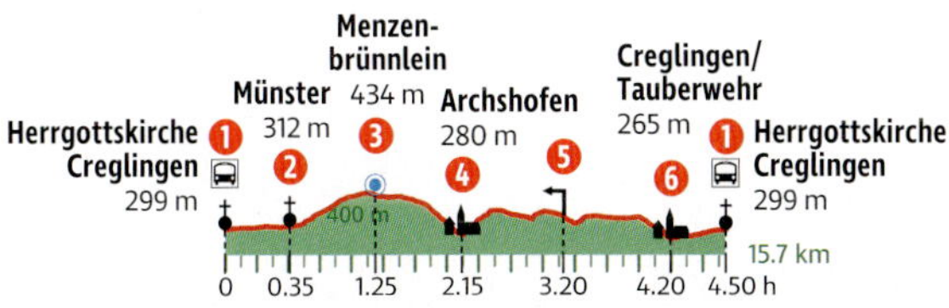

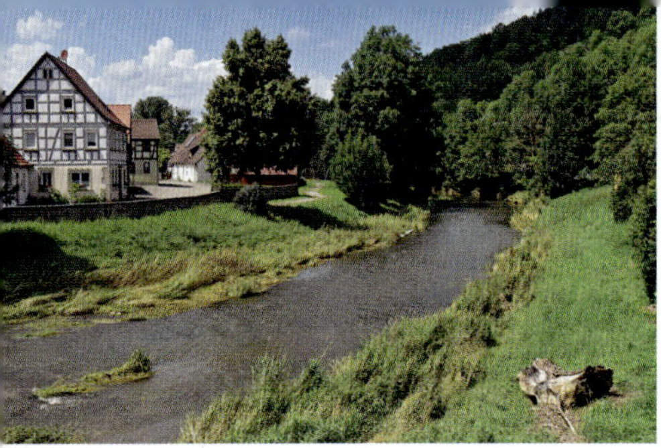

Die Tauber bei Archshofen.

gelangen wir nach Passieren eines Ensembles aus mehreren Feldscheunen zu einer großen Wegtriangel mit Rastbank. Dort taucht unsere LT-28-Markierung endlich wieder auf und weist uns halb rechts auf einen Wiesenweg, der in ein nahes Waldstück hineinführt. Darin rechts halten und nach dessen Durchquerung über Streuobstwiesen hinunter nach **Archshofen**. Durch den Ort führt uns zuverlässig die LT-28-Wegweisung, wobei wir auf der **Tauberbrücke** ❹ den Fluss überqueren und das **Gasthaus zum Ross** passieren. Dahinter links die Gasse hoch bis zu einem Rastplatz oberhalb des Friedhofs.

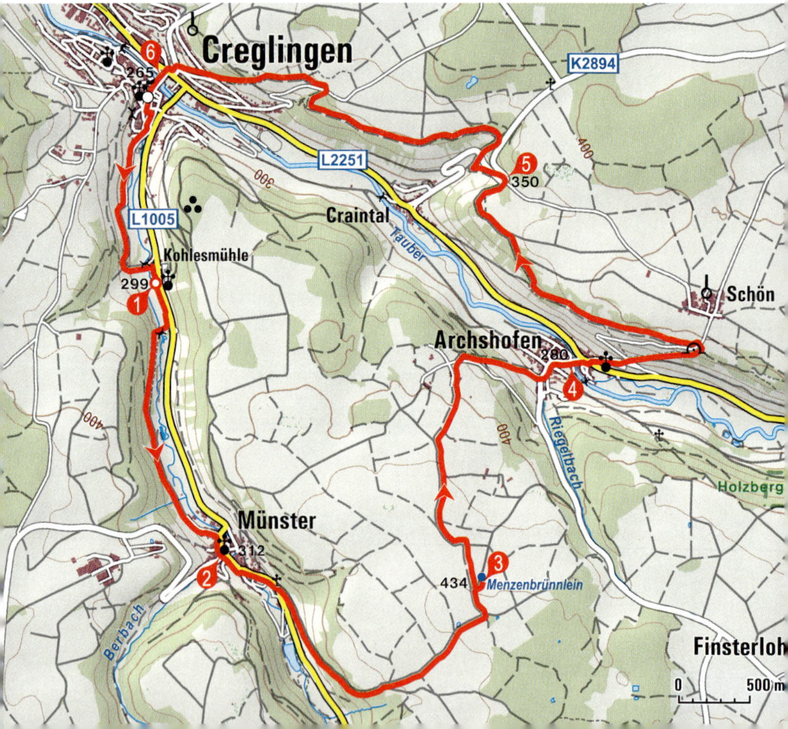

Von dort nehmen wir halb rechts den unbefestigten Weg, der durch Sträucher halbwegs steil den Hang hoch verläuft und schließlich in einen querenden Fahrweg mündet. Diesem folgen wir nach links, jetzt auch begleitet von den Markierungen des Panoramaweges Taubertal, des Jakobsweges und des Fränkischen Marienweges. Da die LT-28-Markierung ab hier nur noch sehr sporadisch auftaucht, empfiehlt es sich, sich nun vor allem am bestens markierten Panoramaweg zu orientieren. Nach etwa 80 m rechts auf einen unbefestigten Weg, der in einen schönen Grasweg übergeht und sich längs der Hangkante hoch über dem Taubertal hinzieht. Wir passieren Archshofen unter uns und erreichen in leichtem Auf und Ab, stetig an der Hangkante bleibend, eine **Ruhebank** ❺ an der Kreisstraße K2894. Dort scharf links auf einen Trampelpfad, der zunächst über eine Wiese, dann durch Strauchwerk hindurch hinunter zu einem Querweg führt. Auf diesem nach rechts und aufwärts über die Kreisstraße hinweg bis zu einer Weggabelung am Waldrand, wo wir uns links halten müssen. Nun einige Zeit einem leicht geschotterten Weg längs der bewaldeten Hangkante folgen, dann in einer Rechtsbiegung leicht aufwärts in ein Wäldchen hinein. Darin links abbiegen und nach etwa 80 m rechts hoch auf die Ackerhochfläche; dort links auf einen Wiesenweg, der sich längs einer Heckenreihe hinzieht.

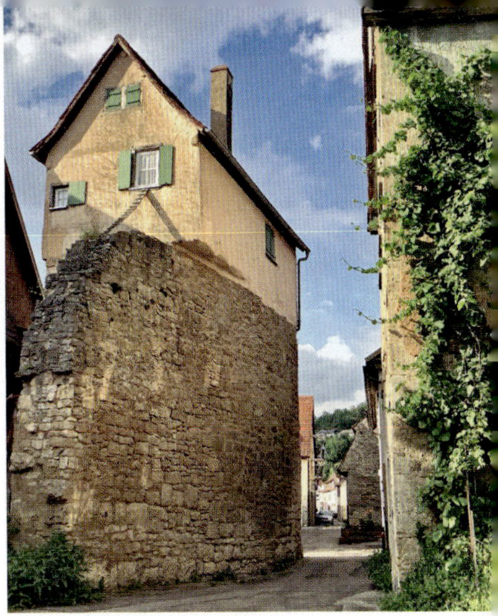

In der Altstadt von Creglingen.

Bei einem markanten Einzelbaum links auf einen Grasweg, der über ein Sträßchen hinweg hinunter an den Ortsrand von **Creglingen** führt. Über die Johannisbergstraße und den Johann-Dreher-Weg abwärts zur Schirmbacher Straße und auf dieser links bis zur breiten Rothenburger Straße. Diese bei der Fußgängerampel überqueren und dann einige Meter nach rechts bis zur Hauptstraße, der wir nach links über die Tauber hinweg, vorbei am **Tauberwehr** ❻, in die historische Altstadt von Creglingen folgen. Dort links in die Kreuzstraße und gleich wieder rechts in den Stadtgraben, vorbei am Lindleinsturm (mit Museum). Auf dem Mühlweg aus dem Ort hinaus und auf einem geteerten Fußweg immer am Herrgottsbach entlang. Nach einer Feldscheune links und auf einem Steg über den Bach zur Kohlesmühle mit dem Fingerhutmuseum. Dahinter rechts und den Abhang hoch zurück zur **Herrgottskirche** ❶, dem Ausgangspunkt unserer Tour.

TOP 14

↗ 350 m | ↘ 350 m | 20.9 km

Von Bieberehren über die Kunigundenkapelle nach Aub

5.40 h

Geschichte erleben längs der Gollach

Bieberehren ist der ideale Ausgangspunkt für eine äußerst erlebnisreiche und geschichtsträchtige Tour längs der Gollach. Dort mündet das am südwestlichen Steigerwaldrand entspringende Flüsschen nach 34 km in die Tauber. Der kleine Ort verfügt gleich über drei Gotteshäuser, darunter das Käppele auf dem Kreuzberg, zu dem wir natürlich hochsteigen. Dann geht es auf die Gäuhochfläche zum schmucken Bauerndorf Buch und von dort hinunter in den Gollachgrund. Die nördlich des Flüsschens auf dem Alten Berg gelegene Kunigundenkapelle ist unser nächstes Zwischenziel und einer der Höhepunkte unserer Tour. Das spätromanische Kirchlein (vermutlich erbaut zwischen 1232 und 1240) ist der Heiligen Kunigunde (um 980–1033) geweiht, um die sich viele Legenden ranken. Sie war die Gemahlin Kaiser Heinrichs II. Das kinderlose Ehepaar erwählte Christus zu seinem Erben und begründete das Bistum Bamberg. Dort im Dom haben beide ihre letzte Ruhestätte gefunden. Weiter flussaufwärts lädt die Ruine Reichelsburg zu einer Besichtigung ein. Die erstmals urkundlich im Jahr 1230 erwähnte Festung war seit etwa 1750 nicht mehr bewohnt und verfiel im Laufe der Zeit. Das Städtchen Aub bildet den Wendepunkt für den Rückweg über die Gäuhochfläche zurück nach Bieberehren. Allerdings sollte man sich vorher genügend Zeit nehmen, um den Ort näher zu erkunden. Unbedingt sehenswert ist der malerische Marktplatz, die Stadtpfarrkirche Mariä Himmelfahrt (mit einer Kreuzigungsgruppe von Riemenschneider) sowie das Renaissanceschloss der Würzburger Fürstbischöfe.

Blick vom Käppele auf Bieberehren.

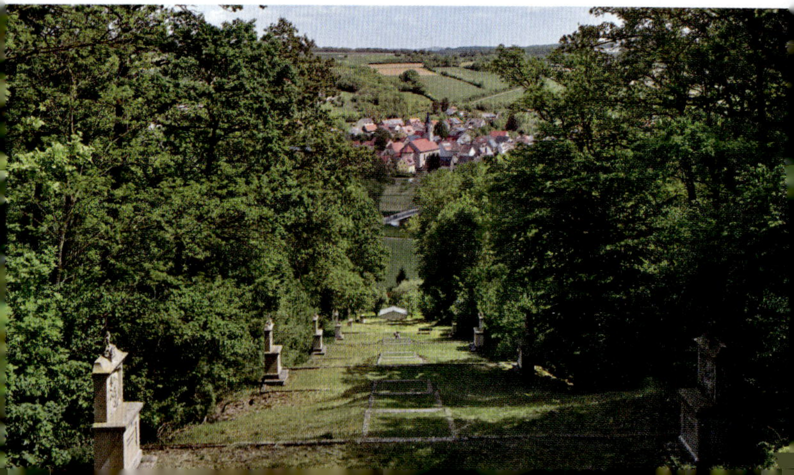

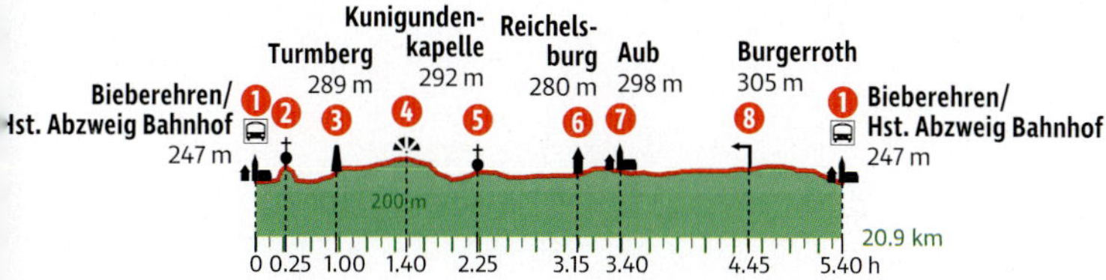

Ausgangspunkt: Bieberehren, Bushaltestelle Abzweig Bahnhof (247 m). Anfahrt mit ÖV: Bahn bis Bahnhof Rothenburg o.d. Tauber, von dort mit Bus 980 bis Haltestelle Bieberehren Sparkasse (für Variante 2: Haltestelle Aub Gollachbrücke). Navi: 97243 Bieberehren, Bahnhofstr. 10 (Parkmöglichkeiten auf einer Freifläche an der Bahnhofstraße).
Anforderungen: Teils auf geschotterten/naturbelassenen Wegen, teils auf geteerten Flurwegen; etappenweise über offenes Gelände; nur wenige moderate An- und Abstiege, dennoch Kondition erforderlich, da die Tour sehr lang ist.
Markierung: Kulturweg, Weinwanderweg Württemberg/HW4, LT 26, ohne Markierung, Kulturweg.
Einkehr: Stand bei der Ullenmühle, Tel. 0176/75337587, nur Sa/So bei schönem Wetter). In Aub: Gasthof Weißes Roß, Marktplatz 2, Tel. 09335/287, gasthof-weisses-ross.de, Di–Sa ab 17 Uhr, So/Mo Ruhetag; Konditorei-Café Schedel, Marktplatz 18, Tel. 09335/277, baeckerei-schedel.de, Mi Ruhetag; Gasthof zum Lamm, Truchseß-Str. 6 (700 m abseits der Wanderroute), Tel. 09335/547, Mo–So 11.30–13.30 Uhr u. 17–24 Uhr. In Bieberehren: Gaststätte-Pizzeria Zum Adler, Tel. 09338/351, Mo/Mi Ruhetage.
Variante: Diese lange Tour kann auch in zwei Touren aufgeteilt werden:
1) Kulturweg von Bieberehren zur Kunigundenkapelle und direkt über Burgerroth zurück (dann etwa 10 km).
2) Von Aub nach Burgerroth, direkt zur Kunigundenkapelle und zurück nach Aub (dann etwa 12 km).
Karte: ATK25 Blatt G06 Rothenburg ob der Tauber 1:25 000.
Tipp: An der Kunigundenkapelle beginnt der 110 km lange Kunigundenweg. Er führt in fünf Etappen durch die unterfränkische Gäulandschaft und durch den Steigerwald nach Bamberg. Angeblich soll ihn die Hl. Kunigunde für Ausritte in ihre Ländereien genutzt haben. Später wurde er zu einem Pilgerweg zum Grab des hl. Kaiserpaares im Bamberger Dom (landkreis-bamberg.de).

Von der **Bushaltestelle Abzweig Bahnhof** ❶ in **Bieberehren** gehen wir mit der Kulturweg-Markierung des gelben EU-Schiffchens auf blauem Grund über die Gollach hinweg ortseinwärts. Gleich nach dem Flüsschen bei einem Bildstock rechts halten und unserem Wegzeichen folgend an der Peter-und-Paul-Kirche vorbei bis zum Ortsrand. Auf der Ringstraße West nach links bis zur Kreuzung mit der Tauberstraße und dort rechts abbiegen. Über die Tauber hinweg und vorbei an der Franzenmühle nehmen wir den Steilanstieg hoch zur »Käppele« genannten **Heiligkreuzkapelle** ❷ in Angriff. Mehr als 60 Höhenmeter und eine Steigung von etwa 26 Prozent müssen wir dabei bewältigen. Dafür werden wir oben mit einem schönen Blick auf Bieberehren belohnt.

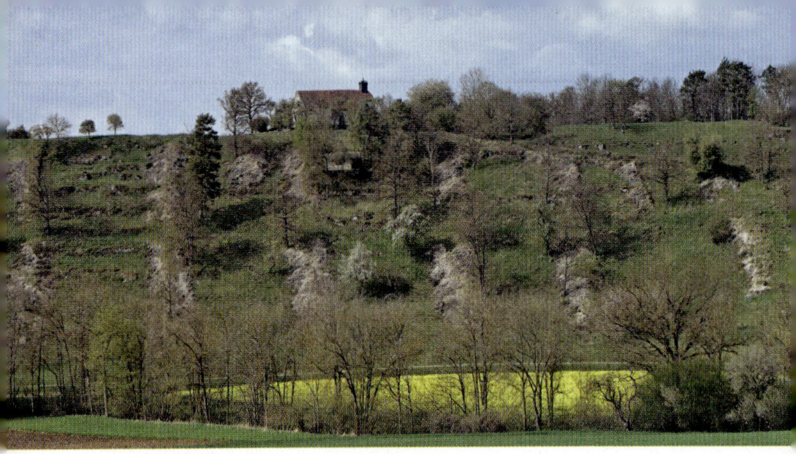

Steinriegelhang mit Kunigundenkapelle.

Auf demselben Weg wieder hinunter und über Tauber und Ringstraße West hinweg ortseinwärts bis zur Hauptstraße. Auf ihr rechts am sehenswerten Rathaus von 1612 und der Marienkapelle vorbei bis zum Friedhof am südlichen Ortsausgang. Dort links auf der Bucher Straße leicht aufwärts und nach etwa 150 m rechts auf einen Flurweg. Immer unserer Markierung folgend gelangen wir in ein Waldstück, wo uns ein Pfad etwas steiler hoch zum alten **Wartturm** ❸ auf dem **Turmberg** bringt. Aussicht hat man von hier oben allerdings nicht. In einer kurzen Abwärtspassage aus dem Wäldchen hinaus zu einem querenden Schotterweg, in den wir rechts einschwenken. In der Folge queren wir leicht versetzt das Sträßchen von Bieberehren nach Buch und treten danach erneut in einen Laubwald ein. Unser Weg biegt darin gleich nach rechts ab und führt uns dann etwas mehr als 500 m in leichtem Auf und Ab durch das lichte Gehölz. Über eine Streuobstwiese mit schönem Blick zurück auf Bieberehren erreichen wir einen Querweg, auf dem wir rechts zu einem überdachten **Rastplatz** bei einem schönen Bildstock gelangen. Dort links auf einen Weg, der sogleich eine Rechtskurve macht und über Wiesen an einem Wäldchen entlang verläuft.
Auf dem ersten nach rechts abzweigenden Feldweg an den Ortsrand von **Buch**, wo wir uns beim Friedhof rechts halten und dann das kleine Dorf auf der Sechselbacher Straße durchschreiten. Kurz hinter dem Ort bei einem Bildstock links auf einem Sträßchen bis zu einem Strommast, neben dem eine **Infotafel** ❹ auf Burg Brauneck hinweist, die südöstlich von uns in der Ferne zu sehen ist. Hier biegen wir links ab und gehen nahezu geradlinig an Buch vorbei über die Feldflur auf einen Waldstreifen zu. An dessen Rand bei einer Gabelung links und nun auf einer halbwegs steilen Abwärtspassage hinunter zur querenden Landstraße. Nach Austritt aus dem Wald haben wir unser Zwischenziel, die Kunigundenkapelle, zum Greifen vor uns. Sie

thront malerisch auf dem Plateau des Alten Berges über einem von mehreren Steinriegeln überzogenen Abhang.

Längs der wenig befahrenen Straße überqueren wir den breiten Talgrund der **Gollach** und biegen hinter dem Flüsschen rechts auf einen Schotterweg ab. Ihm folgen wir knapp 600 m bis zu einer Wegkreuzung, wo wir links abbiegen und auf einem weiteren Schotterweg den Abhang hinaufsteigen. Neben der Kulturweg-Markierung begleiten uns jetzt diverse andere Wegzeichen. Nach etwa 300 m zweigt ein schmaler Pfad ab, der uns am Kunigundenstein vorbei hoch zur **Kunigundenkapelle** 5 bringt. Das spätromanische Kirchlein kann zwar nur an Sonntagen von 14 bis 16 Uhr besichtigt werden, aber auch von außen gibt es genügend zu sehen. Wer genau hinsieht, wird die Figur der Heiligen Kunigunde oben im Fenster des Chorturmes erkennen. Sehenswert ist zudem die **1000-jährige Linde** an der Westseite der mauerumfriedeten Anlage mit ihrem etwa 2 m breiten ausgehöhlten Stamm.

Wir verlassen die Kunigundenkapelle auf dem Sträßchen, das ins nahe Dorf Burgerroth führt, biegen dann aber bei einem malerischen **Bildstock** rechts ab. Dort verabschieden wir uns vorerst von unserem Kulturweg und folgen stattdessen den Markierungen roter Balken (HW4) und rote Weintraube (Weinwanderweg Württemberg). Ein neu

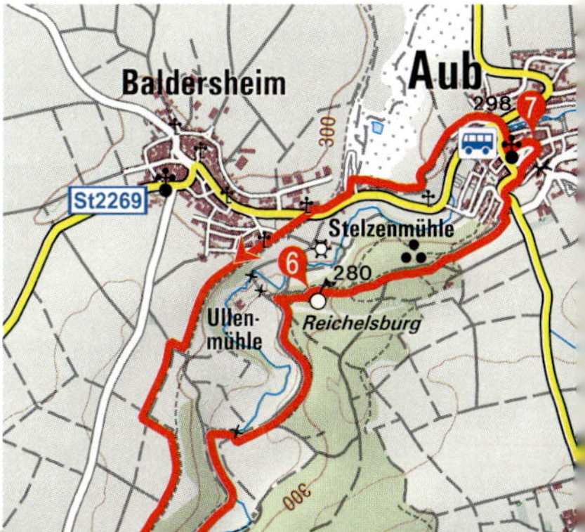
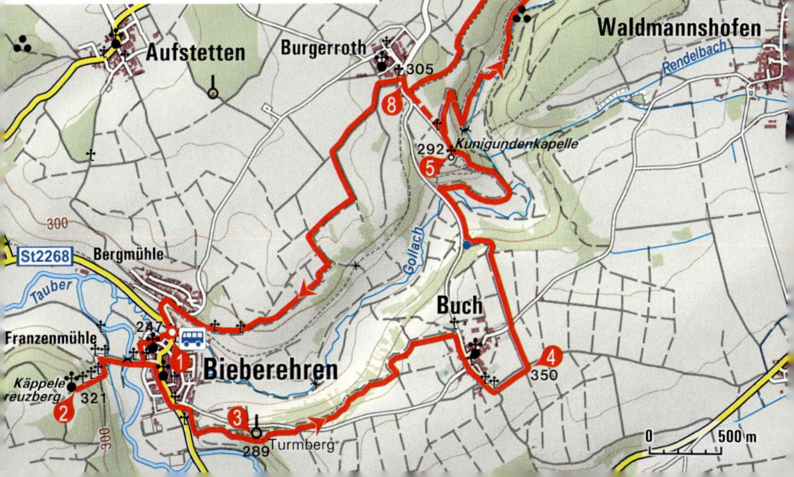

aufgestellter Wegweiser hilft bei der Orientierung. Beim gleich danach folgenden Abzweig nach links und zunächst über Wiesen, dann längs eines Waldstückes leicht abwärts bis zu einer Wegkreuzung. Dort rechts in den Wald hinein, wo es steil abwärts hinunter in den **Gollachgrund** geht. Unten links und dann etwa 1 km unseren beiden Markierungen in etwa parallel zum Flussverlauf folgen, bis sowohl die Gollach als auch unser Weg eine Biegung nach links machen.
Nach knapp 350 m müssen wir aufpassen, dass wir den Abzweig auf einen schmalen Pfad nach rechts nicht verpassen, denn er ist durch Buschwerk etwas verdeckt. Erst geht es einige Meter direkt an der Gollach entlang, dann wechseln wir auf einem Steg auf das andere Flussufer und wenden uns auf einem breiten Querweg nach links. Längs eines Waldes und in etwa parallel zur Gollach gelangen wir nach etwa 900 m zu einem Abzweig kurz vor der Ullenmühle. Dort biegen wir rechts ab, ebenso bei der folgenden Gabelung vor einem idyllischen See (mit Rastplatz), und steigen zur **Ruine Reichelsburg** ❻ hoch.
An der Anlage mit ihrem tiefen Burggraben links vorbei in ein Waldgebiet hinein, das wir die nächsten 800 m ohne große Anstrengung durchqueren. Über die Feldflur erreichen wir im weiteren Verlauf den Ortsrand von **Aub**. Bei den ersten Häusern links eine Treppe hinunter in den Burgweg und auf diesem rechts auf das Schloss zu. Davor links in die Straße »Am Angersberg«, dann gleich wieder rechts auf einen Fußweg, der in die breite Hauptstraße mündet. Auf ihr links hinunter in die Ortsmitte und dort nach rechts auf den **Marktplatz** ❼ einschwenken, der neben einer Einkehrmöglichkeit auch mit schönen Fotomotiven aufwarten kann.
Da der Württembergische Weinwanderweg hier endet und der HW4 in Richtung Ochsenfurt abbiegt, müssen wir auf unserem Rückweg nach

In der Ruine der spätmittelalterlichen Reichelsburg.

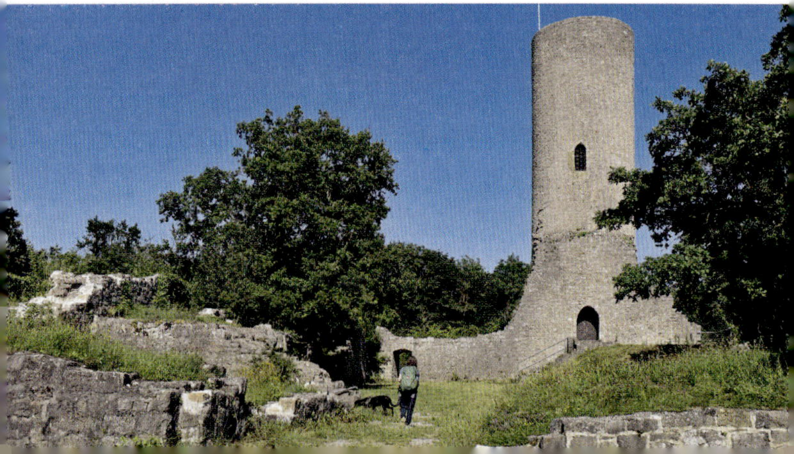

Bieberehren zunächst ohne Markierung auskommen. Eigentlich wollten wir uns am Verlauf des LT 26 orientieren, doch in und um Aub fehlt von seiner Ausschilderung jede Spur. So gehen wir auf der Hauptstraße weiter abwärts, überqueren die Gollach und danach die Bahnhofstraße und halten uns dann halb links auf der Heerstraße hangaufwärts. Über die Straße »Krötenberg« aus dem Ort hinaus, dabei bitte umdrehen und den schönen Blick zurück auf Aub mit Kirche und Schloss goutieren. Nun auf einem Schotterweg über die Feldflur bis zum Steinbruchareal vor **Baldersheim**; dort links über die Straße »Katzengraben« zur breiten Kreisstraße WÜ43 und längs dieser etwa 200 m nach rechts (geradeaus würde man den Gasthof zum Lamm erreichen).

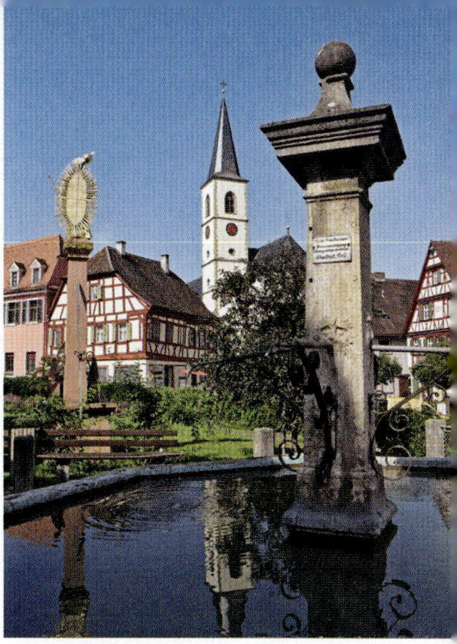

Am Marktplatz in Aub.

Dann zweigt nach links ein geteerter Weg ab, der sich als der Gaubahn-Radweg entpuppt. Wir folgen ihm vorbei an der Sportanlage und den letzten Häusern von Baldersheim hinaus auf die Feldflur. Nach etwa 1 km biegen wir bei einer Wegkreuzung rechts ab, um den an Wochenenden stärker befahrenen Radweg in einer Schlaufe zu umgehen. Wieder am Radweg angelangt, nehmen wir auf den nächsten 900 m den parallel verlaufenden Wiesenweg, auf dem es sich angenehmer gehen lässt. Die letzten knapp 500 m bis Burgerroth müssen wir aber doch auf Asphalt bewältigen. Kurz vor dem Dorf mündet der Radweg in das Sträßchen zur Kunigundenkapelle, wo wir wieder auf die Markierung des Kulturweges stoßen. Mit ihr biegen wir rechts ab und bei den ersten Häusern von **Burgerroth** 8 links aus dem Dorf hinaus zu einer Feldscheune. Dort links halten und bei der folgenden Gabelung rechts.

Ab jetzt gibt es keine Markierungstäfelchen mehr, die den Verlauf des Kulturweges anzeigen. Dafür wurden an den Abbiegestellen blaue Pfeile direkt auf die Asphaltwege gemalt. Weiter leicht aufwärts über die Ackerhochfläche und bei zweiter Gelegenheit links abbiegen; es geht nun leicht abwärts an den Rand eines Wäldchens. Dort rechts halten und dann stetig geradeaus bis zu einem Querweg, dem wir nach links bis zum Waldeck folgen. Daran rechts vorbei und in der Folge immerzu fast geradlinig an der Plateaukante entlang, bis unser Weg in einen breiten Fahrweg mündet. Auf diesem Sträßchen halten wir uns nach links und wandern, vorbei an zwei alten Bildstöcken, hinunter nach **Bieberehren**. Über die Bahnhofstraße gelangen wir zurück zur **Bushaltestelle Abzweig Bahnhof** 1.

↗ 370 m | ↘ 370 m | 12.9 km

15 Von Röttingen nach Tauberrettersheim

3.40 h

Sonnenuhren, Wein und Wald

Ausgangspunkt dieser Tour ist das romantische Röttingen, das sich als Stadt der Sonnenuhren einen Namen gemacht hat. 25 Unikate eines heimischen Schlossermeisters können an verschiedenen Standorten bestaunt werden. So bietet sich der etwa zwei Kilometer lange Sonnenuhrenweg als ideale Zugabe zu dieser Wanderung an. Aber in erster Linie ist das Tauberstädtchen als Weinort bekannt, und daher mag es nicht verwundern, dass wir unterwegs mehrmals mit dem Thema Wein in Berührung kommen. Gleich zu Beginn verläuft unsere Route etappenweise auf dem Weinlehrpfad in der Lage Röttinger Feuerstein, wo uns Thementafeln über Rebsorten, Terroir und Weinbaugeschichte informieren. In Tauberrettersheim erwartet uns mit der Balthasar-Neumann-Brücke über die Tauber ein kunsthistorischer Höhepunkt, bevor wir zur Queckbronner Höhe hinaufsteigen. Der Rückweg hinunter nach Röttingen führt zunächst durch herrlichen Laubwald, dann ein letztes Mal durch sonnige Weingärten mit einmaligen Ausblicken ins Taubertal.

Ausgangspunkt: Röttingen, Marktplatz (240 m); Anfahrt mit ÖV: Bahn bis Bahnhof Rothenburg o.d.T., von dort mit Bus 980 bis Haltestelle Röttingen Bahnhofstraße. Navi: 97285 Röttingen, Würzburger Straße 2 (Parkplätze beim Friedhof).
Anforderungen: Bis Tauberrettersheim auf Asphalt, ansonsten überwiegend Schotter- und Graswege; keine nennenswerten Anstiege, außer auf dem Kreuzweg hoch zur Tauberrettersheimer Bergkapelle.
Markierung: LT 25, Weinwanderweg, ohne Markierung, LT 25.
Einkehr: In Tauberrettersheim: Restaurant Krone, Mühlenstr. 6/7, Tel. 09338/412, g-krone.de; Landgasthof zum Hirschen, Mühlenstr. 1, Tel. 09338/322, zum-hirschen.info, Fr–Di 17–22 Uhr, So 11.30–22 Uhr, Mi/Do Ruhetage. In Röttingen: Röttinger Bürgerstube, Marktplatz 7, Tel. 09338/9819777, roettinger-buergerstube.de, Mo/Di Ruhetage.
Variante: Die Tour kann mit Tour 16 zu einer langen Tagestour kombiniert werden (dann insgesamt 22,9 km).
Karte: ATK25 Blatt G06 Rothenburg ob der Tauber 1:25 000.
Tipps: 1) Winzertipps in Röttingen: Weinbau Bach, weinbau-bach.de; Weingut Udo Engelhardt, weingut-engelhardt.de; Weingut Hofmann, weinguthofmann.com; Weingut Poth, weingut-poth.de; Winzerhof Fries, winzerfamiliefries.de.
2) Eine besondere Sehenswürdigkeit Röttingens ist der einmalige Sonnenuhrenweg. Ein Faltblatt dazu gibt es in der Tourist-Information beim Marktplatz (Hauptstraße 31a).

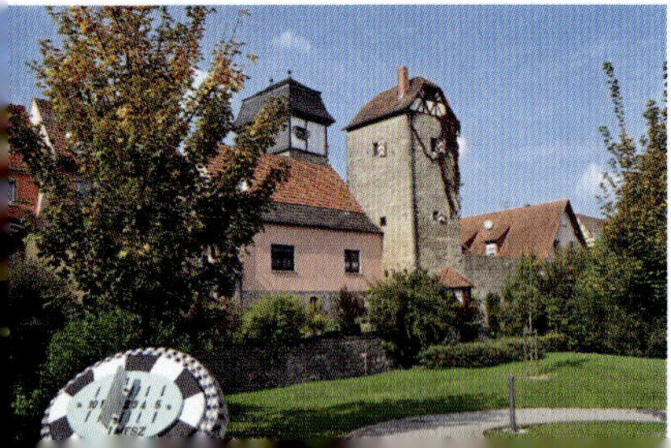

Alter und Neuer Hundheimer Torturm.

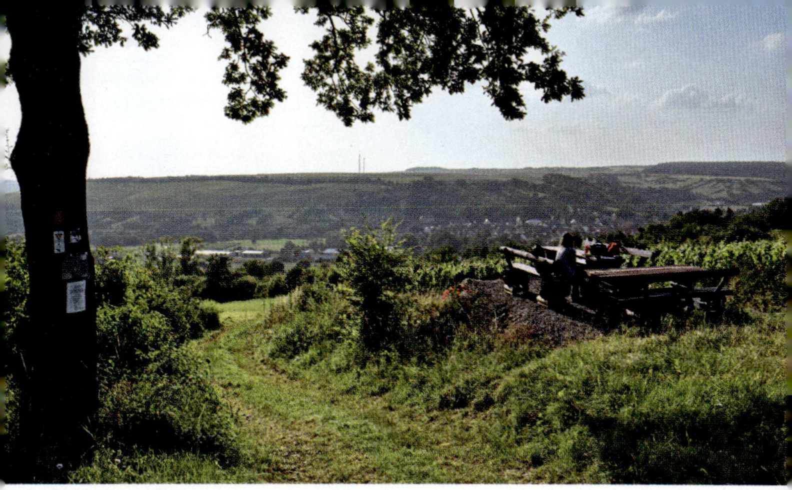

Herrlicher Rastplatz oberhalb von Röttingen.

Vom **Marktplatz** ❶ in **Röttingen** folgen wir der Markierung LT 25 auf der Hauptstraße in südwestlicher Richtung, vorbei an Burg Brattenstein und den beiden Hundheimer Tortürmen. Am Ortsende rechts ein kleines Sträßchen hoch und über die St. 2269 (Romantische Straße) hinweg an den Fuß der Rebhänge. Dort links hangaufwärts und bei der ersten Gabelung rechts halten und weiter aufwärts zu einem Querweg. Bei einem **Bildstock** ❷ am Beginn der **Weinlage Feuerstein** biegt LT 25 nach links ab, wir folgen nun aber dem Weinwanderweg nach rechts. Er führt uns hoch in ein Waldstück, wo wir bei einer Gabelung links abbiegen und gleich darauf erneut in die Rebflächen gelangen. Wir passieren ein Portal zu unserem Weinlehrpfad und halten uns weiter aufwärts. Wer mag, folgt dem Hinweis zum »Stoodblick« (Stadtblick) nach rechts. Ansonsten stetig weiter leicht aufwärts oberhalb der Weinberge.

In der Folge nahezu ebenerdig längs eines Wäldchens, wobei wir an einigen pittoresken Weinbergshäuschen entlangflanieren. Dann stetig abwärts, schließlich auch etwas steiler, vorbei an einem letzten Wingertshäusle und einer Infotafel zur Geologie der Trias. Dahinter biegt der Weinlehrpfad nach links ab, wir bleiben aber ohne Markierung weiter auf unserem Weg, der uns in einer Linkskurve hinunter zu einem Querweg bringt. Dort stoßen wir bei einem **Flurdenkmal** wieder auf unsere LT-25-Markierung, die uns nun bis ans Ende unserer Tour geleiten wird. Zunächst gehen wir einige Meter nach rechts, dann links hinunter zu einem parallel verlaufenden Weg, dem wir nach rechts bis zu einer Feldscheune folgen.

Nun nach links abbiegen und über die St. 2269 (Romantische Straße) hinweg über den Talgrund bis zur Tauber und rechts am Fluss entlang

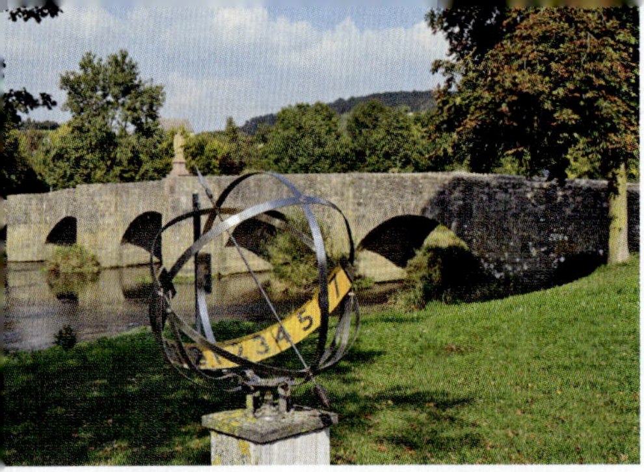

Balthasar-Neumann-Brücke mit Sonnenuhr in Tauberrettersheim.

bis an den Ortsrand von **Tauberrettersheim**. Dort links halten und auf der äußerst sehenswerten, von Balthasar Neumann 1736 erbauten **Steinbogenbrücke** die Tauber überqueren. Im Ort auf der Brunnenstraße über die querende Dorfäckerstraße/Obergasse hinweg und vor der nach links abzweigenden Waldstraße weiter geradeaus auf einen Fußweg. Hier beginnt ein Stationsweg, der über eine Wiese halbwegs steil hoch zur **Bergkapelle Maria Hilf** 3 führt, einem schönen Aussichtspunkt über den Ort zu unseren Füßen.

Wir halten uns weiter aufwärts, überqueren ein Sträßchen und gehen danach immerzu am Waldrand entlang, wobei wir oben auf der Hochfläche rechter Hand ein großes Flurkreuz passieren. Von dort bietet sich uns ein schöner Blick hinüber nach Schäftersheim, das bereits in Baden-Württemberg liegt. Bei zwei modernen Feldscheunen über einen Querweg hinweg in den Laubwald hinein; darin bei der folgenden Wegkreuzung gleich wieder rechts auf die Feldflur hinaus, wo wir uns nach links halten müssen. Wir folgen nun einem schönen Grasweg in einer Links-rechts-Biegung am Waldrand entlang und biegen schließlich links in einen querenden Schotterweg (die sogenannten Hohe Straße) ein. Hier verläuft nicht nur die unsichtbare Grenze zwischen Bayern und Baden-Württemberg, auch der Panoramaweg Taubertal begleitet uns nun ein Stück des Wegs.

Stetig aufwärts wandernd haben wir jetzt mit der **Queckbronner Höhe** 4 den höchsten Punkt unserer Tour erreicht. Auf Höhe der Windräder biegen wir links ab und halten uns zunächst weiter am Wald entlang. Bei einer Ruhebank geht es dann auf einem Schotterweg links ins Gehölz hinein (der Panoramaweg Taubertal biegt hier nach rechts ab) und wir folgen diesem breiten Weg immerzu leicht abwärts. Nach etwas mehr als einem Kilome-

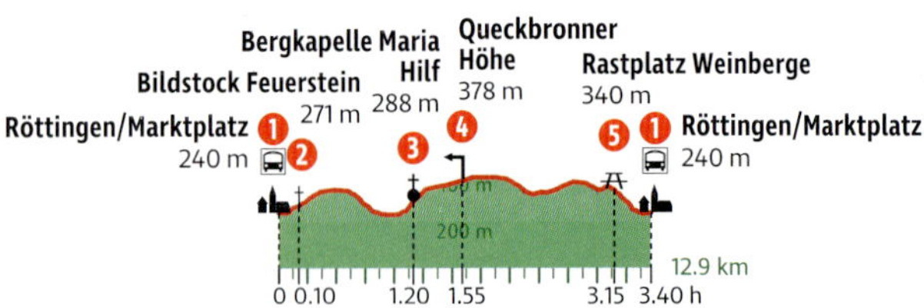

ter biegen wir bei einer Wegkreuzung nach rechts ab (Wegweiser »Röttingen«), halten uns aber bereits nach wenigen Metern wieder nach links. Dieser leicht geschotterte Weg bringt uns in einer Rechtsbiegung zu einem Sträßchen, nach dessen Überquerung wir die **Röttinger Stadthütte** und einen Wanderparkplatz passieren.

Bei der folgenden Weggabelung ist die Markierung unklar, daher aufpassen! Wir müssen uns links halten und dann eine Zeitlang auf dem breiten Schotterweg durch den Wald wandern; schließlich erreichen wir einen geteerten Fahrweg, dem wir nach links folgen – und zwar stetig leicht abwärts am Waldrand entlang. Auf Höhe eines Jägerstands rechts ab und längs eines Heckenstreifens etwa 100 m aufwärts. Dann bei der folgenden Gabelung links und auf Schotter zwischen einem Weingarten und einem Wäldchen hindurch bis zu einem Sträßchen (Klinger Weg). Dort links auf einem naturbelassenen Grasweg an einem Weinberg vorbei hangabwärts hinunter zu einem **Rastplatz** ❺ an der Hangkante, mit tollem Ausblick auf Röttingen und das Taubertal. Wohl dem, der jetzt eine Flasche guten Weins aus seinem Rucksack zaubern kann!

Weiter abwärts auf dem schönen Grasweg, der unten in die Klingener Straße mündet, die uns an den Ortsrand von **Röttingen** bringt. Wir biegen rechts in die Neubronner Straße ein und überqueren auf ihr die Tauber. Dann links in die Untergasse und gleich wieder rechts in die Taubergasse, über die wir wieder den **Marktplatz** ❶ erreichen.

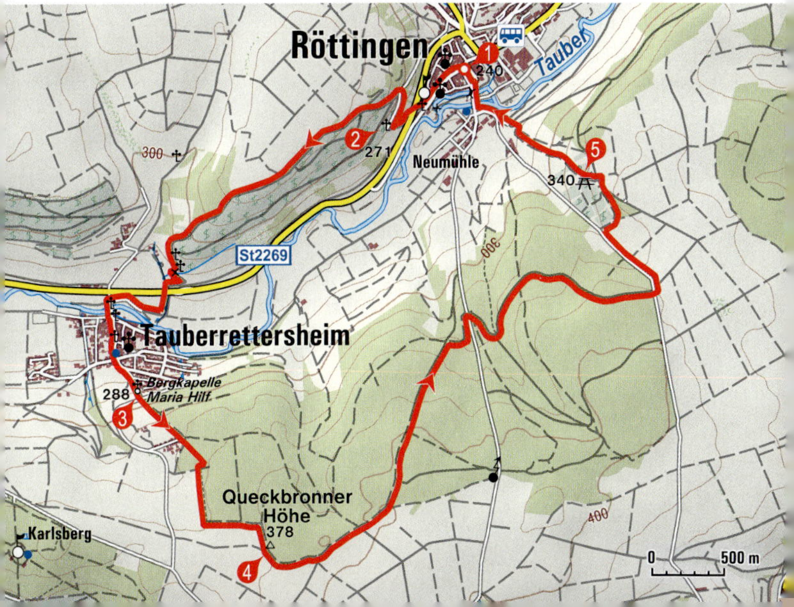

↗ 250 m | ↘ 250 m | 10.1 km

16 Von Tauberrettersheim nach Schäftersheim

2.40 h

Im Tal der Königinnen

Gemeint ist mit dieser klangvollen Bezeichnung der kurze Abschnitt des Taubertals zwischen den beiden Winzerdörfern Tauberrettersheim in Bayern und Schäftersheim in Baden-Württemberg. Die Namensgebung spielt auf die Tatsache an, dass beide Orte mit einer bemerkenswerten Anzahl an lokalen und regionalen Weinköniginnen aufwarten können. Mit diesem Wissen können wir uns getrost auf den Weg machen, um ein reizvolles Stück der alten hohenlohisch-fränkischen Kulturlandschaft näher zu erkunden. Hilfreich dabei sind sechs Infotafeln, die längs des Kulturwegs aufgestellt wurden. Von der steinernen, von Balthasar Neumann entworfenen Tauberbrücke in Tauberrettersheim geht es zunächst in sanftem Anstieg die Talflanke hoch, dann über die Weinlage »Königin« und den gleichnamigen Rastplatz mit Aussicht hinunter nach Schäftersheim. Man lasse sich beim Flanieren durch die Gassen des netten Weinortes ruhig Zeit, besonders beim Klosterhof, wo das im Bauernkrieg zerstörte Kloster stand, lohnt ein kurzes Innehalten. Über die Trasse der ehemaligen Gaubahn ist schnell der Ortsrand von Weikersheim erreicht, wo wir den Anstieg auf den Karlsberg in Angriff nehmen. Bevor wir stetig abwärts zurück nach Tauberrettersheim wandern, lassen wir uns den traumhaften Ausblick von hier oben auf das Taubertal nicht entgehen.

St. Nepomuk bewacht die Balthasar-Neumann-Brücke über die Tauber.

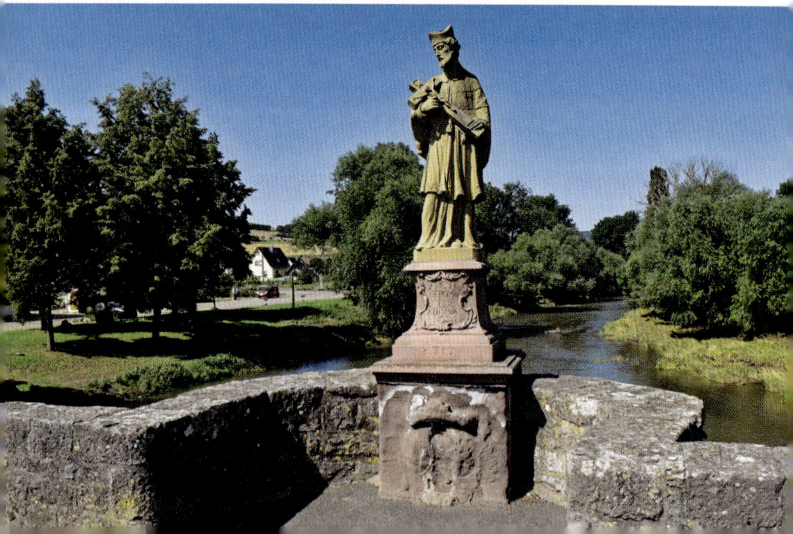

Ausgangspunkt: Tauberrettersheim, Balthasar-Neumann-Brücke (226 m). Anfahrt mit ÖV: Bahn bis Bahnhof Rothenburg o.d.T, von dort mit Bus 980 bis Haltestelle Tauberrettersheim Ort. Navi: 97285 Tauberrettersheim, Tauberstr. 2 (Parkplätze am Flussufer).
Anforderungen: Überwiegend auf geteerten/geschotterten Wegen; lediglich zwei etwas steilere Anstiege; etappenweise über offenes Gelände; auch mit Kindern empfehlenswert.
Markierung: Spessart Kulturweg, ohne Markierung, Spessart Kulturweg.
Einkehr: In Schäftersheim: Gasthaus Zur Traube, Würzburger Str. 54 ,Tel. 07934/9938093, Mo/Di/Mi Ruhetage. In Tauberrettersheim: Restaurant Krone, Mühlenstr. 6/7, Tel. 09338/412, g-krone.de; Landgasthof zum Hirschen, Mühlenstr. 1, Tel. 09338/322, zum-hirschen.info, Fr–Di 17–22 Uhr, So 11.30–22 Uhr, Mi/Do Ruhetage.
Variante: Die Tour kann mit Tour 15 zu einer langen Tagestour kombiniert werden (dann insgesamt 22,9 km).
Karte: W208 Bad Mergentheim 1:25 000 (LGL Baden-Württemberg).

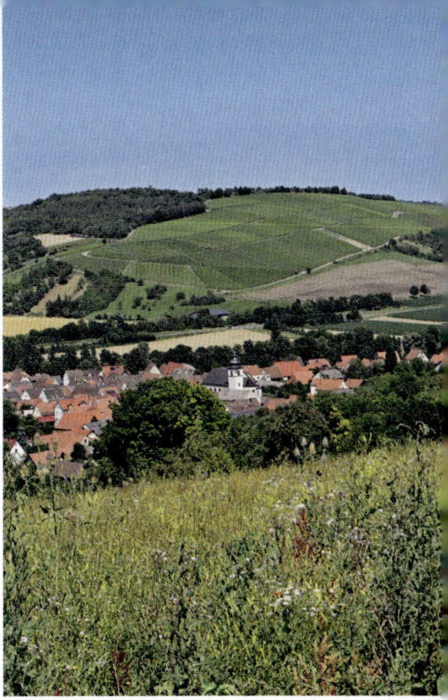

Blick auf den Weinort Tauberrettersheim.

Wir starten am Ortsrand von **Tauberrettersheim** bei der äußerst sehenswerten **Balthasar-Neumann-Brücke** ❶ und überqueren auf ihr ortsauswärts die Tauber. Dabei orientieren wir uns am gelben EU-Schiffchen auf Blau des Kulturweges, dem wir auf dieser Tour weitgehend folgen. Nach dem Überqueren der Romantischen Straße (St. 2269) halten wir uns halb rechts auf einem Flurweg vorbei an einer **Lourdes-Grotte** hangaufwärts bis zu einer Wegkreuzung. Dort links ab in Richtung eines Aussiedlerhofs und davor rechts weiter den Hang hinauf, bis nach etwas mehr als 300 m ein Flurweg nach links abzweigt.
Wir schwenken auf diesen ein und gelangen auf ihm an den Rand der Weinlage **Tauberrettersheimer Königin**. Da beim dortigen Flurstein die Markierung unklar ist, nehmen wir den rechts abzweigenden Weg, der leicht aufwärts in die Rebflächen hinein führt. Im weiteren Verlauf wird allerdings schnell klar, dass wir unserem Kulturweg nach links hätten folgen müssen. Ist aber nicht schlimm, denn beide Wege verlaufen nahezu parallel durch die Weinlage. Unsere Variante entpuppt sich sogar als die schönere, da sie uns an einem Denkmal für St. Vitus und einem herrlichen Rastplatz inmitten der Reben vorbeiführt. Zudem ist die Aussicht auf Tauberrettersheim

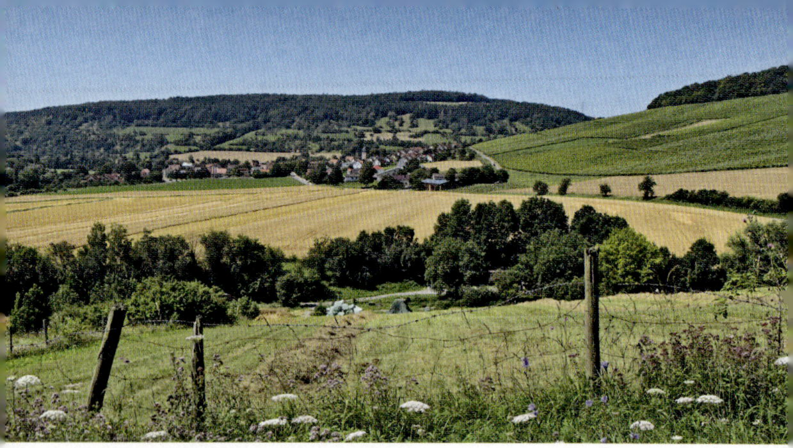

Schäftersheim liegt vor uns.

und das Taubertal zu unseren Füßen mehr als einen Blick wert. Bei einem Waldstreifen dann links ab und am Rand der Rebfläche hinunter zu einem Querweg, wo wir wieder mit dem Kulturweg zusammentreffen. Wir folgen ihm wenige Meter nach rechts bis zur Station »Königin«, einem herrlichen **Rastplatz** 2, der an der Hangkante direkt auf der Landesgrenze zwischen Bayern und Baden-Württemberg angelegt wurde. Es lohnt sich, hier ein wenig zu verweilen, um die schöne Aussicht zu genießen und um auf einer Infotafel nachzulesen, was es mit dem »Tal der Königinnen« auf sich hat.

Dann abwärts über Kornfelder hinweg bis zu einem Querweg, dem wir nach links folgen. Unten in der Ebene geht es in zwei Rechtsbiegungen über die Feldflur bis zur Straße »Feldertor«. Auf ihr (auf Höhe des Weinguts Ehrmann) nach links in Richtung **Schäftersheim**. Dort rechts entlang der Würzburger Straße bis zum **Gasthaus Zur Traube** und dahinter links abbiegen. Noch vor der Brücke über den Nassauer Bach erneut links und nun auf der Bachgasse zunächst am südwestlichen Ortsrand entlang, dann wieder ins Dorf hinein. Beim Roten Platz rechts auf der Klostergasse bis zum **Klosterhof** 3, dessen Name an die ehemalige hier befindliche Klosteranlage erinnert.

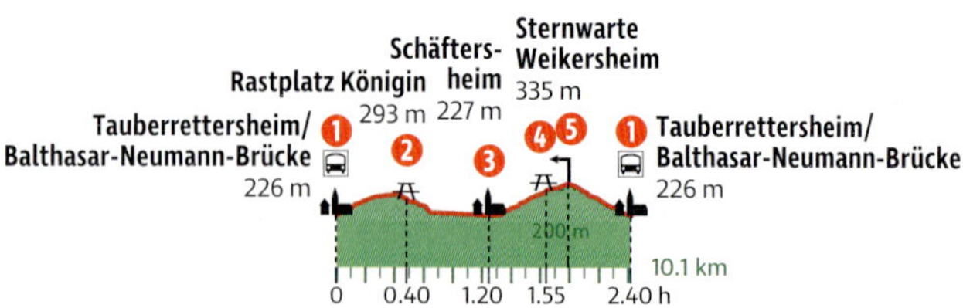

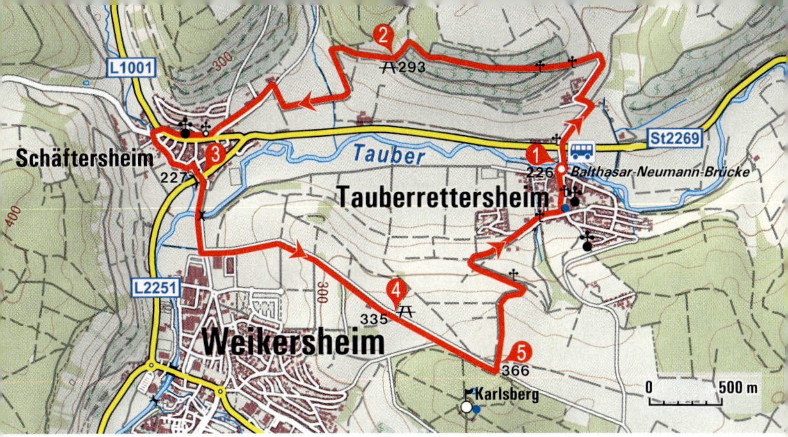

Dort queren wir die Ausfallstraße (»An der Romantischen Straße«) und gelangen kurz danach auf einem Fußweg aus dem Ort hinaus. Auf der Trasse und über die Tauberbrücke der ehemaligen Gaubahn (hier verläuft heute der Gaubahnradweg) erreichen wir den Rand des Industriegebiets von Weikersheim. Glücklicherweise bleibt uns dessen Durchquerung erspart, da uns unsere Kulturweg-Markierung nach links auf ein namenloses Sträßchen weist, das etwas steiler den Hang hoch führt. Unterwegs kommen wir an diversen Stationen des Planetenwegs vorbei, der ebenfalls hier verläuft. Es geht nun eine Zeitlang stetig aufwärts über die Feldflur, wobei sich uns schöne Blicke auf das Städtchen Weikersheim mit Schloss und Schlosspark bieten. Auf der Hochfläche gelangen wir zur **Sternwarte Weikersheim** ❹, wo ein naher Rastplatz zu einer kleinen Pause einlädt.

Weiter längs des Sträßchens auf den Wald zu und an diesem vorbei, bis rechts von uns ein großes schmiedeeisernes Tor auftaucht. Früher konnte man von dort in die Parkanlage auf dem **Karlsberg** gelangen; angelegt wurde sie von der Adelsfamilie Hohenlohe rund um ein heute nicht mehr existierendes Lust- und Jagdschloss. Leider hat der heutige Besitzer des Anwesens einen öffentlichen Zugang in den verwilderten Park unterbunden. So folgen wir dem Sträßchen weiter bis zu einem **Abzweig** ❺, bei dem wir uns links halten müssen. Ein paar Meter weiter bietet sich uns bei einer Rastbank an einer Baumreihe ein wunderschöner Ausblick über das Taubertal von Schäftersheim bis Röttingen und weiter bis zum Steigerwald im Osten.

Nun immerzu geradeaus und auf einem Wiesenweg abwärts; dieser mündet in einen geteerten Flurweg, dem wir nach rechts folgen. In leicht gewundenem Verlauf geht es hinunter nach **Tauberrettersheim** und dort über die Dorfäckerstraße und die Brunnenstraße zurück zu unserem Ausgangspunkt bei der **Balthasar-Neumann-Brücke** ❶.

↗ 340 m | ↘ 340 m | 11.7 km

17 Rund um Niederstetten

3.40 h

Abstecher ins Vorbachtal

Der Vorbach (manchmal auch als die Vorbach bezeichnet) entspringt bei Schrozberg und mündet nach knapp 25 km bei Weikersheim in die Tauber. Trotz dieser relativ kurzen Wegstrecke hat er sich tief in die harten Muschelkalkschichten eingeschnitten und ein für einen Bach seiner Größe bemerkenswert breites Tal geschaffen. An dessen Hängen sind häufig Magerrasen anzutreffen, dazu Steinriegel, die auf ehemalige Weinberge hindeuten. Aktuell wird im Oberen Vorbachtal Wein nur noch in kleinen Parzellen angebaut, unter anderem bei Vorbachzimmern. Um uns einen Eindruck von der Landschaft in einem typischen Nebental der Tauber zu verschaffen, wandern wir ausgehend vom Städtchen Niederstetten längs der Plateaukante am Vorbachtal entlang, wechseln bei Vorbachzimmern auf die andere Talseite und kehren über Wermutshausen und den Rehhof zu unserem Ausgangspunkt zurück. Gerade weil es auf dieser Tour an attraktiven Geländepunkten etwas mangelt, ist sie hervorragend geeignet, um mal wieder die Seele so richtig baumeln zu lassen.

Ausgangspunkt: Niederstetten, Rathaus (312 m). Anfahrt mit ÖV: Bahn entweder über Lauda oder Crailsheim bis Bahnhof Niederstetten (Bahnfahrer können die Tour gleich dort beginnen). Navi: 97996 Niederstetten, Albert-Sammt-Str. 1 (nur wenige Parkmöglichkeiten).
Anforderungen: Überwiegend auf geschotterten und geteerten Wegen; außer je einem etwas steileren Ab- und Anstieg im Vorbachtal keine nennenswerten Höhenunterschiede; längere Passagen über offenes Gelände.
Markierung: LT 24.

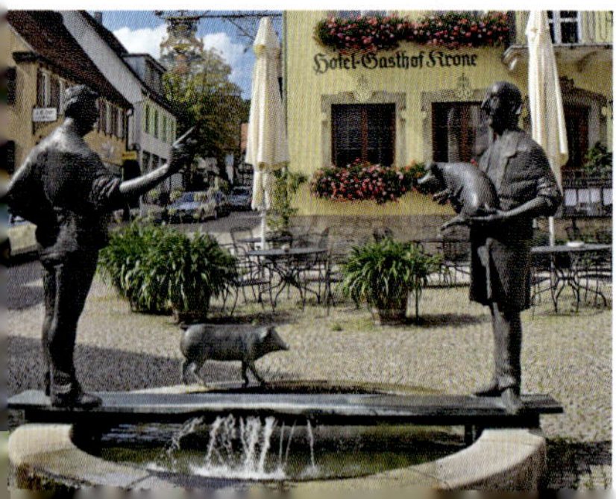

Einkehr: In Wermutshausen: Gasthof Hirsch, Tel. 07932/606572; Gasthaus Krone, Tel. 07932/606153, im Sommer Biergartenbetrieb (siehe auch Winzertipp). In Niederstetten: Gasthaus Zum Löwen, Zehntscheuergasse 1, Tel. 07932/378, loewen-niederstetten.de, Mi/Do Ruhetag; Gasthaus zum Keglerhof, Streichental 7, Tel. 07933/1558, keglerhof-wanck.de, Mi–Sa ab 17 Uhr, So ab 11 Uhr, Mo/Di Ruhetage.
Karte: W208 Bad Mergentheim und W209 Künzelsau 1:25 000.
Tipps: 1) Winzertipp in Wermutshausen: Manufaktur Krone, Tel. 07932/606153, manukron.de (Weinbau, Brennerei, Brauerei, Imkerei).
2) Neben dem Kelter- und Weinbaumuseum empfiehlt sich in Niederstetten v.a. ein Besuch des Albert-Sammt-Zeppelin-Museums. Es ist dem Leben und Wirken des hier geborenen Luftschiffkommandanten Albert Sammt gewidmet (kultur-tourismus-niederstetten.de).

Origineller Brunnen in Niederstetten.

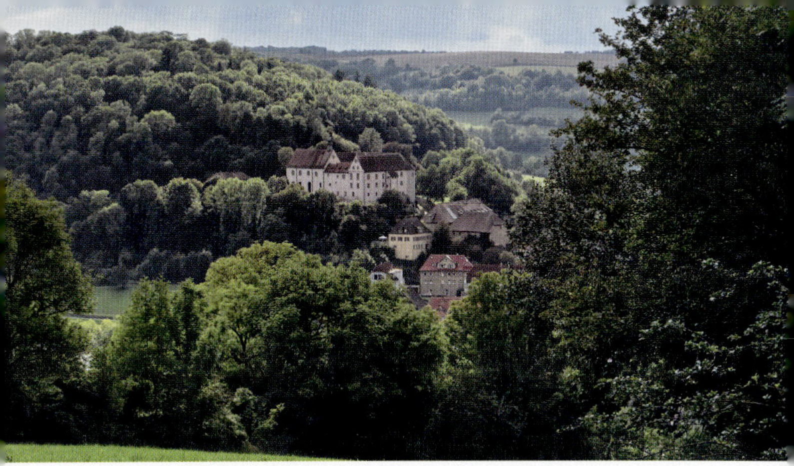

Blick zum Schloss Haltenbergstetten.

Vom **Rathaus** ❶ in **Niederstetten** gehen wir auf der Albert-Sammt-Straße in nordwestlicher Richtung, halten uns ein paar Meter links auf der Frickentalstraße und biegen sogleich rechts in die Bahnhofstraße ein. Neben dem Wegzeichen LT 24 begleiten uns auch die Markierungen des Jakobswegs und des HW3. Am Bahnhof vorbei aus dem Ort hinaus, bei der Schranke über das Bahngleis und danach ein kurzes Stück längs der Landstraße (Vorsicht, es gibt weder einen Fußweg noch einen ausreichend breiten Grünstreifen!). Beim Hinweisschild »Schützenhaus« rechts auf einen geteerten Flurweg und bereits nach etwa 30 m wieder links und diesem Asphaltweg stetig leicht aufwärts über Wiesen und Streuobst hinweg folgen. Auf der Anhöhe rechts halten und weiter aufwärts; von hier oben hat man einen schönen Blick zurück ins Tal.

Durch Hecken hindurch und längs einer Wiesenfläche hoch zu einem querenden Schotterweg, wobei alle Abbiegestellen deutlich mit unseren Wegezeichen markiert sind. Wir biegen rechts ab und gehen nun immerzu an der mit Sträuchern bewachsenen Hangkante entlang. Bei einer Weg-Triangel (mit einem Baum in der Mitte) nehmen wir den mittleren der drei Wege und folgen diesem weiter längs der Plateaukante, wobei sich nur

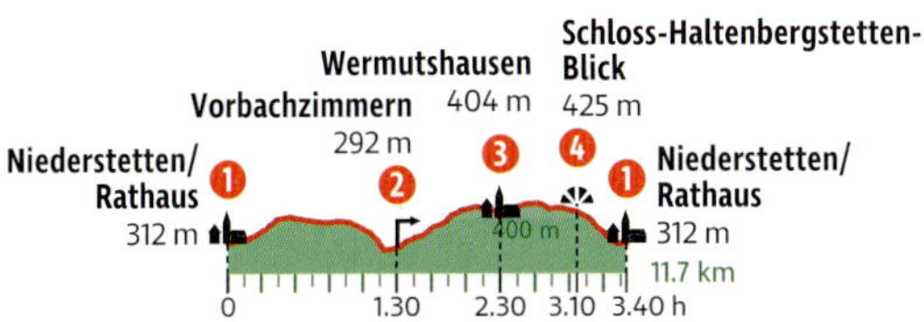

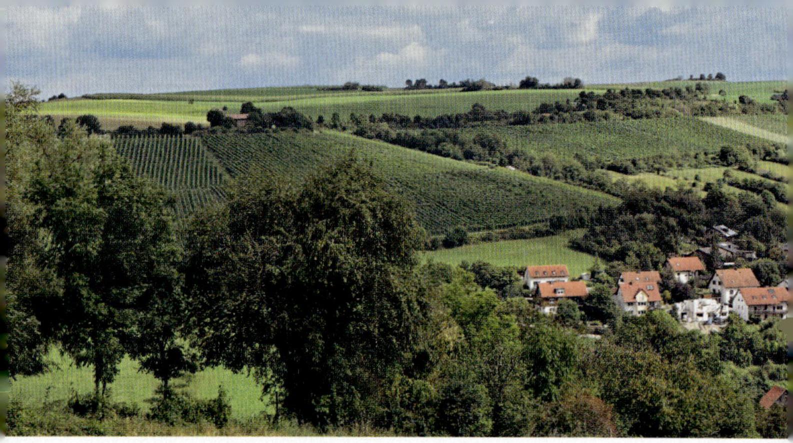

Weinberge bei Vorbachzimmern.

gelegentlich Blicke ins Umland ergeben. Aber hin und wieder sieht man wenigstens am gegenüberliegenden Talhang etliche Steinriegel. Schließlich macht unser Schotterweg eine weite Linksbiegung und verläuft entlang eines Waldstreifens leicht abwärts. Unten auf einem Querweg zunächst ein paar Meter nach links, dann gleich wieder rechts und auf diesem Asphaltweg hinunter in eine **Senke**. Dort aufpassen, denn anstatt mit dem Jakobsweg und HW3 weiter geradeaus, müssen wir mit der LT-24-Markierung rechts auf einen Wiesenweg abbiegen, der sich längs eines Waldstreifens hangabwärts zieht.

Auf dem querenden Schotterweg nach links und in einem Wäldchen längs eines alten Bacheinschnitts weiter abwärts bis kurz vor dem Bahndamm. Dort knapp 60 m nach links und dann rechts durch die Bahnunterführung hinein nach **Vorbachzimmern**. Über die Triensbachstraße und die Straße »An den Linden« zur Straßenkreuzung in der **Ortsmitte** 2 und weiter nach rechts längs der breiten Laudenbacher Straße. Nach knapp 100 m links in den Unteren Steinbachweg und über den Oberen Steinbachweg hangaufwärts aus dem Ort hinaus.

Auf einem Schotterweg zunächst ebenerdig, dann stetig leicht ansteigend längs der Hangkante, wobei wir die Steinriegel passieren, die uns beim Herweg bereits von der anderen Talseite ins Auge gesprungen sind. Durch eine kleine Geländevertiefung geht es in der Folge hoch zu einem geschotterten Querweg, dem wir nach links längs eines bewaldeten Grabens hangaufwärts folgen. Auf dem querenden Fahrweg schwenken wir nach rechts ein und halten uns über eine Wegkreuzung hinweg weiter aufwärts. Kurz vor dem Scheitelpunkt der Ackerhochfläche links auf einen Grasweg, der über die Feldflur verläuft und weite Blicke ins Umland (das allerdings keine markanten Geländepunkte aufweist) ermöglicht.

Auf dem querenden Sträßchen rechts und in einem etwas steileren Abstieg hinunter nach **Wermutshausen** ❸. Gleich hinter dem Ortseingang und noch vor der Kirche rechts in eine namenlose Straße, die leicht aufwärts schon wieder aus dem kleinen Dorf hinaus führt. Weiter aufwärts auf einem geteerten Flurweg und oben weitgehend ebenerdig über die Feldflur. In einer Senke gelangen wir hinunter in den Weiler **Rehhof** und von dort wieder auf die Ackerhochfläche.

In leichtem Auf und Ab erreichen wir über Wiesen und Streuobst die ersten Häuser von **Niederstetten**. Nun geht es auf einem Fahrweg ziemlich steil hinunter in den Ort, wobei sich bei einem **Waldstreifen** ❹ am Wegesrand ein schöner Blick auf Schloss Haltenbergstetten auftut. Über die Rehhofsteige hinunter zur Oberstetter Straße, der wir einige Meter nach links folgen. Dann rechts auf einem Fußweg über den Vorbach hinweg zur Wermutshäuser Straße, die in die Hauptstraße mündet. Auf ihr nach rechts und über den Marktplatz und die Lange Gasse zurück zum **Rathaus** ❶.

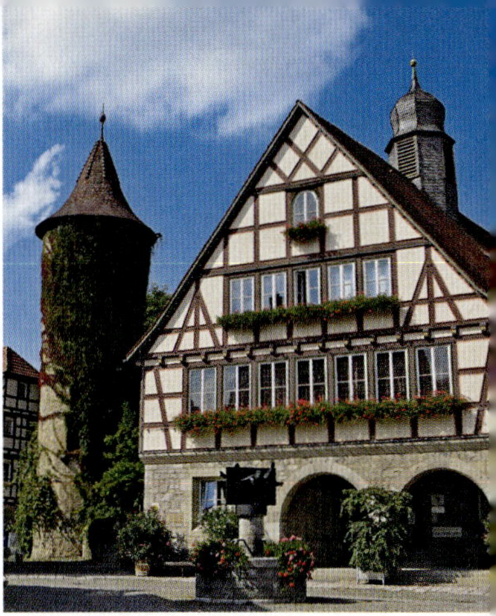

Fachwerk-Rathaus in Niederstetten.

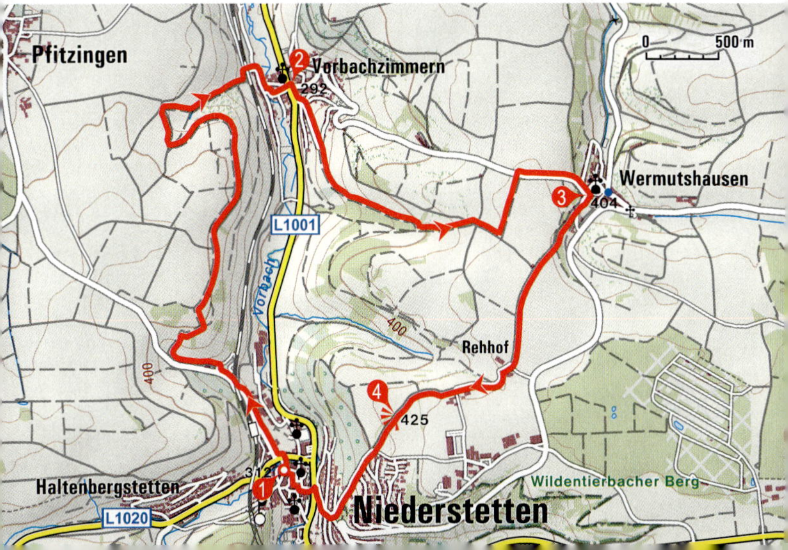

↗ 290 m | ↘ 290 m | 13.1 km

18 Von Weikersheim nach Laudenbach

3.45 h

Vom Renaissanceschloss zur Bergkirche

Die oft strapazierte Floskel für eine Wanderung »auf den Spuren der Geschichte« ist im Falle dieser Tour absolut zutreffend. Bereits der Ausgangspunkt auf dem historischen Marktplatz von Weikersheim lässt die einstige Bedeutung des Tauberstädtchens erahnen. War der Ort doch bis 1756 Residenzstadt der Grafen von Hohenlohe, wovon das prächtige Renaissanceschloss zeugt. Nicht minder beeindruckend ist der dazugehörige Schlossgarten, der nach dem Vorbild von Versailles angelegt wurde und der einer der ersten Barockgärten in Franken war. Nächstes Highlight am Wegesrand ist die Bergkirche von Laudenbach, im Jahr 1459 der Schmerzensmutter geweiht. Ihre Innenausstattung ist für ein Kirchlein dieser Größe bemerkenswert, auch von außen weiß es sich in Szene zu setzen. Der Dichter Eduard Mörike verewigte den Sakralbau in seinem Gedicht »Bei der Marien-Bergkirche«. Das nahe Laudenbach zeigt sich romantisch mit einem alten Schloss, viel Fachwerk und dem Schleiereulenturm. Über das Dorf Queckbronn auf der Hochfläche geht es zum Karlsberg, wo der Kreis sich schließt. Denn hier befand sich früher das gleichnamige Jagdschloss, das Graf Karl Ludwig von Hohenlohe in einer barocken Wildparkanlage errichten ließ. Wer sich am Ende der Tour in jene feudale Epoche zurückversetzen lassen möchte, sollte an einer Kostümführung im Schloss Weikersheim teilnehmen.

Ausgangspunkt: Weikersheim, Marktplatz (235 m). Anfahrt mit ÖV: Bahn entweder über Königshofen oder Crailsheim bis Bahnhof Weikersheim (Bahnfahrer können die Tour dort beginnen). Navi: 97990 Weikersheim, August-Laukhuff-Str. 15 (Großparkplatz Tauberwiesen).
Anforderungen: Etwa zur Hälfte auf naturbelassenen und geschotterten/geteerten Wegen; nur moderate An- und Abstiege.
Markierung: LT 23, ohne Markierung, LT 23, Wanderweg Romantische Straße/Weinwanderweg Württemberg, ohne Markierung, LT 23.
Einkehr: In Laudenbach: Gasthof zur Krone, Am Markt 9, Tel. 07934/295; Gasthof zur Traube, Mörikestr. 1, Tel. 07934/994367. In Weikersheim: diverse Gaststätten und Cafés, weikersheim.de/tourismus-freizeit-kultur/tourismus.
Variante: Vor dem Parkplatz auf dem Karlsberg weiter auf dem Panoramaweg Taubertal und LT 23 und über die Sternwarte und den Galgenberg zurück nach Weikersheim (etwa 600 m länger).
Karte: W208 Bad Mergentheim 1:25 000.
Tipp: Genügend Zeit einplanen für einen Spaziergang durch die Altstadt von Weikersheim und den Besuch des Renaissanceschlosses mit dem prachtvollen Schlossgarten (schloss-weikersheim.de).

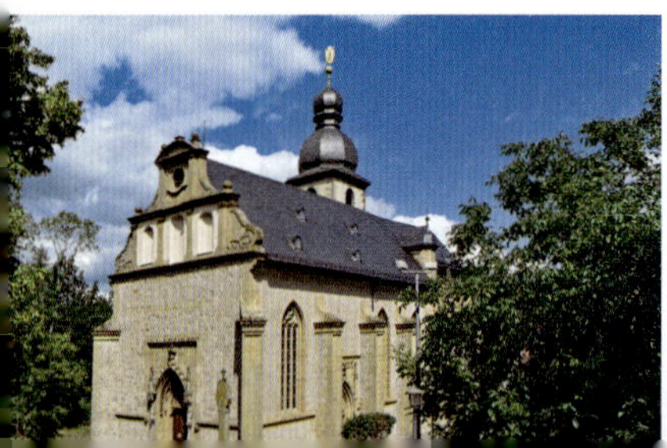

Die Bergkirche von Laudenbach.

Vom **Marktplatz** ❶ in **Weikersheim** mit der Markierung LT 23 an der Stadtkirche St. Georg vorbei und auf der Hauptstraße ortsauswärts, wobei wir den Eingang zum Stadtpark passieren. Beim Kreisel rechts in die Laudenbacher Straße und eine Zeitlang auf ihr entlang; zunächst über die Bahnlinie hinweg, danach in einer Linkskurve an den Schulen vorbei aus dem Ort hinaus. Draußen gehen wir auf einem Sträßchen bzw. abschnittsweise auf einem parallel dazu verlaufenden Schotterweg längs der Talböschung des Vorbaches. Bei erster Gelegenheit rechts hoch in Richtung Wanderparkplatz (Wegweiser) und bei der folgenden Gabelung links in den Wald hinein. Von unserer LT-23-Markierung ist hier nichts zu sehen, dafür orientieren wir uns am Jakobsweg, dessen Muschelsymbol uns bereits seit dem Start in Weikersheim begleitet. Es geht zunächst etwas steiler den **Kapellberg** hinauf, dann nur noch leicht ansteigend auf einem breiten Schotterweg durch den schönen Laubwald. Nach einer weiten Biegung nach links mündet unser Weg in einen anderen Schotterweg, dem wir nach rechts folgen. Er mutiert zu einem schön zu gehenden Grasweg (Balsam für die Füße!), der uns nahezu ebenerdig und geradlinig unserem ersten Zwischenziel näher bringt. Auf einem querenden Schotterweg sind es dann nur noch knapp 170 m nach rechts leicht hangabwärts hinunter zur **Bergkirche Laudenbach** ❷, die in einer Rodungsinsel des bewaldeten Berghangs steht. Es lohnt sich unbedingt, einen Blick in das Kirchlein zu werfen, nicht zuletzt wegen der Figurengruppe »Anbetung der Heiligen Drei Könige«, die der Schule des berühmten Würzburger Bildhauers Tilman Riemenschneider zugeschrieben wird.

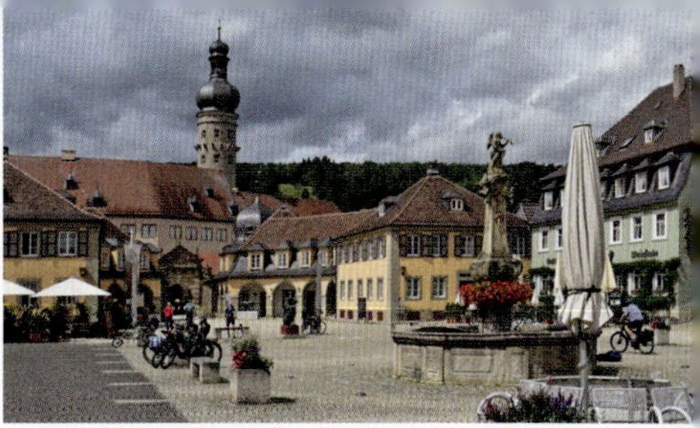

Am Marktplatz von Weikersheim.

Dass der benachbarte Berggasthof schon lange seine Pforten geschlossen hat, nehmen wir stoisch zur Kenntnis und machen uns auf unzähligen Treppenstufen (angeblich sind es 252 – bitte nachzählen) an den Abstieg hinunter ins Vorbachtal. Dabei kommen wir an diversen Stationen des örtlichen Kreuzwegs vorbei. Unten auf dem Zufahrtsträßchen nach rechts und nach etwa 125 m bei einem schönen Brunnen links auf die Landstraße

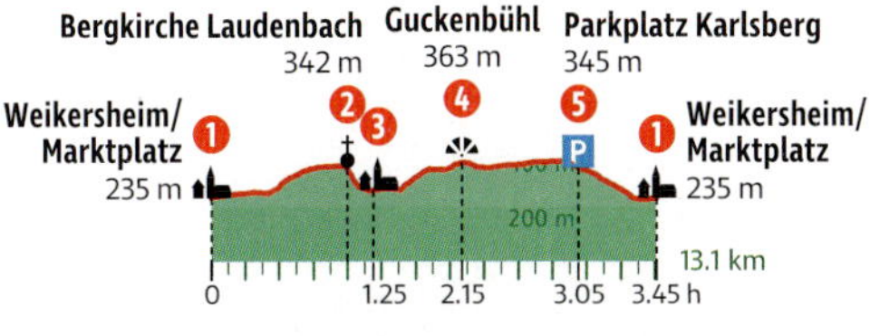

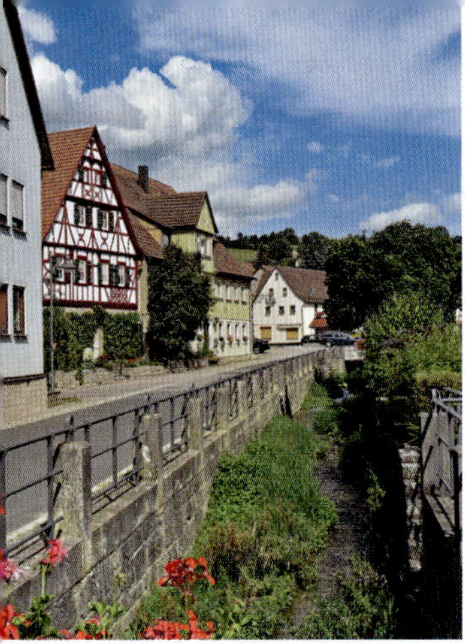

Durch Laudenbach fließt der kanalisierte Ebertsbronner Bach.

einbiegen, die durch die Bahnunterführung hindurch nach **Laudenbach** hineinführt. Auf der Marienstraße gehen wir längs des kanalisierten Ebertsbronner Baches in Richtung Ortsmitte, wobei sich ein Abstecher nach rechts zum ehemaligen Schloss anbietet. Viele liebevoll restaurierte Fachwerkfassaden säumen unseren Weg zum **Marktplatz** ❸, der mit seinem pittoresken Brunnen ein ebenso schönes Fotomotiv abgibt. Allerdings fehlt wieder einmal von unserer LT-23-Markierung jede Spur. So folgen wir intuitiv der Herrgottstraße nach links, halten uns leicht aufwärts bis zum Schleiereulenturm, gehen links um ihn herum und biegen danach rechts in die Von-Hatzfeld-Straße ein.

Am Ortsende halb rechts auf einen geteerten Flurweg, der uns stetig aufwärts auf

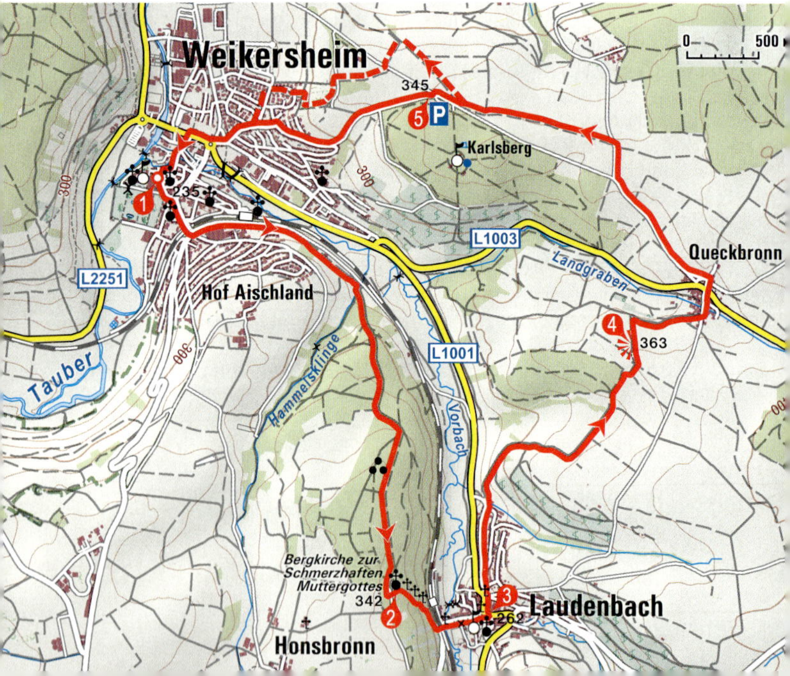

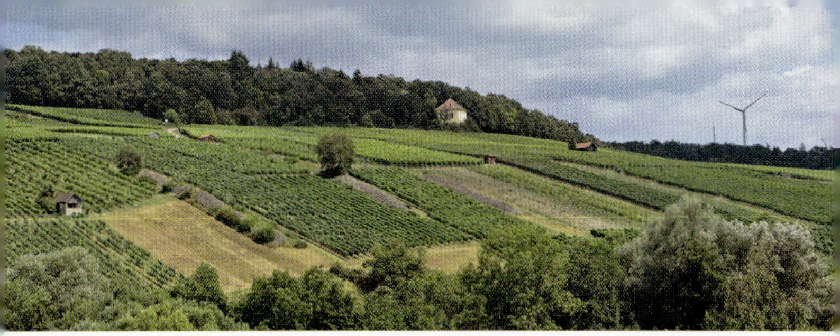

Blick hinüber zum Karlsberg.

die Ackerhochfläche bringt. Oben in einer Linksbiegung über die Felder und bei der folgenden Weggabelung links auf ein Waldstück zu. An diesem entlang bis ans Waldeck und dort rechts auf einen Wiesenweg. Laut Wanderkarte müssten wir diesem nach rechts folgen, aber da die Route auch in diesem Abschnitt nur sporadisch markiert ist, entscheiden wir uns anders. Bereits nach etwa 50 m nehmen wir einen grasbewachsenen Feldweg hoch auf den **Guckenbühl** ❹, wo sich uns ein schöner Blick hinüber nach Weikersheim mit dem Karlsberg auftut.

Abwärts gelangen wir zu einem querenden Asphaltweg, der uns rechts nach **Queckbronn** hineinbringt. Dort links abbiegen, über die Durchgangsstraße hinweg leicht aufwärts und bei erster Gelegenheit links auf eine namenlose Straße. Durch ein Neubaugebiet wieder aus dem Dorf hinaus, mittlerweile hat sich LT 23 wieder zu uns gesellt. Auf einem Sträßchen leicht aufwärts bis zum ummauerten Wildpark auf dem Karlsberg; kurz davor rechts auf das Sträßchen nach Tauberrettersheim. Auf der Höhe links auf einen unbefestigten Feldweg, der diagonal auf den Wald links von uns zuläuft. Jetzt begleiten uns auch die Wegezeichen des Panoramaweges Taubertal, des E8 und des Main-Donau-Weges.

Schließlich mündet unser Weg in das Sträßchen, das sich längs des bewaldeten **Karlsberg-Parks** entlangzieht. Rechts vorbei am verschlossenen Parktor erreichen wir den **Parkplatz** ❺ und biegen dort links ab – und zwar mit den Markierungen des Wanderwegs Romantische Straße und des Weinwanderwegs Württemberg. Es geht nun auf Asphalt stetig abwärts, zunächst längs der Parkmauer, dann über die offene Flur, wobei von den beiden Markierungen nichts mehr zu sehen ist.

Auch so erreichen wir den Ortsrand von **Weikersheim**, wo wir rechts in den Lerchenweg einbiegen und diesem stetig leicht abwärts folgen. Dann links auf dem Hüttenweg weiter abwärts, wobei unterwegs von rechts die LT-23-Markierung (sowie E8, Main-Donau-Weg und Panoramaweg Taubertal) wieder zu uns stößt. Unten rechts in die Bismarckstraße, über den Kreisel hinweg, dann links in die Hauptstraße. Durch den Gänsturm gelangen wir zurück zum **Marktplatz** ❶, unserem Ausgangspunkt.

↗ 310 m | ↘ 310 m | 13.5 km

19 Von Assamstadt zu den Dörzbacher Weinbergen

3.40 h

Abstecher zum Jagsttal

Das im sanft welligen Hügelland des Naturraums Taubergrund gelegene Assamstadt bietet sich als Ausgangspunkt für Wanderungen ins südlich gelegene Jagsttal an. Auf unserer Tour wollen wir den Charakter des längsten Nebenflusses des Neckars näher ergründen. Sie führt uns vom »Ass im Ärmel Frankens«, wie sich die Gemeinde Assamstadt selber selbstbewusst nennt, weitgehend durch schönen Mischwald nach Dörzbach an der Jagst. Den Ort mit seinem ehemaligen Wasserschloss Eyb lassen wir zwar rechts liegen, wandern dafür aber hoch über dem Jagsttal durch die Weinberge des Altenbergs. Dann wenden wir uns wieder nach Norden und kehren über Laibach auf der Hochfläche nach Assamstadt zurück.

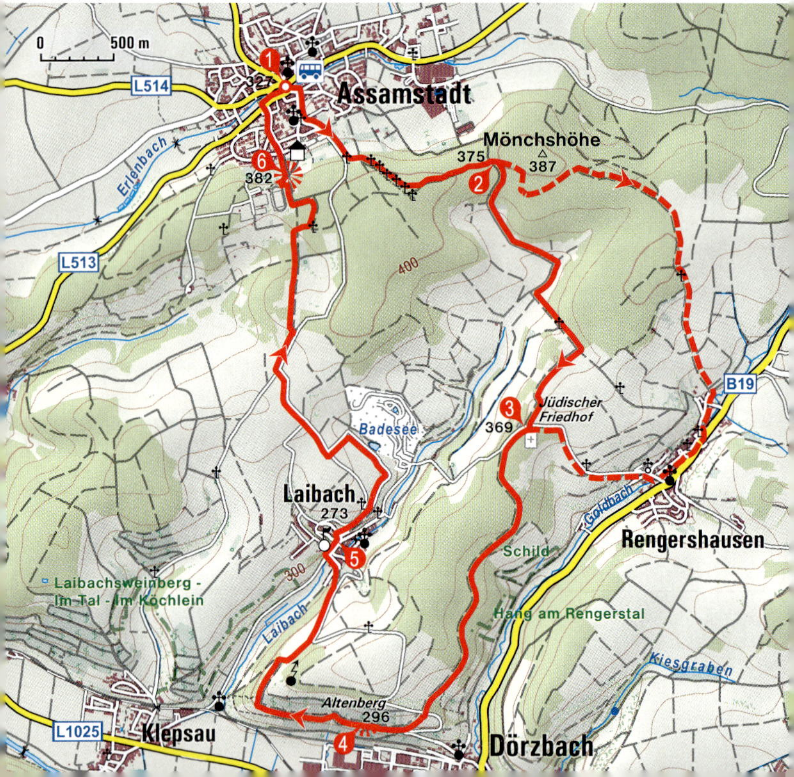

Ausgangspunkt: Assamstadt, Rathaus (327 m). Anfahrt mit ÖV: Bahn bis Bahnhof Bad Mergentheim, von dort mit NVH-Regionalbus 19 bis zur Haltestelle Bad Mergentheim Altstadt Schloss, von dort mit Bus 933 bis Assamstadt Ortsmitte. Navi: 97959 Assamstadt, Bobstadter Str. 1 (Parkmöglichkeiten beim Rathaus).
Anforderungen: Außer zwei kurzen, etwas steileren Passagen nur moderate An- und Abstiege; überwiegend auf geschotterten und geteerten Wegen; etappenweise über offenes Gelände.
Markierung: LT 22, Abkürzung nach Laibach ohne Markierung, dann weiter mit LT 22.
Einkehr: In Laibach: Gasthaus Adler, Assamstadter Weg 4, Tel. 07937/405. In Dörzbach (abseits der Route): Kochstube Bitzer, Goldbachstr. 2, Tel. 07937/5843, kochstube-bitzer.de, tel. Anmeldung erforderlich. In Assamstadt: Gasthaus zum Kreuz, Bobstadter Str. 2, Tel. 06294/4399611, Mo Ruhetag; Gasthaus Sonne, Obere Bachgasse 1, Tel. 06294/439393, land-gasthaus-sonne.de, Mi Ruhetag. In Rengershausen (Variante): Gasthof Zum Hirschen, Tel. 07937/5242.

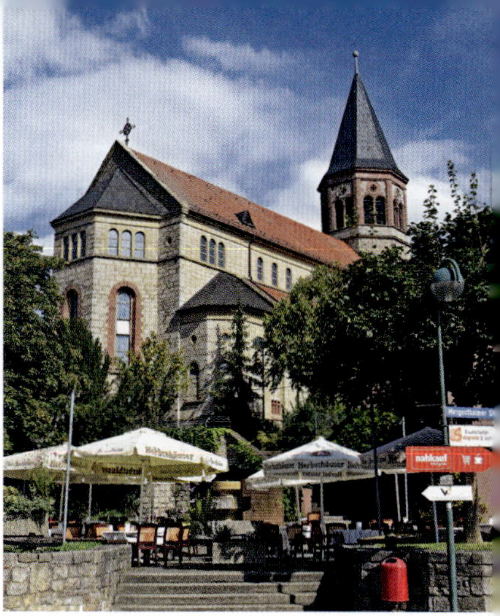

Die Alte Kilianskirche in Assamstadt.

Variante: Eine um 2,3 km längere Variante von LT 22 führt von der Weggabelung Scheidweg ❷ über Rengershausen zum Jüdischen Friedhof ❸.
Karte: Wanderkarte Bad Mergentheim – Tauberbischofsheim 1: 35 000 (LGL).

Beim **Rathaus** ❶ in **Assamstadt** finden wir den Einstieg in unsere Tour, auf der wir uns fast ausschließlich an der Markierung LT 22 orientieren. Mit Blick zur Kirche rechts in die Krautheimer Straße und bei der Sparkasse links in die Rengershäuser Straße (Wegweiser »Steffeskirchle«). Dann rechts aufwärts in die Hafengasse und auf Höhe der neuen St.-Kilians-Kirche links auf den Wännleinweg. Am Ortsende auf einem Sträßchen leicht aufwärts bis zum Waldrand und bei einem Holzkreuz links bis zu einem **Wanderparkplatz**. Dort rechts und dem mittleren von drei Wegen geradeaus in den Wald folgen. Er ist als Stationsweg angelegt, der leicht aufwärts beim Steffeskirchle endet.
Davor biegen wir auf einem geschotterten Querweg nach links ab und folgen diesem breiten Weg eine Zeitlang durch den schönen Mischwald. Nach etwas mehr als 600 m rechts halten und ein paar Meter abwärts zu einer Weggabelung, die **Scheidweg** ❷ genannt wird. Denn hier muss man sich entscheiden, welche der beiden Varianten des LT 22 man einschlagen will. Da uns nach einem Blick auf die Karte die längere Route über Rengershausen nicht wirklich überzeugt, wählen wir die etwas kürzere Wegstrecke.

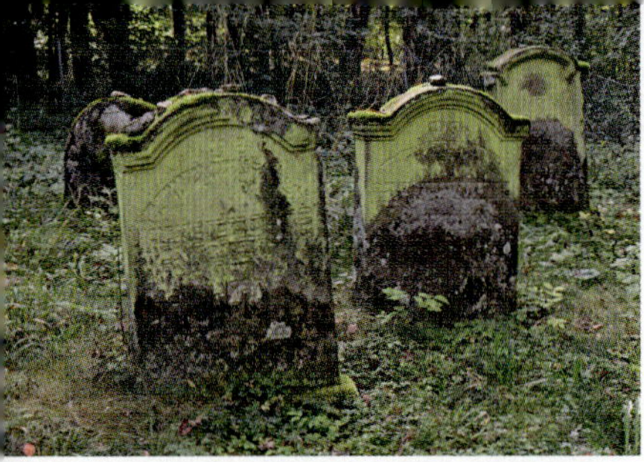

Alte Grabsteine im Jüdischen Friedhof.

Wir bleiben geradeaus und folgen unserem Weg stetig abwärts – zunächst weiter durch den Wald und in der Folge über die Feld- und Wiesenflur. Unten im Tal rechts und längs eines Waldes über das leicht hügelige Terrain. Beim ersten Abzweig links auf einen geteerten Flurweg, der zwischen Wald und Feldern leicht aufwärts verläuft. Es folgt eine kurze, etwas steilere Passage, danach rechts auf einem Schotterweg weiter leicht ansteigend in ein Waldgebiet hinein. Darin auf einem querenden Sträßchen nach rechts, bis uns ein Hinweisschild auf den **Jüdischen Friedhof** ❸ aufmerksam macht, der etwas versteckt rechts des Weges liegt. Das relativ kleine Gräberfeld gehört zur Gemeinde Laibach, die wir erst auf unserem Rückweg aufsuchen werden.
Knapp 200 m weiter schwenken wir auf einen Schotterweg ein, der sich in leicht kurvigem Verlauf längere Zeit durch den Wald dahinzieht. Schließlich lassen wir das lichte Gehölz hinter uns und wandern leicht abwärts über Wiesen auf Dörzbach zu, das links von uns bereits zu sehen ist. Den Wegweiser hinunter in den Ort ignorieren wir jedoch (wer eine Pause machen will, kann hier natürlich abbiegen) und halten uns weiter geradeaus durch einen Waldstreifen hindurch zu einem querenden Sträßchen. Diesem folgen wir allerdings nur wenige Meter nach rechts, um gleich wieder links abzubiegen. Und zwar auf dem äußersten linken Weg, der in einer Rechtskurve den Abhang hinunterführt (nicht den Weg nehmen, der in die Rebflächen hineinführt – die Markierung ist hier mangelhaft!).
Unten auf dem Querweg rechts und nun einige Zeit an der Hangkante oberhalb des breiten Jagsttales entlang. Dabei durchqueren wir die Weingärten auf dem **Altenberg** ❹ und genießen das herrliche Panorama. Am Ende der Rebzeilen geht unser geteerter Flurweg in einen Wiesenweg über, der leicht aufwärts verläuft und sich anschließend in einer Rechtsbiegung den Hang hoch zieht. Eine LT-22-Markierung sucht man auf diesem Wegabschnitt allerdings vergeblich. Oben weiter geradeaus über Wiesen, rechts von uns ist eine bewaldete Anhöhe mit einem Sendemast. Durch Hecken

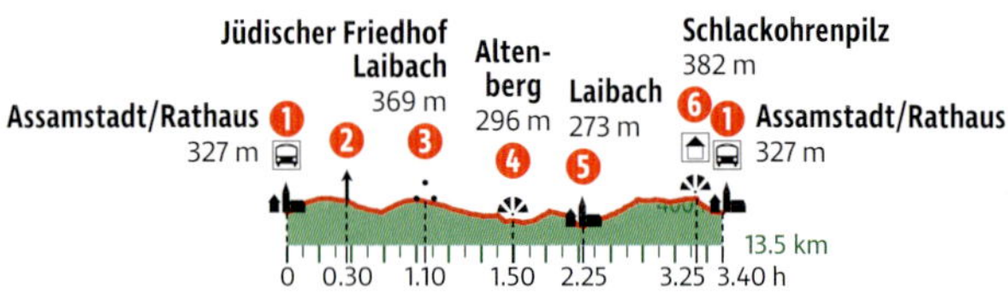

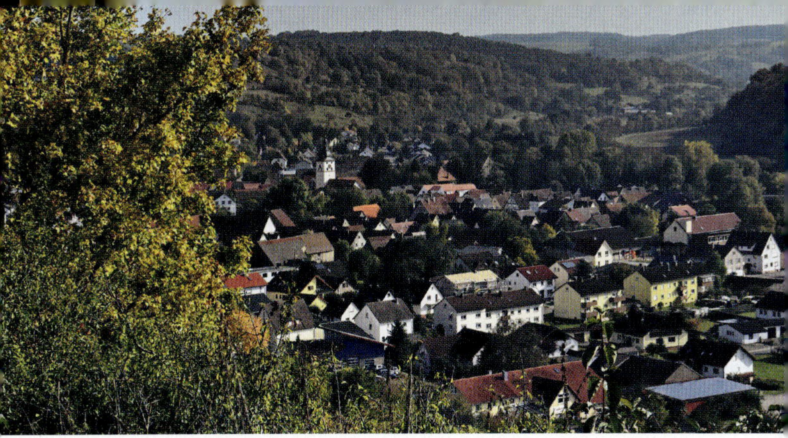

Blick auf Dörzbach und das Jagsttal.

hindurch leicht abwärts und auf dem ersten Querweg über Felder hoch an den Waldrand, wo das LT-22-Wegzeichen endlich wieder auftaucht.
Wir folgen ihm am Wald entlang auf einem Wiesenweg und sehen schon die ersten Häuser von Laibach vor uns. Dem querenden Sträßchen, das hinunter in den Ort führt (und wo auch der LT 22 verläuft), folgen wir aber nur ein paar Meter nach rechts (mit Blick hinüber zum Schloss) und steigen dafür auf einem links abzweigenden Schotterweg auf kürzerem Weg hinunter nach **Laibach**. Dort über die Schlossstraße und die Dorfbrunnenstraße in die **Ortsmitte** 5, wo wir wieder mit LT 22 zusammentreffen. Vorbei an der Bushaltestelle links in den Assamstädter Weg (Wegweiser »Badesee«) und vor dem **Gasthaus Adler** rechts in die Alte Steige, auf der wir durch Hecken hindurch in einem etwas steileren Anstieg auf die Hochfläche gelangen.
Oben auf dem querenden Flurweg nach rechts und weiter in einer Linksbiegung an einem großen **Steinbruch** vorbei und gleich danach am **Badesee** von Laibach. Beim folgenden T-Kreuz links und leicht aufwärts über die Ackerhochfläche bis zum nächsten Querweg, wo wir rechts abbiegen. Weiter aufwärts bis zum Scheitelpunkt der Hochfläche und von dort abwärts hinunter zu einem Querweg – hier gesellt sich von links der LT 21 zu uns. Wir biegen mit beiden Markierungen rechts ab, gehen auf den Wald zu und biegen kurz davor links ab.
Aber jetzt aufpassen! Nicht mit LT 21 geradeaus, sondern mit LT 22 scharf rechts und dann immerzu über Wiesen und Felder. Vor dem Wald dann rechts und in ihn hinein bis zur **Mariengrotte**; dort links und beim folgenden Schotterweg erneut links. Am Waldrand rechts und beim **Schlackohrenpilz** 6, einem originellen Aussichtspavillon, **Assamstadt** von oben betrachten. Über die lang gezogene Laibacher Straße hinunter zur Krautheimer Straße und auf ihr rechts zurück zum **Rathaus** 1.

TOP

↗ 460 m | ↘ 460 m | 18.9 km

20 Von Assamstadt zur Burg Krautheim

5.20 h

Ins Jagsttal zwischen Krautheim und Klepsau

Ziel unserer Wanderung zur Jagst ist das Städtchen Krautheim, das malerisch etwa 70 m über dem breiten Talgrund liegt. Das Ortsbild wird von der weithin sichtbaren Stauferburg (erbaut 1213) mit ihrem mächtigen Bergfried dominiert. Es lohnt sich unbedingt, diesen zu besteigen und die Aussicht ins Jagsttal und weit hinein nach Hohenlohe zu genießen. Der Überlieferung nach soll auf Burg Krautheim das berühmte Götz-von-Berlichingen-Zitat gefallen sein, das Goethe in seinem gleichnamigen Drama dem Ritter mit der eisernen Faust gegenüber einem Mainzer Amtmann in den Mund gelegt hat (»er kann mich im Arsche lecken«). Damit nicht genug, kommen wir auf unserem Weiterweg an einem »Kuharsch« vorbei, wobei diese Kalksinterbildung tatsächlich mit etwas Fantasie jenem Körperteil ähnelt. Ohne weitere fäkalsprachliche Anklänge erwartet uns in der Weinlage auf dem Heiligenberg der zweite Höhepunkt unserer Tour. Weit schweift von hier oben der Blick über die Rebflächen ins Jagsttal. Im Winzernest Klepsau erreichen wir den Wendepunkt und kehren über die Hochfläche zurück nach Assamstadt.

Die Ursprünge von Burg Krautheim reichen bis ins 13. Jahrhundert zurück.

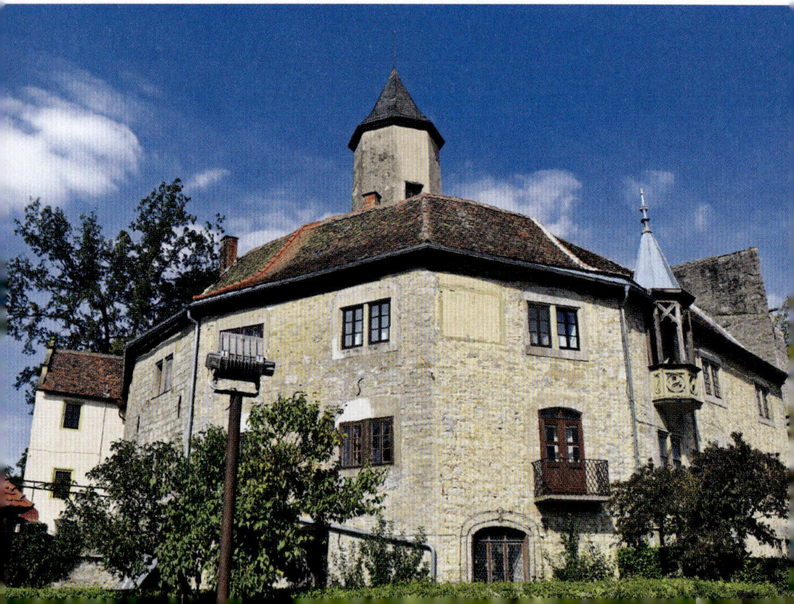

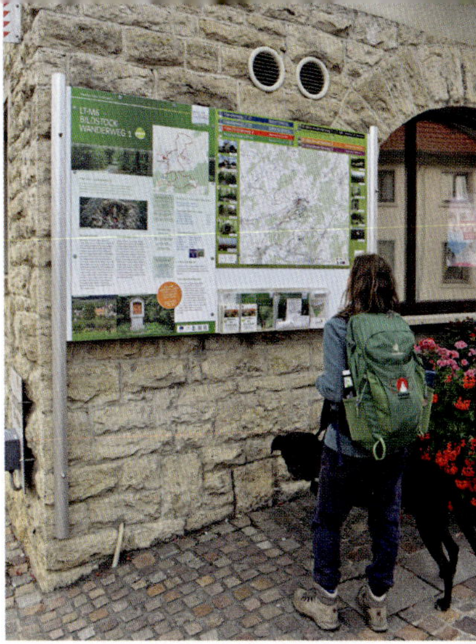

Wanderportal am Rathaus von Assamstadt.

Ausgangspunkt: Assamstadt, Rathaus (327 m). Anfahrt mit ÖV: Bahn bis Bahnhof Bad Mergentheim, von dort mit NVH-Regionalbus 19 bis zur Haltestelle Bad Mergentheim Altstadt Schloss, von dort mit Bus 933 bis Assamstadt Ortsmitte. Navi: 97959 Assamstadt, Bobstadter Str. 1 (Parkmöglichkeiten beim Rathaus).
Anforderungen: Überwiegend auf geteerten Wegen und Straßen; unterwegs sind einige etwas steilere Anstiege zu bewältigen.
Markierung: LT 21.
Einkehr: In Krautheim: Landgasthof Zur Krone, König-Albrecht-Str. 3, Tel. 06294/362, krone-krautheim.de, Do–Mo ab 9 Uhr, Mi ab 17 Uhr, Di Ruhetag. In Assamstadt: Gasthaus zum Kreuz, Bobstadter Str. 2, Tel. 06294/4399611, Mo Ruhetag; Gasthaus Sonne, Obere Bachgasse 1, Tel. 06294/439393, landgasthaus-sonne.de, Mi Ruhetag.
Karte: W 206 Osterburken 1:25 000 (LGL).
Tipps: 1) Mit Kindern empfiehlt sich der 2,2 km lange Naturerlebnispfad Assamstadt (kinderwagentauglich). Acht Erlebnisstationen laden die Kleinen zum Mitmachen ein; am besten beim Sportgelände parken und von dort losgehen (naturerlebnispfad-assamstadt.de).
2) Die Besichtigung der Stauferburg in Krautheim inklusive Besteigung des Bergfrieds ist von Mai bis Sept. Sa, So und Fei 14–17 Uhr möglich, bzw. Führungen ganzjährig nach Voranmeldung beim Bürgermeisteramt (Tel. 06294/980).

Vom **Rathaus** ❶ in **Assamstadt** folgen wir der Markierung des Rundweges LT 21; mit ihr rechts in die Krautheimer Straße, die gleich nach rechts abbiegt. Über die Laibacher Straße, die Ringstraße und die Dachstraße (die Abbiegestellen sind bestens markiert) aus dem Ort hinaus. Bei einer Weggabelung am Waldrand weiter geradeaus und auf diesem Schotterweg in der Folge durch ein Waldstück hindurch. Wir befinden uns auf der sogenannten Alten Krautheimer Straße, die uns über Streuobstwiesen und vorbei an etlichen Bienenhäusern als schöner Alleenweg hinunter in den Weiler **Horrenbach** ❷ mit seiner schönen Kapelle bringt. Dort zunächst auf einem Sträßchen nach links bis zum Ortsschild, dann rechts auf einem Schotterweg den Hang hoch.
Weiter über Streuobstwiesen aufwärts, vorbei an einer Feldscheune; danach die L513 queren und auf einem geteerten Flurweg hoch auf die Ackerhochfläche. Der geteerte Flurweg entpuppt sich leider als relativ viel befahrenes Sträßchen, doch mangels Alternative müssen wir auf ihm bleiben.

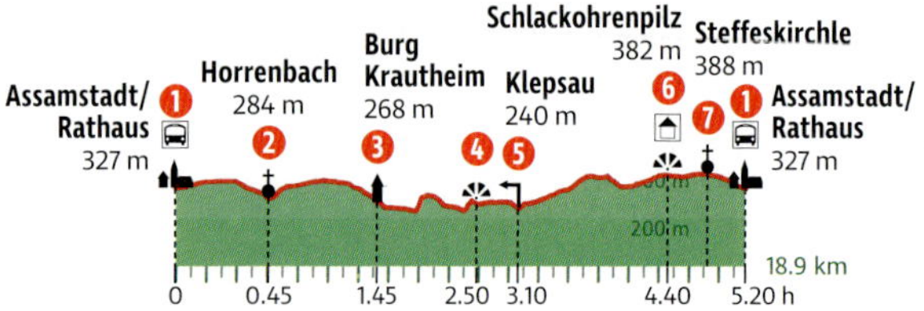

Wir legen etwas Tempo zu, um diesen wenig reizvollen Abschnitt unserer Tour schnell hinter uns zu bringen. Leicht abwärts gelangen wir schließlich bei einem großen Steinkruzifix an den Rand von **Krautheim** und von dort über die lang gezogene Straße (Assamstadter Weg, Birkenstraße) hinunter

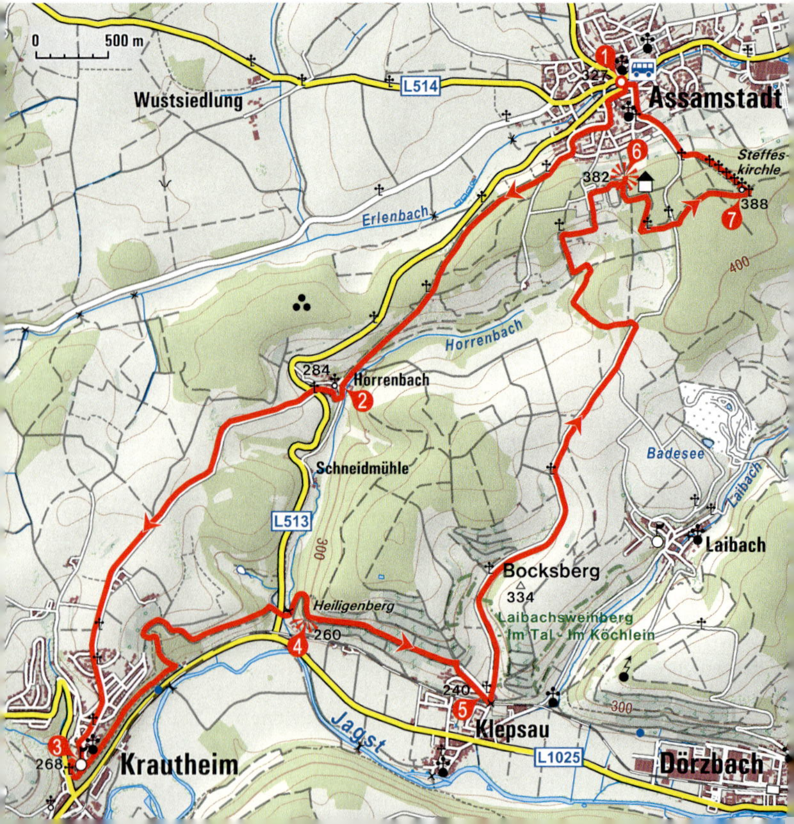

zum **Marktplatz**. Von dort ist es nur ein Katzensprung auf dem Burgweg zur **Burg Krautheim** ❸, die unsere volle Beachtung verdient.
Durch das märchenhafte Torhäuschen hindurch und gleich dahinter links auf dem »Pfad der Stille« in Serpentinen und einer engen Linkskurve hinunter ins Tal. Dabei passieren wir links von uns in der Hangböschung die »Kuharsch« genannte Steinerne Rinne und mit Sinter überzogene Muschelkalkfelsen. Unten bei der **Gustav-Meyer-Hütte** (mit Grillstelle und Kneippbecken) informiert eine Schautafel über das geologische Phänomen. Dort links auf einem geteerten Weg steil hinauf in den Wald und oben in einer engen Links-rechts-Biegung über eine Wiese. Bei der folgenden Gabelung rechts und nach wenigen Metern erneut rechts.
Es geht nun stetig abwärts an der Hangkante entlang hinunter ins **Beckental**, wo wir uns nach rechts halten müssen. Nach Überqueren der L513 und des Horrenbaches macht unser geteerter Weg eine scharfe Linkskurve und bringt uns danach in einem etwas steileren Anstieg hoch in den Wald. Bei erster Gelegenheit rechts halten und kurz darauf ebenerdig hinaus in die Weinlage auf dem **Heiligenberg** ❹. Etwa einen Kilometer wandern wir gemütlich durch die Rebflächen hindurch und erfreuen uns dabei an der herrlichen Aussicht ins Jagsttal unter uns. Über ein Sträßchen geht es rechts hinunter in das Winzerdorf **Klepsau**, wo wir beim **Friedhof** ❺ links abbiegen. Ein geteerter Fahrweg bringt uns längs des **Bocksberges** hoch auf

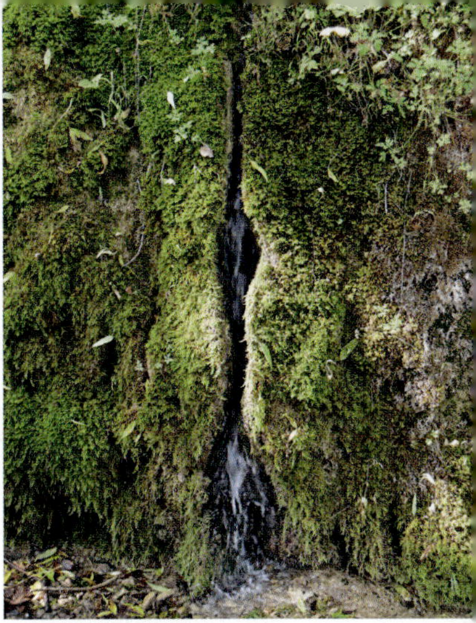

Kalksinterphänomen Kuharsch.

Bildstock in den Heiligenberg-Weingärten.

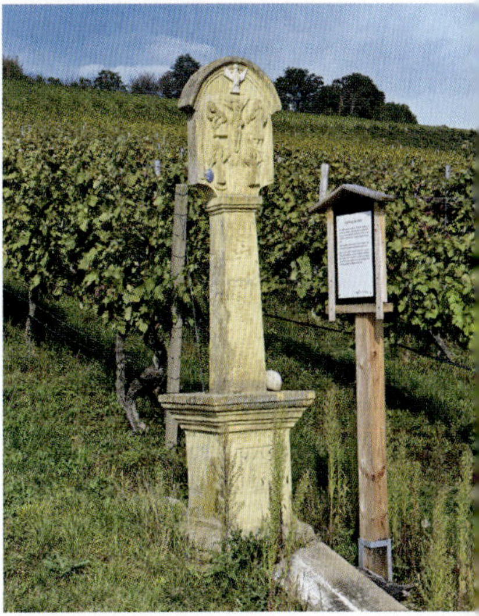

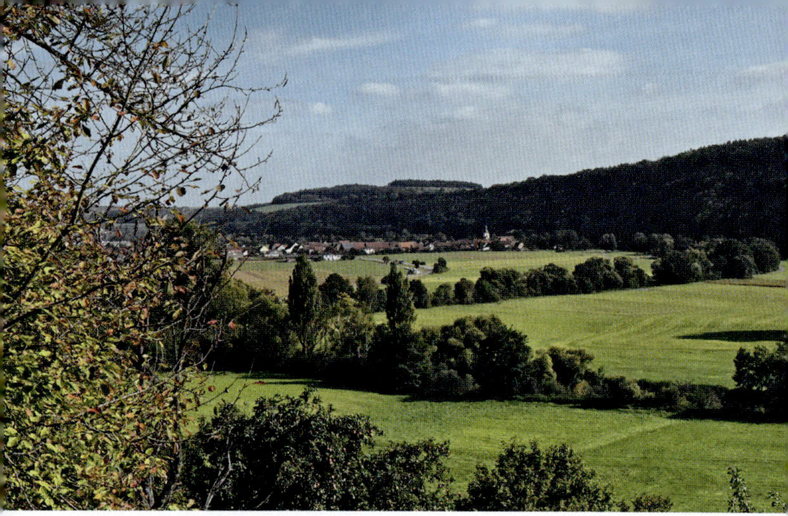

Blick ins Jagsttal mit Klepsau.

die Ackerhochfläche, über die wir nun eine Zeitlang hinweg wandern. Kurz vor Eintritt in ein Waldgebiet weist uns unsere LT-21-Markierung nach links (hier nicht von der LT-22-Markierung irritieren lassen, die gleich wieder nach rechts abbiegt). Über Streuobstwiesen und durch zwei Waldstreifen hindurch zu einem Taleinschnitt, dem wir nach links folgen. Nach wenigen Metern rechts über diese Senke hinweg hoch zu einem geschotterten Querweg, auf den wir nach rechts einschwenken. Nach Passieren einer Gartenkolonie links zum Sportgelände und von dort rechts zum Aussichtspavillon **Schlackohrenpilz** 6. An einem Wasserbehälter vorbei rechts in den Wald und darin in mehreren Richtungswechseln zur **Waldkapelle Steffeskirchle** 7. Alle Abbiegestellen sind vorbildlich markiert, daher kann hier auf eine ausführliche Wegbeschreibung verzichtet werden. Über den Stationsweg aus dem Wald hinaus und am Waldrand links zum querenden Fahrweg. Auf diesem hangabwärts hinunter nach **Assamstadt** und über die Hafengasse und die Rengershäuser Straße zurück zum **Rathaus** 1, unserem Ausgangspunkt.

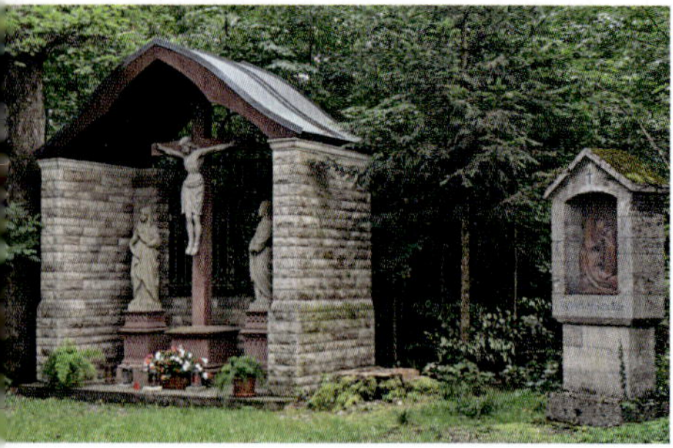

Die Waldkapelle Steffeskirchle.

↗ 200 m | ↘ 200 m | 12.1 km

3.30 h

Eubigheimer Runde 21

In der Heimat des Grünkerns

Auf dieser kleinen, wenig anstrengenden Tour geht es ins Bauland, wo der Grünkern zu Hause ist. Der Anbau von Dinkel, dessen Korn halbreif geerntet und danach geröstet und getrocknet wird, hat in diesem Landstrich eine lange Tradition. Jedoch hat sich das Image dieser Getreidesorte grundlegend geändert – vom Arme-Leute-Essen hin zu einer Spezialität im Rahmen einer gesundheitsbewussten Ernährung. Besonders Vegetarier und Veganer schwören auf die olivgrünen Körner des Grünkerns, aus denen sich viele schmackhafte Gerichte wie Bratlinge, Eintöpfe oder Suppen zubereiten lassen. Auch rund um Eubigheim sind die Getreidefelder weitgehend dem Anbau von Dinkel vorbehalten. Die beste Jahreszeit für diese Wanderung ist der frühe Sommer, bevor im Juli die Ernte beginnt. Dann macht es richtig Spaß, durch die vom Wind gestreichelten Feldflächen zu flanieren.

Ausgangspunkt: Ahorn-Eubigheim, Bahnhof (330 m). Anfahrt mit ÖV: über die Bahnlinie Heilbronn–Würzburg. Navi: 74744 Ahorn-Eubigheim, Bahnhofstr. 14 (Parkplätze vorhanden).
Anforderungen: Keine nennenswerten An- und Abstiege; ausschließlich auf geteerten, manchmal geschotterten Wegen; die letzte Etappe von Neidelsbach zurück nach Eubigheim verläuft längs der kaum befahrenen Landstraße; die Tour verläuft überwiegend in offenem Gelände, daher kaum Schatten.
Markierung: Ohne Markierung, LT 19, ohne Markierung.
Einkehr: Keine Möglichkeit. Daher Rucksackproviant und ausreichend Getränke mitnehmen.
Karte: W 206 Osterburken, W 205 Walldürn, W 207 Tauberbischofsheim, alle 1:25 000 (LGL).
Info: Ausführliche Informationen rund um den Grünkern findet man unter fraenkischer-gruenkern.de.

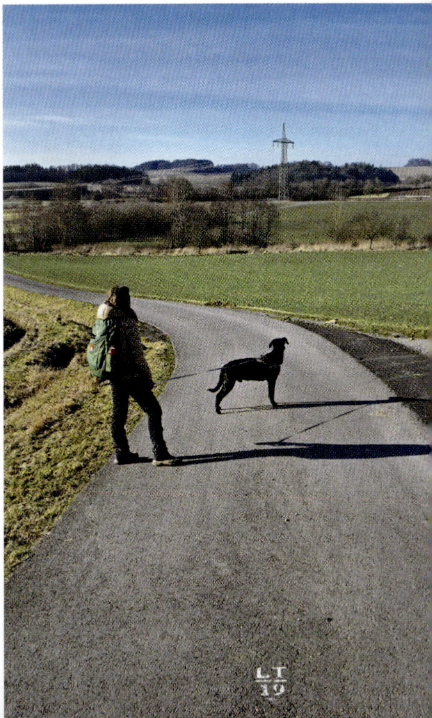

Hier ist die Orientierung kein Problem – Markierung mitten auf dem Weg.

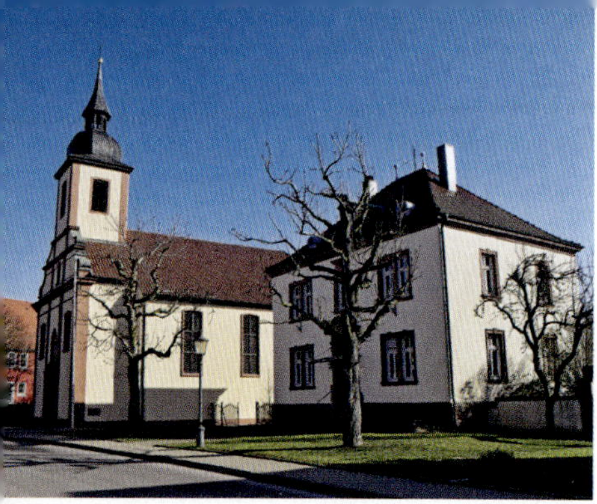

In der Eubigheimer Ortsmitte.

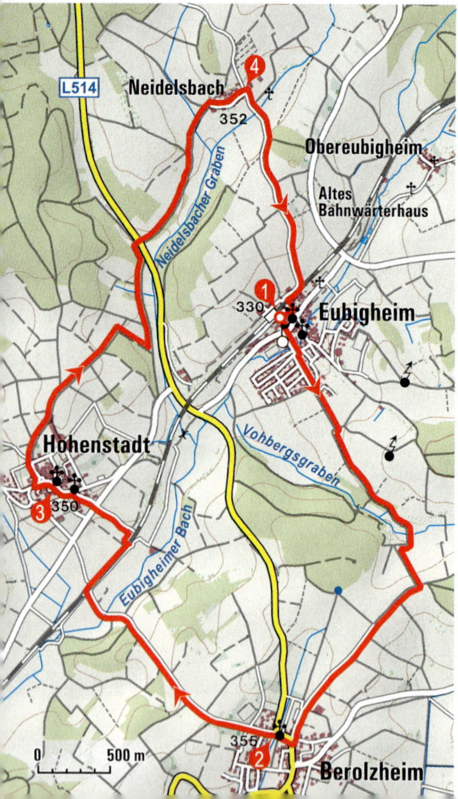

Vom **Bahnhof ❶** in **Eubigheim** gehen wir mit Blick zur Ortsmitte nach rechts und gleich wieder links in eine Sackgasse. An deren Ende auf einem Fußweg zur Schlossstraße und auf Höhe des ehemaligen Bettendorfschen Schlosses (heute Rathaus) über sie hinweg geradeaus in die Straße »Allee«. Ab jetzt gibt uns bis ans Ende der Tour die Markierung LT 19 die Richtung vor. Sie führt uns auf der lang gestreckten Straße leicht aufwärts hinaus auf die Feldflur und dort vorbei an Pferdeweiden bis zu einer Weggabelung. Wir nehmen den rechts abzweigenden Weg, der über Streuobstwiesen und längs von Hecken mit leichtem Gefälle abwärts verläuft. Er macht in der Folge kurz hintereinander zwei Rechtsbiegungen und führt uns zu einer Wegverzweigung, wo wir den ersten Weg nach links einschlagen. Auf diesem erneut leicht aufwärts zu einem Querweg und diesem nach rechts folgen (knapp 70 m nach links steht am Waldrand eine gemütliche Ruhebank).

Stetig leicht abwärts erreichen wir den Rand von **Berolzheim** und gehen über den Friedhofsweg in Richtung Ortsmitte. Wir biegen rechts in die Kapellenstraße ab und halten uns in deren Rechtskurve auf Höhe der **Bushaltestelle ❷** weiter geradeaus auf dem Hohenstadter Weg. Vorbei am Sportgelände leicht aufwärts hinaus

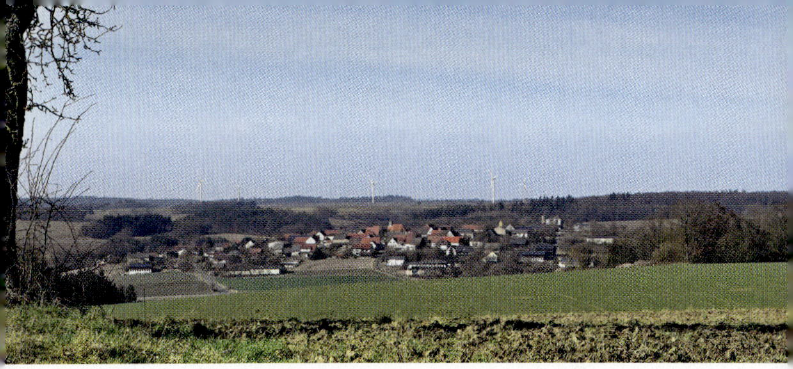

Über Ackerhochflächen geht es nach Hohenstadt.

auf die Felder und über die kuppenförmige Ackerhochfläche hinweg hinunter ins Tal des Baches **Kirnau**, den wir auf einer Brücke überqueren. Vor dem Bahngleis rechts und etwas mehr als 150 m an ihm entlang, dann links durch die Bahnunterführung und gleich dahinter rechts und in einer Linksbiegung aufwärts nach **Hohenstadt** hinein. Bei der Kapelle links halten und nach der **Kirche** 3 rechts in die Helmstheimer Straße; dann dem Sträßchen »Langengarten« erst nach rechts und gleich darauf nach links aus dem Dorf hinaus folgen.

Bei der zweiten Gabelung halb rechts (hier fehlt eine Markierung) und nun etwa 350 m über Felder auf ein Waldstück zu. Geradeaus an diesem entlang, wobei es etwas steiler den Abhang hinuntergeht. Unten rechts um das Wäldchen herum und längs eines sanften Taleinschnitts zu einem Querweg. Diesem nach links folgen und bei der folgenden Gabelung geradeaus. Wir wandern nun eine Zeitlang parallel zum Neidelsbacher Graben und zur L514 rechts von uns. Dann biegen wir rechts ab und überqueren die Landstraße.

In leichtem Auf und Ab und schließlich durch einen kleinen Taleinschnitt hindurch erreichen wir das auf einer Anhöhe gelegene **Neidelsbach** 4. Am Ortsende hinter dem Ahorn-Stübchen (leider nicht mehr für Tagesgäste geöffnet) rechts abbiegen und dem Sträßchen stetig aufwärts auf die Hochfläche folgen und von dort hinunter nach **Eubigheim**. Bei der Schranke das Bahngleis überqueren und danach rechts auf der Bahnhofstraße zurück zu unserem Ausgangspunkt beim **Bahnhof** 1.

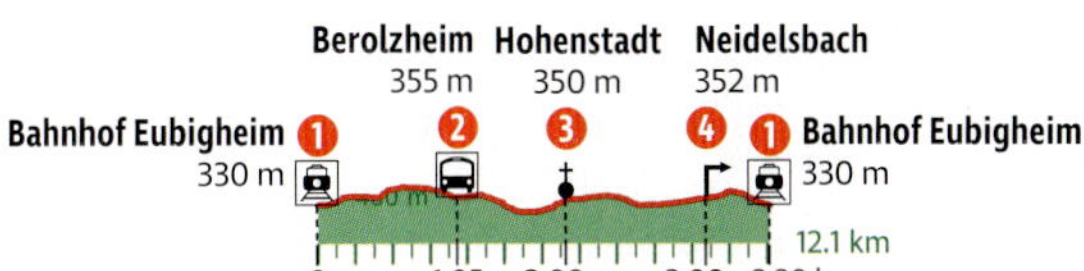

↗ 300 m | ↘ 300 m | 15.1 km

22 Von Markelsheim nach Weikersheim

4.50 h

Rund um den Tauberberg

Nicht der lang gestreckte Höhenrücken des Tauberbergs ist das Ziel dieser Tour, sondern vielmehr steht der Weg dorthin bzw. um ihn herum in ihrem Mittelpunkt. Wer die Erhebung besteigen möchte, muss dem Panoramaweg Taubertal folgen, wir aber vertrauen uns mit dem LT 18 einem der schönsten Rundwege in der Region an. Er ist in mehrfacher Hinsicht ein Weg für Genießer: einmal wegen seines Abwechslungsreichtums zwischen offener Feldflur, dichtem Wald und sonnigen Weinbergen; zum anderen wegen mehrerer toller Aussichtsmöglichkeiten und zum dritten wegen der kulinarischen Freuden. Letzteren kann man besonders vortrefflich im Weinort Markelsheim, dem Ausgangs- und Endpunkt unserer Tour, frönen.

Ausgangspunkt: Markelsheim, Marktplatz (223 m). Anfahrt mit ÖV: Bahn entweder über Königshofen oder Crailsheim bis Bahnhof Markelsheim (Bahnfahrer können die Tour dort beginnen). Navi: 97980 Markelsheim, Jahnstr. 4 (Parkplatz an der Tauberbrücke) oder Engelsbergstr. 2.

Anforderungen: Teils auf geteerten/geschotterten Flurwegen, teils auf naturbelassenen Wegen; fast nur moderate An- und Abstiege, nur der Aufstieg von Weikersheim hoch zum Wartturm ist sehr steil; auch mit Kindern empfehlenswert.

Markierung: LT 18.

Einkehr: In Weikersheim: diverse Gaststätten und Cafés, weikersheim.de/tourismus-freizeit-kultur/tourismus. In Markelsheim: Gasthäuser, Weinstuben, Besenwirtschaften, Cafés und Biergärten, markelsheim.de/Touristik/Gastronomie.html.

Karte: W208 Bad Mergentheim 1:25 000.

Tipps: 1) Markelsheim ist einer der bedeutendsten Weinorte an der Tauber; entsprechend groß ist das Angebot an Weinstuben und Besenwirtschaften; die lokale Winzergenossenschaft Weingärtner Markelsheim e.G. betreibt zudem eine Vinothek und einen Weinautomaten und bietet Weinproben und Kellerführungen an (markelsheimer-wein.de).
2) Bei dieser Tour empfiehlt sich ein Besuch von Schloss und Schlossgarten in Weikersheim (kurzer Abstecher, Infos unter schloss-weikersheim.de).

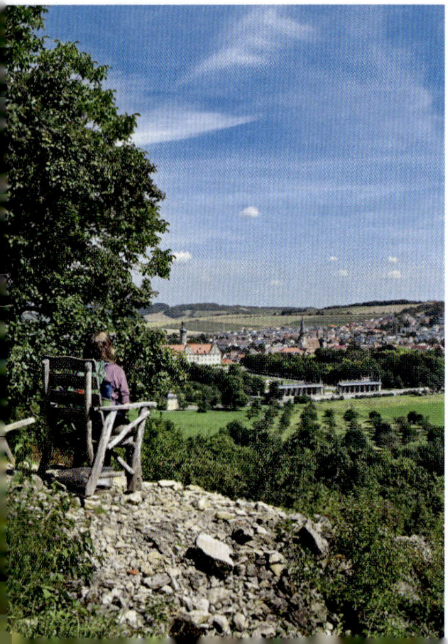

Ein Logenplatz vom Feinsten oberhalb von Weikersheim.

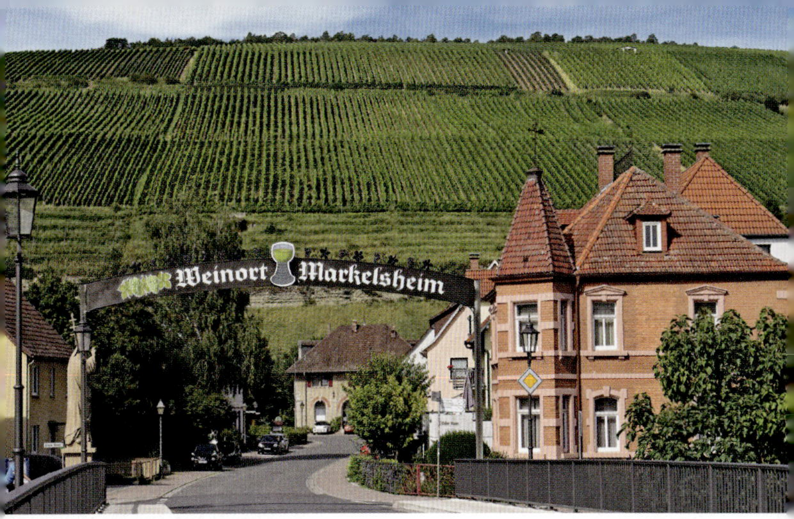

Markelsheim begrüßt seine Besucher.

Auf dem **Marktplatz ❶** in **Markelsheim** finden wir den Einstieg in den Rundweg LT 18, an dessen Markierung wir uns nun durchgängig orientieren. Wir gehen auf der Hauptstraße in südlicher Richtung ortsauswärts und biegen beim Friedhof links in die Rüsselhäuser Straße ab. An ihr entlang aus dem Dorf hinaus und bei einem Flurkreuz links auf einen geteerten Flurweg (zugleich Radweg). Vorbei an einer im Tälchen des Aschbaches gelegenen Fischzuchtanlage ist über die Feldflur hinweg **Elpersheim** schnell erreicht. Im Dorf links halten, auf der Deutschordensstraße hinunter zur **Tauberbrücke ❷** und auf ihr über den Fluss.
Nach Überqueren des Bahngleises und der L2251 rechts auf einen geteerten Weg, der zunächst direkt neben der Landstraße verläuft, dann aber nach links abbiegt und den Abhang hinaufführt. Beim ersten Abzweig rechts und nun eine Zeitlang stetig in leichtem Anstieg hoch zu einem Querweg. Über diesen ein paar Schritte hinweg, dann gleich rechts auf einem unbefestigten Pfad hangabwärts. In einer Linksbiegung passieren

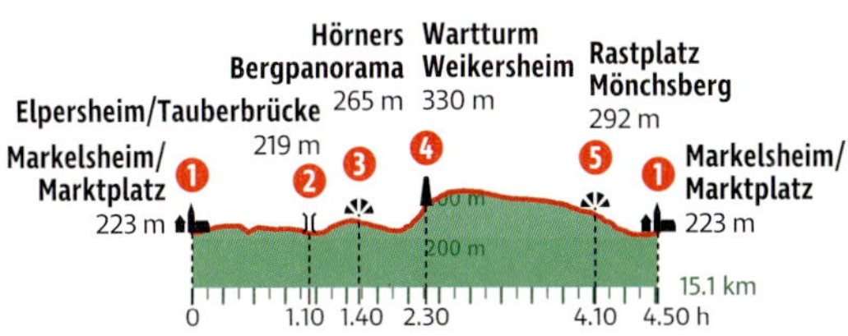

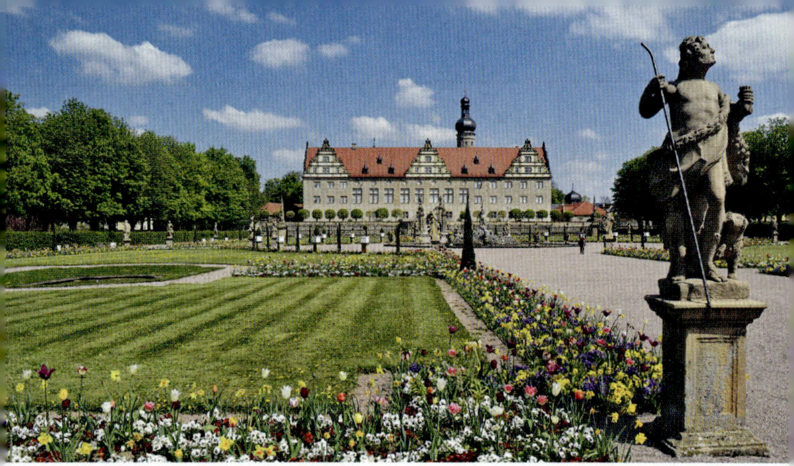

Schloss und Schlossgarten Weikersheim.

wir zwei Steinriegel und stehen plötzlich vor dem Aussichtspunkt **Hörners Bergpanorama** ❸, einem hölzernen Stuhl auf einem weiteren Steinriegel. Jemand hat sich hier offensichtlich einen Logenplatz vom Feinsten mit herrlichem Blick auf Weikersheim mit seinem Schloss und dem dazugehörigen Barockgarten geschaffen.

Von dort zunächst auf einem Grasweg, dann auf einem geschotterten Weg längs alter Weinbergsmauern hinunter an den Ortsrand von **Weikersheim** (immer wieder tun sich dabei durch Lücken im Buschwerk Blicke auf das Städtchen und seine Schlossanlage auf). Unten im Tal links halten und längs der Romantischen Straße bis zu einem Kreisel. Dort zweigen wir scharf links in die Straße »Am Schmecker« ab und folgen ihr etwas steiler hoch in die Weinberge. Beim ersten Abzweig nach rechts und weiter aufwärts, wobei die Steigung jetzt extrem zunimmt. Etwas außer Puste erreichen wir oben den **Wartturm** ❹, der leider nicht bestiegen werden kann. Aber auch vom Rastplatz davor wird man durch das tolle Panorama, das sich uns von hier oben bietet, für die Mühen des Aufstiegs belohnt.

Wieder bei Kräften halten wir uns hinter dem Turm auf einem Pfad links in den Wald hinein. Darin nach wenigen Metern bei einer Wegkreuzung weiter geradeaus, jetzt aber auf einem breiten Schotterweg. Bei der folgenden Verzweigung den rechten Weg nehmen, der im weiteren Verlauf als naturbelassener Pfad durch den Wald führt. Am Waldrand rechts und bei erster Gelegenheit links über Felder leicht abwärts erneut auf ein Waldgebiet zu – in der Ferne taucht vor uns Burg Neuhaus auf. Dann links und zunächst am Wald entlang und schließlich in ihn hinein.

Es folgt eine längere, weitgehend ebenerdige Passage durch den schönen Laubwald, bis wir schließlich mit leicht zunehmendem Gefälle am Waldrand auf eine Gabelung treffen. Dort links halten und auf diesem Schotterweg etwa 70 m hangabwärts, bis er in einen geteerten Flurweg mündet, der hier eine enge Kurve macht. Diesem folgen wir nach rechts und gelangen, vorbei an einem schönen **Rastplatz** ❺ mit Sicht auf Igersheim und Burg Neuhaus, abwärts in die Weinberge am **Mönchsberg**. Immerzu abwärts durch die Reben, bei einem Weinbergshäuschen scharf rechts und anschließend in einer weiten Schlaufe hinunter zur L2251. Die Straße und das Bahngleis überqueren und danach links auf der Bad Mergentheimer Straße bis zum **Bahnhof Markelsheim**. Rechts in die Tauberbergstraße, auf der Brücke über die Tauber und dann immer geradeaus zurück zum **Marktplatz** ❶, dem Ausgangspunkt unserer Tour.

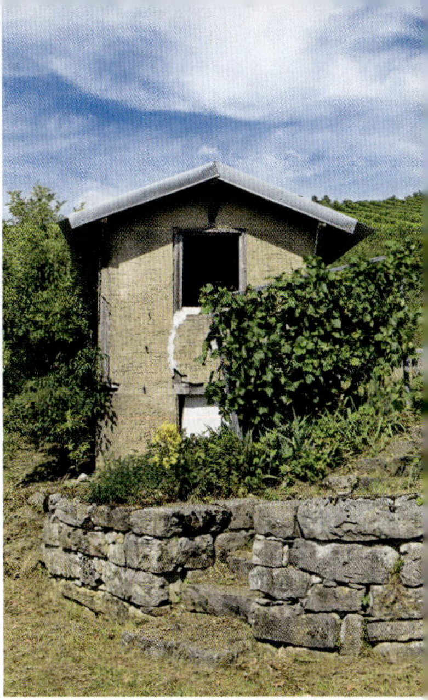

Weinbergshäuschen auf dem Mönchsberg.

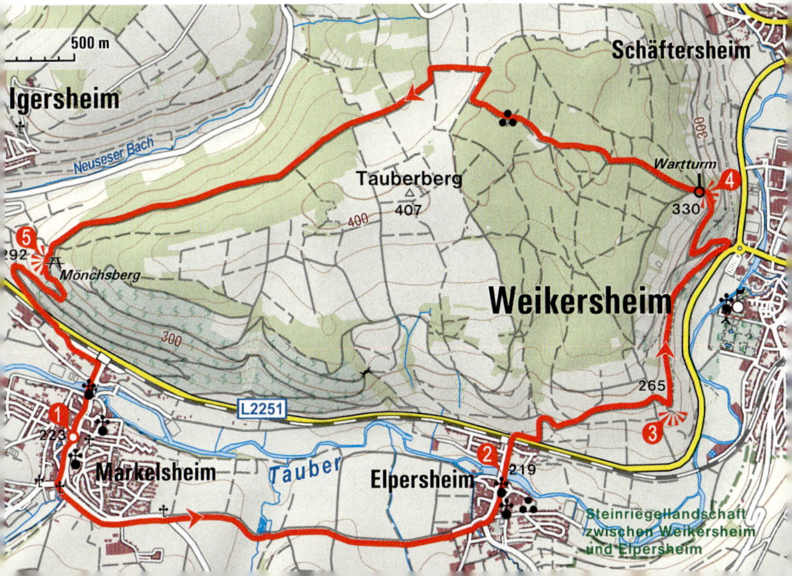

TOP

23

↗ 320 m | ↘ 320 m | 12.6 km

Rund um Bad Mergentheim

3.20 h

Auf den Spuren des Deutschen Ordens

Mehr als 400 Jahre lang bestimmte der Deutsche Orden die Geschicke der erstmals 1058 urkundlich erwähnten Tauberstadt. Ab 1525 wurde Mergentheim die Residenz des Hochmeisters sowie Sitz der zentralen Behörden des Ritterordens. Dessen Herrschaft endete im Jahr 1809, als auf Befehl Napoleons das Ordensterritorium dem Königreich Württemberg einverleibt wurde. Noch heute zeugen das prächtige Residenzschloss (auch Deutschordensschloss) in Bad Mergentheim und die Burg Neuhaus hoch über Igersdorf von jener Epoche. Beide bilden natürlich die historischen Highlights unserer Tour, die wir auf dem malerischen Marktplatz der Kurstadt beginnen. Dazu liegen mehrere herrliche Aussichtspunkte, ein schattiger Bachgrund und der wunderschöne Kurpark auf unserer Route. Nicht zu vergessen die Solymar Therme, die von einer hochprozentigen Solequelle gespeist wird. Wer in ihr warmes Wasser eintauchen oder lieber im Sport- und Familienbad schwimmen möchte, sollte Badesachen mit in den Rucksack packen.

Ausgangspunkt: Bad Mergentheim, Marktplatz (207 m). Anfahrt mit ÖV: Bahn bis Bahnhof Bad Mergentheim, von dort zu Fuß zum Marktplatz. Navi: 97980 Bad Mergentheim, Bahnhofsplatz (kostenpflichtiges Parkhaus). Ein gebührenfreier Parkplatz befindet sich etwas außerhalb an der Igersheimer Str. (B19), von dort etwa 10–15 Minuten zu Fuß in die Innenstadt.
Anforderungen: Überwiegend auf geschotterten und geteerten Wegen, nur etappenweise naturnaher Untergrund; einige teils auch etwas steilere An- und Abstiege sind zu bewältigen.
Markierung: LT 17, schwarzes P auf Grün, LT 17.
Einkehr: In Igersheim: Café Bamberger, Bad Mergentheimer Str. 13, Tel. 07931/2487, baeckerei-bamberger.de, Mo–Fr durchgehend geöffnet, Sa nur bis 14 Uhr, So 12–13.30 Uhr Mittagspause; Zum Heckenwirt – Gasthof Zur Tauberbrücke, Bad Mergentheimer Str. 26, Tel. 07931/2348, Do Ruhetag, mit großem Biergarten; Restaurant Bundschuh am Golfplatz, Erlenbachtalstr. 36, Tel. 07931/8066, andreas-bundschuh.com, Mo Ruhetag. In Bad Mergentheim: Café Amadeus, Im Kurpark 1, Tel. 07931/965405, tägl. geöffnet; Café im Schlossgarten, Schloss 6, Tel. 07931/5699719, cafe-im-schlossgarten.de, Fr Ruhetag; Schlosscafé, Deutschordensplatz 3, Tel. 07931/9617886, schlosscafe-mgh.de, Mo/Di Ruhetage; diverse Einkehrmöglichkeiten am und rund um den Marktplatz.
Karte: W208 Bad Mergentheim 1:25 000.
Info: Burg Neuhaus wurde im 13. Jh. erbaut und war ab dem 15. Jh. über 400 Jahre lang Amtssitz des Deutschen Ordens. In dieser Zeit fungierte die Festung auch als Gefängnis und Schauplatz von Hexenprozessen. Mehrfach zerstört und wieder aufgebaut, wurde die Burg ab 1792 nach und nach abgebrochen und verfiel zur Ruine. Heute ist Neuhaus eine Staatsdomäne des Landes Baden-Württemberg und wird von einer Pächterfamilie als Pferdezuchtbetrieb bewirtschaftet. Daher kann ein Großteil der Anlage nicht betreten werden, die öffentlich zugänglichen Bereiche sind aus-

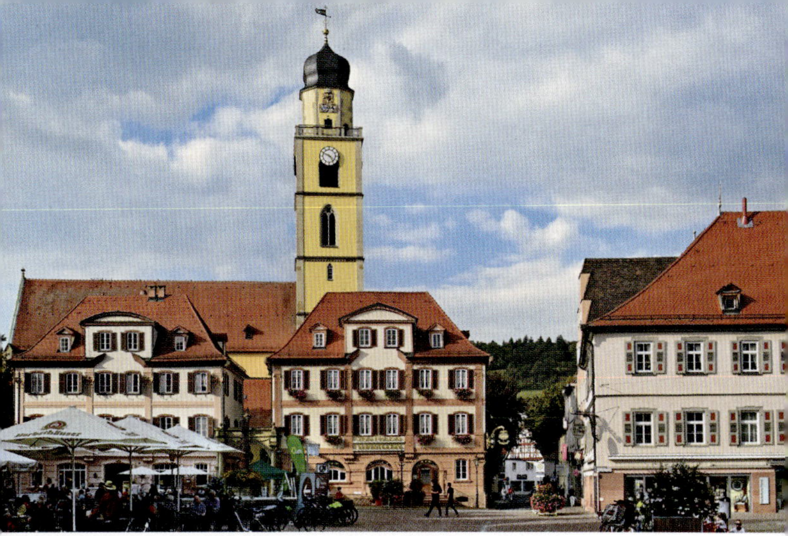

Am Marktplatz in Bad Mergentheim mit Zwillingshäusern und Münster.

geschildert. Gruppenführungen mit einem Heimathistoriker können vorab im Rathaus Igersheim gebucht werden (Tel. 07931/497-0 oder info@igersheim.de). **Tipp:** Unbedingt sehenswert in der historischen Altstadt von Bad Mergentheim ist das prächtige Deutschordensschloss, das vom 16. bis ins frühe 19. Jh. als Residenz der Hoch- und Deutschmeister fungierte. Es kann im Rahmen von Führungen besichtigt werden. Ferner empfiehlt sich ein Besuch des im Schloss befindlichen Deutschordensmuseums, wo regelmäßig Sonderausstellungen zu künstlerischen Themen stattfinden (schloss-mergentheim.de).

Wir starten in historischem Ambiente auf dem **Marktplatz** ❶ von **Bad Mergentheim** und halten uns mit Blick zum Deutschordensschloss rechts am Alten Rathaus vorbei. Dort beginnt eigentlich der Rundweg LT 17, dem wir fürs Erste folgen wollen, doch eine Markierung ist zunächst Fehlanzeige. So gehen wir weiter in südlicher Richtung über den Hans-Heinrich-Ehrler-Platz und auf der Wachbacher Straße bis zur querenden Würzburger

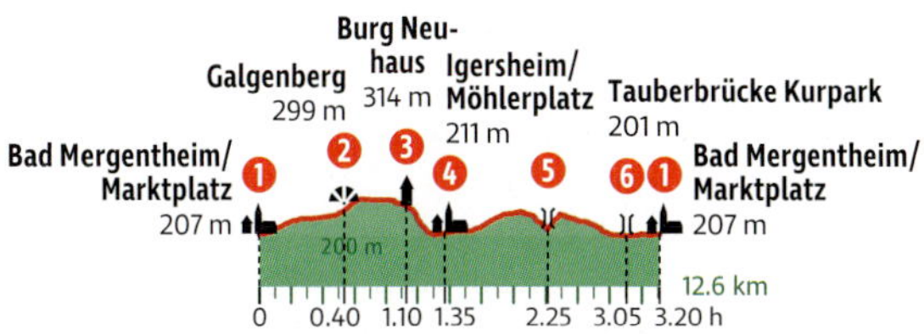

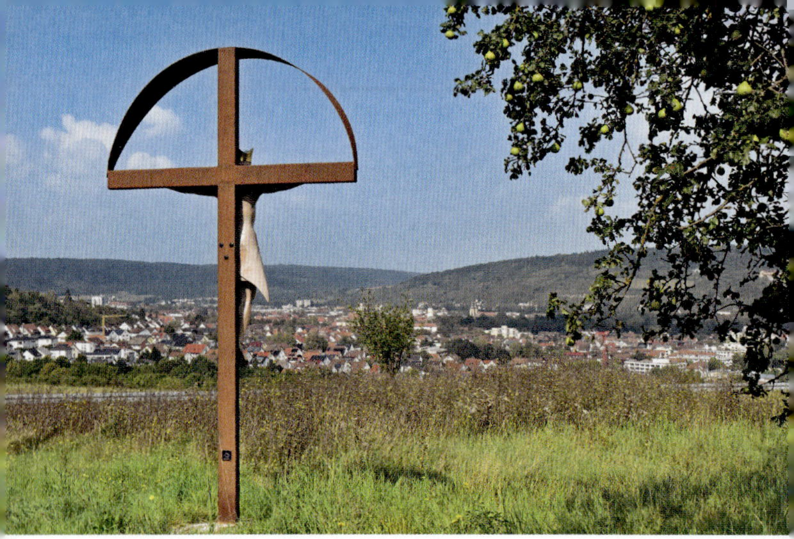

Blick vom Galgenberg auf Bad Mergentheim.

Straße (B19), wo das blaue LT-17-Wegzeichen erstmals auftaucht. Es weist uns über die breite Straße hinweg, dann links an ihr entlang und beim Friedhof rechts in die Kaiserstraße. In stetem leichten Anstieg wechseln wir rechts in den Eisenbergweg, der sich eine Zeitlang durch das Wohngebiet hochzieht.

Schließlich biegen wir scharf links in den Wartbergweg ab und folgen ihm weiter aufwärts; er geht in einen geteerten Fahrweg über, der uns in einer Linksbiegung aus dem Ortsgebiet hinaus auf die Feld- und Wiesenflur bringt. Nach wie vor leicht ansteigend erreichen wir die Hochfläche, wobei wir links von uns in einigem Abstand den frei stehenden alten Wachturm auf dem Wartberg passieren. Vorbei an einigen Aussiedlerhöfen und über die querende Kaiserstraße hinweg gelangen wir auf einem Fußweg zum Parkplatz auf dem **Galgenberg** ❷, einem wunderschönen Aussichtspunkt auf die Stadt zu unseren Füßen.

Dort treffen wir auf die Markierung des örtlichen Panoramaweges (schwarzes P auf Grün), an der wir uns nun primär orientieren. Zunächst folgen wir aber noch beiden Wegzeichen über den Parkplatz hinweg in ein Wäldchen hinein und halten uns darin bei einer Weggabelung nach links (Wegweiser »Burg Neuhaus 1,5 km«). Nach etwa 100 m biegen wir bei einer **Schutzhütte** links auf einen Schotterweg ab, der uns in leichtem Anstieg aus dem Waldstück hoch auf die offene Feldflur bringt. Dann wandern wir längs eines Heckenstreifens, bis unser Weg bei einer **Rastbank** in einen geteerten Flurweg mündet.

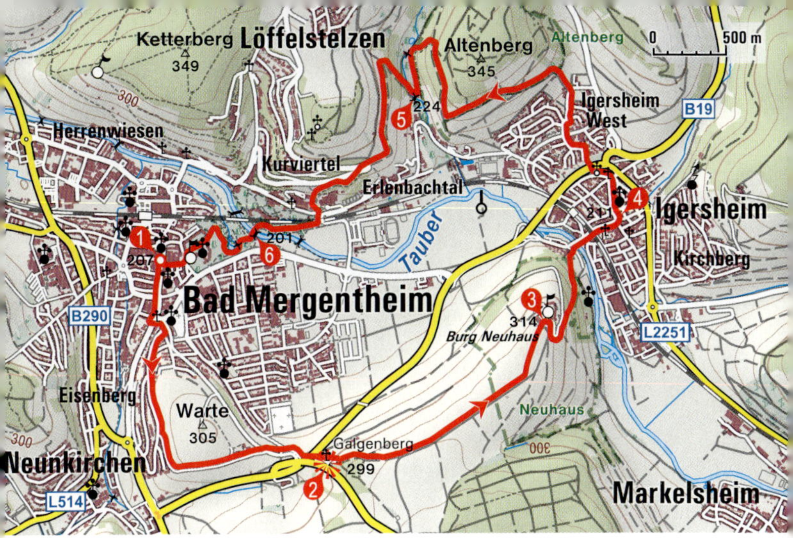

Auf dieses alleenhaft mit Bäumen gesäumte Sträßchen schwenken wir links ein und verabschieden uns kurz danach vom LT-17-Rundweg, der rechts in Richtung Markelsheim abbiegt. Über den Höhenrücken des Kitzberges hinweg ist in einer leichten Abwärtspassage **Burg Neuhaus** ❸ schnell erreicht, die einem vorgelagerten Bergsporn aufsitzt. Vom Burgtor gehen wir auf der Zufahrtsstraße in einer engen Linkskehre bergab, bis wir linker Hand eine **Rastbank** passieren. Hier ist unsere Aufmerksamkeit gefordert, da uns unsere Panoramaweg-Markierung auf einen schmalen Weg weist, der rechts in den als Naturschutzgebiet ausgewiesenen Wald hinein abzweigt. Er bringt uns in der Folge auf mehr als 100 Treppenstufen den steilen Abhang hinunter ins Tal, wo wir den Ortsrand von **Igersheim** erreichen. Nach den ersten Grundstücken biegen wir links in die Straße »Am Kitzberg« ein und danach rechts in die breite Bad Mergentheimer Straße. Über die historische **Tauberbrücke** und den Bahnübergang hinweg flanieren wir in Richtung Ortsmitte zum zentral gelegenen **Möhlerplatz** ❹. Dort stoßen wir wieder auf den LT-17-Rundweg, an dessen Markierung wir uns nun bis ans Ende unserer Tour vorrangig orientieren.

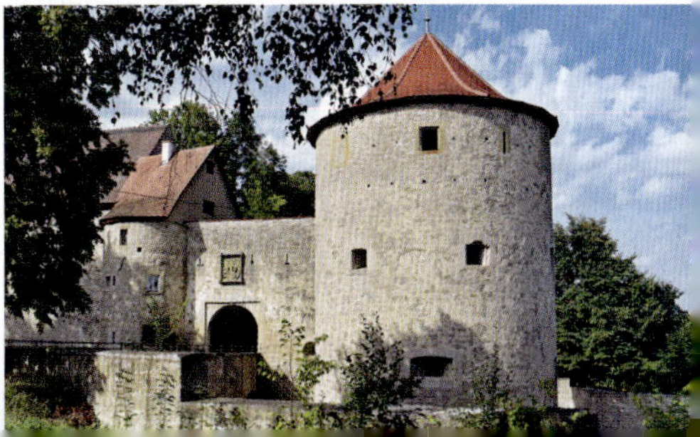

Burg Neuhaus war einst ein Amtssitz des Deutschordens.

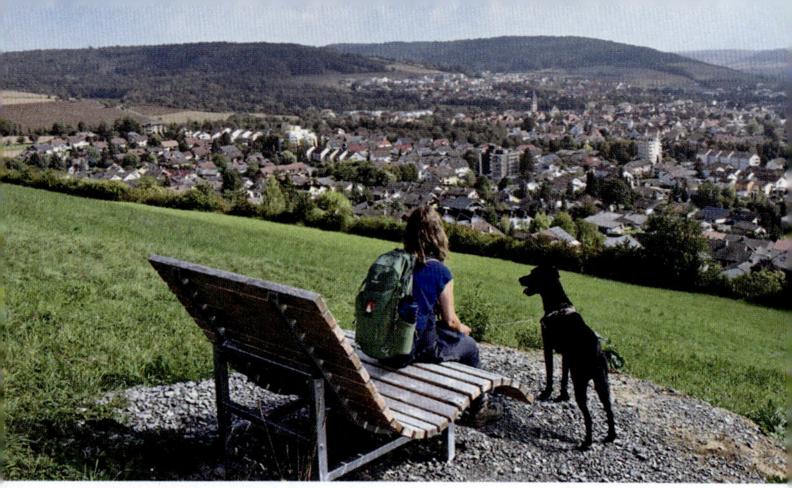

Rastplatz mit Aussicht auf Igersheim.

Sie führt uns links über den Platz und dann auf der Burgstraße, vorbei am **Rathaus** und der katholischen Kirche, hoch zum Friedhof, wo wir der Straße »Alter Graben« nach links zur evangelischen Kirche folgen. Ihr gegenüber biegen wir rechts auf einen Fußweg ab, der die Bundesstraße (B 19) unterquert, halten uns danach rechts in die Haydnstraße und gleich wieder links in die Beethovenstraße. Diese bringt uns in einer Rechtsbiegung über die Reisfelder Steige hinweg geradeaus in den leicht ansteigenden Altenbergring.

Bei erster Gelegenheit rechts in die Schlesierstraße, anschließend links in die Sudetenstraße, dann geradeaus auf dem Altenbergweg aus dem Ort hinaus. Hinter dem ersten von zwei Aussiedlerhöfen nehmen wir bei einer Weggabelung den links abzweigenden geteerten Weg, der sich an einem Wiesenhang hochzieht. Es geht stetig aufwärts, mit schönem Blick zurück auf Igersheim und Burg Neuhaus – es lohnt sich, kurz innezuhalten und die Aussicht zu genießen. Bei der folgenden Wegkreuzung geradeaus halten und auf Schotterbelag weiter aufwärts ins Gesträuch hinein. Darin macht unser Weg eine Biegung nach links und verläuft dann hangparallel über Wiesen des **Naturschutzgebietes Altenberg**, wobei wir an einer Ruheliege und dem **St.-Rita-Altärchen** vorbeikommen. Es folgt eine weitere Weggabelung, wo wir uns rechts aufwärts halten und immerzu geradewegs durch Hecken hindurchwandern.

Eine Abwärtspassage bringt uns anschließend hinunter zu einem querenden Schotterweg, auf den wir rechts einschwenken. Außer unseren beiden Markierungen P und LT 17 begleitet uns nun auch der rote Wanderstiefel des Panoramaweges Taubertal. Wir treten in ein Waldgebiet ein und gelan-

gen darin nach etwa 400 m zu einem Wegweiser, der uns links den Abhang hinunter weist in Richtung »Erlenbachtal/Kurpark/Stadt«. In zwei weiten Serpentinen steigen wir hinunter zu einem Querweg, auf dem wir links abbiegend an den Rand des Golfplatzes im **Erlenbachtal** 5 gelangen. Wir schreiten rechts an der Rasenfläche entlang, überqueren den Bach und gehen auf einem Querweg rechts aufwärts in den Wald hinein.
Bereits nach etwa 100 m schwenken wir links auf einen Schotterweg ein, der halbwegs steil hoch zu einer Rastbank auf einer Wiese führt. Dahinter biegen wir scharf links in Richtung »Kurpark/Stadt« (Wegweiser) ab und wandern längere Zeit auf einem schönen Alleenweg an der bewaldeten Hangkante entlang Richtung **Bad Mergentheim**. Unser Weg macht schließlich eine Rechtsbiegung und mündet kurz danach in die Bismarckstraße, die hier eine enge schlaufenartige Kurve beschreibt. Wir folgen der Straße etwa 50 m nach links, wobei wir uns an den Markierungen des LT 17 und des Panoramaweges Taubertal orientieren (der örtliche Panoramaweg verabschiedet sich hier nach rechts), und steigen dann links auf einer Treppe hinunter in eine Parkanlage. Diese durchschreiten wir auf einem breiten Alleenweg, biegen links auf einen Wiesenpfad ab und halten uns beim querenden Plattenweg erneut links.
Auf einer Treppe geht es nun längs des Geländes der **Solymar Therme** hinunter zu deren Eingang und von dort rechts auf einem Fußweg, vorbei am Japanischen Garten, zum Eingang des Rosengartens. Links abbiegend kommen wir zum Erlenbachweg, dem wir nach rechts über die Bahngleise hinweg folgen. Gleich dahinter bringt uns eine Treppe rechts hinunter in den **Kurpark Bad Mergentheim**, wo wir rechts auf einen kombinierten Fuß- und Radweg einschwenken. Nach etwa 450 m biegen wir links ab und überqueren auf einer **Brücke** 6 die hier relativ breite **Tauber**. Danach führt uns die LT-17-Markierung (begleitet vom Panoramaweg Taubertal und vom Jakobsweg) in gewundenem Verlauf durch den schönen Kurpark und schließlich aus diesem hinaus in das Areal des **Deutschordensschlosses**. Über die Münzgasse und die Burgstraße erreichen wir wieder unseren Ausgangspunkt am **Marktplatz** 1.

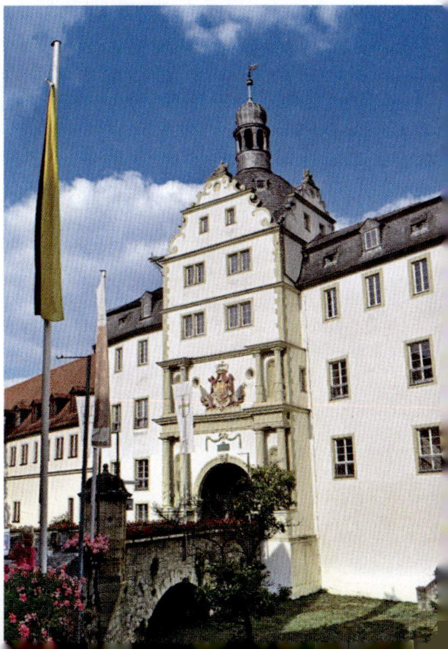

Eingang zum Deutschordensschloss.

↗ 320 m | ↘ 320 m | 15.2 km

24 Durch den Bürgerwald ins Wolfental

4.45 h

Wald- und Wiesenwanderung im Westen von Bad Mergentheim

Obwohl diese Tour im Westen von Bad Mergentheim weitgehend durch das Laubwaldgebiet des Unteren Bürgerwaldes verläuft, hat sie doch einige interessante Facetten zu bieten. Neben dem erholsamen Aspekt des Waldwanderns sorgen Streuobstwiesen und Magerrasen bei Dainbach genauso für Abwechslung wie das idyllische Wolfental bei Neunkirchen. Die Wanderung sei besonders für das Frühjahr empfohlen, wenn die Obstbäume voll in Blüte stehen, oder im Herbst, wenn der Wald sich von seiner buntesten Seite zeigt.

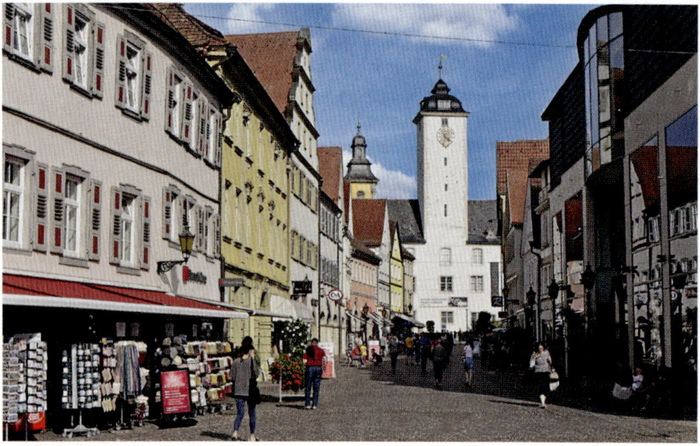

Auf der Burgstraße in Bad Mergentheim.

Ausgangspunkt: Marktplatz in Bad Mergentheim (207 m). Anfahrt mit ÖV: Bahn bis Bahnhof Bad Mergentheim, von dort zu Fuß zum Marktplatz, Navi: 97980 Bad Mergentheim, Bahnhofsplatz (kostenpflichtiges Parkhaus). Ein gebührenfreier Parkplatz befindet sich etwas außerhalb an der Igersheimer Str. (B19), von dort etwa 10–15 Minuten zu Fuß in die Innenstadt.

Anforderungen: Einige längere, wenn auch moderate Anstiege erfordern eine gute Kondition; meist auf geschotterten und geteerten Wegen.

Markierung: LT 15.

Einkehr: Unterwegs keine. In Bad Mergentheim: diverse Einkehrmöglichkeiten am und rund um den Marktplatz.

Karte: W208 Bad Mergentheim 1:25 000.

Info: Umfassende Infos zum Tourismus- und Freizeitangebot, Gastronomie und weitere Infrastruktur in und um Bad Mergentheim bietet die Webseite visit.bad-mergentheim.de.

Vom **Marktplatz** ❶ in **Bad Mergentheim** folgen wir den Markierungen des Rundweges LT 15 und des Panoramaweges Taubertal auf der Mühlwehrstraße in westlicher Richtung bis zum Kreisel und biegen dort halb links in die Boxberger Straße ab. Die lang gezogene Straße führt über die B290 hinweg und bringt uns in stetem leichten Anstieg an den Stadtrand, wo wir auf Höhe des Dr.-Kahn-Weges auf einen rechts abzweigenden Fußweg einschwenken. Durch Streuobstwiesen hindurch wenden wir uns nach knapp 100 m nach rechts und wandern weiter aufwärts; zunächst über Wiesen und Felder, dann an einem Wald entlang und schließlich in einer Linksbiegung in ihn hinein.

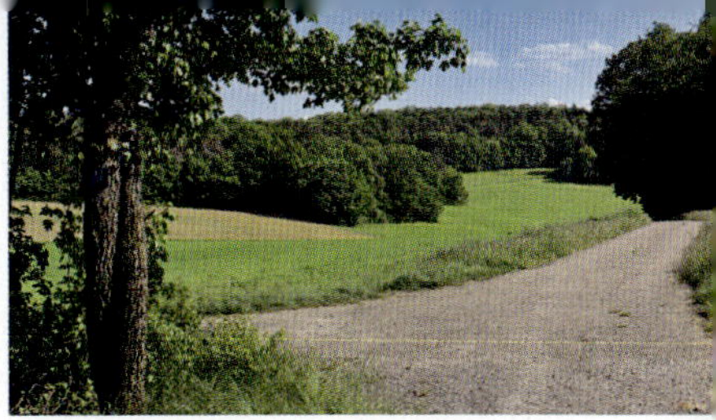

Vom Bürgerwald abwärts nach Dainbach.

Nach Passieren einer **Schutzhütte** ❷ (König-Karl-Hütte) halten wir uns bei der folgenden Weggabelung (hier kommen von rechts der Main-Donau-Weg und der Europaweg 8 hinzu) nach links. Der nun gleich mit mehreren Wegzeichen markierte Weg steigt weiter kontinuierlich an und überquert die Landstraße L2248. Danach mutiert er zu einem Pfad, der in etwa parallel zu einem Sträßchen rechts von uns verläuft. Nachdem wir dieses gekreuzt haben, geht es einige Zeit in stetem Auf und Ab und in mehreren weiten Biegungen durch den **Unteren Bürgerwald** hinunter zu einer breiten geschotterten Waldfuhre.

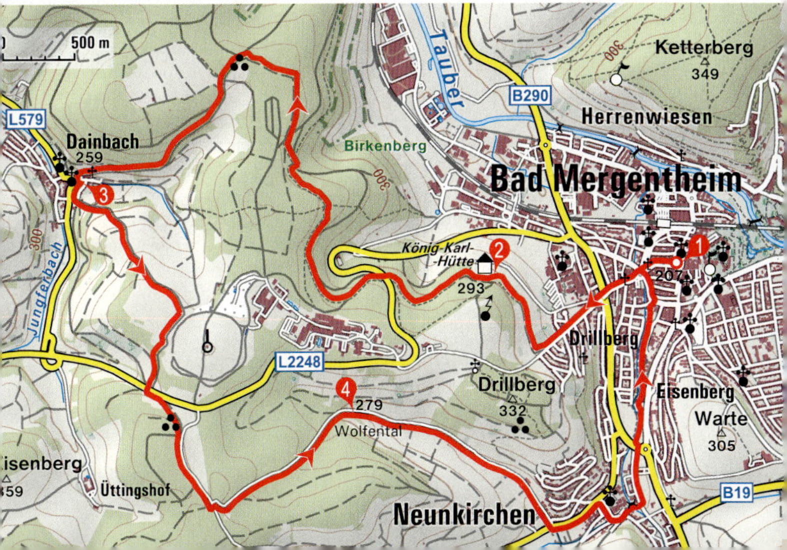

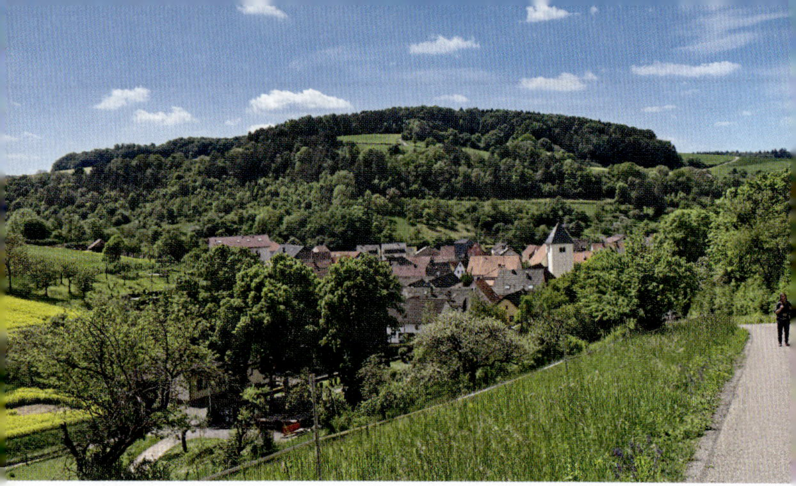

Bald ist Dainbach erreicht.

Dort biegen wir bei einem Wegweiser scharf links auf einen Pfad ab, der uns hoch zu einem Querweg bringt. Diesem folgen wir nur ein paar Meter nach rechts und halten uns dann links abbiegend immer an der Einzäunung des Werkgeländes der Firma Würth entlang (früher befand sich dort eine Kaserne der Bundeswehr). Bei der nächsten Wegkreuzung orientieren wir uns nach links und gelangen zu einem querenden Schotterweg, auf den wir erneut nach links einschwenken. Nach ein paar Metern biegen wir aber gleich wieder links auf einen Pfad ab, der uns zu einer weiteren, etwas breiteren Waldfuhre bringt (dabei passieren wir einen alten Grenzstein mit dem württembergischen und dem badischen Wappen). Dieser folgen wir nach links und verlassen kurz darauf durch eine Schranke das Waldgebiet. Dort am Waldrand verabschieden sich die Fernwanderwege nach rechts, wir bleiben mit der Markierung LT 15 aber weiter geradeaus. Unser Weg geht im weiteren Verlauf in einen geteerten Flurweg über, der uns über Wiesen und durch einen lichten Laubwald hindurch hinunter nach **Dainbach** führt. Am Ortsrand passieren wir linkerhand in etwas Abstand den Friedhof und biegen danach, noch bevor wir die Dorfmitte erreichen, links zum queren-

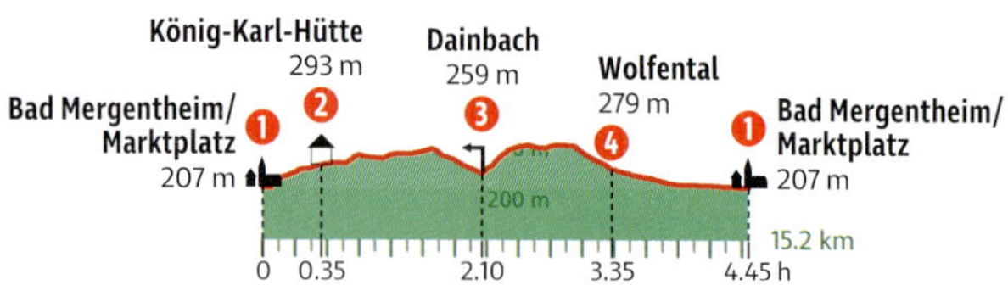

den **Hardweg** ❸ ab. Auf diesem einige Meter nach links und dann rechts auf dem Dellweg aufwärts durch das Wohngebiet.
Am Ortsende bei der Gabelung den linken Weg nehmen, der sich als geteerter Flurweg in stetem Anstieg einige Zeit den mit Streuobst und Magerrasen bestandenen Wiesenhang hochzieht. Wir kommen an einer **Felswand** vorbei, die uns verrät, dass die liebliche Gegend, die wir durchwandern, von Gesteinen des Muschelkalks aufgebaut wird. Oben macht unser Weg eine Rechtsbiegung und verläuft längs des Geländes einer von einem Wasserturm gekrönten Deponie. Etwa 150 m nach der Biegung verlassen wir den Asphaltweg und biegen rechts auf einen schmalen Schotterweg ab, der uns hinunter zur Landstraße L2248 bringt. Wir halten uns kurz links an ihr entlang und gelangen dann auf einen rechts abzweigenden Pfad zu einem Sträßchen, auf das wir rechts einschwenken.

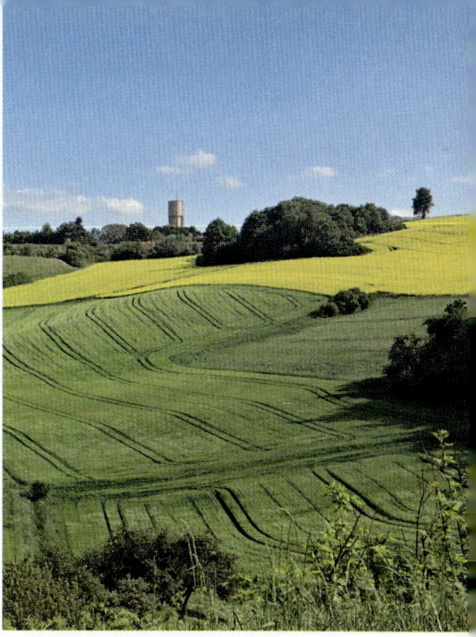

Getreide- und Rapsfelder bei Dainbach.

Nun etwas mehr als 500 m immerzu längs eines Mischwaldes, wobei beim Wandern keine rechte Freude aufkommen will. Denn leider nutzen viel zu viele Autos diesen Verkehrsweg ins nahe Althausen. Endlich weist uns unsere LT-15-Markierung nach links in den Wald hinein, wo uns eine längere Abwärtspassage auf erholsamen Waldwegen für das Tippeln auf der Straße entschädigt. Unten halten wir uns bei einer Gabelung halb rechts bzw. geradeaus, verlassen kurz danach den Forst und gelangen ans obere Ende des idyllischen **Wolfentales** ❹. Längs des Talgrundes flanieren wir auf naturnahen Wegen hinunter an den Ortsrand von **Neunkirchen**. Unsere bestens markierte Route führt uns sicher durch den Bad Mergentheimer Stadtteil über die Althäuser Straße, den Hans-Konrad-Geyer-Platz, die Stuppacher Straße und die Straße »Zur Mühle«. Das Industriegebiet durchqueren wir auf einem Fußweg und links abbiegend auf der Max-Planck-Straße. Nach Unterqueren der B290 bringt uns ein längs des Wachbaches verlaufender Fußweg hinein nach **Bad Mergentheim**. Über die Probsteistraße und den Mittleren Graben erreichen wir den Kreisel vor der Altstadt und kehren von dort wie auf dem Herweg zu unserem Ausgangspunkt auf dem **Marktplatz** ❶ zurück.

↗ 290 m | ↘ 290 m | 14.7 km

25 Durchs Ursbachtal

4.30 h

Bachidylle, Wald und Magerrasen

Diese Tour im Westen von Bad Mergentheim ist landschaftlich äußerst abwechslungsreich. Ausgehend von Schweigern ist zunächst gemütliches Wandern längs des Talgrundes des Ursbaches angesagt. In Bobstadt geht es dann hinauf auf die Hochfläche, wo uns der Spitalwald besonders im Sommer längere Zeit kühlen Schatten spendet. Auf einer Etappe erreichen wir abwärts über Magerrasenflächen das im Tal des Jungfernbaches gelegene Dainbach. Von dort gelangen wir über den Höhenrücken des Schalksberges zurück nach Schweigern. Zum Ausklang bietet sich ein Abstecher hoch zum Pavillon auf dem Hohberg an, einem herrlichen Aussichtspunkt auf den Ort und das umliegende Umpfertal.

Ausgangspunkt: Schweigern, Ortsmitte bei der Kirche (231 m). Anfahrt mit ÖV: Bahn bis Bad Mergentheim, von dort mit Buslinie 930 bis Haltestelle Schweigern Sonne. Navi: 97944 Boxberg-Schweigern, Marktstr. 41 (nur wenige Parkmöglichkeiten, am besten beim Friedhof an der Haagstraße parken).
Anforderungen: Überwiegend auf geschotterten und geteerten Wegen; nur moderate An- und Abstiege; auch mit Kindern empfehlenswert.
Markierung: LT 16.

Einkehr: Keine Möglichkeit. Daher Rucksackproviant und ausreichend Getränke mitnehmen.
Karte: W208 Bad Mergentheim 1:25 000.
Tipp: Am Ende der Tour bietet sich als kleine Zugabe der Aufstieg zum Pavillon auf dem Hohberg (299 m) an, dem Wahrzeichen von Schweigern. Der Ausblick über den Ort und das Umpfertal lohnt diesen Abstecher allemal. Der Weg dorthin über die Bahnhofstraße und die Straße »Am Seesberg« ist ausgeschildert (ca. 2 km hin/zurück).

Schweigern vom Pavillon auf dem Hohberg aus.

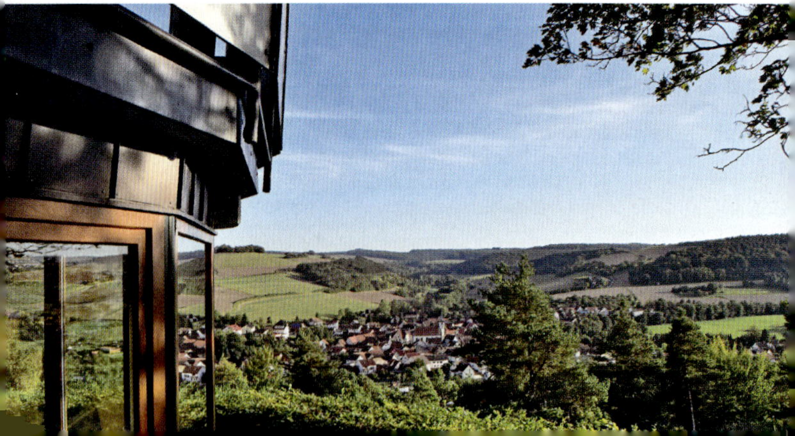

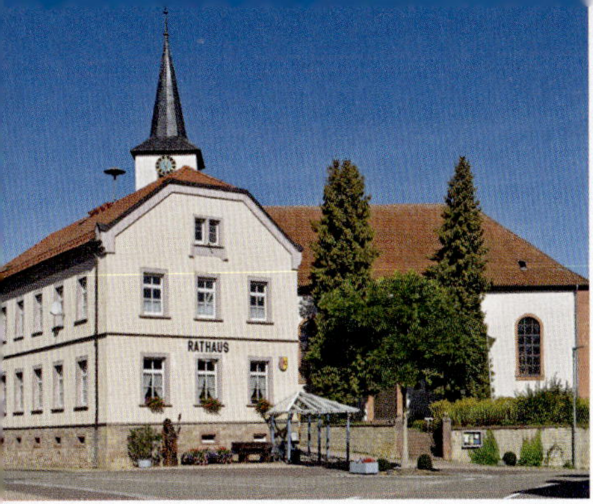

In der Ortsmitte von Schweigern.

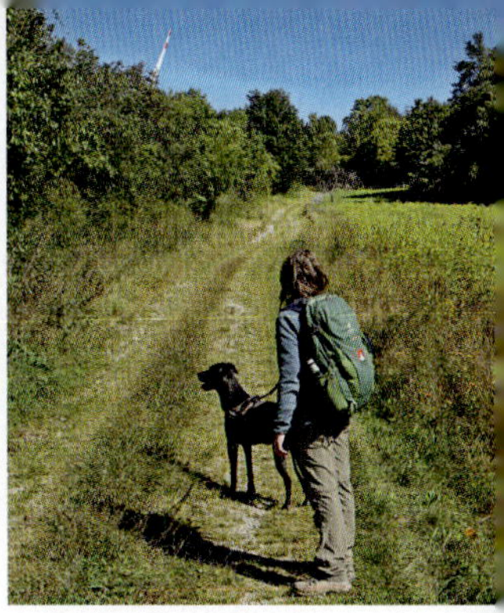

Aufstieg hinter Bobstadt.

Bei der evangelischen **Martinskirche** ❶ in **Schweigern** finden wir den Einstieg in unsere mit LT 16 markierte Tour. Wir halten uns über die Marktstraße hinweg in östlicher Richtung in die Pfarrgasse und überqueren dabei den **Ursbach**. Danach schwenken wir rechts in den Badstubenweg ein und folgen ihm längs des Talgrundes aus dem Ort hinaus. Gleich hinter dem Sportplatz kommen wir an der Freilichtwerkstatt eines Holzbildhauers vorbei und werfen dort einen Blick auf die verschiedenen ausgestellten Kunstwerke. Vorbei an der rechts des Baches gelegenen Talmühle ist das nahe **Bobstadt** schnell erreicht, wo wir rechts über die Dainbacher Straße und links über die Bobstadter Straße in die **Ortsmitte** ❷ gelangen. In einer Rechtskurve der letztgenannten gehen wir weiter geradeaus in die Bergstraße, die uns am Sportplatz vorbei schon wieder aus dem Dorf hinausbringt.

Bei erster Gelegenheit biegen wir links auf einen Schotterweg ab und folgen diesem halbwegs steil über Streuobstwiesen einen Abhang hoch. Noch vor Erreichen des Hochplateaus weist uns unsere LT-16-Markierung rechts durch einen Waldstreifen hindurch und danach halb links auf einem Grasweg über Felder, bis wir oben auf der Hochfläche auf einen geteerten Querweg stoßen. Auf diesen rechts einschwenkend durchschreiten wir in der Folge ein Waldstück und halten uns vorbei an einem Windrad hinunter

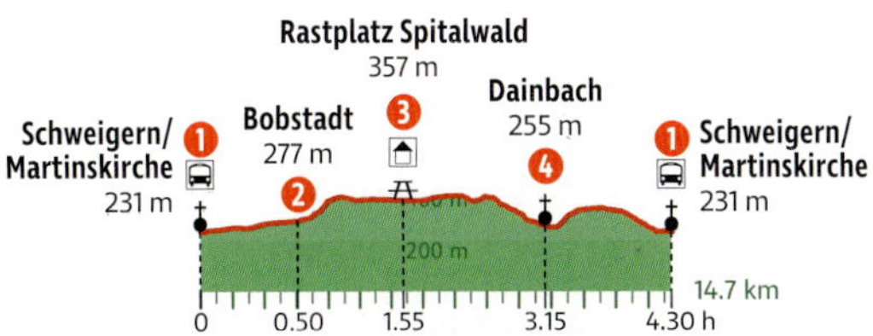

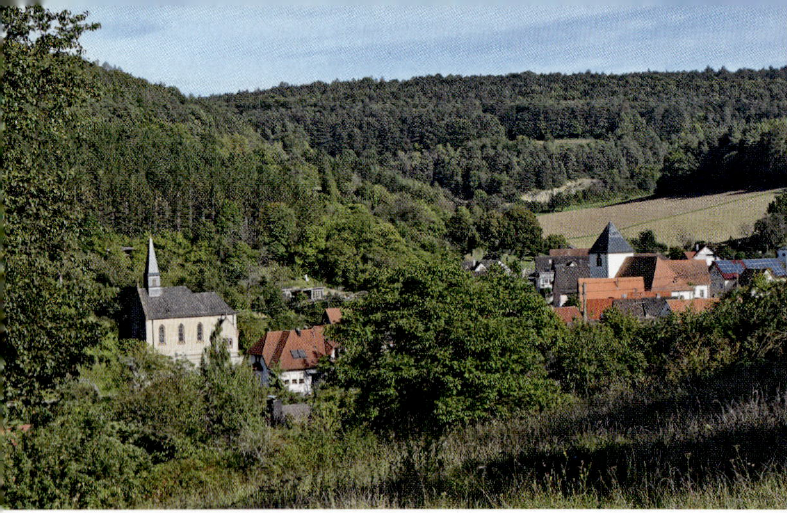

Dainbach liegt im Tal des Jungfernbaches.

in eine Geländesenke. Dort biegen wir zunächst links ab, um kurz darauf hinter einem **Jägerstand** (Achtung, hier fehlt eine Markierung!) dem rechts abzweigenden unbefestigten Feldweg hoch in den Wald hinein zu folgen. Darin bei der ersten Weggabelung nach links (auch hier fehlt eine eindeutige Markierung), dann aber gleich wieder nach rechts auf einen unbefestigten Weg, der stetig leicht abwärts in einen Schotterweg mündet. Dieser bringt uns links nach etwa 15 m zu einer breiteren Schotterfuhre, auf die wir rechts abbiegen.

Es geht nun längere Zeit stetig leicht abwärts durch den aus Laub- und Nadelgehölz bestehenden **Spitalwald**, wobei wir links unseres Weges einen **Rastplatz** 3 mit Schutzhütte passieren. Danach gelangen wir auf einer nahezu ebenerdigen Wegpassage am Waldrand zu einem querenden Sträßchen, auf das wir links einschwenken. Mehr als 500 m müssen wir nun an diesem doch recht stark befahrenen Verkehrsweg entlanggehen, bis wir endlich halb links auf einen Schotterweg abbiegen können. Er bringt uns über Felder hinunter zur L2248, der wir zunächst etwa 100 m nach links folgen und die wir schließlich rechts überqueren (Vorsicht, starker Autoverkehr!). Aufwärts über die Feldflur und durch einen Waldstreifen hindurch gelangen wir auf die Hochfläche, von wo aus es nun stetig abwärts geht. Unser Weg mündet in einen geteerten Flurweg, der uns an einer Mülldeponie vorbeiführt, auf deren Kuppe ein Wasserturm steht.

Bei erster Gelegenheit biegen wir rechts ab und bei der folgenden Gabelung nach links. Dann immerzu abwärts vorbei an Magerrasenflächen und einer Felswand aus Muschelkalkgestein hinunter nach **Dainbach**. Auf dem

Hardweg passieren wir den Friedhof und gelangen zur **Kirche** 4 in der Ortsmitte, wo wir uns geradeaus auf der Kannenstraße und über den Lindenplatz hinweg halten. Weiter rechts in die Binsengasse und links in den Schweigerner Weg, der uns mit zunehmender Steigung aus dem Dorf hinausführt.

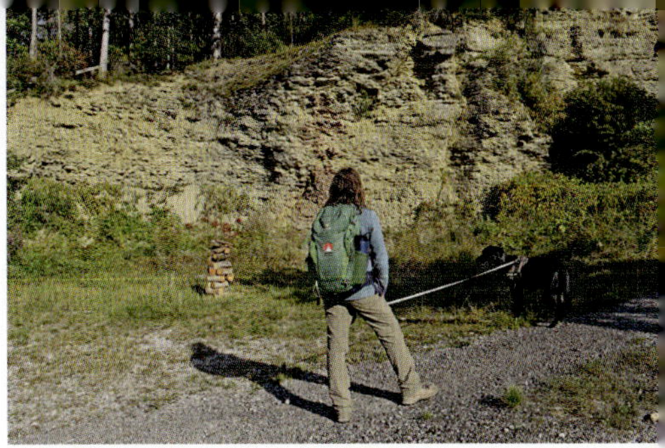

Muschelkalkwand am Wegesrand.

Weiter auf einem geteerten Fahrweg hinauf auf den Scheitelpunkt der Ackerhochfläche. Von dort stetig abwärts hinunter zur viel befahrenen L2248, die wir überqueren und an der wir dann auf einem parallelen Fußweg rechts entlanggehen. Dieser Weg mündet in den Rennigweg, der uns links am Ortsrand von **Schweigern** entlang führt. Rechts abbiegend in die Pfarrgasse erreichen wir wieder unseren Ausgangspunkt bei der **Martinskirche** 1.

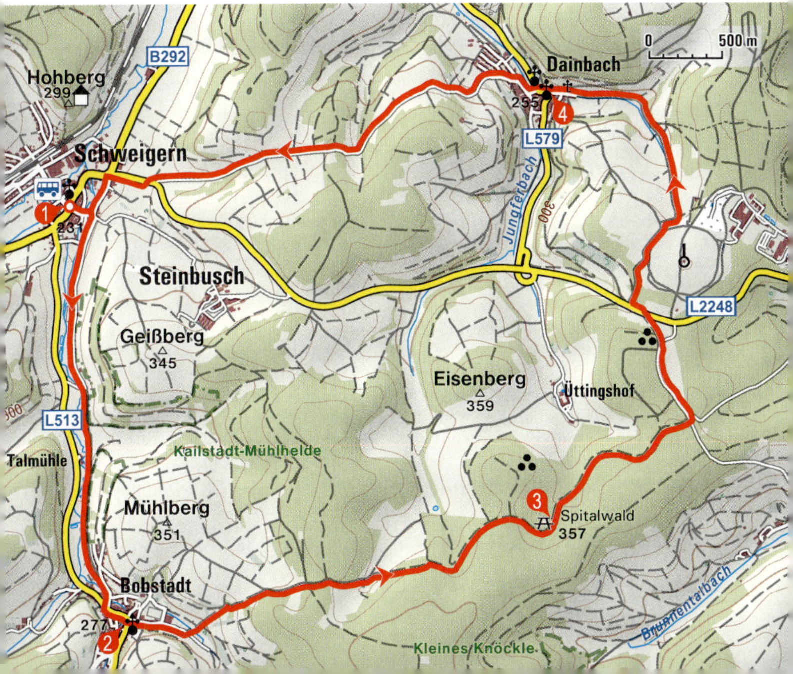

↗ 210 m | ↘ 210 m | 9.0 km

26 Von Oberlauda zum Wetterkreuz

2.45 h

Auf dem Bonifatiusweg

Oberlauda ist eine der ältesten Siedlungen in Tauberfranken. Obwohl erst 1343 erstmals urkundlich erwähnt, muss der Ort wohl bereits um das Jahr 742 in der Zeit der fränkischen Landnahme gegründet worden sein. Ob die heutige Barockkirche St. Martin 752 tatsächlich vom angelsächsischen Missionar Bonifatius (um 673–754/755) höchstpersönlich geweiht wurde, ist vermutlich aber eher eine Legende. Nichtsdestotrotz dokumentiert das zu Lauda-Königshofen eingemeindete Dorf seine Verbundenheit mit dem berühmten Apostel der Deutschen durch einen eigens angelegten Bonifatiusweg. Er beginnt natürlich an der Barockkirche und führt längs alter Weinbergparzellen und über Trockenrasen und Streuobstwiesen hoch zum Wetterkreuz, einem herrlichen Aussichtspunkt auf der baumlosen Hochfläche des Dittwarer Berges. Der Rückweg nach Oberlauda erfolgt über den Talgrund des Oberlaudaer Baches und den bewaldeten Höhenrücken des Schlossberges. An der Route liegen viele teils sehr alte Bildstöcke, eine kleine Kapelle und eine Lourdes-Grotte. Sie alle unterstreichen den spirituellen Charakter des Weges, aber man muss nicht unbedingt gläubig sein, um sich an der ebenso abwechslungsreichen wie liebevoll gestalteten Wegführung zu erfreuen.

Ausgangspunkt: Oberlauda, bei der Pfarrkirche St. Martin (229 m). Anfahrt mit ÖV: Bahn bis Bahnhof Lauda, vom ZOB Lauda mit Buslinie 942 bis Haltestelle Oberlauda Mühlrad. Anfahrt mit PKW: Bis zum Parkplatz beim Sportgelände in der Brunnenstraße (Navi: 97922 Lauda-Oberlauda, Brunnenstr. 2); von dort auf der Straße »An der Steinklinge« hoch zum Pfarrzentrum und dort auf den Bonifatiusweg (auf dem Rückweg von der Barockkirche auf der J.-M.-Schleyer-Straße zurück zum Parkplatz).
Anforderungen: Nur moderate An- und Abstiege; überwiegend auf geschotterten und geteerten Wegen; auch mit Kindern empfehlenswert.
Markierung: Weißer Bonifatiusstab auf Rot.
Einkehr: Keine Möglichkeit. Daher Rucksackproviant mitnehmen.
Karte: W207 Tauberbischofsheim 1:25 000.

Info: Oberlauda ist der Geburtsort des katholischen Priesters und Linguisten Johann Martin Schleyer (1831–1912), der ab 1877 die künstliche Weltsprache »Volapük« erfunden und entwickelt hat. Aus deutschen, englischen, französischen, italienischen, spanischen und russischen Wörtern konstruierte er eine gemischte Sprache, die von einem einfachen Wortaufbau und einer weitgehenden Übereinstimmung von Aussprache und Schreibweise geprägt war. Schleyers Devise lautete: »Eine Welt, eine Sprache« (Menad bal, pük bal). Zu Beginn des 20. Jh. wurde Volapük jedoch von der erfolgreicheren Weltsprache Esperanto verdrängt. In Oberlauda hält der Volapükplatz die Erinnerung an eine der ersten Plansprachen der Welt und ihren Begründer bis heute wach.
Tipp: Beste Jahreszeit für diese Tour ist das späte Frühjahr, wenn der Raps die Landschaft goldgelb färbt.

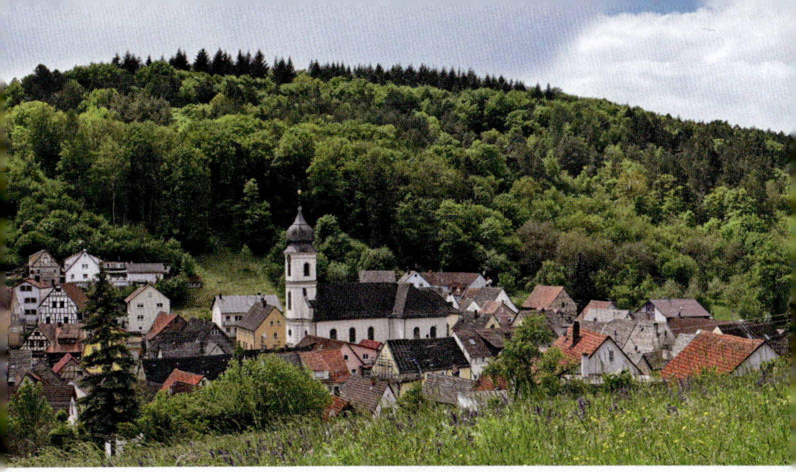

Oberlauda liegt malerisch im Tal des gleichnamigen Baches.

Vor der **Barockkirche St. Martin** ❶ in **Oberlauda** erläutert ein Wanderportal den Verlauf des Bonifatiusweges, dessen längerer Variante wir folgen wollen. Unsere Markierung, der stilisierte weiße Wanderstab auf Rot, macht sich im Ort zunächst allerdings rar. Wir gehen von der Kirche ein paar Meter hinunter zur Brunnenstraße und kommen links abbiegend an der Ecke zur Schulstraße an einem riesigen **Mühlrad** vorbei, das etwas abseits in einem Hinterhof zu bestaunen ist. Mit einem Durchmesser von 8,5 m gilt es als das größte seiner Art in ganz Süddeutschland. Über die Schulstraße und die Johann-Martin-Schleyer-Straße gelangen wir zum nett gestalteten **Volapükplatz** (siehe Info) mit der Statue »Bauer mit Milchkanne«. Dort halten wir uns links in die Ritterstraße, bis wir erneut auf die Schulstraße stoßen, in die wir rechts einschwenken. Dann links auf der Straße »An der Steinklinge« hoch bis zum Pfarrzentrum, wo erstmals seit unserem Start die Bonifatiusweg-Markierung wieder auftaucht. Sie weist uns nach links in den Rosenbergweg, der uns aus dem Dorf hinaus in das Gewann »Langer Weinberg« führt.

Das Sträßchen zieht sich in leichtem Anstieg am Hang entlang und verläuft in etwa parallel zum Talgrund des Oberlaudaer Baches links unterhalb von uns. Eine Rechtsbiegung bringt uns hoch zu einem **Parkplatz**, wo wir scharf links auf einen weiter ansteigenden Schotterweg abbiegen. Nun immerzu auf halber Höhe am Abhang entlang, rechts von uns dichtes Gesträuch, links von uns im Tal Oberlauda mit seiner markanten Barockkirche. Im weiteren Verlauf wechseln sich alte, von Trockenmauern und Steinriegeln begrenzte Weinbergparzellen mit artenreichen Streuobstwiesen ab. Nach einer weiten Rechtsbiegung führt uns unser Schotterweg in einen Kiefernwald hinein, den wir links abbiegend schnell durchschreiten. Danach etwa

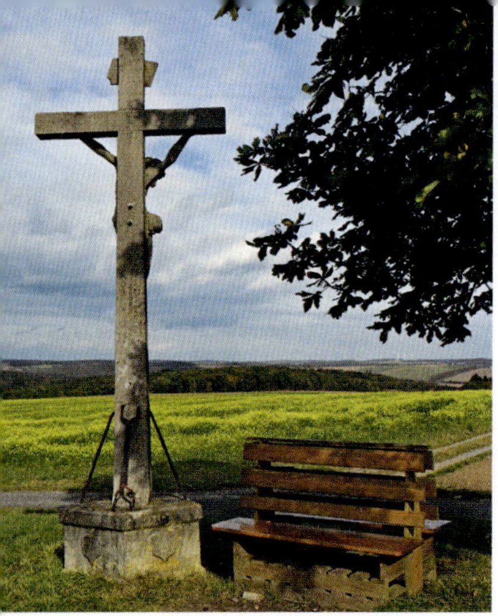

Das Wetterkreuz mit Rastbank.

200 m längs des Waldrandes über die Wiesenflur, wobei in einer Senke die Kurzversion des Bonifatiusweges nach links abzweigt. Wir bleiben jedoch leicht aufwärts geradeaus und gelangen erneut in den Wald, wo wir uns beim ersten Querweg links halten.
Leicht abwärts geht es auf einem schönen Grasweg aus dem Forst hinaus und über die Felder hinunter zu einem querenden Asphaltweg. Diesem folgen wir nach rechts in sanftem Auf und Ab stur geradeaus durch blühende Rapsfelder hindurch (zumindest im Frühjahr) bis zu einer Waldspitze. Dort links und nach knapp 150 m rechts in stetem leichten Anstieg über die offene Feldflur hoch zum **Wetterkreuz** ❷, das auf dem höchsten Punkt der Hochebene errichtet wurde. Es lohnt sich, ein wenig hier zu verweilen, um den herrlichen Blick bis hinein in den Spessart genießen zu können. Eine Ruhebank unter einem schattigen Kastanienbaum bietet sich zudem für eine kleine Rast förmlich an. Der Name des Flurkreuzes geht auf das Jahr 1714 zurück, als es von einem Überlebenden eines schweren Unwetters gestiftet wurde.
Gleich hinter dem Kruzifix biegen wir links ab und wandern auf einem geteerten Flurweg immerzu leicht abwärts, wobei wir das Naturschutzgebiet Dittwarer Berg passieren. Rechts von uns verläuft die A81, deren Verkehrslärm leider bis hierher zu vernehmen ist. Bei einem Bildstock treffen wir auf einen ebenfalls geteerten Querweg, dem wir uns nach links, weiter hangabwärts, anvertrauen. Unten im Tal halten wir uns bei erster Gelegenheit nach links (wieder markiert ein Bildstock die Abbiegestelle) und gehen nun am idyllischen Wiesengrund des **Oberlaudaer Baches** entlang. Bei der **Bruder-Konrad-Kapelle** ❸ verführt eine Rastbank zu einer kleinen Verschnaufpause.

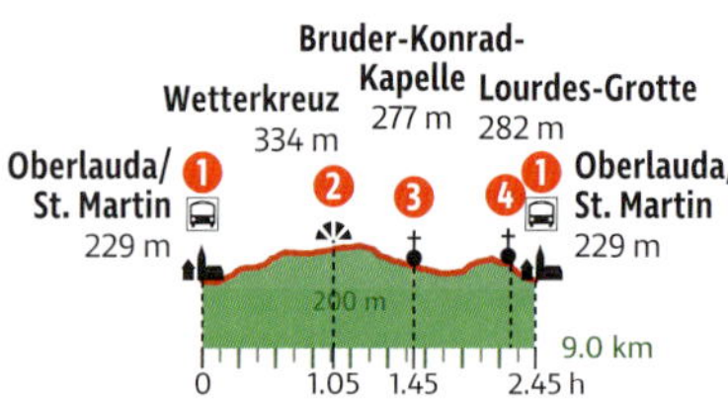

Unser Flurweg mutiert danach zu einem etwas breiteren Sträßchen. Etwa 700 m nach der Kapelle zweigt bei einem großen **Flurkreuz** ein Fußweg nach rechts ab, der uns zur nahen L 511 bringt. Wir überqueren die Landstraße etwas versetzt und wandern dann auf einem

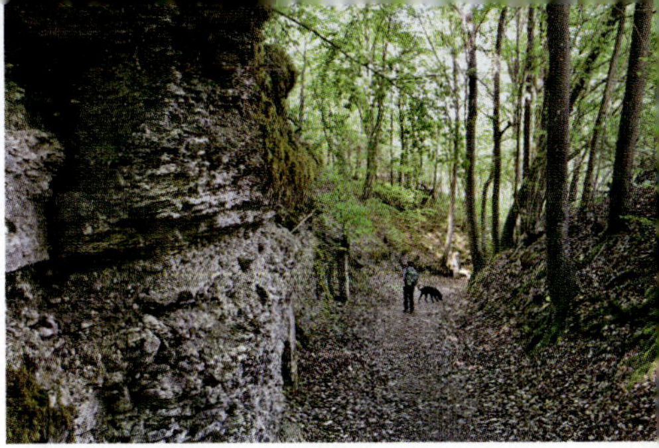

Ein schöner Hohlweg führt von der Lourdes-Grotte zurück nach Oberlauda.

geschotterten Weg längs des Baches bis zum Rand eines Auewäldchens (darin befindet sich das Quellgebiet »Eierling«). Rechts abbiegend gelangen wir über Streuobstwiesen und durch Heckengestrüpp hindurch leicht aufwärts zu einem querenden Weg, dem wir nach links hinunter in eine Talsenke folgen. Über einen breiten Fahrweg hinweg treten wir bei einem sehenswerten **Bildstock** aus dem Jahr 1791 in ein Waldgebiet ein, wo uns sogleich ein kurzer, aber steiler Anstieg erwartet. Oben nehmen wir bei einer Gabelung den linken Weg, der uns in der Folge waldrandnah nahezu ebenerdig durch das Gehölz führt. Vorbei am Naturdenkmal »Siebenarmige Kiefer« erreichen wir die mitten im Wald gelegene **Schlossberghütte**, die sich für eine letzte Rast anbietet.

Hinter der Hütte biegen wir rechts ab und steigen hoch zu einem Schotterweg, dem wir nach links stetig abwärts folgen, bis er spitzwinklig in einen ebenfalls geschotterten Querweg mündet. Dort links halten und weiter abwärts hinunter zur **Lourdes-Grotte** ❹, die links des Weges in einer Geländevertiefung angelegt wurde. Wir gelangen auf Treppenstufen dorthin und biegen dahinter rechts auf einen Stationsweg ab, der hohlwegartig durch malerische Muschelkalkfelsen hindurch hinunter an den Ortsrand von **Oberlauda** führt. Über die Obere Raingasse gelangen wir zurück zu unserem Ausgangspunkt bei der **Barockkirche** ❶.

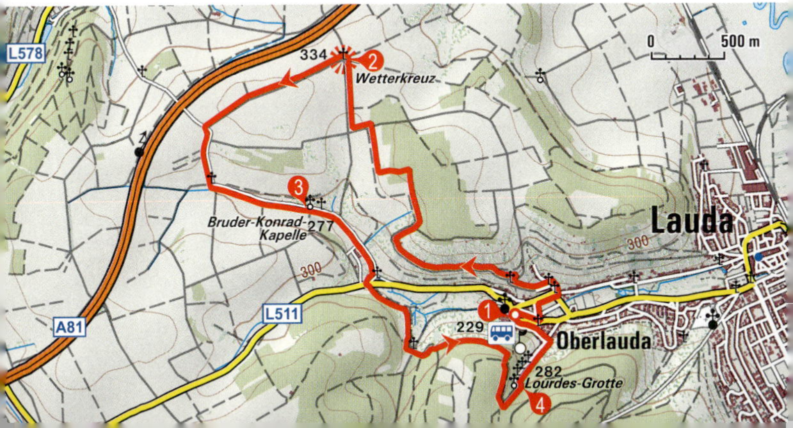

TOP

27

↗ 450 m | ↘ 450 m | 17.9 km

Von Beckstein nach Lauda und über Oberlauda zurück

5.30 h

Wein, Streuobstwiesen und spirituelle Momente

Das kleine Winzerdorf Beckstein besitzt in Tauberfranken einen klangvollen Namen, bei dem Weinkenner mit der Zunge schnalzen. Die Tradition des örtlichen Weinbaues reicht bis ins 10./11. Jahrhundert zurück und 1894 wurde hier mit den Becksteiner Winzern die drittälteste Winzergenossenschaft Badens gegründet. Deren 354 Mitgliedsbetriebe aus 21 umliegenden Weinorten produzieren Spitzenweine, die in aller Welt geschätzt werden – darunter Spezialitäten wie die seltene autochthone Rotweinsorte Tauberschwarz. Neben Wein ist Beckstein aber auch ein Mekka für die Liebhaber edler Obstbrände, denn rund um den Ort gedeihen auf unzähligen Streuobstwiesen Äpfel, Birnen, Kirschen, Mirabellen und Zwetschgen. Durch diese abwechslungsreiche Landschaft zu wandern ist besonders im Frühjahr während der Obstbaumblüte reizvoll und im Herbst vor oder nach der Weinlese. Wir erkunden diese einmalige alte Kulturlandschaft rund um Beckstein in einer etwas größeren Schlaufe und tangieren dabei das sehenswerte Städtchen Lauda. Unterwegs kommen wir immer wieder mit Zeugnissen der tief in der Region verwurzelten Volksfrömmigkeit in Berührung. Allen voran mit diversen, teils sehr alten Bildstöcken, aber auch eine Kapelle und eine Mariengrotte liegen am Wegesrand. Über Oberlauda kehren wir durch schattigen Mischwald und über die Ackerhochfläche nach Beckstein zurück.

Ausgangspunkt: Beckstein, Wanderportal in der Ortsmitte (260 m). Anfahrt mit ÖV: Bahn bis Bahnhof Lauda, von Lauda ZOB mit Buslinie 942 bis Haltestelle Beckstein Linde (oder mit Ruftaxi). Navi: 97922 Lauda-Königshofen-Beckstein, Weinstraße 30 (Parkplatz in der Ortsmitte) oder Parken beim Friedhof (An den Obstwiesen).

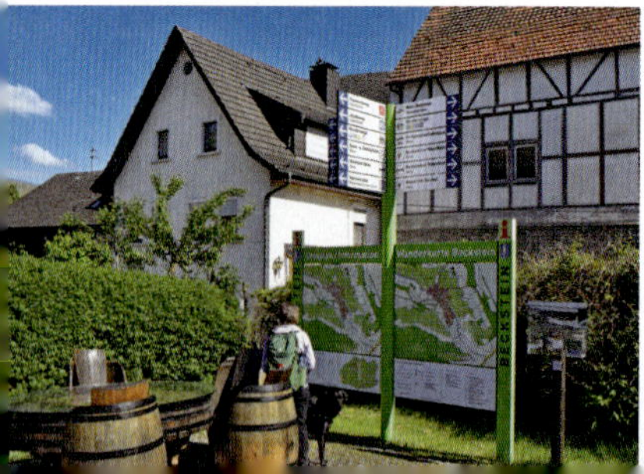

Anforderungen: Überwiegend moderate An- und Abstiege, allerdings erfordert der steile Aufstieg zum Gröttle am Frauenberg eine sehr gute Trittsicherheit (eventuell Stöcke benutzen); meist auf geteerten und geschotterten Wegen, etappenweise auf engen Pfaden.

Markierung: Weißes E auf Gelb (Madonnenweg), weißes D auf Dunkelgrün (Tauberschwarzweg).

Einkehr: In Lauda: Schillinger Lauda, Josef-Schmitt-Str. 17, Tel. 09343/6000715, schillinger-lauda.de, Di–Fr 12–14 Uhr, Mo–Sa 17.30–21.30 Uhr, So Ruhetag; Restaurant Elena, Oberlaudaer Str. 6, Tel. 09343/6438736, restaurant-elena.com, Di–So 17.30–22.30 Uhr, Sa/So/Fei auch 11.30–14 Uhr, Mo Ruhetag;

Orientierung am Ausgangspunkt, dem Wanderportal in Beckstein.

Pizzeria La Tarantella, Kapellenstr. 1, Tel. 09343/4420, Di–So 11.30–14 Uhr u. 17–22 Uhr, Mo Ruhetag. In Beckstein: Gasthaus Zur Alten Kelter, Weinstr. 13, Tel. 09343/62370, zuraltenkelter.de, Mo u. Do–Sa 11–21.30 Uhr, Mi 17–21.30 Uhr, So 11–15 Uhr, Di Ruhetag; Hotel & Restaurant Adler, Weinstr. 24, Tel. 09343/2071, hotel-adler-beckstein.de, Mo u. Do 17–23 Uhr, Di/Mi u. Fr–So 12–23 Uhr.
Karte: W207 Tauberbischofsheim 1:25 000.
Tipps: 1) Winzertipps: Becksteiner Weinwelt der Becksteiner Winzer eG, Weinstr. 30, Tel. 09343/5000, becksteiner-winzer.de (Vinothek, St.-Kilian-Keller u. Winzerstube), Mo–Sa 9–18 Uhr, So/Fei 10–16 Uhr; Winzerhof Strebel, Geisbergstr. 8, Tel. 09343/7319, winzerhof-strebel.de; Weingut Benz, Walterstal 1, Tel. 09343/4523, weingut-benz.de (mit Weinhotel und Vinothek.
2) In der Vinothek der Becksteiner Weinwelt kann kostenlos ein Wanderrucksack mit Kühlfach ausgeliehen werden. Er beinhaltet eine Wanderkarte, Gläser und gekühlten Wein, den man allerdings kaufen muss. Informationen unter becksteiner-winzer.de/pages/wanderrucksack-zum-ausleihen.

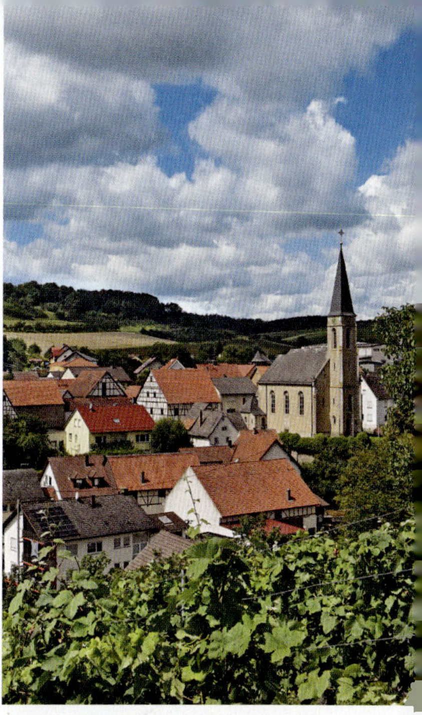

Blick auf Beckstein.

Beim **Wanderportal** ❶ in der Ortsmitte von **Beckstein** orientieren wir uns zunächst am weißen E auf Gelb des örtlichen Madonnenweges. Wir folgen ihm auf der Weinstraße in östlicher Richtung und biegen nach wenigen Metern links in den Königshöfer Weg ab, der uns aus dem Winzerdorf aufwärts in die Weinberge bringt. Bei einem sehenswerten alten **Bildstock** halten wir uns nach rechts und durchschreiten nun ebenerdig die Rebflächen am **Störenberg**. Nach Umgehung des Taleinschnittes der sogenannten Klinge wandern wir mit leichter Abwärtstendenz zwischen Wein und Streuobstwiesen hindurch, wobei sich schöne Blicke zurück auf Beckstein ergeben. In einem Waldstreifen lädt ein schattiger **Rastplatz** bei einem großen Holzkruzifix zu einer ersten kleinen Verschnaufpause ein.
Danach führt uns ein abschnittsweise etwas verwachsener Heckenpfad längere Zeit an der Hangkante entlang. Nach einer weiten Linksbiegung geht dieser Pfad in einen leicht geschotterten Grasweg über, der in etwa parallel zum Tal des Baches Umpfer rechts unterhalb von uns verläuft. Vorbei an alten Weinbergmauern in der Wegböschung und durch Schlehengesträuch

und ein Wäldchen hindurch gelangen wir in einer etwas steileren Abwärtspassage hinunter an den Rand des Industriegebietes von Königshofen. Noch vor der querenden Straße biegen wir scharf links ab (Wegweiser »Gröttle«) und steigen auf einer Treppe hoch auf eine Wiesenfläche und von dort auf einem Pfad hinauf zum **Käppele** ❷, einer 1898 im neugotischen Stil errichteten Kapelle. Die schöne Aussicht über das Taubertal hinweg auf das gegenüberliegende Königshofen entschädigt voll für die Mühen des Aufstieges.

Doch die steilste Etappe unserer Wanderung, die eine solide Trittsicherheit verlangt, steht uns noch bevor. Hinter dem Kirchlein geht es links mit zunehmender Steigung in den Wald hinein und darin rechts auf einen äußerst schmalen Pfad, der sich auf dem stark abschüssigen Abhang nach oben zieht. Nach einem Linksknick stehen wir vor dem **Gröttle**, einer in einer Mauernische angelegten kleinen Mariengrotte. Über einige Treppenstufen geht es weiter aufwärts und oben schließlich aus dem Wald hinaus. Durch Heckengestrüpp hindurch gelangen wir zu einem querenden Flurweg, dem wir über Wiesen und längs des Waldrandes nach rechts leicht aufwärts folgen. Bei erster Gelegenheit halten wir uns nach links hoch zu einem **Rastplatz** ❸ auf dem weiten Plateau des **Frauenberges**.

Dort biegen wir rechts ab und flanieren nun eine Zeitlang auf einem Asphaltweg über die nahezu ebene Ackerhochfläche. Nach einer Linkskurve

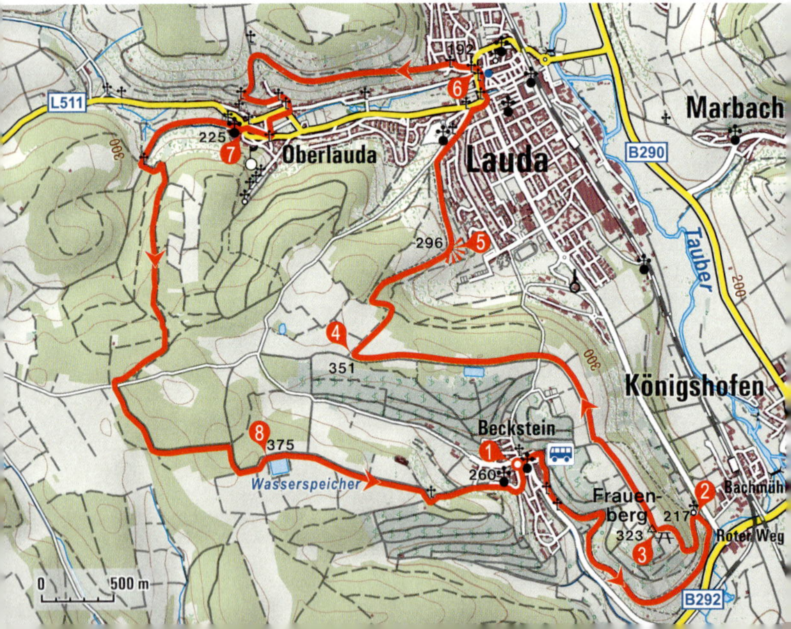

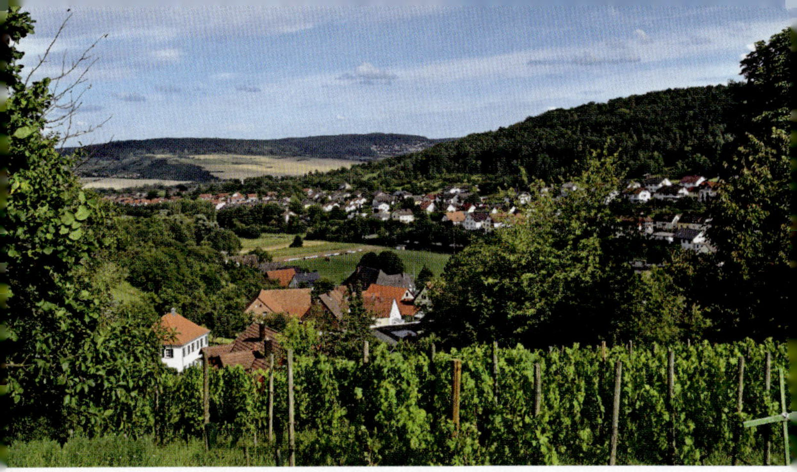

Prächtige Aussicht am Abstieg nach Oberlauda.

unseres Weges nehmen wir den ersten nach rechts abzweigenden Weg, der uns im weiteren Verlauf in einer Linksbiegung in einen Wald hineinbringt. Darin passieren wir linkerhand den von den Bäumen verdeckten Eichelsee, ein künstlich angelegtes Wasserreservoir. Kurz nach dem Wald verlassen wir bei der folgenden **T-Kreuzung** ❹ nach rechts unseren Madonnenweg (er führt geradeaus zurück nach Beckstein) und orientieren uns nun für den Rest unserer Tour am weißen D auf Dunkelgrün des örtlichen Tauberschwarzweges. Ein Wegweiser leitet uns nach rechts über Felder abermals in den Wald hinein, den wir erst links und dann rechts abbiegend durchqueren. Danach wandern wir durch lichtes Buschwerk hindurch längs der Hangkante leicht abwärts, bis sich in der **Linksbiegung** ❺ unseres Weges ein herrlicher Blick auf das vor uns liegende Lauda auftut.
Wir genießen ausgiebig diese Sicht und steigen dann auf einem schönen, heckengesäumten Weg hinunter ins Tal. Unserer Markierung folgend gelangen wir über die Eichwaldstraße und die Oberlaudaer Straße zum **Oberen Tor** ❻ von **Lauda**, von wo es nur ein Katzensprung in die sehenswerte Altstadt mit der ein oder anderen Einkehrmöglichkeit ist. Ansonsten

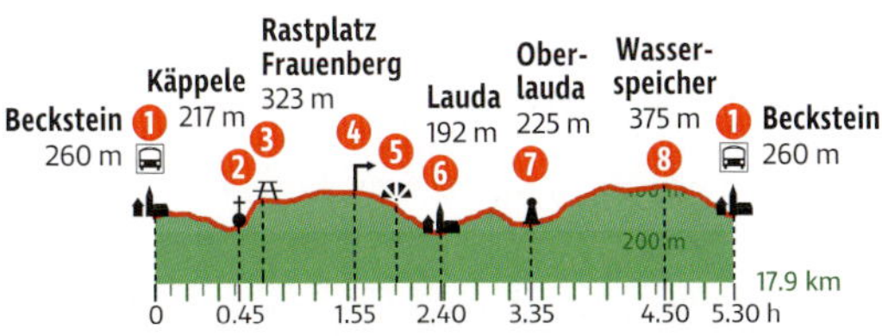

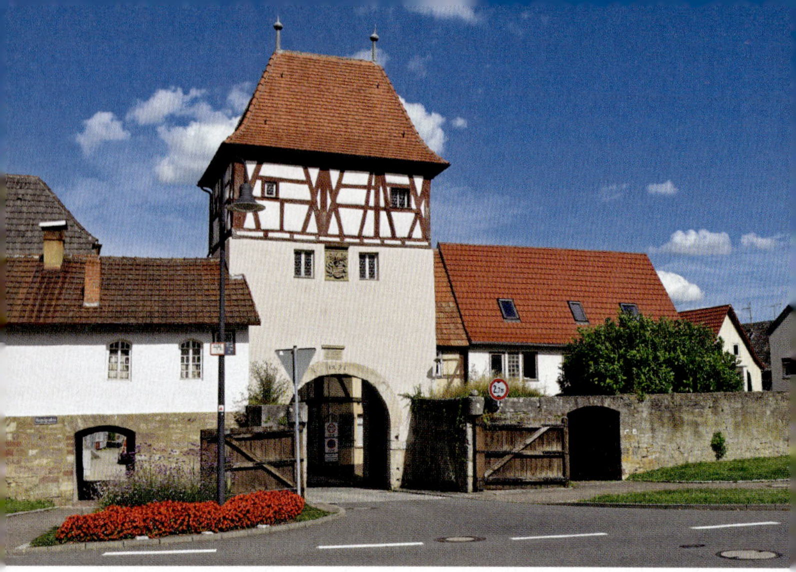

Das malerische Obere Tor in Lauda.

steigen wir gleich hinter dem Tor links auf dem Weinbergsweg hoch zur Altenbergstraße, auf der wir links abbiegend das Städtchen wieder verlassen. Auf einem geteerten Flurweg geht es nun immerzu durch die Weinberge am Altenberg hindurch in Richtung Oberlauda, das wir schließlich links unterhalb von uns passieren. Ein querendes Sträßchen bringt uns links hinunter ins Dorf, wo uns unsere Markierung zuverlässig zum Wiesel-Brunnen in der Ortsmitte von **Oberlauda** 7 geleitet.

Auf der Vorstadtstraße lassen wir Oberlauda in westlicher Richtung hinter uns und gehen auf einem geteerten Flurweg am Oberlaudaer Bach entlang. In einer Linksbiegung steuern wir auf ein Waldgebiet zu, in das wir bei einem schönen Bildstock links abbiegend eintreten. Auf einen kurzen Steilanstieg folgt eine längere, weitgehend ebenerdige Passage auf einem breiten Schotterweg durch den Forst. Nach Überquerung einer Landstraße halten wir uns bei der folgenden Wegkreuzung nach links und bei der übernächsten nach rechts. Am Waldrand biegen wir links ab und stoßen nach etwa 100 m auf einen querenden Asphaltweg, dem wir uns erneut nach links anvertrauen. Er führt uns in einer Rechtskurve an einem **Wasserspeicher** 8 vorbei und dann stetig leicht abwärts über die Ackerhochfläche auf ein Wäldchen zu. Darin biegen wir bei einer Wegspinne links ab und folgen einem geteerten Flurweg hinunter nach **Beckstein**. Vorbei am Friedhof gelangen wir über die Geisbergstraße zurück zu unserem Ausgangspunkt beim **Wanderportal** 1 an der Weinstraße.

↗ 180 m | ↘ 180 m | 5.6 km

2.00 h

Turmbergweg bei Königshofen

28

Ein ganz besonderes Biotop und ein aussichtsreicher Wartturm

Diese kleine, aber feine Tour auf den rechts der Tauber gelegenen Turmberg, den Hausberg des Städtchens Königshofen, hat trotz ihrer Kürze einige Attraktionen zu bieten. Die abwechslungsreiche Route führt uns zunächst an den sonnenbeschienenen Weinbergen an der Südflanke der bewaldeten Anhöhe entlang. Dann hoch zum Wechselbiotop auf dem Neuberglein, das nach der namhaften Botanikerin und Pflanzenschützerin Loki Schmidt benannt wurde (siehe Info!). Schließlich statten wir dem Wartturm aus dem 16. Jahrhundert einen Besuch ab, der dem Berg seinen Namen gegeben hat. Einst Ort einer blutigen Schlacht im Bauernkrieg 1525, finden wir dort heute einen idyllischen Rastplatz und können uns an einem herrlichen Panorama erfreuen. Da sich die beiden erwähnten Geländepunkte für ein ausgiebiges Picknick nahezu aufdrängen, sei wärmstens empfohlen, im Rucksack alles dabeizuhaben, was für eine gemütliche Rast benötigt wird.

Ausgangspunkt: Königshofen, Kirche St.Mauritius (201 m). Anfahrt mit ÖV: Bahn bis Bahnhof Königshofen; von dort zu Fuß in die Ortsmitte (ca. 1 km). Navi: 97922 Lauda-Königshofen, Kirchstraße (Parkplatz beim Friedhof).
Anforderungen: Nur moderate An- und Abstiege; teils auf Schotter und Asphalt, teils auf naturbelassenen Wegen; auch mit Kindern empfehlenswert.
Markierung: Weißes O auf Grün.
Einkehr: Nur in Königshofen: Gasthof Zur Gans, Hauptstr. 61, Tel. 09343/613295, Mo–Fr 17–24 Uhr, Sa/So 11–14 Uhr u. 17–24 Uhr, Do Ruhetag; Moll's Wirtshaus Die Rose, Turmbergstr. 9, Tel. 09343/1333, die-rose.com, Mo–Mi abends, Sa mittags u. abends, So mittags, Do/Fr Ruhetage.
Karte: W209 Tauberbischofsheim 1:25 000.
Info: Die studierte Botanikerin und leidenschaftliche Natur- und Pflanzenschützerin Loki Schmidt (1919–2010), Ehefrau des früheren deutschen Bundeskanzlers Helmut Schmidt, gründete 1976 das Kuratorium zum Schutze gefährdeter Pflanzen (heute Loki-Schmidt-Stiftung). Seit 1977 vergibt diese Initiative die Loki-Schmidt-Silberpflanze an Einzelpersonen, Gruppen und Institutionen, die sich um den Erhalt der heimischen Flora besonders verdient gemacht haben. Im Jahr 2003 erhielt der Vogel- und Naturschutzverein Königshofen diese Auszeichnung für sein Engagement für das stark vom Aussterben bedrohte Ackerwildkraut Kornrade. Zu Ehren von Loki Schmidt, die den Preis persönlich vor Ort übergab, benannte der Verein das von ihm eingerichtete Biotop am Neuberglein in Loki-Schmidt-Wechselbiotop um.

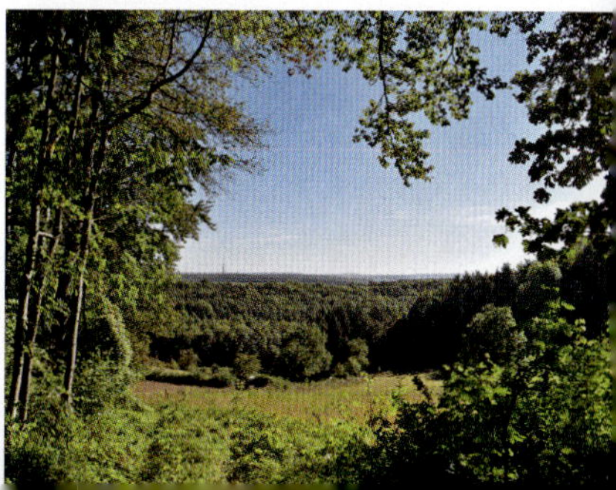

Schöner Laubwald am Hang des Turmberges.

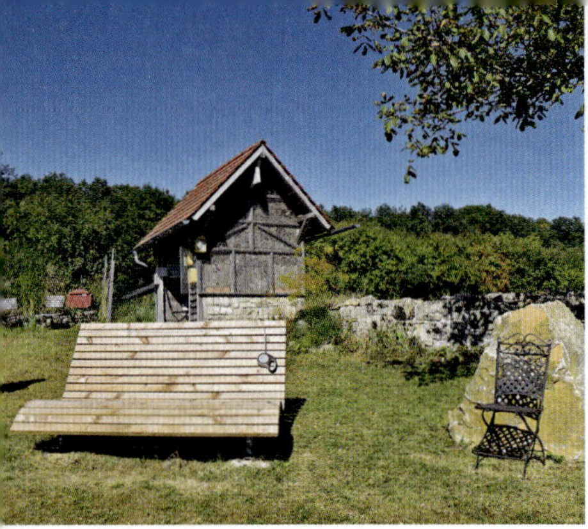

Einladender Rastplatz beim Loki-Schmidt-Wechselbiotop.

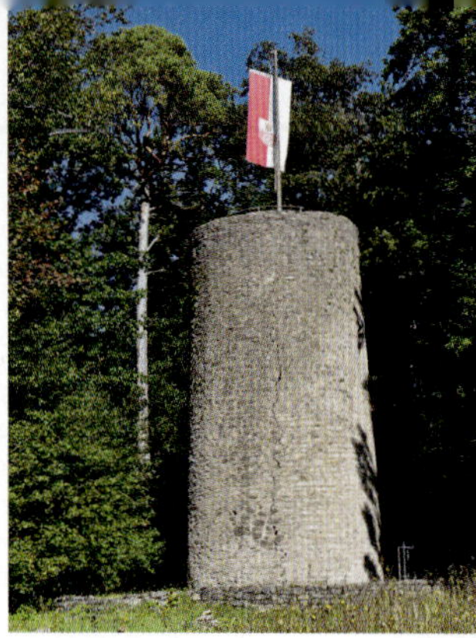

Der Wartturm hat dem Turmberg seinen Namen gegeben.

In **Königshofen** folgen wir mit der Kirche **St. Mauritius** ❶ im Rücken der Markierung des Turmbergweges (weißes O auf Grün) nach rechts auf der Oberen Grabenstraße durch das Wohngebiet. Leicht versetzt überqueren wir die Turmbergstraße und halten uns auf der Antoniusstraße weiter geradeaus, wobei wir die sehenswerte **Antoniuskapelle** passieren. Im Industriegebiet am Ortsrand biegen wir links in die Gewerbestraße ab, die in einen geteerten Flurweg übergeht, auf dem wir leicht aufwärts zum außerhalb des Ortes gelegenen **Schützenhaus** ❷ gelangen. Wer mit dem Auto anreist, kann die Tour auch hier beginnen, es gibt genügend Parkplätze.
Gleich hinter dem Vereinsheim schwenken wir links auf einen Fahrweg ein, der nach etwa 180 m eine Rechtsbiegung macht. Wir bleiben jedoch weiter geradeaus auf einem Grasweg, der entlang eines von Obstbäumen gesäumten Bacheinschnittes hangaufwärts verläuft. Erst durch Hecken, dann

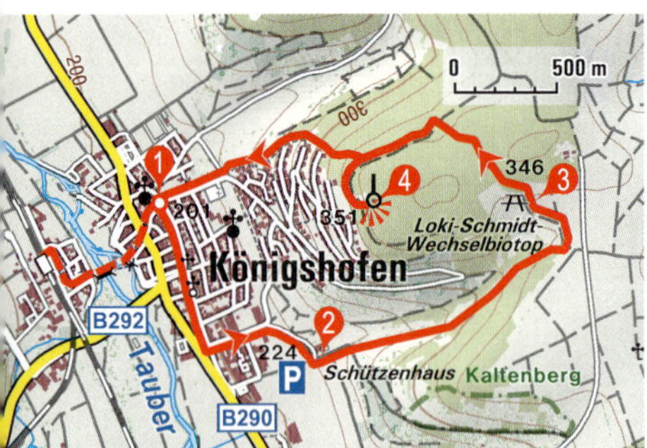

durch einen Mischwaldstreifen hindurch geht es hoch zu einem querenden Schotterweg. Links abbiegend und nach etwa 100 m bei einer Steinmauer erneut links haltend erreichen wir auf dem **Neuberglein** das **Loki-Schmidt-Wechselbiotop** ❸. Das vom Vogel- und Naturschutzverein Königshofen angelegte Areal lädt mit einer Schutzhütte, einer Ruheliege und diversen Stühlen förmlich zu einem längeren Verweilen ein. Schautafeln informieren über die verschiedenen Lebensräume wie beispielsweise Magerwiese, Streuobst, Wald oder Trockenmauer. Neben einem Insektenhotel und einem Bienenhaus können zudem seltene Orchideen bestaunt werden (siehe auch Info).

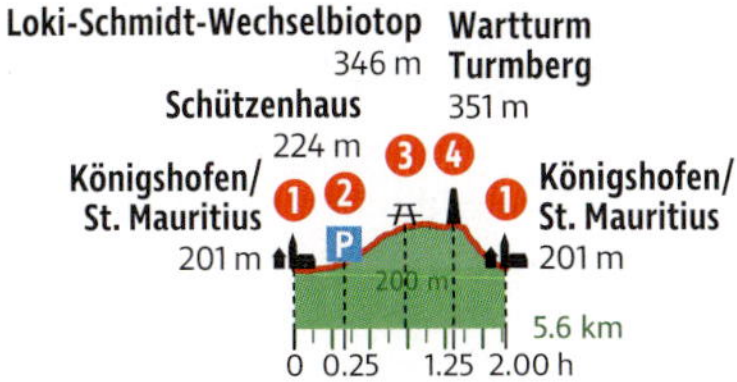

Geleitet von unserer Markierung steigen wir hoch in einen Laubmischwald, wo uns ein schöner naturbelassener, teils etwas verwachsener Weg hinunter zu einem querenden Schotterweg bringt. Diesem folgen wir nach links weiter abwärts bis zu einer Wegkreuzung. Obwohl dort unsere offizielle Route nach rechts abbiegt, bleiben wir geradeaus und erreichen nach etwa 240 m den historischen **Wartturm** 4 am Südwesthang des **Turmberges**. Er bietet eine wunderbare Aussicht auf Königshofen und über das Taubertal hinweg bis zum Frauenberg bei Lauda.

Zurück an der Wegkreuzung links auf einem Pfad abwärts durch den Wald bis an den Ortsrand von **Königshofen**, an dem wir uns nun einige Meter entlangbewegen. Dann biegen wir links ab und halten uns auf einem heckengesäumten, alleenartigen Hohlweg immerzu längs des Wohngebietes weiter abwärts. Unten links abbiegend überqueren wir die Bürgermeister-Weid-Straße und gelangen auf der Kirchstraße, vorbei am Friedhof, zurück zu unserem Ausgangspunkt bei der **St.-Mauritius-Kirche** 1.

Vom Wartturm liegt uns Königshofen zu Füßen.

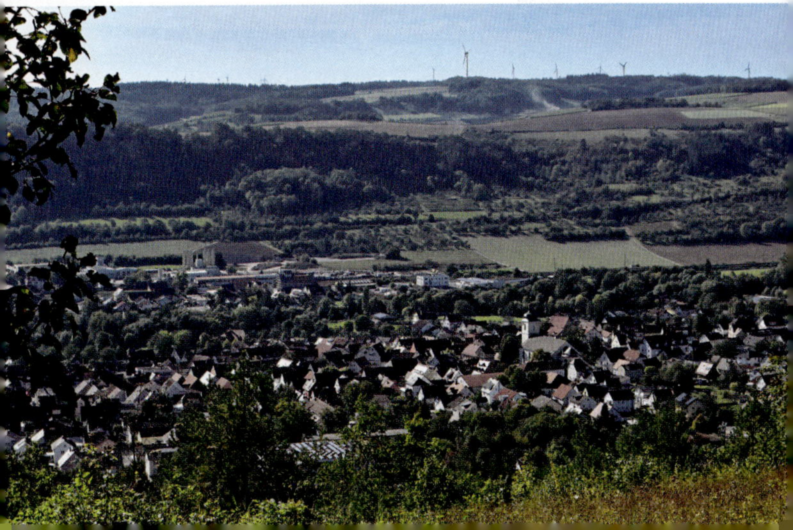

↗ 200 m | ↘ 200 m | 11.7 km

29 Von Unterwittighausen nach Vilchband

3.30 h

Auf dem südlichen Kapellen-Rundwanderweg

Das Tauberland ist von einer jahrhundertealten Volksfrömmigkeit geprägt, immer wieder begegnet man unterwegs schmucken Bildstöcken, liebevoll angelegten Mariengrotten und kleinen Kapellen. So auch im Gebiet der Gemeinde Wittighausen, die gleich zwei Kapellen-Rundwege angelegt hat. Für unsere Wanderung wählen wir den südlichen davon aus, der von Unterwittighausen nach Vilchband und wieder zurück führt. In beiden Ortsteilen können prächtige Barockkirchen bestaunt werden, die Kirche Allerheiligen in Unterwittighausen ist sogar nach Plänen des berühmten Baumeisters Balthasar Neumann (1687–1753) entstanden. Dazu liegen vier Kapellen am Wegesrand, der die Route ihren Namen verdankt. Aber auch nicht spirituell eingestellte Wandernde werden ihre Freude an dieser wenig anstrengenden und abwechslungsreichen Tour an der Flanke eines Nebentals der Tauber haben.

Ausgangspunkt: Unterwittighausen, Allerheiligenkirche (237 m). Anfahrt mit ÖV: Bahn bis Bahnhaltepunkt Wittighausen. Navi: 97957 Wittighausen, Bahnhofstr. 2 (Parkplätze vorhanden); von dort zu Fuß auf der Wittigostraße in die Ortsmitte (ca. 1 km).
Anforderungen: Überwiegend moderate An- und Abstiege, nur die Etappe von Unterwittighausen hoch ins Bergholz ist etwas steiler; meist auf geschotterten und geteerten Wegen; längere Passagen über offenes Gelände ohne Schatten; auch mit Kindern empfehlenswert.
Markierung: LT 14, auch weißes S auf einer roten stilisierten Kapelle.
Einkehr: Unterwegs keine Möglichkeit. In Unterwittighausen: Blumencafé Pusteblume, Königstr. 5, Tel. 09347/95022, pusteblume-wittighausen.de, Di/Mi/Fr 9.30–12.30 Uhr u. 14.30–18 Uhr, Do 9.30–12.30 Uhr, Sa 9–13 Uhr, So 14–18 Uhr, Mo Ruhetag; Gasthof zur Eisenbahn, Wittigostr. 20, Tel. 09347/221; Gasthof Zum Löwen, Königstr. 16, Tel. 09347/210, Fr/Sa ab 15 Uhr, So ab 11.30 Uhr.
Karte: W207 Tauberbischofsheim 1:25 000.
Tipp: Wer auch den Kapellen-Rundwanderweg Nord abwandern möchte, startet in Oberwittighausen an der Sigismundkapelle und wandert über den Holzweg, Hof Lilach, die Kreuz- und Hofkapelle nach Poppenhausen zur Pfarrkirche St. Martin. Von dort über den Poppenhäuser Grund zurück zur Sigismundkapelle nach Oberwittighausen. Der Weg ist mit einem weißen N auf einer roten stilisierten Kapelle markiert. Länge etwa 11 km, wenig Steigungen, meist auf geteerten Wegen. Infos und Karte zum Download: wittighausen.de/tourismus/rad-und-wanderwege.html.

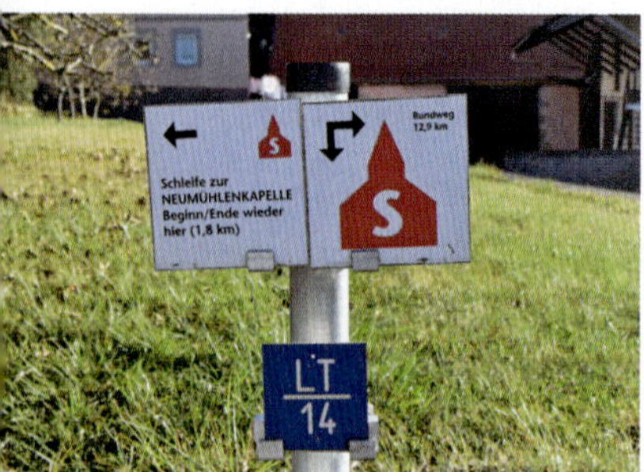

Deutliche Wegmarkierungen unterwegs.

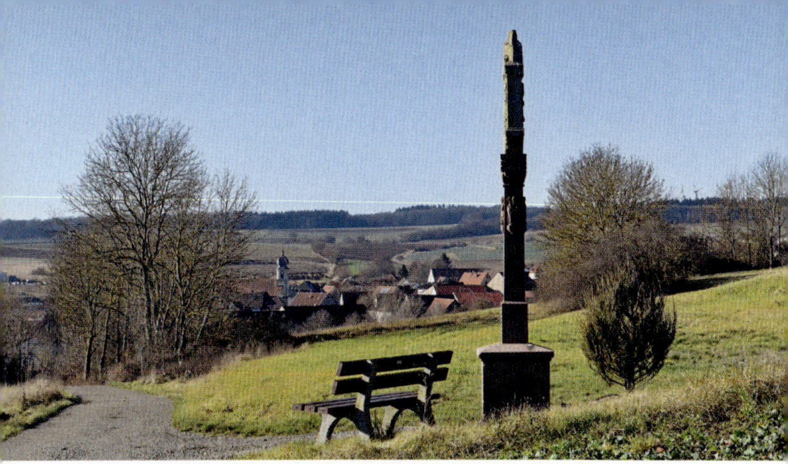

Rastplatz mit Aussicht oberhalb Unterwittighausen.

Bei der **Allerheiligenkirche** ❶ in der Ortsmitte von **Unterwittighausen** finden wir den Einstieg in unseren mit LT 14 markierten Rundweg. Zunächst gehen wir einige Meter auf der Wittigostraße in Richtung Norden und biegen gleich rechts in das Beckengässlein ab. Der querenden Martin-Michel-Straße etwa 200 m nach rechts folgend wechseln wir auf einen links abzweigenden Fußweg, der die Bahngleise unterquert und in den Langenmühlenweg mündet. Auf diesem etwa 20 m nach links und bei einem schönen **Bildstock** gleich wieder rechts. Die Straße bringt uns aus dem Dorf hinaus und wird zu einem unbefestigten Fahrweg, der sich längs des Abhanges parallel zum Talgrund des **Insinger Baches** hinzieht. Etwa 80 m vor der Neumühle biegt unsere Route links ab, wir bleiben aber geradeaus, folgen der Beschilderung zur **Neumühlenkapelle** ❷ und kehren zur Abbiegestelle zurück.

Rechts haltend orientieren wir uns nun wieder an unserer LT-14-Markierung, die uns zuverlässig auf die Ackerhochfläche geleitet, wo wir wieder auf den schlaufenartig verlaufenden Langenmühlenweg treffen. Links abbiegend gelangen wir hinunter an den Ortsrand von Unterwittighausen, wobei wir eine Sitzgruppe mit schönem Blick auf das Dorf passieren. Bei dem schönen **Bildstock**,

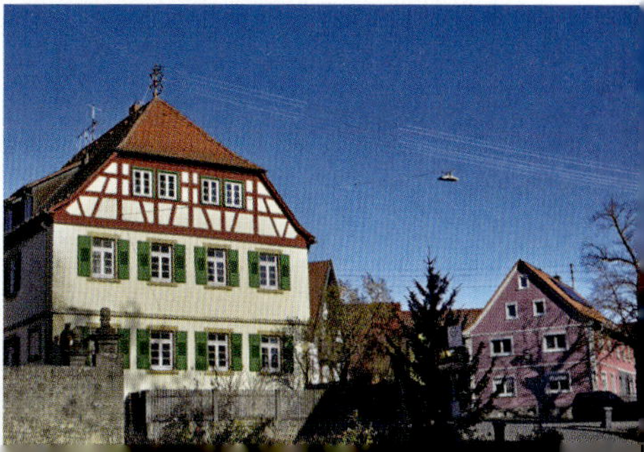

In der Ortsmitte von Unterwittighausen.

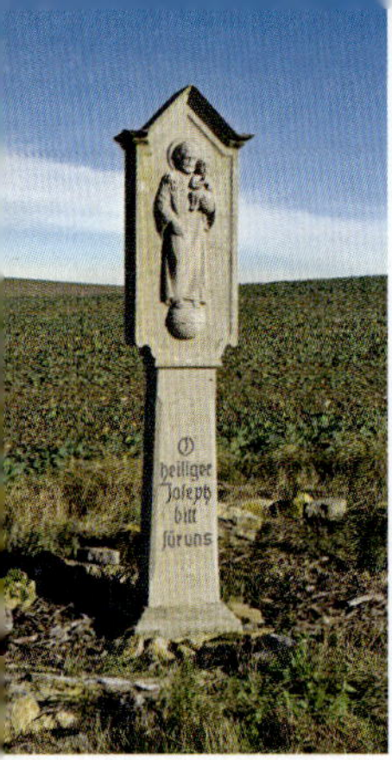

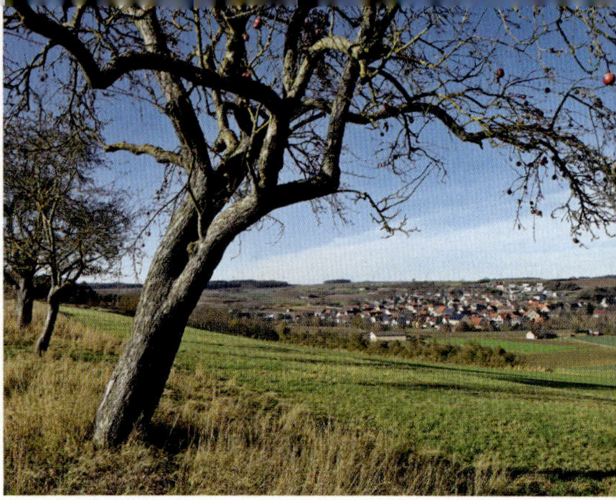

Bildstock am Weg zum Meisenberg (links), wo sich oben ein schöner Blick auf Unterwittighausen bietet (rechts).

wo wir beim Herweg rechts abgebogen sind, halten wir uns nun auf dem Langenmühlenweg geradeaus in Richtung der Ausfallstraße (Königstraße). An ihr gehen wir etwa 30 m ortseinwärts (rechts) entlang, biegen vor der Bahnunterführung links ab und halten uns bei der folgenden Weggabel (hier steht eine Feldscheune) erneut nach links. Ein geteerter Flurweg bringt uns in stetem Anstieg den **Meisenberg** hoch an den Rand des Waldgebietes **Bergholz**, vorbei an einem schönen **Aussichtspunkt** 3 mit Blick auf die Umgebung von Wittighausen.

Erst gehen wir ein Stück am Wald entlang und tauchen dann links in ihn ein. Darin stoßen wir auf eine breite Waldfuhre, auf die wir links einschwenken und den Forst nahezu geradlinig durchqueren. Draußen auf der Feldflur folgen wir dem ersten Querweg nach links und biegen bei der nächsten Kreuzung rechts ab. Vor einem Bildstock weist uns unsere LT-14-Markierung nach links zur Bütthardter Straße, auf der wir rechts abbiegend, vorbei an der **Neuen Kapelle**, in die Dorfmitte von **Vilchband** 4 gelangen. Dort links in die Hauptstraße und am Ortsende rechts in den Dorfwiesenweg. Auf Höhe der querenden Schulstraße passieren wir die **Alte Kapelle** und halten uns dann weiter geradeaus auf der Friedhofstraße am Ortsrand entlang.

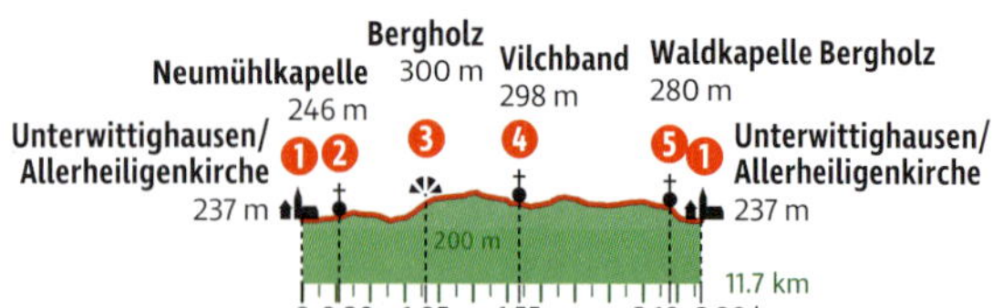

Beim Friedhof empfiehlt sich ein Abstecher nach rechts zur barocken Pfarrkirche St. Regiswindis; ansonsten an ihm vorbei und auf dem querenden Fahrweg links hinaus auf die Feldflur. Wir überqueren fast geradlinig die leicht gewölbte Hochfläche und schwenken noch vor Erreichen eines Waldes rechts auf einen Querweg ein. Im weiteren Verlauf biegen wir erst rechts, dann links ab und steuern in leichtem Auf und Ab auf das Waldgebiet **Eichholz** zu. Darin überqueren wir versetzt die Kreisstraße K2801 und betreten über einen Wanderparkplatz hinweg das uns vom Herweg bekannte **Bergholz**. Auf einem breiten, unbefestigten Waldweg wandern wir stetig abwärts bis zu einer Kreuzung, wo wir uns links hinunter zum Waldrand halten. Dort führt ein kurzer Stichweg etwa 60 m nach rechts zur sehenswerten **Waldkapelle 5**, dem letzten Kirchlein auf unserem Kapellen-Rundweg.

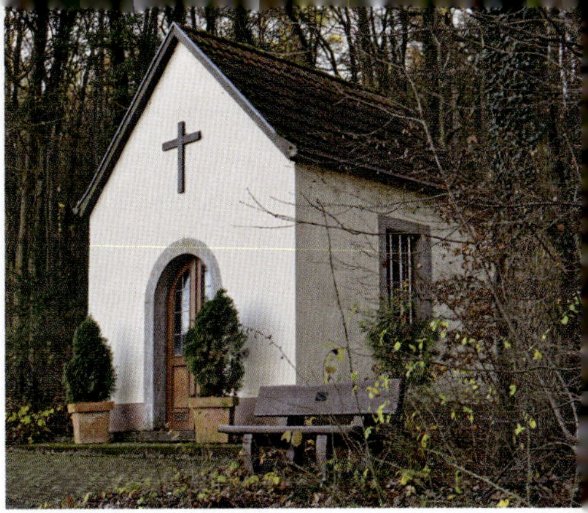

Die Waldkapelle am Bergholz.

Abwärts einem Stationsweg folgend gelangen wir aus dem Wald hinaus und steuern über Felder auf unseren Ausgangsort zu. Nach Passieren von zwei Feldscheunen biegen wir links ab, unterqueren die Bahnlinie und erreichen auf einem Fußweg den Ortsrand von **Unterwittighausen**. Über die Straße »Am Damm« und die Königstraße ist es dann nicht mehr weit zurück zur **Allerheiligenkirche 1**, wo unsere Tour begonnen hat.

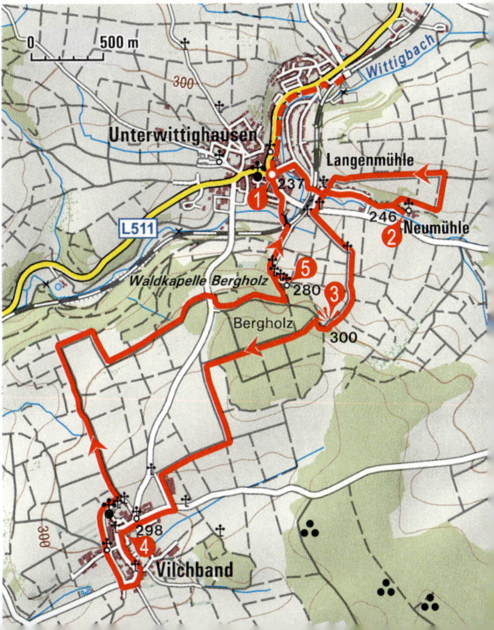

↗ 300 m | ↘ 300 m | 12.6 km

30 Von Gerlachsheim nach Grünsfeld

3.30 h

Zwei romantische Orte und eine exquisite Weinlage

Wer sich an romantischen Ortsbildern mit historischer Bausubstanz erfreut, wird auf dieser Tour ebenso auf seine Kosten kommen wie die Liebhaber eines guten Weines. In Gerlachsheim ist die ehemalige, 1723–1730 erbaute Klosterkirche, die heutige Pfarrkirche Heilig Kreuz, sehenswert. Die Klosteranlage, zu der ein großer Park gehört, kann jedoch nicht besichtigt werden – darin ist ein Senioren- und Pflegeheim untergebracht. Umso besser lässt sich die barocke Grünbachbrücke mit ihren vier Heiligenfiguren in Augenschein nehmen. Dazu in der Ortsmitte das ebenfalls barocke Buchler-Palais von 1729, einst Wohn- und Geschäftshaus der gleichnamigen Weinhändlerdynastie. Noch heute verfügt Gerlachsheim mit dem Herrenberg über eine der besten Weinlagen in Tauberfranken. Auf seinen Muschelkalkböden reifen hervorragende Weiß- und Rotweine heran. Grünsfeld wartet schließlich mit einer sehenswerten Altstadt auf, die teilweise noch von Resten der alten Stadtmauer umgeben ist. Kunstinteressierte sollten unbedingt die reich ausgestattete Stadtkirche St. Peter und Paul (14./15. Jh.) besichtigen. Unter anderem befindet sich darin ein vom berühmten Würzburger Bildhauer Tilman Riemenschneider geschaffenes Grabmal für eine Adelige. Einen malerischen Touch erhält das Städtchen durch das teilweise erhaltene Schloss, das auf dem »Schorren« genannten Felsplateau hoch über den Dächern thront. Gut dass unsere Wanderung nicht allzu lang ist, so bleibt genügend Zeit für Kultur und Wein.

Längs einer Böschung aus Muschelkalk unterwegs im Grünbachtal.

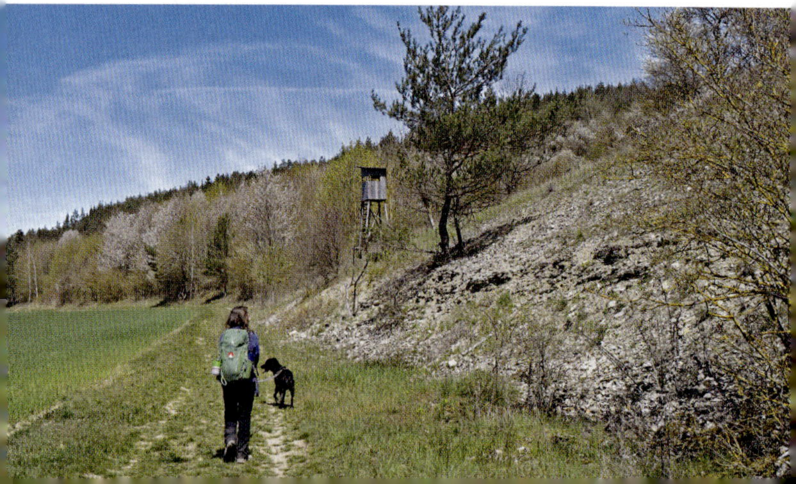

Ausgangspunkt: Gerlachsheim, bei der Klosterkirche (184 m). Anfahrt mit ÖV: Bahn bis Haltepunkt Gerlachsheim; von dort zu Fuß auf der St.-Veit-Straße zur Grünbachbrücke (Toureneinstieg). Navi: 97922 Lauda-Königshofen-Gerlachsheim, Würzburger Str. 81 (Parkplätze beim Sportplatz, Zum Sportfeld 1).
Anforderungen: Überwiegend geschotterte und geteerte Wege; nur mäßige An- und Abstiege; längere Passagen über offenes Gelände ohne Schatten; auch mit Kindern empfehlenswert.
Markierung: LT 13.
Einkehr: In Grünsfeld: Gaststätte Krone, Hauptstr. 15, Tel. 09346/270; Gasthaus Eisner Mühle »Gran Fonte«, Steinbachstr. 7, Tel. 09346/929494, gaestehaus-eisner-muehle.de, Mo Ruhetag. In Gerlachsheim: Gasthof Goldener Stern, Pfarrstr. 23, Tel. 09343/1271, Fr Ruhetag; Besenwirtschaft Zur Sonne, Würzburger Str. 69, bioweingut-baumann.de (siehe auch Tipp).
Variante: Bei der Wegkreuzung kurz vor dem Abstieg hinunter nach Gerlachsheim ohne Markierung auf einem unbefestigten Feldweg geradeaus in den Wald, dahinter rechts und nun immerzu oberhalb der Weinlage Herrenberg am Waldrand entlang; bei Einmündung in querenden Weg links abwärts und beim dritten Abzweig links durch die Rebflächen hindurch bis zum querenden LT-13-Weg; von dort weiter wie beschrieben. Bietet sich besonders im Herbst an; Tour verlängert sich dadurch um etwa 2,9 km.
Karte: W207 Tauberbischofsheim 1:25 000.
Tipp: Bioweingut Baumann, Herrenbergstr. 7, Tel. 09343/614029, biowein gut-baumann.de; mit einer Besenwirtschaft (»Zur Sonne«), Zimmervermietung, Hofladen sowie einer eigenen Brennerei und Imkerei.

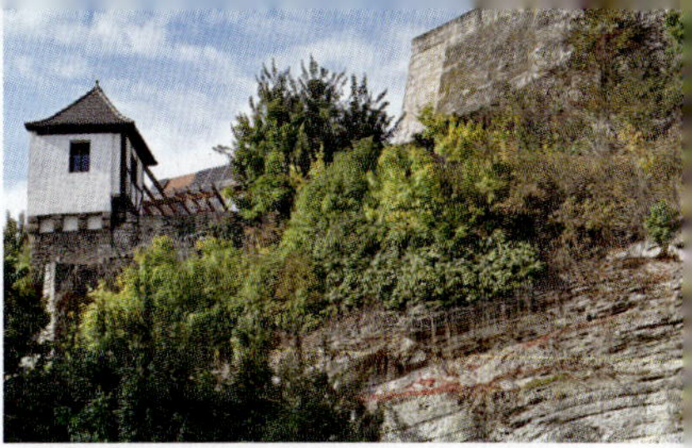

Am Burgberg in Grünsfeld.

Bei der Mariensäule vor der **Heilig-Kreuz-Kirche ❶** in **Gerlachsheim** finden wir den Einstieg in unsere mit LT 13 ausmarkierte Rundtour. Mit dem Gotteshaus im Rücken halten wir uns auf der Würzburger Straße nach links bis ans Ortsende. Dort weiter auf einem parallel zur Landstraße L511 verlaufenden kombinierten Fuß- und Radweg entlang der breiten Talaue des **Grünbachs**. Auf dem dritten nach rechts abzweigenden Feldweg zum nahen Aussiedlerhof **Elf Morgen ❷** und dahinter gleich wieder links. Nun einem leicht geschotterten Wiesenweg immerzu am Fuß eines mit Hecken bewachsenen Abhanges entlang folgen, wobei wir eine Böschung aus Muschelkalkgestein passieren.
Leicht abwärts gelangen wir hinunter in den Einschnitt des **Grassenbergsgrabens**, wo wir rechts auf einen Schotterweg einschwenken, der sich über Streuobstwiesen den Hang hochzieht. Oben auf der Hochfläche biegen wir in einem Wäldchen (dort steht eine mehrstämmige Linde) links ab und erreichen weiter aufwärts die baumlose Kuppe des **Seilingsberges ❸**. Von dort schweift der Blick über das Tal des Grünbachs zurück nach Gerlachsheim und bis zur Tauber. Unser LT-13-Weg macht in der Folge eine Biegung nach links und knickt nach wenigen Metern wieder nach rechts ab.

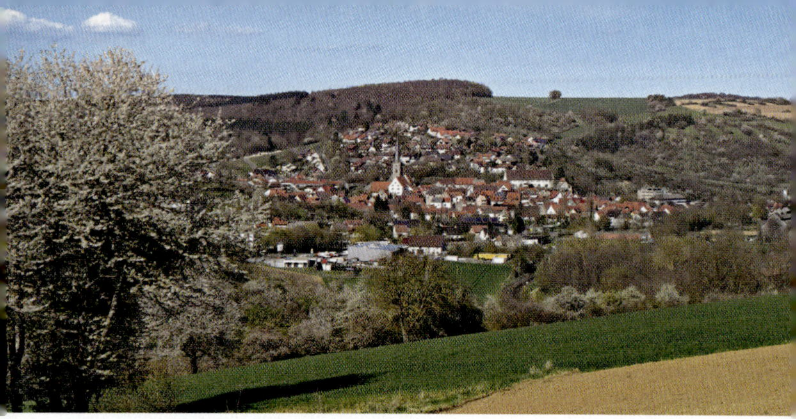

Blick vom Lämmertsberg zurück auf Grünsfeld.

Auf einem geteerten Fahrweg geht es dann stetig hangabwärts durch lichten Wald hinunter nach **Grünsfeld**. Am Ortseingang rechts in die Gerlachsheimer Straße und auf ihr über die Bahngleise, den Wittigbach und die Taubertalstraße hinweg in das Städtchen hinein. Wir durchschreiten die sehenswerte Altstadt auf der Abt-Wunder-Straße und der Hauptstraße, bestaunen dabei das prächtige Fachwerkrathaus von 1579 und biegen bei der **Stadtpfarrkirche St. Peter und Paul** ❹ links in die Pfarrgasse ab. Über die Lange Gasse und den Stadtbrunnenweg gelangen wir zum Gartenweg, einen Fußweg, auf dem wir durch Kleingärten hindurch auf den querenden Rankweg stoßen. Diesem folgen wir nach links bis zur Rötensteinstraße am Ortsrand, auf die wir ebenfalls links einschwenken.
Nach wenigen Metern überqueren wir die breite Taubertalstraße und halten uns danach nach rechts auf einem geteerten Fuß- und Radweg, der uns durch ein Gewerbegebiet hindurch hinaus auf die Feldflur führt. In der Folge wandern wir etwa 600 m parallel zum Bahngleis links von uns, bis unser Asphaltweg eine Linkskurve macht. Dort halten wir uns geradeaus auf einem Schotterweg, der sich längs eines (ausgetrockneten) Bacheinschnittes etwas steiler auf die Ackerhochfläche hochzieht. Bei der ersten Gabelung links und weiter leicht aufwärts bis zu einer Rastbank auf dem **Lämmertsberg** ❺, einem Aussichtspunkt, von dem man schön zurückblickt auf das

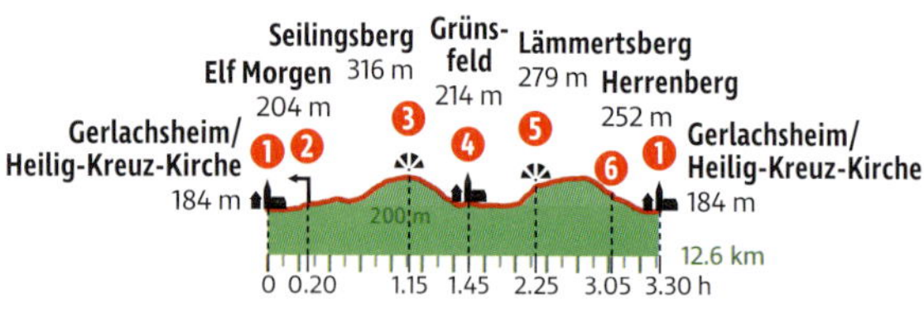

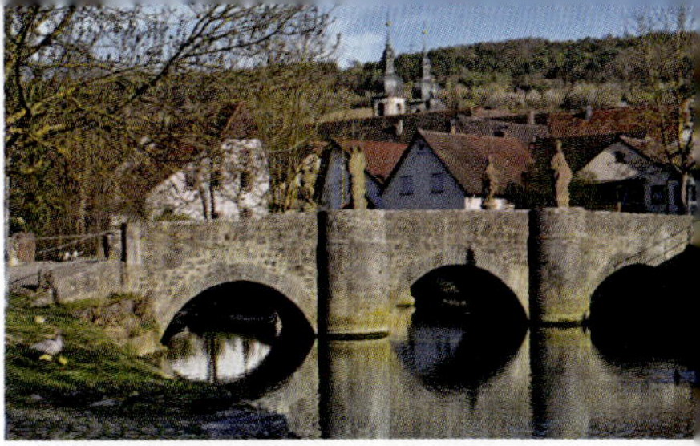

Die Grünbachbrücke in Gerlachsheim.

im Talgrund gelegene Grünsfeld. Kurz dahinter nehmen wir einen unbefestigten Feldweg, der nach rechts abzweigt und uns durch einen Waldstreifen und dann über die offene Feldflur in leichter Abwärtstendenz hinunter zu einem geteerten Querweg geleitet. Links abbiegend geht es dann in leichtem Auf und Ab über eine erste Wegkreuzung hinweg. Bei der zweiten weist uns unsere LT-13-Markierung nach links auf einen Asphaltweg, der immerzu hangabwärts verläuft, zunächst an einem Waldstück entlang, dann hinunter in die Weinberge der Lage **Gerlachsheimer Herrenberg** ❻. Darin beschreibt unser Flurweg eine enge Rechtskurve, längs der Strecke tauchen nun hin und wieder Infotafeln des örtlichen Weinlehrpfades auf. Am Fuß des Herrenberges biegen wir scharf links ab, verlassen die Rebflächen und überqueren die Bahnlinie.

Gleich danach rechts und auf der namenlosen Gasse durch Kleingärten und Streuobstwiesen hindurch an den Ortsrand von **Gerlachsheim**. Über die sehenswerte **Barockbrücke** mit den Figuren der Heiligen Kilian, Burkhard, Michael und Nepomuk überqueren wir den Grünbach und gelangen durch die Mühlgasse zurück zum Ausgangspunkt bei der **Heilig-Kreuz-Kirche** ❶.

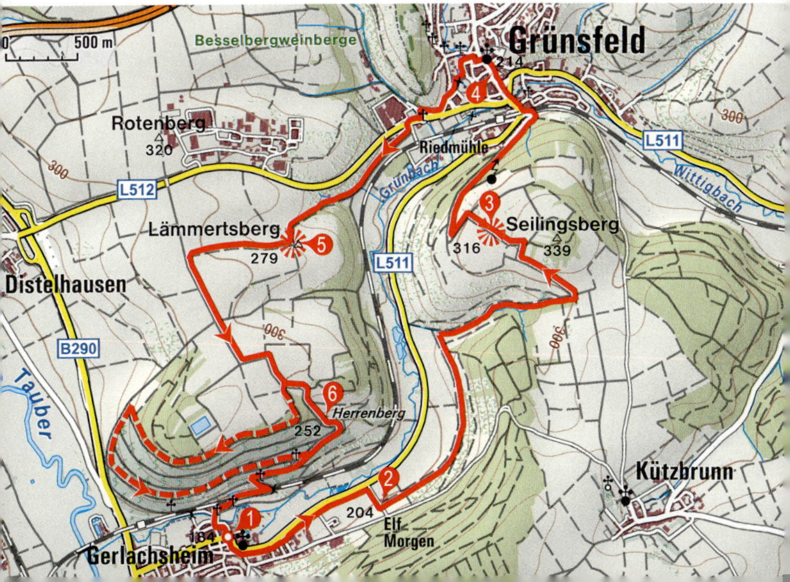

↗ 170 m | ↘ 170 m | 13.5 km

31 Von Gerchsheim über Schönfeld zum Irtenberger Wald

3.50 h

Feld, Wald und Wiese

Wer gemütliche Wanderungen ohne größere Höhenunterschiede liebt, kommt auf dieser Tour voll auf seine Kosten. Ein einziger steilerer, dafür kurzer Anstieg ist gleich zu Beginn von Gerchsheim hinauf zur Kriegergedächtniskapelle zu bewältigen. Ansonsten geht es unterwegs nur sehr moderat auf und ab. Besonders auf der Etappe längs des Grünbachs hinunter nach Schönfeld kann man die Seele so richtig baumeln lassen, denn sie führt je nach Jahreszeit an bunt blühenden Wiesen, gelben Raps- und wogenden Getreidefeldern vorbei. Auf dem Rückweg nach Gerchsheim verläuft unsere Route lange Zeit durch ein ausgedehntes Waldgebiet, in dem ein Keltenwall und die sogenannten Hoheitssäulen unsere Aufmerksamkeit erregen. Eine sachte Abwärtspassage auf einem angenehm zu gehenden Wiesenweg bringt uns schließlich zurück an unseren Ausgangsort.

Ausgangspunkt: Gerchsheim, Ortsmitte bei der Bushaltestelle an der Würzburger Straße (331 m). Anfahrt mit ÖV: Bahn bis Hauptbahnhof Würzburg, von dort (ZOB) mit Bus 850 bis Haltestelle Gerchsheim Ortsmitte. Navi: 97950 Großrinderfeld-Gerchsheim, Stationsberg (Parkplatz beim Sportgelände).
Anforderungen: Gemütliche Tour ohne nennenswerte An- und Abstiege; etwa zur Hälfte auf geschotterten/geteerten und naturbelassenen Wegen.

Markierung: LT 12, ohne Markierung, LT 12.
Einkehr: In Gerchsheim: Landgasthaus Badischer Hof, Würzburger Str. 54, Tel. 09344/369, badischer-hof-knab.de, Do 11.30–13.45 Uhr u. 17–22 Uhr, Fr/Sa 17–22 Uhr, So 11.15–14.30 Uhr u. 17–21 Uhr, Mo–Mi Ruhetage. In Schönfeld: Gasthaus Zum Hofjäger, Dorfstr. 15, Tel. 09344/285; Gasthof Hahner, Dorfstr. 9, Tel. 09344/307.
Karte: W204 Wertheim 1:25 000.

Blick zurück auf Gerchsheim.

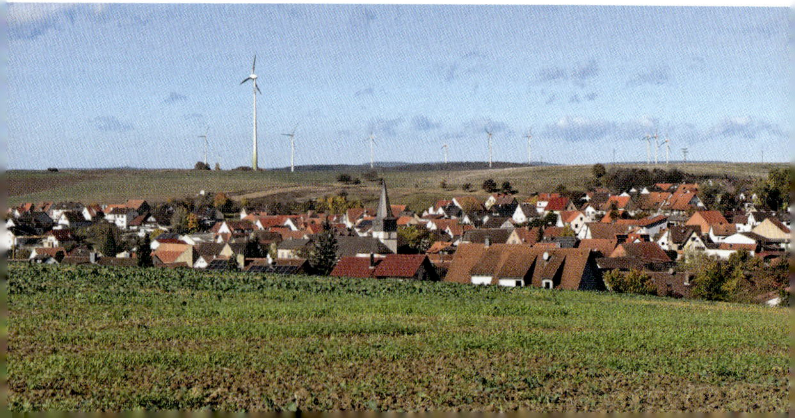

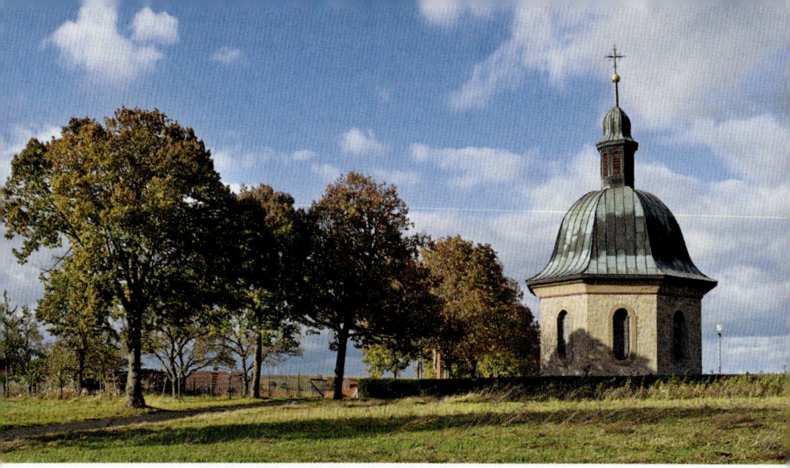

Die Kriegergedächtniskapelle thront über Gerchsheim.

Bei der **Bushaltestelle Ortsmitte** ❶ in **Gerchsheim** beginnt unsere mit LT 12 ausmarkierte Rundtour. Über die Würzburger Straße hinweg gehen wir mit Blick zur Pfarrkirche St. Johannes der Täufer den Kirchweg hinunter, biegen rechts in die Herrenstraße ab und folgen ihr in einer Linksbiegung leicht ansteigend ortsauswärts. Auf Höhe der querenden Steinstraße werden wir fürs Erste der offiziellen Routenführung untreu (sie wendet sich hier nach links). Stattdessen halten wir uns ohne Markierung auf der Herrenstraße weiter aufwärts, dann links in den Stationsbergweg. Er führt uns, vorbei an Stationen eines Kreuzweges und zuletzt auf Treppenstufen, hoch zu der über dem Ort thronenden **Kriegergedächtniskapelle** ❷. Ein schöner Blick ins Umland belohnt uns für den einzigen etwas steileren Anstieg auf dieser Wanderung.

Vor dem nahen Sportplatz biegen wir links ab und auf dem nächsten Querweg nach rechts bis zu einer Wegkreuzung. Nochmals links haltend stoßen wir bei der nächsten Kreuzung – bei einem einzelnen Baum mit Ruhebank – wieder auf unsere LT-12-Markierung. Sie weist uns nach rechts leicht abwärts über die Feldflur in Richtung Autobahn A81, die wir unterqueren. Danach mit sachtem Gefälle auf einen Wald zu und rechts abbiegend an

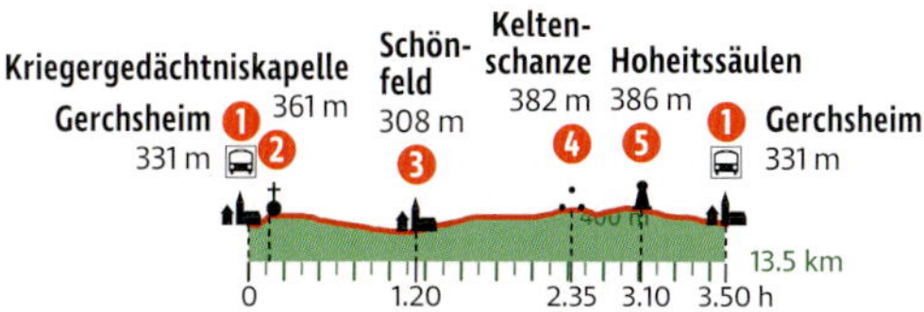

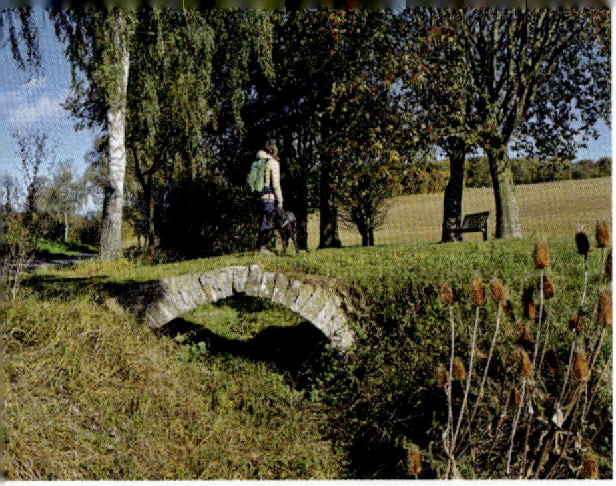

Altes Brücklein über den Grünsbach.

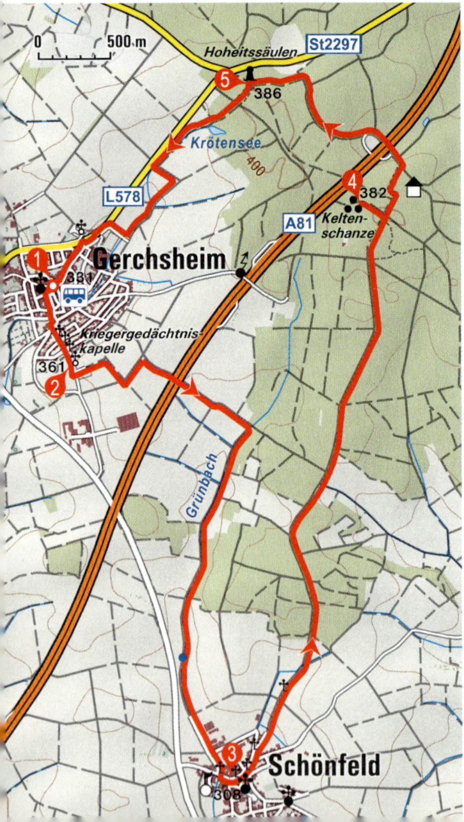

dessen Rand entlang. Hinter dem Forst wandern wir nun einige Zeit auf einem geteerten Flurweg, der sich längs des **Grünbachs** bachabwärts über Wiesen und Felder hinzieht. Nach Passieren eines Brunnens und einer alten Steinbrücke taucht über der Ackerhochfläche der Kirchturm von **Schönfeld** 3 auf. Über die Gerchsheimer Straße gelangen wir in einem leichten Anstieg in die Ortsmitte, wo wir bei einem schönen Bildstock links in die Kleinrinderfelder Straße einschwenken.

Links abbiegend in die Straße »Holzbergle« verlassen wir das kleine Dorf auch schon wieder und streben über die Feldflur auf ein Waldgebiet zu. Nun steht uns eine längere Passage auf einem Asphaltweg durch den lichten Laubmischwald bevor. Dabei passieren wir einen Kinderspielplatz und zwei größere Ackerflächen, die links und rechts des Weges das Baumareal unterbrechen. Nach einiger Zeit folgen wir einem Hinweisschild etwa 200 m nach links zur **Keltenschanze** 4; doch dieser Abstecher lohnt sich nicht unbedingt: Ein unscheinbarer Erdhaufen mitten im Wald, auf den ein Schild hinweist – mehr gibt es da nicht zu sehen.

Wieder zurück auf unserer Route müssen wir nach etwas mehr als 100 m aufpassen. Denn dort weist uns unsere Markierung nach links auf einen naturbelassenen, etwas verwachsenen Weg, dem wir etwa 50 m folgen, bis ein ebenfalls naturbelassener Pfad nach rechts abzweigt. Auf Treppenstufen geht es hinunter zu einem breiten Schotterweg; auf diesen schwenken wir links ein und unterqueren kurz darauf die Autobahn A81. Danach folgen wir einem Sträßchen und halten uns in dessen Linkskurve geradeaus, wobei uns kurzzeitig die Markierung rotes X begleitet. In einer weiten Rechtsbiegung und stetig leicht ansteigend gelangen wir zu einer Gabelung, bei der wir links auf einen unbefestigten Waldweg abbiegen (geradeaus geht es zur Einöde Irtenberg). Er bringt uns nach etwa 70 m zu einem ebenfalls naturbelassenen Weg, auf dem wir links einschwenkend die **Hoheitssäulen** 5 erreichen. Sie wurden 1584 als Grenzmarkierungen zwischen den Territorien der Bistümer Mainz und Würzburg errichtet.

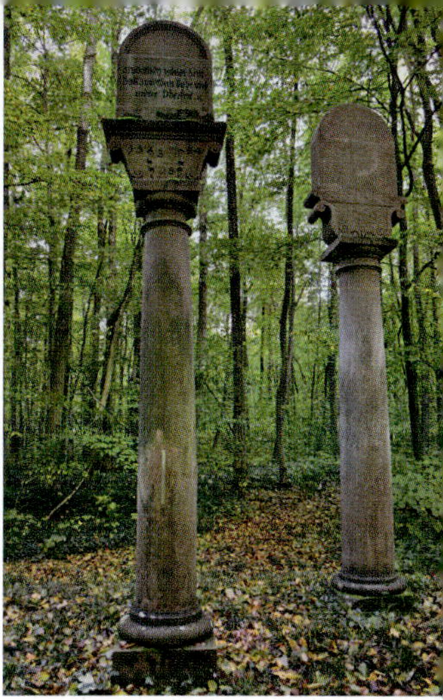

Die Hoheitssäulen im Irtenberger Wald.

Nach diesem Exkurs in die Regionalgeschichte halten wir uns zuerst nach links, biegen aber gleich wieder nach rechts auf einen unbefestigten Pfad ab, der uns aus dem Wald hinaus auf die Wiesenflur geleitet. Auf einem schönen Grasweg wandern wir nun parallel zur Landstraße L578 und den Talgrund des Wolfsgrabens umgehend bis zum **Sportplatz** am Ortsrand von **Gerchsheim**. Dort links über den Parkplatz zur Würzburger Straße und auf dieser erneut links hinunter kommen wir zu unserem Ausgangspunkt bei der **Bushaltestelle Ortsmitte** 1 zurück.

Über Felder geht es zurück nach Gerchsheim.

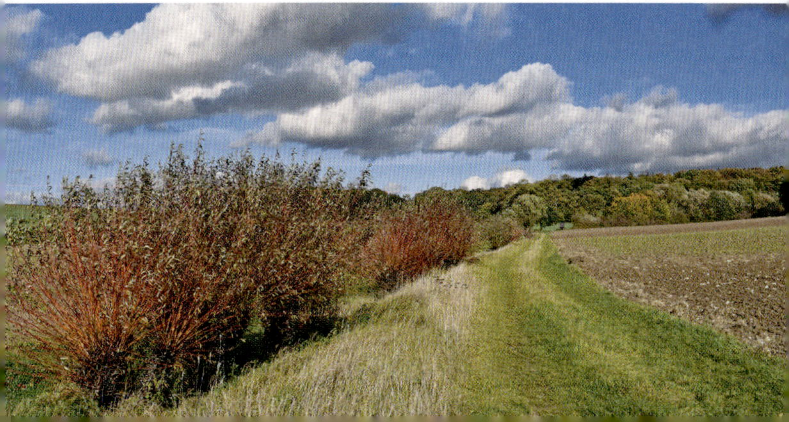

↗ 330 m | ↘ 330 m | 17.2 km

32 Von Großrinderfeld nach Grünsfeldhausen

4.50 h

Zum Doppeloktogon

Mit Fug und Recht kann diese Wanderung als Höhentour bezeichnet werden, auch wenn sie nicht über den Kamm eines Gebirges verläuft. Dafür führt sie fast ausschließlich über die von Ackerbau und Weidewirtschaft geprägte Hochfläche nordöstlich der Tauber. Durch die freie Sicht in alle Himmelsrichtungen ergeben sich unterwegs immer wieder schöne Ausblicke ins Umland. Dass sich die Route etappenweise nahe der Autobahn A81 hinzieht und diese auf dem Hin- und Rückweg sogar quert, soll das Wanderglück nicht allzu sehr trüben. Denn für dieses kleine Manko wird man zweifach entschädigt: zum einen landschaftlich durch die Talgründe von Grünbach und Gerchsheimer Graben, zum anderen kulturell durch die alten Ortsbilder in Großrinderfeld und Krensheim sowie die eindrucksvolle Achatiuskapelle in Grünsfeldhausen. Dass man zudem am Wegesrand dem ein oder anderen Bildstock oder einem Flurkreuz begegnet, ist dagegen für Tauberfranken fast schon normal.

Die Achatiuskapelle von Grünsfeldhausen ist ein architektonisches Kleinod.

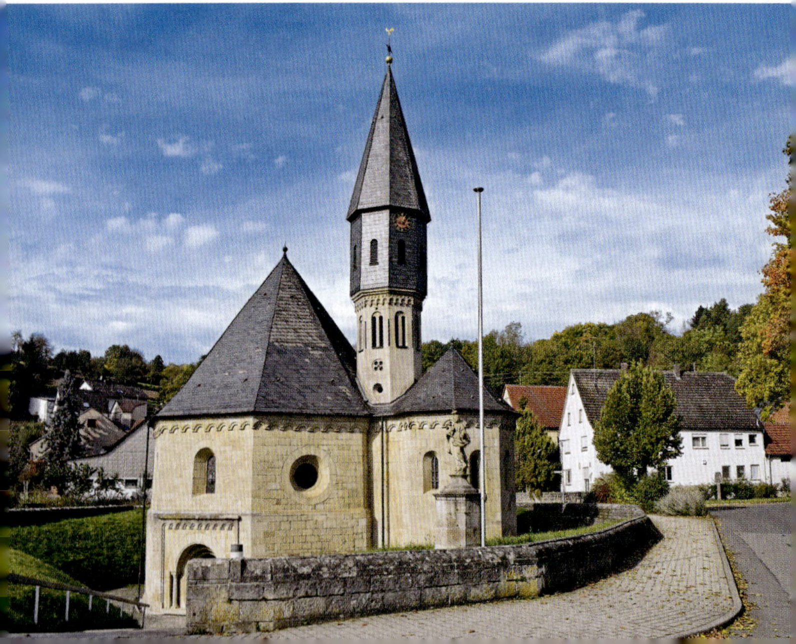

Ausgangspunkt: Großrinderfeld, Marktplatz (308 m). Anfahrt mit ÖV: Bahn bis Hauptbahnhof Würzburg, von dort (ZOB) mit Bus 850 bis Haltestelle Großrinderfeld Ortsmitte. Navi: 97950 Großrinderfeld, Hauptstr. 1 (Parkplatz Ecke Brunntaler Straße).
Anforderungen: Überwiegend moderate An- und Abstiege; meist auf geschotterten und geteerten Wegen; Tour verläuft fast ausschließlich über offenes Gelände ohne Schatten.
Markierung: LT 11.
Einkehr: Unterwegs keine Möglichkeit. In Großrinderfeld: Tauber Drehspieß Döner Dürüm, Hauptstr. 29, Tel. 09349/9299911, Mo Ruhetag; Pizzeria Izmir, Turnhalle Großrinderfeld, Frankenstr. 11, Tel. 0151/28841839, Mi–Sa 17–21.30 Uhr, So 11.30–14.30 Uhr u. 17–21 Uhr, Mo/Di Ruhetage.
Karte: W204 Wertheim und W207 Tauberbischofsheim 1:25 000.

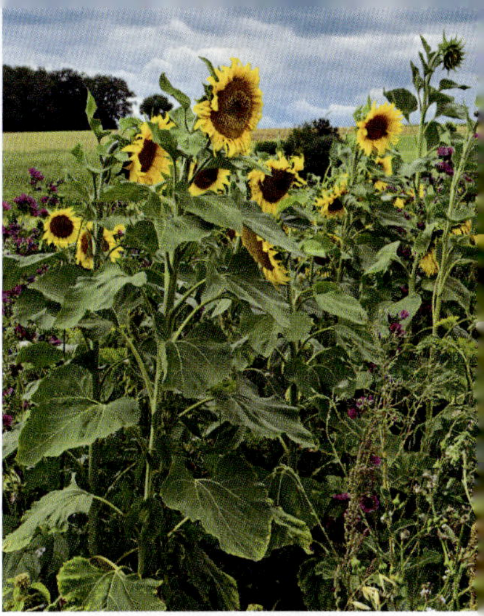

Sonnenblumen am Wegesrand.

Auf dem **Marktplatz** ❶ in **Großrinderfeld** finden wir den Einstieg in unsere mit LT 11 markierte Rundtour. Wir gehen auf der Wenkheimer Straße zur Hauptstraße, folgen ihr ein paar Meter nach links und schwenken rechts in die Straße »Unteres Tor« ein. Auf der querenden Paimarer Straße halten wir uns nach rechts, biegen aber gleich links in die Ilmspaner Straße ein. Sie führt uns leicht aufwärts durch das Wohngebiet und knickt bei der einmündenden Bergstraße nach links zum Ortsende hin ab. Dort rechts an Grundstücken entlang und hinter dem Wohngebiet nochmals nach rechts. Auf einem geteerten Flurweg (auch als Radweg ausgeschildert) geht es nun stetig leicht abwärts in Richtung A81, die wir auf einer Brücke überqueren. Danach verläuft unsere Route links etwa 700 m an der Autobahn entlang, knickt dann nach rechts ab und bringt uns, erst links, dann rechts abbiegend, hinunter in den Talgrund des **Gerchsheimer Grabens**. Diesem folgen wir nach links (dabei passieren wir einen alten Grenzstein zwischen den Gemarkungen der Dörfer Paimar und Ilmspan), bis wir das Bächlein auf einem **Steg** ❷ überqueren können. Auf der anderen Seite gehen wir ein paar Meter parallel zu unserem Herweg zurück und wenden uns dann nach links. Nun geht es über die kuppenförmige Ackerhochfläche hinunter ins Tal des **Grünbachs**. Nachdem wir diesen und die Kreisstraße K2811 überquert haben, bewältigen wir den sachten Anstieg über die aussichtsreiche Feldflur hoch nach **Krensheim** ❸. Wer Zeit und Lust hat, besichtige in dem schmucken Dorf die Kirche St. Ägidius und den historischen Wasserturm. Ansonsten gehen wir nicht hinein, sondern biegen gleich rechts in die

Straße »Beim Alten Brunnen« ab, die uns am Ortsrand entlangführt. Nach Überqueren der Durchgangsstraße (K2810) kommen wir an alten Steinbrüchen im Oberen Muschelkalk vorbei, deren Steinquader einst für den Bau des Kölner Doms verwendet wurden. Auf der Feldflur stoßen wir auf einen Querweg, dem wir etwa 140 m nach links folgen, bis ein weiterer Flurweg nach rechts abzweigt.

Auf diesem wandern wir über die Ackerhochfläche und durch einen Waldstreifen hindurch hinunter in das im Talgrund des Grünbaches gelegene **Grünsfeldhausen**. Über die Krensheimer Steige und links auf die Mühlenstraße einschwenkend gelangen wir in die Ortsmitte, wo wir rechts in die Kapellenstraße abbiegen. Über den Bach hinweg stehen wir nach wenigen Metern vor der **Achatiuskapelle** ❹, einem der ungewöhnlichsten Sakralbauten in Tauberfranken. Wegen ihrer beiden Achteckbauten wird sie

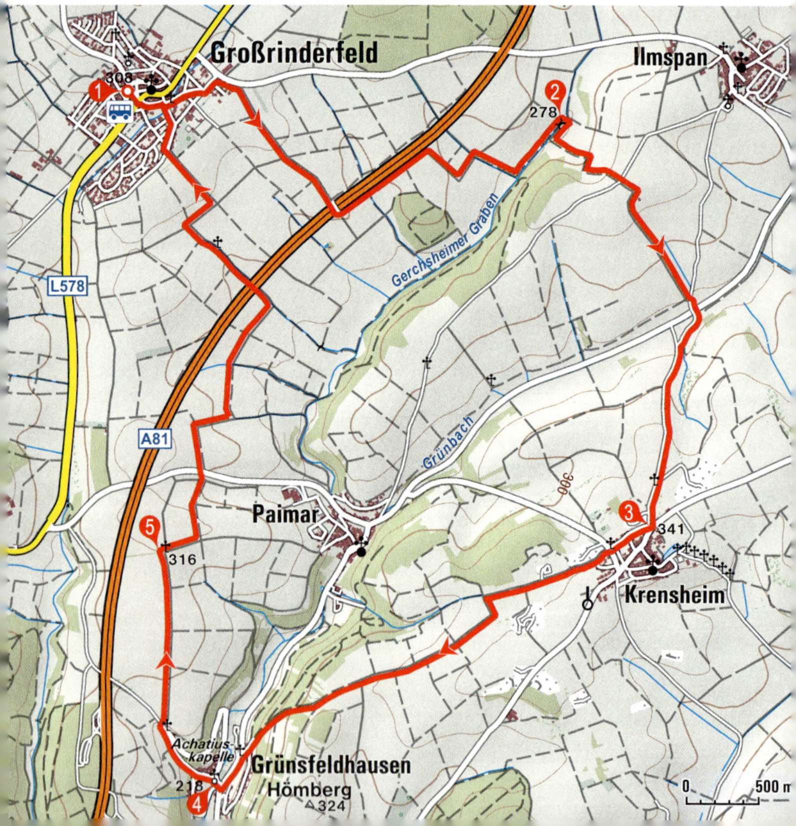

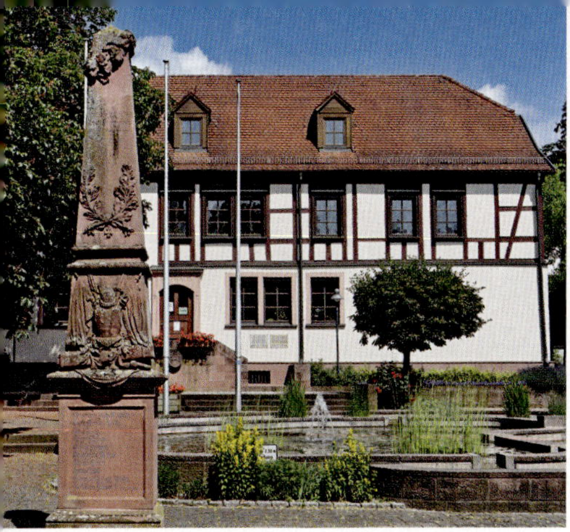

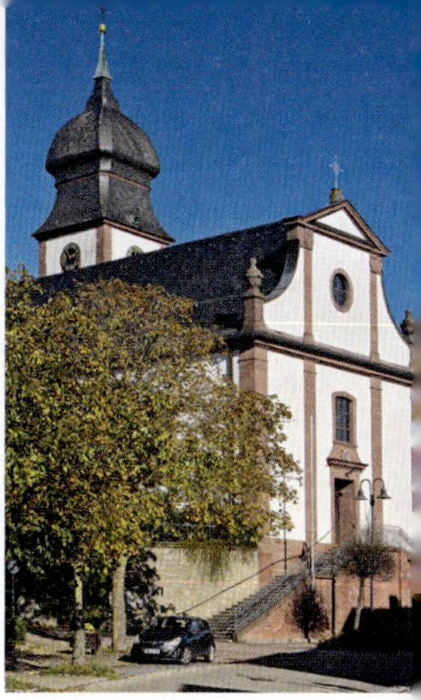

Marktplatz mit Kriegerdenkmal (links) und Kirche St. Michael (rechts) in Großrinderfeld.

auch Doppeloktogon genannt. Erbaut wurde das an die Grabeskirche in Jerusalem angelehnte Kirchlein vermutlich Ende des 12./Anfang des 13. Jh. von den Herren von Zimmern oder den Herren von Krensheim aus Dankbarkeit für eine glückliche Heimkehr von einem Kreuzzug.

Nach einer ausgiebigen Besichtigung folgen wir der Kapellenstraße aus dem Dorf hinaus, wobei es nun etwas steiler durch Heckengesträuch hindurch aufwärtsgeht. Auf halber Höhe schwenken wir links auf ein Sträßchen ein und biegen nach etwa 50 m auf einen rechts abzweigenden Flurweg ab. Er führt uns weiter ansteigend in nahezu geradlinigem Verlauf hoch zu einer Wegkreuzung bei einem **Bildstock** 5. Dort halten wir uns nach rechts und nach etwa 250 m nach links. In stetem, aber moderatem Auf und Ab geht es in der Folge über die Ackerhochfläche, wobei wir die Kreisstraße K2810 und drei Bachgräben queren.

Beim vierten Bachlauf knickt unsere Route nach links ab und unterquert anschließend die A81. Danach führt uns unsere LT-11-Markierung in einer Rechts-links-Folge hoch an den Ortsrand von **Großrinderfeld**. Über die Paimarer Straße und die Straße »Unteres Tor« erreichen wir abwärts unseren Ausgangspunkt auf dem **Marktplatz** 1.

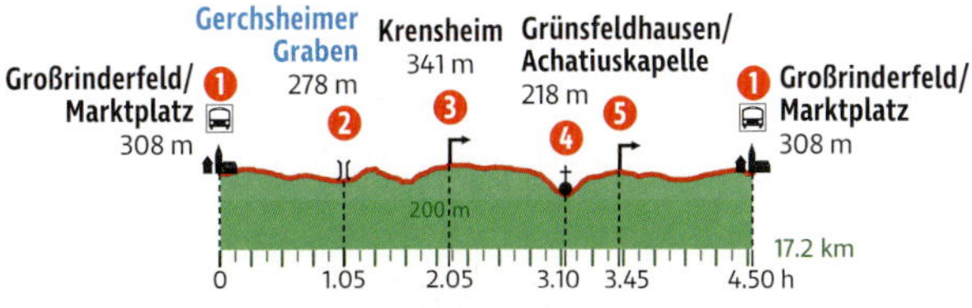

↗ 190 m | ↘ 190 m | 8.0 km

33 Auf dem Distelhäuser Bierwanderweg

2.30 h

Bier meets Wein

Im Weinland Badisches Taubertal einen Bierwanderweg anzulegen, erscheint auf den ersten Blick paradox. Wenn man aber weiß, dass in Distelhausen eine der größten Brauereien der Region ansässig ist, bekommt dieses Projekt durchaus seinen Sinn. Berührungspunkte zum Thema Bier gibt es unterwegs aber nur in theoretischer Form mittels einiger längs des Weges aufgestellter Infotafeln. Eine zünftige Einkehrmöglichkeit sucht man leider vergebens. Etappenweise führt die Route an Rebflächen vorbei und erinnert damit eher an einen Weinlehrpfad. Es besteht jedoch die Möglichkeit, am besten nach der Tour, an einer Führung durch die Distelhäuser Brauerei teilzunehmen. Eine Bierprobe ist selbstverständlich im Preis inbegriffen. Auch alle, denen eher nach Kunstgenuss zumute ist, kommen auf dieser kleinen Wanderung auf ihre Kosten. Im Ort verdient die Barockkirche St. Markus ebenso mehr als einen Blick wie das Zobelschloss, ein Fachwerkbau von 1840, und das im 18 .Jh. erbaute Schloss Abendantz. Jenseits der Tauber ist die im Friedhof gelegene St. Wolfgangskapelle von 1472 sehenswert, dazu der Kreuzweg des Gambacher Künstlers Clemens Buscher (siehe Touren 38 und 39). Auf dem höchsten Punkt der Tour erwartet uns schließlich mit dem Wetterkreuz von 1714 eines der eindrucksvollsten Flurdenkmäler in Tauberfranken.

Blick über die Rebzeilen ins Taubertal.

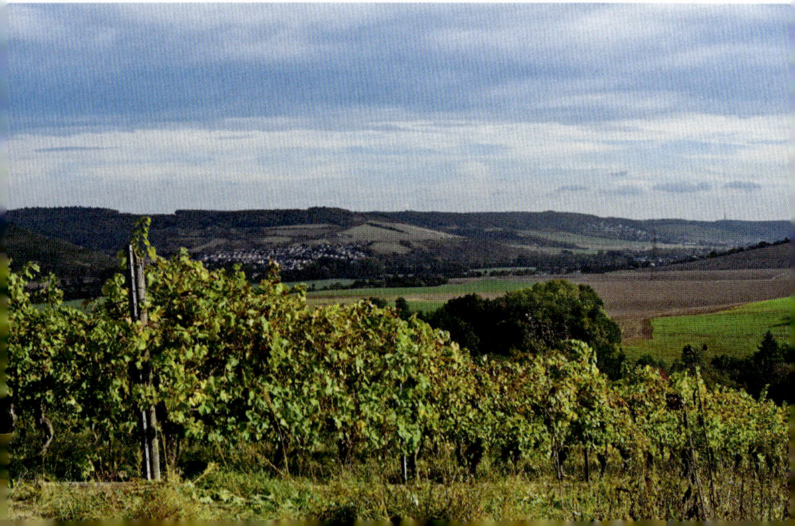

Ausgangspunkt: Distelhausen, Kirchplatz (195 m). Anfahrt mit ÖV: Bahn bis Bahnhaltepunkt Distelhausen; oder mit Bahn nach Tauberbischofsheim und von dort (ZOB) mit Bus 941 bis Haltestelle Distelhausen Kirche. Navi: 97941 Tauberbischofsheim-Distelhausen, Wolfgangstraße (Parkplatz beim Sportgelände).
Anforderungen: Gemütliche Tour ohne steilere An- und Abstiege; überwiegend auf geschotterten und geteerten Wegen; auch mit Kindern empfehlenswert.
Markierung: Logo Bierwanderweg, LT 10 nur etappenweise.
Einkehr: Nur in Distelhausen: Distelhäuser Brauhaus, Grünsfelder Str. 3, Tel. 09341/805-820,distelhaeuser-brauhaus.de, Di–Sa 12–21 Uhr, So/Mo Ruhetage.
Variante: Vom Wetterkreuz 3 auf dem Panoramaweg Taubertal zur Kapelle Alter Ölberg und weiter ohne Markierung auf Flurwegen zum Brünnle 4. Von dort wie beschrieben zurück nach Distelhausen (verlängert die Tour um etwa 800 m).

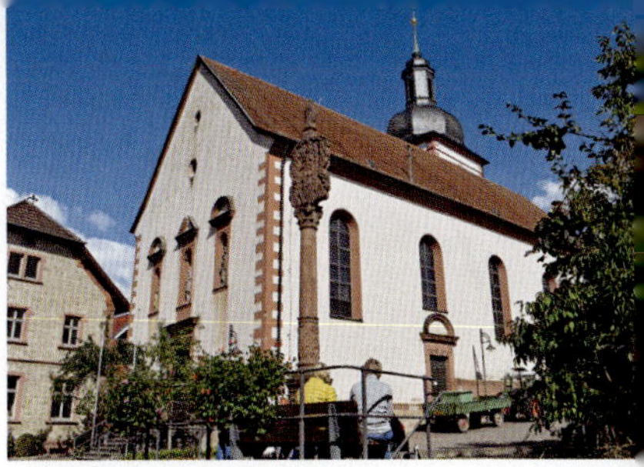

Am Kirchplatz von Distelhausen.

Karte: W207 Tauberbischofsheim 1:25 000.
Tipp: Die Distelhäuser Brauerei kann innerhalb von (kostenpflichtigen) Führungen besichtigt werden. Termine: Mi–Fr 14.30 u. 18.30 Uhr, Sa 11.30 u. 15.30 Uhr, So 11.30 Uhr, Dauer (inkl. Bierprobe) 2 Std. Ferner bietet das Unternehmen eine Brauwerkstatt für jedermann an sowie eine Bierakademie, in der man das Diplom zum »Bierprofessor« erwerben kann (distelhaeuser.de).

Beim Wanderportal auf dem **Kirchplatz** 1 von **Distelhausen** gehen wir mit Blick zur Kirche St. Markus links die Wolfgangstraße hinunter an den Dorfrand. Erst überqueren wir den Mühlgraben, dann rechts abbiegend auf einer großen **Brücke** die Tauber. Gleich danach links auf einem Sträßchen zum Friedhof, in dem die altehrwürdige **Wallfahrtskapelle St. Wolfgang** 2 einen kleinen Abstecher wert ist. Kunstinteressierte werden auch auf den Kreuzweg des aus Gambach stammenden Künstlers Clemens Buscher (1855–1916) ein Auge werfen wollen.
Nach der Besichtigung halten wir uns rechts am Gottesacker vorbei und gelangen auf einer Treppe hoch zu einem Fahrweg, dem wir nach links über das Bahngleis hinweg folgen. Auf den querenden Flurweg schwenken wir rechts ein, biegen aber schon nach etwa 40 m links auf einen unbefestigten Weg ab, der über eine Streuobstwiese aufwärts führt. Er knickt dann scharf nach links ab, zieht sich in der Folge nahezu ebenerdig am Abhang entlang und mündet schließlich in einen Asphaltweg. Rechts abbiegend wandern wir in leichter Aufwärtstendenz an einem Wald entlang, wobei sich schöne Ausblicke auf Distelhausen und das Taubertal ergeben.
Bei erster Gelegenheit biegen wir rechts ab und nach wenigen Metern sogleich wieder nach links. Ein unbefestigter Weg bringt uns aufwärts durch einen Wald hindurch an den Rand der Weinberge auf dem **Kreuzberg**. Dort gehen wir auf einem geteerten Flurweg rechts an der Rebfläche entlang,

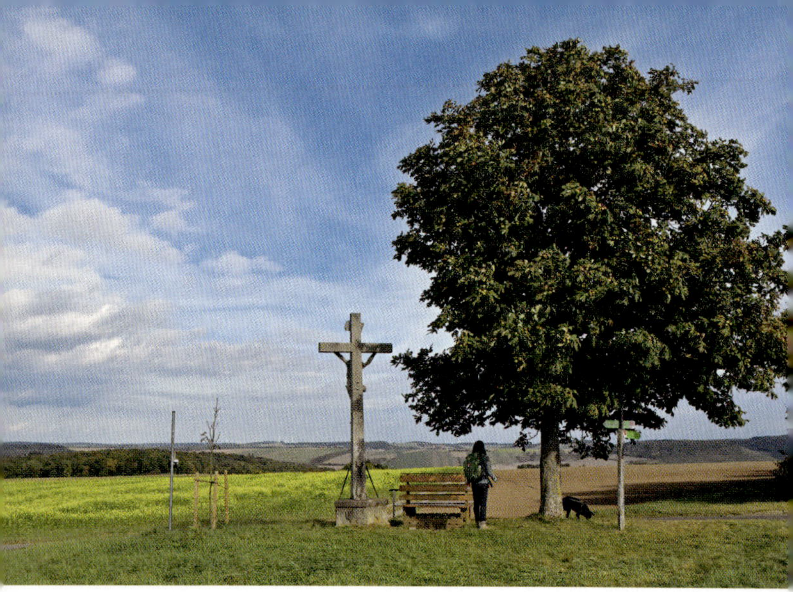

Am Aussichtspunkt Wetterkreuz.

wobei unser Blick über das Taubertal bis nach Lauda schweift. Am Waldeck bei einem **Kruzifix** und einer Rastbank rechts aufwärts zwischen Wein und Wald. Der Weg macht kurz darauf eine Linksbiegung und verläuft dann längere Zeit am Waldrand entlang – links von uns die von Wiesen unterbrochenen Rebflächen, dahinter in der Ferne das Taubertal mit Gerchsheim. Weiter geht es in leichtem Anstieg über die Feldflur, bis unser Schotterweg eine Rechtskurve macht. Dort nehmen wir einen Wiesenweg nach links und halten uns beim folgenden Wegweiser rechts hoch zum **Wetterkreuz** ❸, dem höchsten Punkt unserer Tour. Der Name des Flurkreuzes geht auf das Jahr 1714 zurück, als es von einem Überlebenden eines schweren Unwetters gestiftet wurde. Ein schattiger Rastplatz unter einem mächtigen Kastanienbaum und die herrliche Aussicht bis hinein in den Spessart rechtfertigen eine längere Pause, bevor wir unsere Tour fortsetzen.

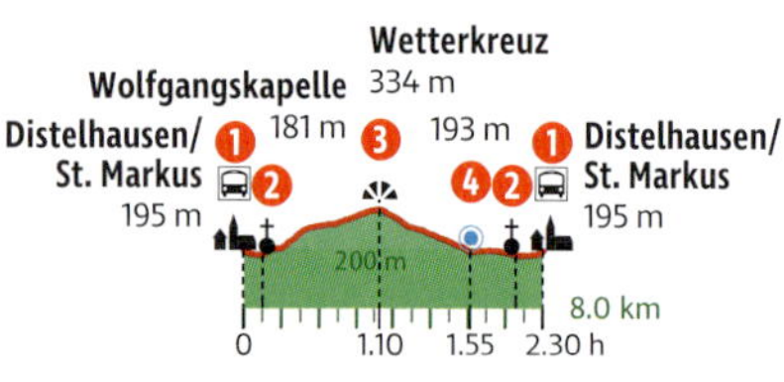

Wir steigen wieder wie auf dem Herweg hinunter zum Wegweiser, von wo es nun nahezu geradlinig den Abhang hinuntergeht. Kurz vor einem Wäldchen biegen wir links ab und steuern über Felder auf den gegenüberliegenden Waldstreifen zu. Davor

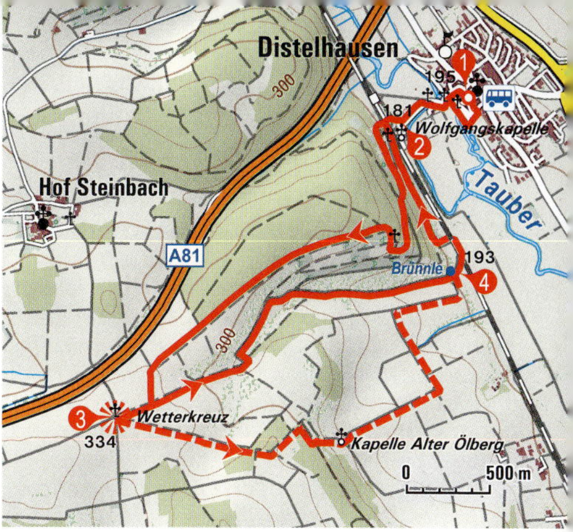

macht unser geschotterter Weg eine Rechtsbiegung, führt dann eine Zeitlang abwärts am Waldrand entlang und schließlich in ein lichtes Laubwaldstück hinein. Darin schwenken wir links auf einen geschotterten Querweg ein, auf dem wir die Senke des **Eberstales** durchwandern, die sich zwischen Wald und Feldern talwärts hinzieht. Unten beim **Brünnle** ❹ stoßen wir auf einen Asphaltweg, dem wir nach links hinunter zu einem Fahrweg folgen, der parallel zum Bahngleis verläuft. Weniger als 100 m nach links gehend, halten wir uns links auf einem Wiesenpfad den Abhang hoch und wenden uns dann nach rechts.

Vorbei an Streuobstwiesen geht es nun immer stur geradeaus, bis unser Pfad in einen Asphaltweg mündet. Auf diesen rechts abbiegend gelangen wir zurück zur Bahnüberführung unseres Herweges. Von dort auf der Treppe hinunter zum **Friedhof** und weiter zurück zum Ortsrand von **Distelhausen**. Jetzt biegen wir aber rechts in die Straße »Zum Brünnle« ab, passieren die Brunnenanlage und steigen dahinter auf Treppenstufen links hoch ins Dorf. Über die Frühlingstraße gelangen wir zurück zu unserem Ausgangspunkt auf dem **Kirchplatz** ❶.

Distelhausen am Ufer der Tauber.

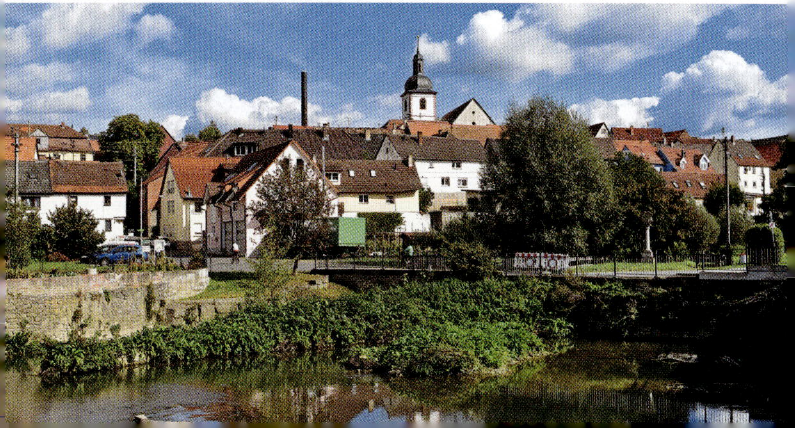

↗ 350 m | ↘ 350 m | 15.1 km

34 Von Königheim über Weikerstetten nach Gissigheim

3.50 h

Zum Hohen Bild und zur Schutzengelkapelle

Die Tour startet in barockem Ambiente auf dem Kirchplatz von Königheim, einem der bekanntesten Weinorte in Tauberfranken. Mit dem Wein kommen wir auch am Ortsrand gleich in Berührung, steuern aber dann auf der Ackerhochfläche das Hohe Bild an, einen alten Bildstock am Wallfahrtsweg nach Walldürn. Durch einen Hochwald hindurch geht es hinunter in das kleine Dorf Weikerstetten und von dort über einen bewaldeten Höhenrücken hinweg und längs des idyllischen Willentales hinab nach Gissigheim. Im Dorf statten wir der 1712 erbauten Schutzengelkapelle einen Besuch ab, bevor wir uns auf den Rückweg machen. Vorbei an den sonnenbeschienenen Rebenhängen des Hemmentales kehren wir schließlich nach Königheim zurück. Da es unterwegs keine bzw. nur von den Öffnungszeiten stark eingeschränkte Einkehrmöglichkeiten gibt, sei dringend empfohlen, den Rucksack mit ausreichend Proviant und Getränken zu füllen.

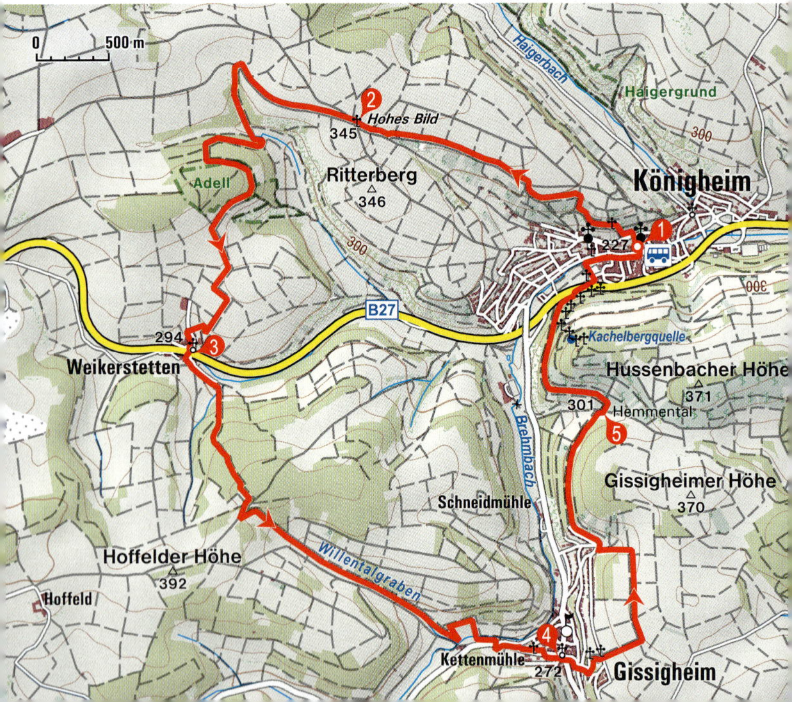

Ausgangspunkt: Königheim, Kirchplatz (227 m). Anfahrt mit ÖV: Bahn bis Bahnhof Tauberbischofsheim, von dort mit Bus 999 bis Haltestelle Königheim Rathaus. Navi: 97953 Königheim, Kirchplatz 2 (Parkmöglichkeiten an der Hauptstraße).
Anforderungen: Nur ein etwas steilerer Anstieg, ansonsten moderate An- und Abstiege; teils auf unbefestigten Wegen, teils auf geschotterten und geteerten Flurwegen.
Markierung: LT 9.
Einkehr: In Gissigheim: Café Berberich, Schlossstr. 42, Tel. 09340/873, Di u. Fr 9–24 Uhr, Mi/Do 9–18 Uhr, Sa 9–13 Uhr, So 11–24 Uhr, Mo Ruhetag; Gasthaus Zum Engel, Ralf Bartholme Catering, Hauptstr. 31, Tel. 09341/8972533, engel.kenche.de, Mi, Do u. So 17.30–24 Uhr, Fr/Sa 17.30–1 Uhr, Mo/Di Ruhetage. In Königheim: Geier's Wein-Wirtschaft, Baugasse 7, Tel. 09341/4539, oekowein gut-geier,de/wein-wirtschaft, nur saisonal im Frühjahr u. Herbst geöffnet.
Karte: W207 Tauberbischofsheim 1:25 000.
Info: Bereits in der ersten urkundlichen Erwähnung Königheims in 1149 spielte der Wein eine wichtige Rolle. Seine größte Blüte erlebte der Winzerort jedoch im 18. Jh., wovon heute noch prachtvolle Fachwerkweinhöfe mit ihren charakteristischen Rundbogentoren und die kunstvollen Träublesbildstöcke zeugen. Im 19. Jh. kam der Weinbau aufgrund eines massiven Auftretens von Schädlingen nahezu zum Erliegen und wurde erst nach dem Zweiten Weltkrieg zu neuem Leben erweckt. Heute gibt es immerhin drei Vollerwerbsweingüter, darunter eines, das sich ganz dem ökologischen Weinbau verschrieben hat. Unbedingt sehenswert in Königheim sind die barocke Pfarrkirche St. Martin mit einer Ölbergszene am Treppenaufgang sowie das alte Rathaus (koenigheim.de).

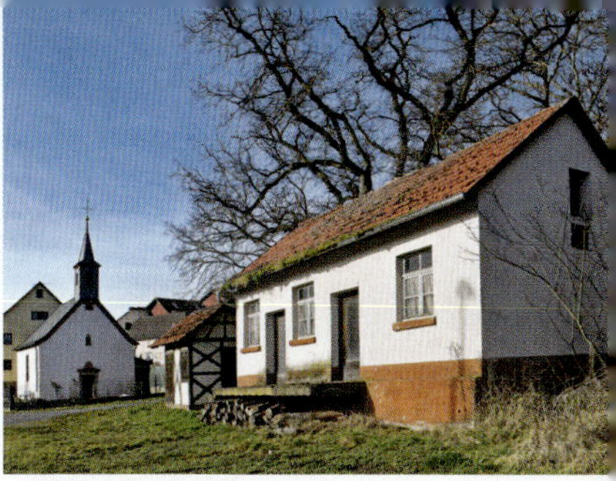

Kapelle in Weikerstetten.

Auf dem **Kirchplatz ❶** in **Königheim** finden wir den Einstieg in unseren mit LT 9 markierten Rundweg. Vor der Pfarrkirche St. Martin nehmen wir die Treppe hoch zur Schule und halten uns dahinter rechts in die Weinberge hinein. Bei der ersten Wegkreuzung (dort steht ein Kreuzschlepper) links abbiegend gelangen wir zu einem Querweg, dem wir rechts aufwärts ans Ende der Weingärten folgen. Dort orientieren wir uns nach links und wandern nun oberhalb der Rebenhänge weiter. Vorbei an einer Wegböschung aus Muschelkalkgestein geht es hoch auf die Ackerhochfläche, wo wir links auf einen unbefestigten Feldweg einschwenken.

Gut einen Kilometer gehen wir auf ihm in nahezu geradlinigem und ebenerdigem Verlauf entlang, bis er in einen geteerten Wirtschaftsweg mündet. Rechts abbiegend ist es von dort nicht mehr weit zum **Hohen Bild ❷**, einem Bildstock an der alten Pilgerroute zum Wallfahrtsort Walldürn. Das aus rotem Buntsandstein gehauene Kunstwerk mit der eingravierten Jahreszahl 1608 stellt reliefartig den Gekreuzigten dar, dazu zwei Wappenschilde, die vermutlich auf die adligen Stifter der Marter hindeuten. Das

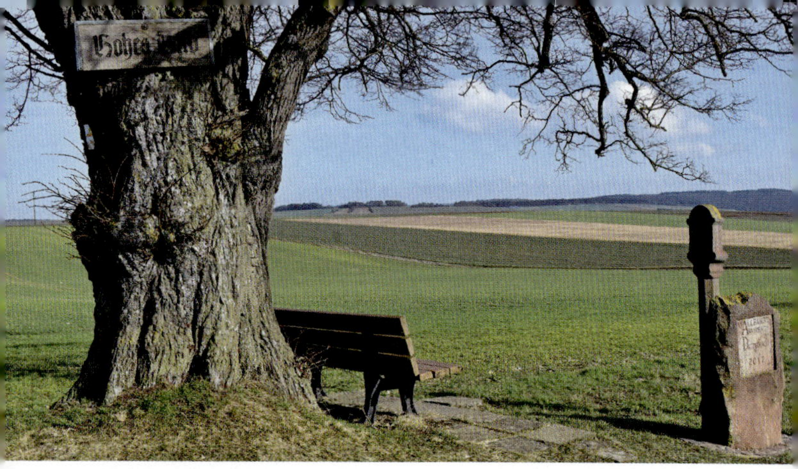

Schöner Rastplatz beim Hohen Bild.

Flurdenkmal steht direkt neben einer mächtigen Linde, unter der es sich im Sommer auf einer Rastbank angenehm schattig pausieren lässt.

Hinter dem Ensemble biegen wir gleich links ab, auch wenn zunächst von unserer Markierung nichts zu sehen ist. Sie taucht aber im weiteren Verlauf wieder auf und führt uns zuverlässig über die Feldflur leicht abwärts hinunter zu einem Heckengesträuch. Dort biegen wir scharf links auf einen Feldweg ab, der sich längs eines Taleinschnittes an einem Waldrand abwärts hinzieht. Unten überqueren wir die Wiesenaue eines meist ausgetrockneten Baches und halten uns danach ein paar Meter nach links. Dann rechts aufwärts in ein Waldgebiet hinein, das wir in einigen gut markierten Richtungswechseln und über eine Lichtung hinweg durchschreiten. Am Waldrand geht es rechts hinaus auf die Feldflur, wo uns unsere Markierung stetig abwärts hinunter nach **Weikerstetten** weist. Wir überqueren in dem kleinen Dorf bei der **Kapelle** 3 die Bundesstraße (B27) und verlassen es kurz danach auch schon wieder nach links.

Nach dem Aussiedlerhof rechts, dann über eine Wiese hoch ins **Eichenhölzle** (so der Name dieses Waldes). Es folgt eine etwas längere und steilere Aufwärtspassage durch den schattigen Forst, bis wir auf dem Hochplateau ankommen. Nun ebenerdig zu einer unbefestigten Waldfuhre und auf dieser rechts bis zu einer Wegverzweigung. Dort scharf links abbiegen und nach einer Rechtsbiegung stetig abwärts längs des lang gezogenen, idyllischen **Willentales** wandern. Auf Höhe der Kettenmühle knickt unsere Route scharf nach links ab, wendet sich aber gleich wieder nach rechts auf den nahen Wald zu. Davor geht es rechts den Abhang hinunter, dann links am **Brehmbach** entlang und schließlich rechts über diesen hinweg. Über den Bleichwiesenweg, einen Fußweg und die Brehmer Straße führt uns unsere

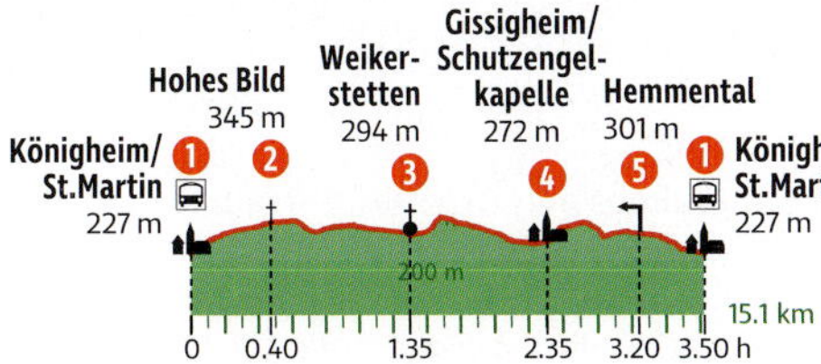

LT-9-Markierung zur **Schutzengelkapelle** 4 in der Ortsmitte von **Gissigheim**. Das barocke Kirchlein wurde im Jahr 1712 vom ortsansässigen Adelsgeschlecht derer von Bettendorf erbaut. Der Sohn des Stifters widmete die Kapelle den heiligen Schutzengeln aus Dankbarkeit für seine wundersame Befreiung aus türkischer Gefangenschaft. Hinter dem Sakralbau biegen wir rechts in Richtung Heckfeld (Straßenwegweiser beachten) ab, dann links in die Badgasse. Links einschwenkend auf eine namenlose Straße gelangen wir, vorbei an einer **Mariengrotte**, hinauf zum Friedhof.

Rechts um diesen herum wandern wir über den Tannenweg hinweg hoch auf die Feldflur (auf drei Windräder zu). Dem querenden Feldweg folgen wir ebenerdig nach links, wobei wir das links von uns im Tal liegende Gissigheim passieren. Nach etwa 600 m links an Hecken vorbei hinunter an den Ortsrand, dort rechts zur Bergstraße, die nach einer Linksbiegung in den Rebenweg übergeht. Dieser führt hinter den letzten Häusern in einen lichten Laubwald hinein, den wir ohne größere Höhenunterschiede gemütlich durchwandern. Nach Austritt aus dem Forst geht es hinunter in den Einschnitt des **Hemmentales** 5, an dessen nach Süden ausgerichteter Flanke Wein angebaut wird. Dem Querweg, einem geteerten Wirtschaftsweg, folgen wir etwa 30 m nach rechts, steigen in der Folge links durch ein Rebenfeld hindurch ein paar Meter nach oben und halten uns dann nach links.

Nun immerzu unterhalb der Weinberge entlang, schließlich in einer Rechtsbiegung in den Wald hinein, den wir hangabwärts durchschreiten. Unten vor der B27 halten wir uns auf einem Fuß- und Radweg nach rechts und folgen ihm nach links unter der Bundesstraße hindurch. Danach gehen wir rechts auf **Königheim** zu, biegen vor dem Friedhof links ab und schwenken rechts in die Hardheimer Straße ein, die in die Hauptstraße übergeht. Auf dieser gelangen wir längs des kanalisierten Brehmbaches zurück zu unserem Ausgangspunkt beim **Kirchplatz** 1.

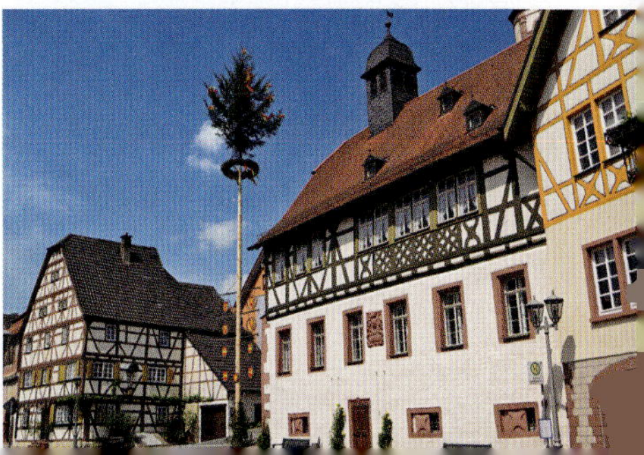

In der Ortsmitte von Königheim.

↗ 360 m | ↘ 360 m | 14.6 km

35 Von Tauberbischofsheim nach Königheim

4.30 h

Unterwegs auf dem Jakobsweg Odenwald–Main–Taubertal

Zwei bestens markierte Fernwanderwege geben uns auf dieser Tour die Richtung vor, sodass unterwegs Orientierungsprobleme kein Thema sind. Zunächst geleitet uns der Panoramaweg Taubertal, begleitet von mehreren anderen Weitwanderwegen, von Tauberbischofsheim ins idyllische Leintal. Dort übernimmt dann der Jakobsweg Odenwald–Main–Taubertal die Führung und bringt uns zuverlässig über Dienstadt und Königheim zurück zu unserem Ausgangspunkt. Der alte Pilgerweg beginnt eigentlich in Miltenberg am Main und endet nach 183 km in Rothenburg ob der Tauber. Er verbindet prachtvolle Kirchen und romantische Fachwerkdörfer miteinander, in denen Darstellungen des heiligen Jakobus aufgesucht werden können. Wir begegnen ihm auf unserer Wanderung in Dienstadt in der Jakobskirche und dem davor stehenden Jakobsbrunnen. Dazu verleihen die barocke Pfarrkirche St. Martin in Königheim und die Kapelle auf dem Stammberg unserer Tour einen spirituellen Touch.

Ausgangspunkt: Tauberbischofsheim, Bahnhof (185 m). Anfahrt mit ÖV: Tauberbahn auf der Strecke Wertheim–Tauberbischofsheim–Crailsheim. Navi: 97941 Tauberbischofsheim, Bahnhofstr. 17 (Parkplätze auf dem Bahnhofsvorplatz).
Anforderungen: Weitgehend moderate An- und Abstiege, nur die beiden Aufstiege auf die Dienstadter Höhe und den Stammberg sind etwas steiler; es überwiegen geschotterte und geteerte Wege.
Markierung: Panoramaweg Taubertal (auch Main-Donau-Weg und E8), Jakobsweg (von Königheim zurück nach Tauberbischofsheim auch E8 und umgedrehtes gelbes T).
Einkehr: In Königheim: Geier's Wein-Wirtschaft, Baugasse 7, Tel. 09341/4539, oekoweingut-geier.de/wein-wirtschaft, nur saisonal im Frühjahr u. Herbst geöffnet. In Tauberbischisheim: Cafés, Gaststätten und Restaurants, tauber bischofsheim.de.
Karte: W207 Tauberbischofsheim 1:25 000.
Tipp: In der sehenswerten Altstadt von Tauberbischofsheim lohnt ein Besuch des Tauberfränkischen Landschaftsmuseum im Kurmainzischem Schloss. Neben den Abteilungen für Vor- und Frühgeschichte, Volkskunde, sakrale Kunst, altes Handwerk und Gewerbe widmet sich eine Ausstellung auch dem Weinbau in der Region (tauberfraenkischeslandschaftsmuseum.de).

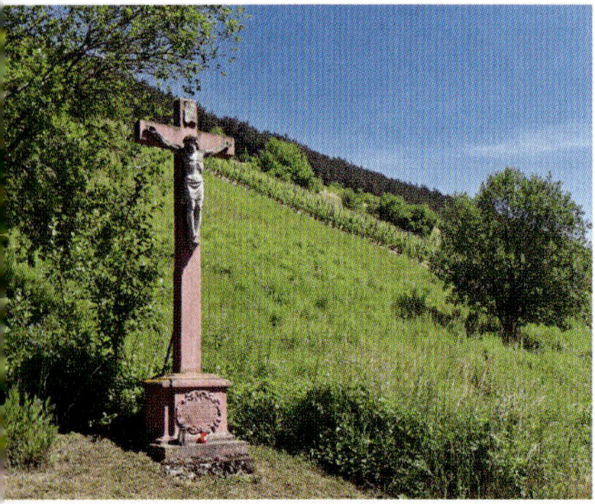

Steinkruzifix im Leintal.

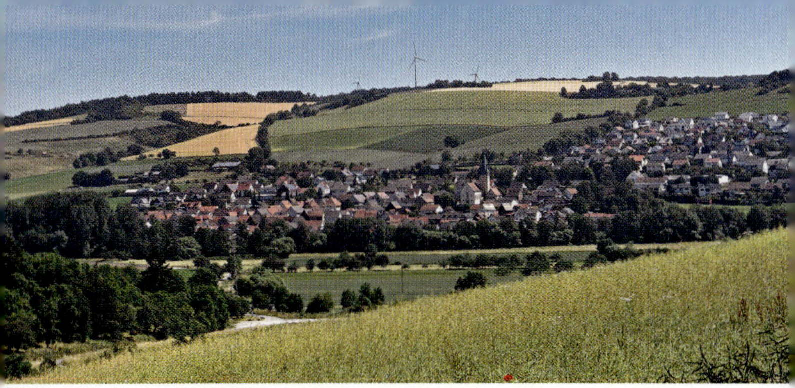

Blick ins Taubertal mit Impfingen.

Vom **Bahnhof Tauberbischofsheim ❶** gehen wir, zunächst ohne eine Markierung, etwa 100 m ortseinwärts. Rechts abbiegend überqueren wir auf einem beschrankten Bahnübergang die Gleise und stoßen dabei auf die Wegzeichen mehrerer Fernwanderwege. Primär orientieren wir uns am roten Wanderstiefel des Panoramaweges Taubertal, mit dem wir erst ein Stück der Hochhäuser Straße folgen und gleich halb links in die Wellenbergstraße einschwenken. Über den Birkenweg, eine längere Treppenpassage und leicht versetzt über den Lindenweg hinweg geht es nun immerzu hangaufwärts durch das Wohngebiet. Schließlich bringt uns der Schützenweg hoch an den Ortsrand, wo unsere Route rechts in den Schirrmannweg abzweigt.

Jetzt beginnt unsere Wanderung erst so richtig, da wir die Stadt endlich hinter uns lassen können. Hinter dem letzten Haus halten wir uns nun einige Zeit an der Hangkante entlang, wobei wir rechts unter uns den nordwestlichen Randbereich von Tauberbischofsheim passieren. Zunächst wandern wir durch lichtes Heckengesträuch hindurch, dann immerzu am Saum eines Nadelwaldes entlang. Dabei ergeben sich öfters schöne Ausblicke über Wiesen und wogende Getreidefelder hinweg bis hinüber nach Impfingen auf der anderen Seite des Taubertales. In der Folge führt uns unser Weg in einer Linksbiegung durch ein Waldeck hindurch und anschließend hangabwärts an den Waldrand. Dort biegen wir rechts ab und gelangen über einen Wiesengrund hinweg hinunter an den nördlichen Rand des **Leintales ❷**. Es wird vom Abhang des Hunsenberges flankiert, an dem auf einigen Parzellen Weinbau betrieben wird.

Wir halten uns auf dem querenden Asphaltweg nach links und folgen nun dem Emblem des Jakobsweges Odenwald–Main–Taubertal, der von rechts zu uns gestoßen ist. Vorbei an einem großen **Steinkruzifix** biegen wir bei der ersten Gabelung links in den Wald hinein ab (der Panoramaweg Taubertal und die übrigen Fernwanderwege verabschieden sich hier nach rechts).

Darin geht es in einer schlaufenförmigen Routenführung stetig, teils etwas steiler, aufwärts, wobei alle Abbiegestellen bestens mit einer stilisierten Jakobsmuschel markiert sind. Oben auf dem Plateau der Dienstadter Höhe gehen wir etwa 140 m links an der Landstraße L504 entlang und halten uns dann rechts längs des Waldrandes über Felder hinunter nach **Dienstadt**. Trotz seines Namens ist der Ort nur ein kleines Dorf, das nach Tauberbischofsheim eingemeindet wurde. Wir durchqueren es auf der »Unteres Dorf« genannten Hauptstraße und halten kurz bei der **Jakobskirche** 3 inne. Der davor stehende Jakobsbrunnen bietet sich idealerweise an, um Gesicht und Armen nach dem schweißtreibenden Anstieg von vorhin etwas Kühlung zu verschaffen.

Links auf den Königheimer Weg einschwenkend passieren wir am Ortsrand den Friedhof und eine kleine Kapelle und streben dann wieder hinaus auf die Feldflur. Vorbei an einem Aussiedlerhof wandern wir über die Kuppe der Ackerhochfläche hinweg hinunter nach **Königheim**. Über die Dienstadter Straße, die Prof.-Träger-Straße und über einen Verkehrskreisel hinweg auf der Tauberbischofsheimer Straße halten wir uns ortseinwärts bis an den Beginn der **Hauptstraße** 4. Wer in den alten Ortskern mit einigen sehenswerten Fachwerkgebäuden und der barocken Pfarrkirche St. Martin möchte, geht geradeaus weiter. Ansonsten biegen wir links in den **Klinggraben** ab, wobei uns neben der stilisierten Jakobsmuschel auch die Markierungen E8 und »umgedrehtes gelbes T« zurück nach Tauberbischofsheim begleiten. Hinter dem Ortsrand unterqueren wir in einer Unterführung die Bundesstraße B27 und halten uns danach sogleich nach links.

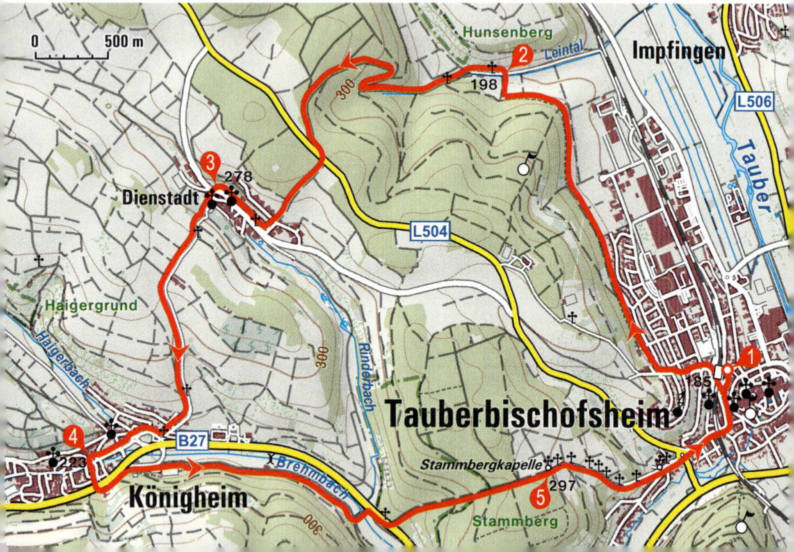

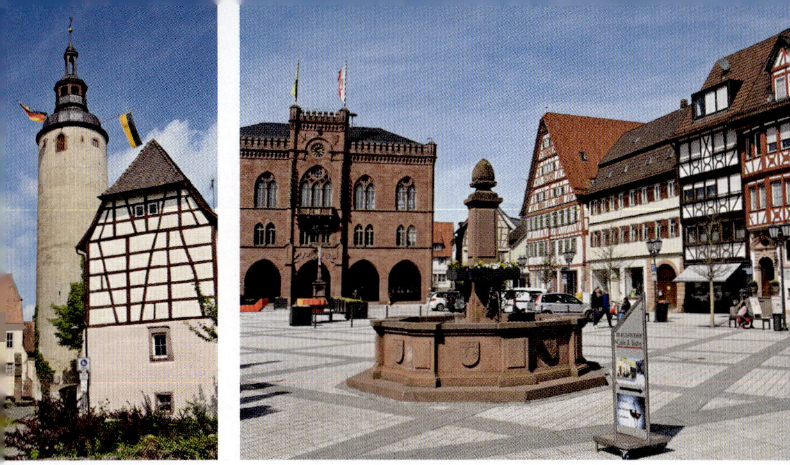

Schloss (links) und Marktplatz (rechts) in Tauberbischofsheim.

Diesem Weg folgen wir zunächst parallel zur B27 aus dem Ort hinaus, dann rechts abbiegend eine Zeitlang am Rande der Talaue des **Brehmbaches** entlang. Dann links halten und erst den Bach, dann die B27 überqueren und Letzterer ein Stückchen nach rechts folgen. Nach einigen Metern weisen uns unsere Markierungen nach links auf einem schmalen Pfad in den Wald hinein und wir erklimmen auf einer längeren und zum Teil etwas steileren Passage den Stammberg. Oben angekommen lädt uns die malerische **Stammbergkapelle** ❺ zu einer willkommenen Rast ein. Mit frischen Kräften steigen wir auf dem von herrlichen Kastanienbäumen gesäumten Stationsweg hinunter nach Tauberbischofsheim.
Über Stammbergweg, Königheimer Straße und Hauptstraße finden wir zurück in die Ortsmitte von **Tauberbischofsheim**. Zum Abschluss unserer Tour empfiehlt sich ein Abstecher zum Kurmainzischen Schloss mit seinem markanten Türmersturm oder zum Marktplatz mit dem neugotischen Rathaus. In jedem Falle hat der auf den heiligen Bonifatius zurückgehende Ort viele interessante Facetten zu bieten. Wer zum Besichtigen zu müde ist, hält sich auf der Hauptstraße nach links, um so zum Ausgangspunkt am **Bahnhof** ❶ zurückzukehren.

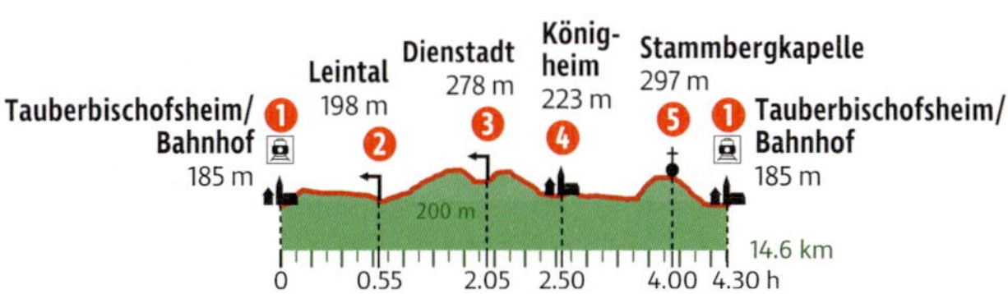

TOP

36 Von Großrinderfeld ins Welzbachtal

↗ 320 m | ↘ 320 m | 16.2 km

4.50 h

Unterwegs in einer Landschaft mit vielen Facetten

Diese abwechslungsreiche Tour vereint so ziemlich alles, was das Taubertal und sein Umland landschaftlich zu bieten haben. Ausgehend von Großrinderfeld geht es zunächst über die weite, von wallenden Getreidefeldern bestandene Hochfläche des Häusemerberges. Dann durch schattigen Mischwald hindurch hinunter in den Talgrund des Welzbaches, wo die viel besuchte Liebfrauenbrunnkapelle mit ihrer angeblich heilwirksamen Quelle einen kleinen Umweg lohnt. Im weiteren Verlauf wandern wir über den Höhberg, haben dabei eine schöne Aussicht vom »Tauberblick« und erkunden die kargen Trocken- und Halbtrockenrasenflächen im Naturschutzgebiet Lindenberg. Vorbei an einem kleinen Weinberg auf dem Bellberg kehren wir in leichtem Auf und Ab über die Feldflur zurück zu unserem Ausgangspunkt.

Ausgangspunkt: Großrinderfeld, Marktplatz (308 m). Anfahrt mit ÖV: Bahn bis Hauptbahnhof Würzburg, von dort (ZOB) mit Bus 850 bis Haltestelle Großrinderfeld Ortsmitte. Navi: 97950 Großrinderfeld, Hauptstr. 1 (Parkplatz Ecke Brunntaler Straße).
Anforderungen: Überwiegend moderate An- und Abstiege, nur der Pfad durch das NSG Lindenberg erfordert stellenweise Trittsicherheit; meist auf geschotterten und geteerten Wegen, etappenweise auch auf naturbelassenem Untergrund; teils über offenes Gelände.
Markierung: LT 8, ohne Markierung, LT 8.
Einkehr: Unterwegs keine Möglichkeit. In Großrinderfeld: Tauber Drehspieß Döner Dürüm, Hauptstr. 29, Tel. 09349/9299911, Mo Ruhetag; Pizzeria Izmir, Turnhalle Großrinderfeld, Frankenstr. 11, Tel. 0151/28841839, Mi–Sa 17–21.30 Uhr, So 11.30–14.30 Uhr u. 17–21 Uhr, Mo/Di Ruhetage.
Karte: W204 Wertheim 1:25 000.
Info: Im Naturschutzgebiet Lindenberg kann idealtypisch die Vegetationsabfolge der Taubertalhänge studiert werden. Oben auf der Kuppe wächst ein Eichen-Hainbuchen-Wald, der sich zur Hangkante auflockert in einen Waldmantel mit Krüppeleichen und Krüppelbuchen. Dann folgt ein wärmeliebender Saum mit Diptam-Stauden oberhalb der von Kalkmagerrasen bestandenen Freifläche. Diese felsige, südwestexponierte Hangzone bietet vielen Wärme und Trockenheit liebenden Tier- und Pflanzenarten einen einzigartigen Lebensraum, z.B. der Italienischen Schönschrecke und dem Grauscheidigen Federgras. Am Hangfuß des Lindenberges erstrecken sich schließlich kleinere Obstbaumwiesen, Magerwiesen und Äcker.

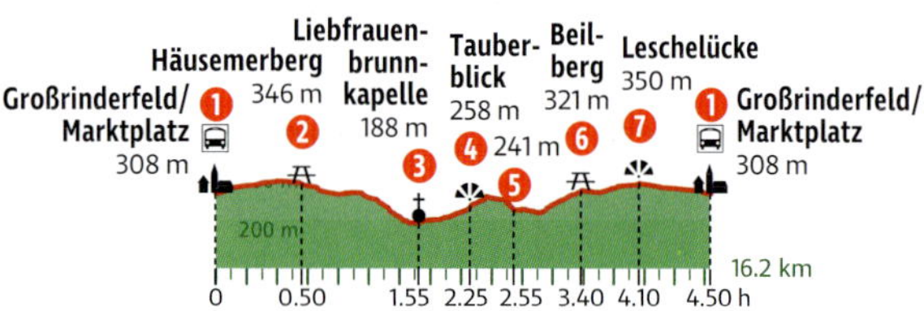

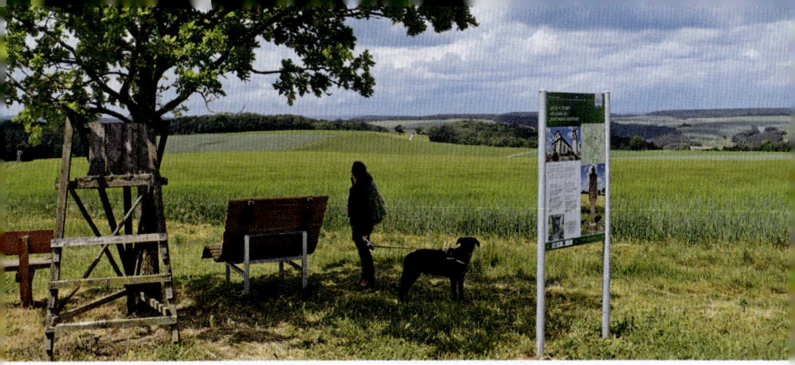

Rastplatz am Häusemerberg.

Wir starten auf dem **Marktplatz** ❶ in **Großrinderfeld** beim Wanderportal des Rundweges LT 8, dessen Wegführung uns wieder hierher zurückbringen wird. Einem Wegweiser in Richtung Häusemerberg folgend gehen wir auf der Wenkheimer Straße in nordwestlicher Richtung, biegen links in die Drosselgasse, dann rechts in die Mittlere Gasse ab und halten uns oben auf der Hinteren Gasse nach links. Hinter einem Bauernhof schwenken wir rechts auf einen Schotterweg ein, der uns hinaus auf die Feld- und Wiesenflur führt. Bei der ersten Gabelung nehmen wir den rechts abzweigenden Grasweg und gelangen auf ihm nahezu geradlinig zu einem querenden Asphaltweg. Auf diesem etwa 70 m nach rechts, bevor wir links auf einen Grasweg abbiegen, auf dem wir vorbei an einem kleinen Flurkreuz auf ein großes Steinkruzifix zusteuern.

Davor links auf einen geteerten Flurweg und in dessen Linkskurve rechts auf einem unbefestigten Feldweg leicht aufwärts. Durch eine kleine Senke hindurch geht es hoch zu einem Querweg, dem wir knapp 50 m aufwärts bis zu einem einzeln stehenden Baum folgen. Dort biegen wir rechts ab und wandern gemütlich mit einem schönen Rundumblick bis in den Spessart über die Hochfläche des **Häusemerberges**. Nach etwas mehr als 700 m erreichen wir einen querenden Asphaltweg und auf diesen links einschwenkend einen schattigen **Rastplatz** ❷ unter einem Baum. Eine Ruheliege und eine Rastbank laden zu einer kleinen Pause ein. Weiter auf einem nach rechts abzweigenden Grasweg und bei einem Jägerstand links hinunter zu einem querenden Schotterweg. Auf diesen rechts einschwenkend erreichen wir eine Wegkreuzung, wo wir uns nach links auf einen Wald zu halten. Zunächst gehen wir an dessen Rand entlang, dann links in ihn hinein. Darin stoßen wir nach etwa 170 m bei einer Verzweigung auf den geschotterten Kiesbuckelweg, dem wir nach rechts folgen.

Es geht nun eine Zeitlang stetig abwärts durch den Forst, bis durch die Bäume hindurch die ersten Häuser von Werbachhausen zu sehen sind. Unten biegen wir links in den ebenfalls geschotterten Kapellenweg ab (Wegwei-

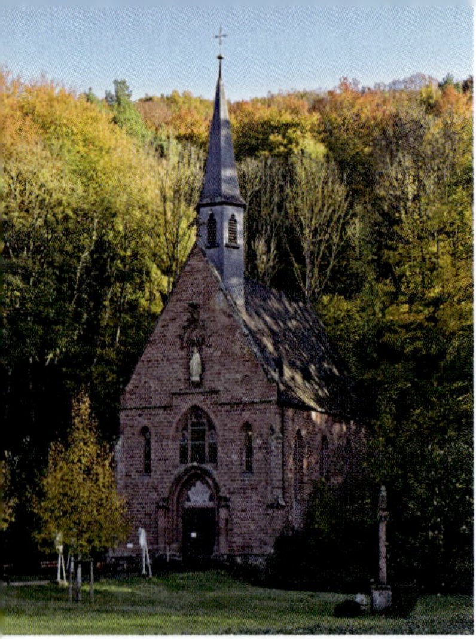

Die Wallfahrtskapelle Liebfrauenbrunn.

ser »Liebfrauenbrunnkapelle 0,6 km/ Tauberblick 2,2 km«), werden aber nach etwa 150 m unserer LT-8-Markierung untreu und wechseln auf einen rechts abgehenden schmalen Pfad. Er bringt uns ohne Markierung die halbwegs steile Uferböschung des Welzbaches hinunter und dann nach einer Linksbiegung entlang des Baches zur **Liebfrauenbrunnkapelle** ❸. Das aus dem 15. Jh. stammende und 1902 neu errichtete Kirchlein ist das Ziel einer Wallfahrt. Nicht zuletzt wegen einer Quelle, die sich im Gewölbe unterhalb der Kapelle befindet. Ihr wird nämlich eine heilbringende Wirkung, besonders bei Augenleiden, zugeschrieben, was allerdings wissenschaftlich nicht belegt ist. Mithilfe eines Knopfdruckes kann das Wasser von jedermann gezapft werden. Auch wir füllen unsere Trinkflaschen mit dem kühlen Nass, da unser Weg sowieso durch das Gewölbe hindurch verläuft.

Weiter am Bach entlang und links die Uferböschung hoch gelangen wir wieder zu unserer LT-8-Route und folgen ihr nach rechts aus dem Wald hinaus, bis der Ort Werbach auf der anderen Seite des Welzbaches zum Greifen nahe ist. Links abbiegend geht es auf Asphalt nun aufwärts in einen Nadelwald hinein, darin rechts auf einen Pfad, der uns in einem halbwegs steilen Anstieg hoch zu einem breiten Schotterweg bringt. Auf diesem rechts weiter ansteigend zum **Aussichtspunkt Tauberblick** ❹. Er liegt ein paar Meter abseits des Weges an der Hangkante und bietet tatsächlich einen sehenswerten Ausblick über das Taubertal bei Werbach.

Zurück auf dem Schotterweg steigen wir in einer Linksbiegung weiter nach oben. Auf der Hochfläche passieren wir die Oberkante eines ausgedehnten Steinbruchareals (hier wird der Untere Muschelkalk abgebaut). Danach treten wir erneut in den Wald ein und biegen bei erster Gelegenheit rechts auf einen naturbelassenen Weg ab, der uns stetig abwärts hinunter an den Rand des **Naturschutzgebietes Lindenberg** ❺ führt (siehe Info). Wir durchqueren die steinige, von Trocken- und Halbtrockenrasen bewachsene Freifläche auf einem engen, an der Hangkante entlang verlaufenden Pfad. Nach Verlassen des Naturschutzgebietes biegen wir kurz hintereinander zweimal rechts ab und gelangen auf einem Schotterweg hinunter in den Talgrund des **Beilberggrabens**. Dort links auf einen ebenfalls geschotterten Weg einschwenkend, wandern wir am Bach entlang bis zu einer Weg-

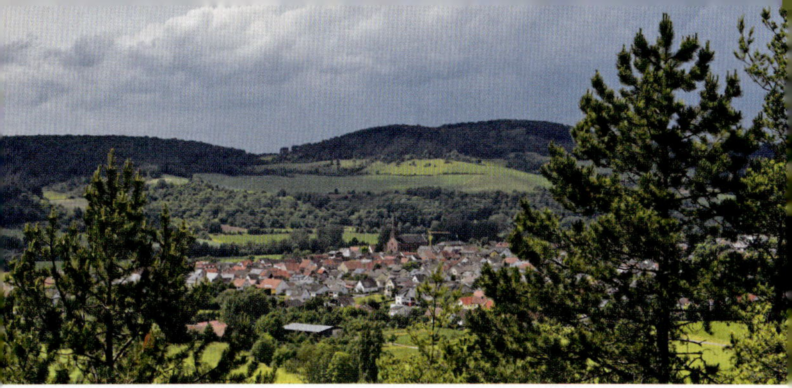

Aussicht vom Tauberblick auf Werbach.

gabelung an einem Waldeck. Wir nehmen den links abzweigenden Weg (wer zunächst rechts abbiegt, gelangt nach wenigen Metern zum Hungerbrunnen, einer im Sommer trocken fallenden Quelle) und biegen nach knapp 100 m rechts auf einen Pfad ab, der steil in den Wald hineinführt. Nach dieser kurzen, aber heftigen Aufwärtspassage folgt ein längerer ebenerdiger Wegabschnitt, wobei im Sommer der Pfad etwas zugewachsen sein kann. Nach Austritt aus dem Forst halten wir uns nach links am Waldrand entlang aufwärts. Dabei gehen wir in einer Rechtsbiegung an einem kleinen Weinberg vorbei. Kurz danach erreichen wir vor einem Wäldchen eine Gabelung, wo uns ein Wegweiser (»Rathaus Großrinderfeld 4,1 km«) nach rechts weist. Das Waldstück selbst hält für uns den schattigen **Rastplatz Beilberg** ❻ bereit, den wir gerne für eine kleine Pause nutzen.

Anschließend wandern wir auf einem schönen Grasweg, vorbei an einem alten **Weinbergskreuz** mit St.-Urban-Figur, hinunter in eine Senke. Von dort geht es hoch an den Waldrand und links abbiegend weiter zum Rast- und **Aussichtspunkt Leschelücke** ❼ am Waldeck. Über die Feldflur steuern wir über das Wetterstal hinweg auf **Großrinderfeld** zu. Am Ortsrand schwenken wir rechts auf die Brunntaler Straße ein und gelangen über die Schwalbenstraße, die Hintere Gasse, die Drosselstraße und die Wenkheimer Straße zurück zu unserem Ausgangspunkt auf dem **Marktplatz** ❶.

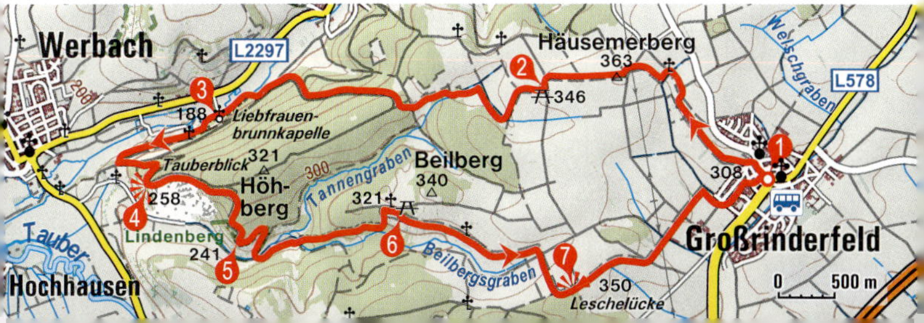

↗ 270 m | ↘ 270 m | 15.0 km

37 Von Werbach über die Neumühle nach Böttigheim

4.40 h

Drei-Täler-Tour mit Aussicht

Ausgehend von dem im Taubergrund gelegenen Werbach wandern wir zunächst entgegen seiner Fließrichtung am Welzbach entlang. Dabei kommen wir am Hirschberg mit Wein in Berührung und genießen beim Wetterkreuz zum ersten Mal auf unserer Tour eine tolle Aussicht. In Werbachhausen wechseln wir auf die andere Bachseite, die wir bis zur Neumühle beibehalten. Dort nochmals das kleine Fließgewässer querend, steigen wir auf die baumlose Ackerhochfläche des Böttigheimer Berges hoch, wo sich uns ein weiter Blick in alle Himmelsrichtungen bietet. Mit dem Naturschutzgebiet am Kreuzberg erreichen wir den Höhepunkt unserer Wanderung. Keinesfalls dürfen wir dort die Wege verlassen, um die sensible Flora und Fauna nicht zu schädigen. Belohnt werden wir mit einer famosen Sicht auf das im Tal uns zu Füßen liegende Böttigheim. Dahin bringt uns ein steil abwärtsführender Stationsweg und zurück nach Werbach gelangen wir auf einer gemütlichen, wenig anstrengenden Passage längs des Talgrundes von Rot- und Limbachgraben.

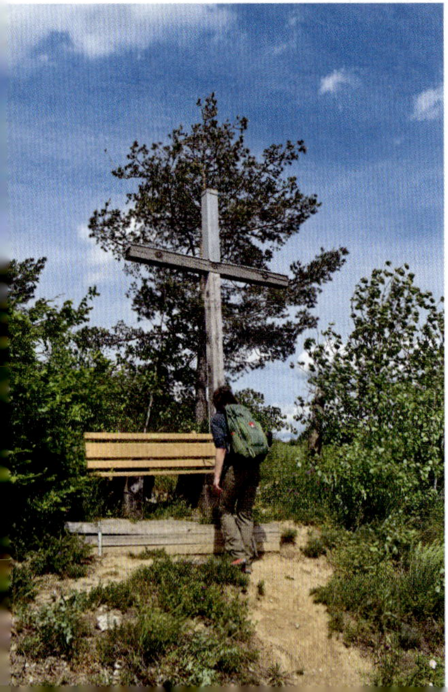

Ausgangspunkt: Werbach, Marktplatz (174 m). Anfahrt mit ÖV: Bahn bis Tauberbischofsheim, dort vom ZOB mit Bus 941 bis Haltestelle Werbach Marktplatz. Navi: 97956 Werbach, Marktplatz 1 (kostenlose Parkplätze vorhanden).
Anforderungen: Überwiegend moderate An- und Abstiege, nur die Passage über den Kreuzberg hinunter nach Böttigheim ist etwas steiler; meist auf geschotterten und geteerten Wegen, etappenweise auch auf naturbelassenem Untergrund; viel offenes Gelände ohne Schatten; auch mit Kindern empfehlenswert.
Markierung: LT-M 2, ohne Markierung, LT 7, weißer Pfeil auf Rot, LT 7.
Einkehr: Unterwegs keine bzw. nur mit eingeschränkten Öffnungszeiten. Daher Rucksackproviant und ausreichend Getränke mitnehmen. In Böttigheim: Hotel Berghof, Neubrunner Weg 15, Tel. 09349/1248, berghof-böttigheim.de, Do–So, telefon. Reservierung erwünscht. In Werbach: Gasthaus Zum Ochsen,

Beim Kreuz auf dem Hirschberg.

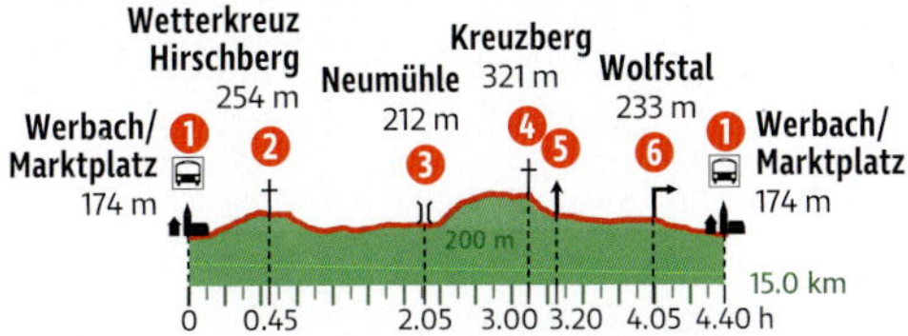

Hauptstr. 49, Tel. 09341/5190, Fr/Sa 17.30–22 Uhr, So 11.30–14 Uhr u. 17.30–21 Uhr; Landhotel Drei Lilien, Hauptstr. 14, Werbach, Tel. 09341/7586, hotel-drei-lilien.de, Mo/Di u. Fr–So 17–24 Uhr, Mi/Do Ruhetage.

Karte: W204 Wertheim 1:25 000.

Info: Das NSG Trockenhänge bei Böttigheim setzt sich aus mehreren trockenwarmen Muschelkalkhängen mit dazwischenliegenden Magerrasen zusammen. Einen Teil davon bildet der Kreuzberg mit seinen steilen, südexponierten Hanglagen, die von offenen Felsbändern durchzogen sind. Aufgrund der extremen Lebensbedingungen finden hier viele besonders wärmeliebende, oft stark gefährdete Arten einen idealen Lebensraum. Darunter Heuschreckenarten wie die Italienische Schönschrecke und die Rot- und die Blauflügelige Ödlandschrecke, Käfer wie der Pillendreher und Schmetterlinge wie der Langfühler-Schmetterlingshaft. Dazu Reptilien wie die Zauneidechse und die Schlingnatter. Sogar Uhus brüten hier wieder seit einigen Jahren. Eine botanische Besonderheit ist neben diversen Orchideenarten der Lothringer Lein (Linum leonii), der normalerweise nur im westlichen Europa vorkommt. Sein Bestand am Kreuzberg ist das derzeit einzig bekannte Vorkommen in Bayern (neubrunn.de/freizeit-tourismus/naturschutzgebiet).

Vom **Marktplatz** ❶ in **Werbach** gehen wir mit der Markierung LT-M 2 auf der Hauptstraße in östlicher Richtung bis zum Verkehrskreisel und links abbiegend auf der Liebfrauenbrunnenstraße bis ans Ortsende. In die Straße »Zieglersgrübe« schwenken wir links ein, halten uns aber gleich wieder nach rechts in die Straße »Blauer Rain«. Sie führt als geteerter Flurweg über Felder leicht ansteigend, vorbei am Gehöft Blauer Rain, hoch in die Weinberge. Dahinter biegen wir in einer engen Linkskurve des Flurweges auf einen rechts abzweigenden Schotterweg ab. Auf diesem gelangen wir durch Strauchwerk hindurch in einer Rechtsbiegung hoch auf den rebenbestandenen **Hirschberg**. Bei dessen **Wetterkreuz** ❷ bietet sich uns ein wunderschöner Blick über das Welzbachtal hinüber zu der am Fuße des Höhberges gelegenen Liebfrauenbrunnkapelle.
In einer Abwärtspassage durch die Weinberge hindurch hinunter zu einem geschotterten Querweg, dem wir etwa 120 m weiter abwärts folgen. Dann aufpassen, denn unsere LT-M-2-Markierung weist uns scharf nach links auf einen Wiesenpfad, der uns längs alter Steinmauern durch Hecken und ein Wäldchen hindurch hinunter an den Rand von **Werbachhausen** bringt. Wir folgen ein paar Meter der Welzbachstraße ortseinwärts nach links und halten uns dann rechts in die Straße »Unter dem Holz« – und zwar ohne Markierung, da LT-M 2 geradeaus weiterführt. Nach Überquerung des

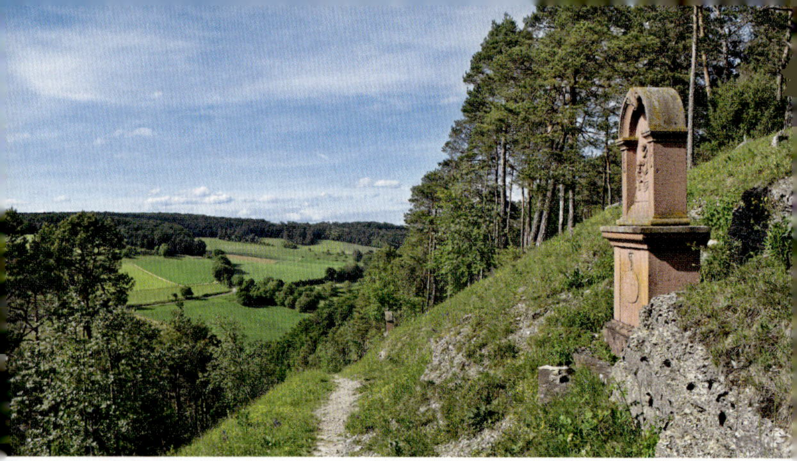

Ein steiler Stationsweg führt vom Kreuzberg abwärts.

Bachgrundes stoßen wir am Waldrand auf die Markierung LT 7, die uns nun bis ans Ende der Tour die Richtung vorgeben wird. Wir biegen mit ihr links in den Leidenweg ab, passieren den Friedhof und betreten kurz danach erneut das Dorf. Nach dem kleinen Kirchlein schwenken wir links in die Klingenstraße ein, dann noch einmal links in die Brunntaler Straße.

Nach knapp 50 m rechts auf den Spechtweg, einen geteerten Fuß- und Radweg, auf dem wir, vorbei an einem überdachten Rastplatz, aus dem Dorf hinausgelangen. Die nächsten knapp 2 km geht es nun immerzu am Talgrund des Welzbaches entlang, bis wir am Ortsrand von **Wenkheim** die **Neumühle** 3 erreichen. Dort biegen wir links ab, überqueren den Bach und die breite L2297 (Lindenstraße) und halten uns danach links in die Straße »Am Kutschenberg« (Straßenwegweiser nach Böttigheim). Das Sträßchen führt in stetem Anstieg hoch auf die weite, baumlose Ackerhochfläche.

In Ermangelung einer besseren Alternative müssen wir die nächsten 2,2 km auf Asphalt zurücklegen, glücklicherweise benutzen nur wenige Autos diese Strecke. Immerhin haben wir von hier oben einen schönen Rundumblick. Nachdem wir linker Hand in etwas Entfernung ein Modellfluggelände passiert haben, geht es nur noch abwärts. Bei der folgenden Wegverzweigung knickt unser LT-7-Weg nach rechts ab und führt dann geradewegs auf Schotter hinunter nach Böttigheim.

Wir folgen ihm allerdings nur knapp 100 m und halten uns bei einem **Bildstock** nach rechts an den Beginn des **Naturschutzgebietes Trockenhänge bei Böttigheim** (siehe Info). Bei der Infotafel orientieren wir uns an dem weißen Pfeil auf Rot für den Nordic-Walking-Panoramaweg. Er führt uns auf Schotter in das Naturschutzgebiet hinein, biegt dann aber scharf links auf einen Pfad ab, der etwas steiler ein paar Meter den felsigen Abhang hinab verläuft und dann nach einer Rechtsbiegung an diesem entlang. Bei einer Rastbank tut sich ein schöner Blick auf das im Tal liegende Böttigheim auf, kurz darauf ist in einem leichten Anstieg das Kruzifix auf dem **Kreuzberg** ❹ erreicht.

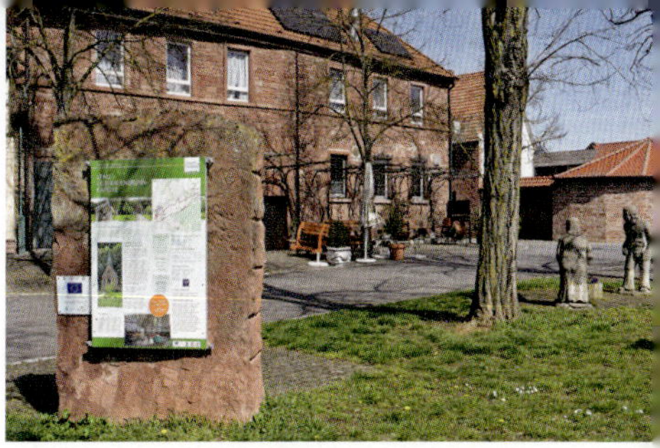

Am Marktplatz in Werbach.

Ein steiler Stationsweg (eher ein Pfad) bringt uns durch einen Waldstreifen hindurch hinunter ins Tal, wo wir links abbiegend eine Wegkreuzung am Ortsrand von **Böttigheim** ❺ erreichen. Dort treffen wir wieder mit unserem LT-7-Weg zusammen und folgen seiner Markierung geradeaus auf einem geteerten Flurweg am Dorf vorbei. Nun geht es immerzu am Talgrund des Rot- und Limbachgrabens entlang, wobei wir die Wassertretanlage von Böttigheim passieren (dahinter steht etwas abseits des Weges eine kleine Kapelle). Im weiteren Verlauf wandern wir einige Zeit längs eines Waldes – unser Asphaltweg mutiert dabei zu einem leicht geschotterten bzw. unbefestigten Feldweg.

Nachdem wir das **Wolfsftal** ❻ in einem kleinen Bogen umgangen haben, ist über die offene Feldflur **Werbach** schnell erreicht. Wir halten uns auf der Straße »Zieglersgrübe« ortseinwärts und biegen auf Höhe des Sportplatzes rechts in die Friedhofstraße ab. Zweimal links abbiegend gelangen wir über die Böttigheimer Straße und die Hauptstraße, vorbei an der Kirche, zurück zum **Marktplatz** ❶.

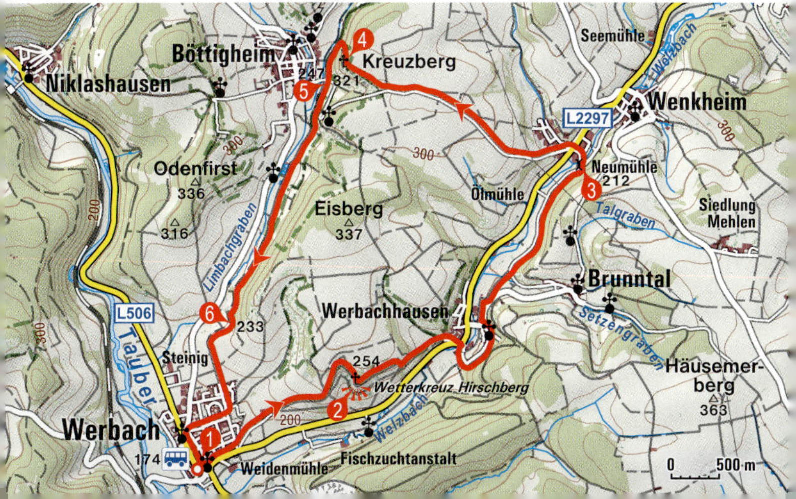

TOP

38

↗ 360 m | ↘ 360 m | 14.5 km

Vom Kloster Bronnbach nach Gamburg

3.50 h

Geschichte auf Schritt und Tritt

Diese landschaftlich sehr abwechslungsreiche Tour verbindet einige der schönsten Sehenswürdigkeiten, die das Untere Taubertal zu bieten hat. Sie beginnt verheißungsvoll im alten Zisterzienserkloster Bronnbach, an dem man nicht achtlos vorbeigehen sollte. Wer keine Zeit für eine ausgiebige Besichtigung hat, sollte zumindest dem kunstvollen Brunnen im Klostergarten einen Besuch abstatten. Über Höhefeld und den aussichtsreichen Neuberg geht es hinunter nach Niklashausen, das durch die tragische Geschichte des »Pfeiffers« Hans Böhm bekannt wurde. In Gamburg erwartet uns schließlich eine stolze Festung, die hoch über dem Dorf und dem Taubergrund thront. Im Ort selbst erinnert so manches Kunstwerk an das Schaffen der Künstlerfamilie Buscher, die von dort stammte. Zurück nach Bronnbach kann man entweder bequem mit dem Zug fahren oder zu Fuß auf schattigen Waldwegen. In letzterem Fall schmeckt das Bier zurück am Ausgangsort natürlich noch viel besser.

Das imposante Kloster Bronnbach mit Klostergarten.

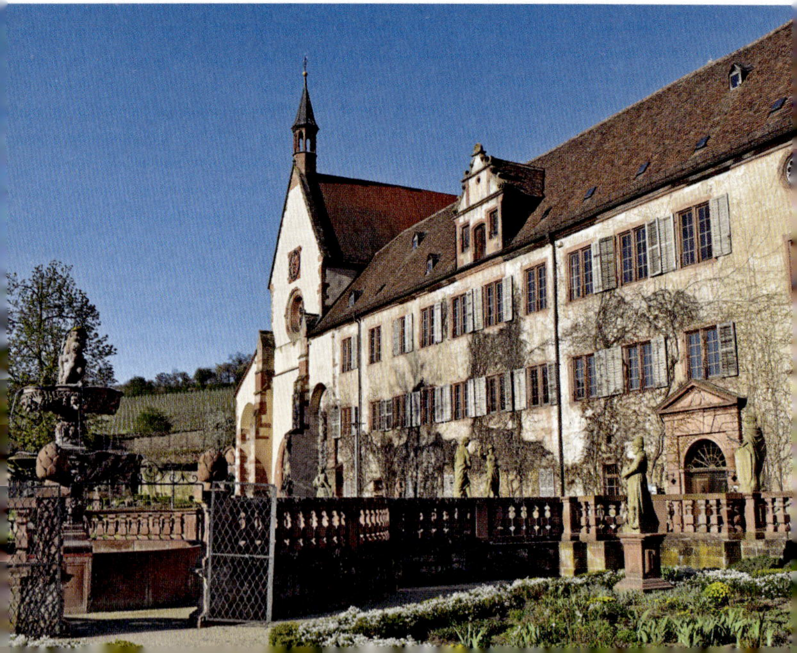

Ausgangspunkt: Bahnhaltepunkt Bronnbach (166 m). Anfahrt mit ÖV: Tauberbahn auf der Strecke Wertheim–Tauberbischofsheim–Crailsheim. Autofahrer starten am besten gleich beim Kloster. Navi: 97877 Wertheim-Bronnbach, Bronnbach 9 (kostenlose Parkplätze vorhanden).
Endpunkt: Bahnhaltepunkt Gamburg (164 m). Rückfahrt mit der Tauberbahn.
Anforderungen: Überwiegend geschotterte und naturbelassene Wege; einige teils etwas steilere An- und Abstiege; auch mit Kindern empfehlenswert.
Markierung: Kulturweg, Panoramaweg Taubertal/Jakobsweg, Kulturweg, ohne Markierung.
Einkehr: In Bronnbach: Restaurant Kloster Bronnbach, Tel. 09342/935210, hotel-kloster-bronnbach.de, Mi/Do 11.30–17 Uhr, Fr/Sa 11.30–22 Uhr, So 11.30–17 Uhr, Mo/Di Ruhetage; Gasthaus Klosterhof, Tel. 09342/7316, gasthaus-klosterhof.de; Mo, Di u. Fr 11–14 Uhr u. 17.30–20 Uhr, Sa/So 11–20 Uhr, Mi/Do Ruhetage. In Höhefeld: Gaststätte Zum Goldenen Adler, Tel. 09348/650. In Niklashausen: Gasthaus Zum Hirschen, Tel. 09348/253 (2023 geschlossen, Aktuelles telefon. erfragen). In Gamburg: Burgcafé der Burg Gamburg, Tel. 09348/605, Öffnungszeiten siehe Info Burg Gamburg; Gasthof Grüner Baum – Schlupfescheune, Tel. 09348/222, gruenerbaum-gamburg.de, Di–So ab 11.30 Uhr, Mo Ruhetag, im Winter verkürzte Öffnungszeiten.
Variante: Hinter der Tauberbrücke in Gamburg nicht zum Bahnhof, sondern mit Panoramaweg Taubertal/Jakobsweg/E8 und Kulturweg zurück zum Kloster Bronnbach (ca. 5,1 km zusätzlich).
Karte: W204 Wertheim 1:25 000.
Infos: 1) Burg Gamburg, Burggärten, Café und Shop sind vom ersten April- bis zum ersten Novemberwochenende Sa/So/Fei 14–18.30 Uhr geöffnet. Es werden auch Führungen angeboten (burg-gamburg.de).
2) Für eine Besichtigung des weitläufigen Areals von Kloster Bronnbach sollte genügend Zeit eingeplant werden. Kernstück der Anlage ist die romanische Kirche mit barocken Altären und Chorgestühl sowie gotischem Kreuzgang. Sehenswert sind auch der Bernhard- und der Josephsaal mit ihrer barocken Ausstattung. Aus der Vielzahl der weiteren Sehenswürdigkeiten sei hier noch auf die Orangerie und die Vinothek im ehemaligen Cellarium hingewiesen. Ferner fungiert das Kloster als Veranstaltungsort für Konzerte, Seminare, Workshops, Führungen und Weinproben (Bronnbacher Kultouren; kloster-bronnbach.de).
3) Eine Besichtigung des Pfeiffermuseums im alten Rathaus von Niklashausen ist nach telefon. Voranmeldung unter Tel. 09348/460 möglich (Infos unter niklashausen.de/museum).
4) Das Gamburger Buscher-Museum in der Thomas-Buscher-Str. 8 ist jeden 1. Sonntag im Monat 14–17 Uhr und nach Voranmeldung geöffnet (Infos dazu und zum Kulturpfad unter gamburg.de/natur-kultur/buscher-museum).

Beim **Bahnhaltepunkt Bronnbach** ❶ finden wir den Einstieg in den Kulturweg »Vom Burgensaal zum Klosterglanz«, dessen Markierung mit dem gelben EU-Schiffchen auf blauem Untergrund uns auf dieser Tour überwiegend die Richtung vorgeben wird. Wir gehen hoch zur Straße, überqueren links abbiegend das Bahngleis und die Tauber und durchschreiten rechts haltend auf der anderen Flussseite das Areal von **Kloster Bronnbach** längs der Durchgangsstraße. Hinter der Klostermauer nehmen wir den links abzweigenden Weg, der leicht aufwärts über ein sprudelndes Bächlein hinweg in den Wald hineinführt.

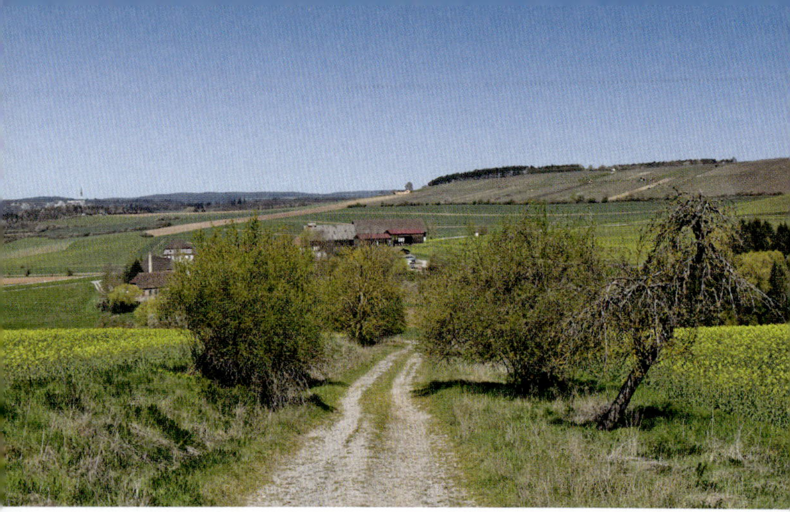

Herrliche Aussicht über die Weinlage First bis Wertheim.

Darin beim ersten **Abzweig** ❷ der Kulturweg-Beschilderung scharf links in Richtung Höhefeld folgen (nicht geradeaus in Richtung Gamburg) und waldrandnah weiter aufwärts durch das lichte Gehölz. Vorbei an einer kleinen Kapelle gelangen wir über Wiesen zu einem vom nahen Schafhof kommenden Querweg, dem wir uns nach rechts anvertrauen. Er bringt uns über die Feldflur hoch an den Waldrand, wo sich uns bei einer **Ruhebank** ❸ ein schöner Blick über den Schafhof und die Weinlage First hinweg bis zu den Hochhäusern von Wertheim bietet.

Zunächst wandern wir immerzu am Wald entlang und durchqueren ihn dann nach einer Linksbiegung in steter leichter Abwärtstendenz (dabei passieren wir die Infotafel »Pülversloch« des Kulturweges). Unten erreichen wir einen von Streuobst bestandenen Wiesengrund, den unsere Route in mehreren (gut ausgeschilderten) Richtungswechseln und über einen Bach hinweg umgeht. Eine erneute kurze Waldpassage bringt uns hoch auf die Ackerhochfläche, wo es auf einem Schotterweg nicht mehr weit

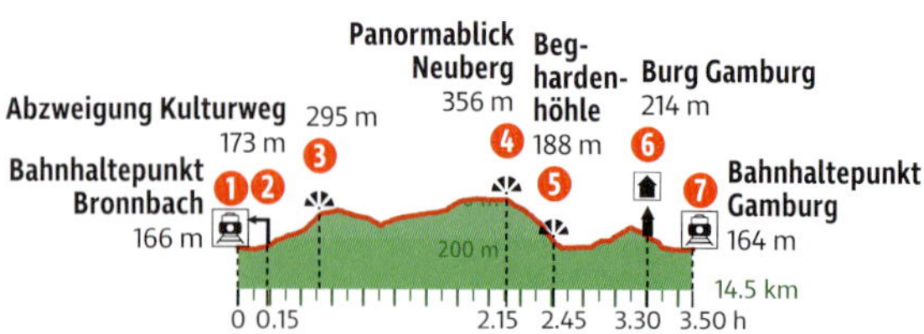

nach **Höhefeld** ist. Unsere Kulturweg-Markierung führt uns an der Kirche vorbei schnell durch das kleine Dorf bis zu einer Wegkreuzung gleich hinter dem östlichen Ortsrand. Dort haben wir die Wahl: entweder rechts weiter in Richtung Niklashausen oder links hoch auf den 367 m hohen Neuberg?

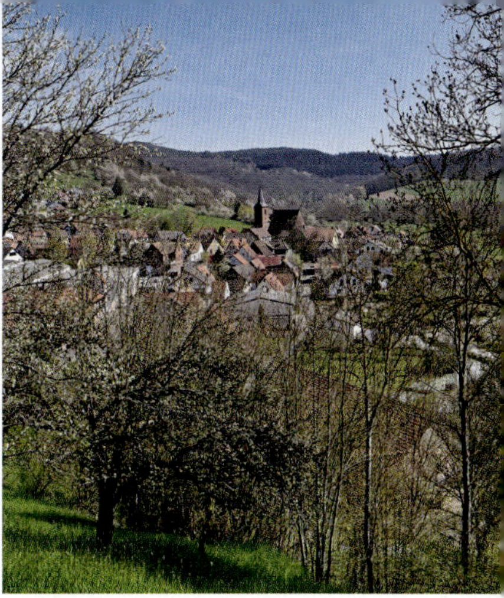

Niklashausen im Tal der Tauber.

Wir entscheiden uns für die Linksvariante und steigen hoch zu einer Gabelung bei einem Wasserbehälter. Dort nehmen wir den links abzweigenden Weg, passieren den Sportplatz von Höhefeld und umrunden das bewaldete Bergplateau. Kurz bevor wir wieder den Wasserbehälter erreichen, stoppen wir beim **Aussichtspunkt Panoramablick Neuberg** 4, von wo aus man das Taubertal zwischen Impfingen und Hochhausen überblicken kann. Zurück hinunter zur Wegkreuzung und dort nun geradeaus abwärts bis zu einem Querweg, der uns rechts wieder an den Ortsrand bringt.
Bei der markanten **Luthereiche** links einschwenkend, streben wir weiter abwärts über Wiesen auf einen Wald zu. Darin bewältigen wir einen längeren, teils auch steileren Abstieg, wobei wir nach einer Linksbiegung an alten Steinmauern in der Hangböschung vorbeikommen. Dem Hinweis eines Wegweisers nach links zur **Beghardenhöhle** 5 folgen wir gerne, weil uns von dort das an der Tauber gelegene Niklashausen, unser nächstes Zwischenziel, zu Füßen liegt.

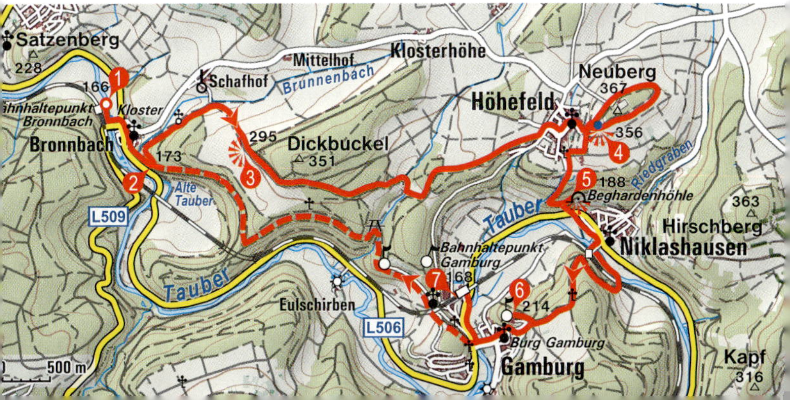

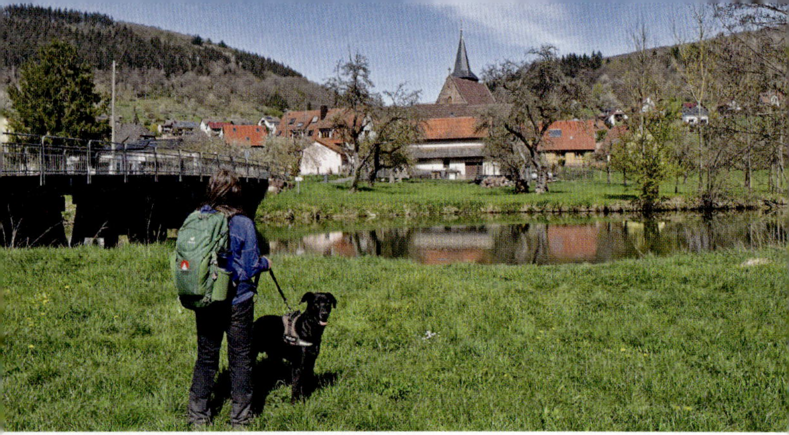

An der Tauber bei Niklashausen.

Unten im Tal halten wir uns auf der Landstraße in das Dorf **Niklashausen** hinein, biegen aber gleich rechts in die Mühlgasse ab, die dann in die Wertheimer Straße mündet. Wer mag, statte in der Ortsmitte dem Pfeiffermuseum im alten Rathaus einen Besuch ab (siehe Infos). Es erinnert an Hans Böhm, den Pfeiffer von Niklashausen, der im Jahr 1476 eine Bauernrevolte auslöste und dafür vom Würzburger Fürstbischof zum Tode auf dem Scheiterhaufen verurteilt wurde. Ansonsten auf der Wertheimer Straße knapp 100 m nach rechts bis zur Kirche, dort abermals rechts und auf einer Brücke über die Tauber. Danach links etwa 350 m zwischen Fluss und Bahndamm entlangflanieren und dann rechts durch eine Bahnunterführung hindurch. Nach wenigen Metern rechts abbiegen und in einer engen Wegkehre aufwärts in einen Wald hinein.

Bei einer Gabelung wechseln wir von unserer Schotterfuhre auf einen links abzweigenden schmäleren Weg, der weiter leicht aufwärts durch den Forst führt, bis wir am Waldrand zu einer großen Wegkreuzung gelangen. Dort rechts abbiegend geht es über Streuobstwiesen hinunter zu einer Wegverzweigung, wo wir kurzzeitig unseren Kulturweg verlassen und rechts zur nahen **Burg Gamburg** 6 hochsteigen. Die Mitte des 12. Jh. als Grenzfestung des Erzstiftes Mainz zum Hochstift Würzburg erbaute Anlage ist zwar in adligem Privatbesitz, kann aber im Rahmen von Führungen besichtigt werden (siehe Infos). Unbedingt besuchenswert sind auch der barocke Burgpark und die anderen Burggärten.

Zurück bei der Wegverzweigung biegen wir mit dem Panoramaweg Taubertal und dem Jakobsweg scharf rechts ab und gehen auf dem Hohlweg, vorbei am malerischen **Buschertürmle**, hinunter ins Dorf **Gamburg**. Über die Thomas-Buscher-Straße und die Kirchstraße gelangen wir in die Ortsmitte beim Brunnen, wo sich der Kulturweg wieder zu uns gesellt. Dass wir bereits zweimal auf den Namen Buscher gestoßen sind, kommt nicht von ungefähr, denn Gamburg ist der Heimatort einer gleichnamigen Künstlerfamilie. Besonders bekannt sind Thomas (1860–1937) und Clemens Buscher (1855–1916), die in München und Düsseldorf als Kunstprofessoren wirkten. In Gamburg und Umgebung sind auf Schritt und Tritt ihre Kunstwerke anzutreffen, aber auch die anderer Familienmitglieder (mehr dazu erfährt man im Gamburger Buscher-Museum sowie auf dem Kulturpfad »Thomas und Clemens Buscher« mit acht Stationen im Ortskern, siehe Infos).

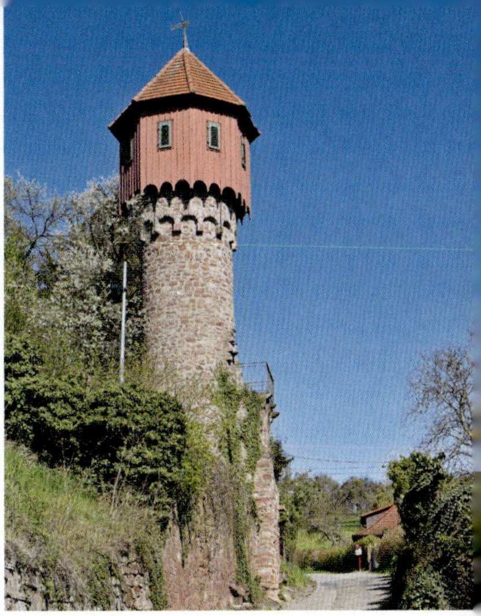

Der Buscherturm in Gamburg.

Auf der Brückenstraße verlassen wir den romantischen Flecken und überqueren auf der alten Steinbogenbrücke die Tauber. Auf der anderen Flussseite schwenken wir rechts in die Bahnhofstraße ein, auf der wir ohne Markierung den **Bahnhaltepunkt Gamburg** 7, den Endpunkt unserer Tour, ansteuern. Unsere drei Wegzeichen haben sich vorher nach links verabschiedet, wer Zeit und Lust hat, folgt ihnen zurück zum Kloster Bronnbach (siehe Variante).

Idyllisches Gamburg, überragt von der gleichnamigen Burg.

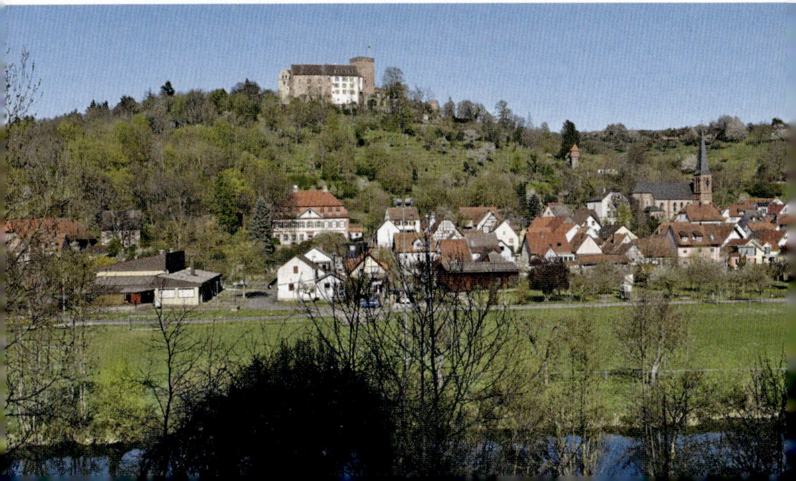

↗ 270 m | ↘ 270 m | 9.9 km

39 Von Gamburg nach Uissigheim

3.10 h

Der Stahlberg ruft

Der Höhepunkt dieser kleinen, dafür umso kurzweiligeren Tour von Gamburg hoch nach Uissigheim (sprich: Üssigheim) ist ohne Zweifel die markante Kuppe des Stahlberges. Zum einen des Weines wegen, denn am Südabfall der Anhöhe gedeihen auf Muschelkalkboden erlesene Tropfen der weißen Rebsorten Müller-Thurgau und Kerner sowie des roten Regent. Besonders im Herbst macht es Spaß, durch die bunt gefärbten Rebflächen zu wandern. Dank des im Jahr 2022 neu errichteten Aussichtsturmes ist der 370 m hohe Stahlberg aber auch zu einem Weitblickberg ersten Ranges geworden. Nicht nur das Taubertal liegt einem hier zu Füßen, der Blick schweift in den Odenwald, den Spessart und darüber hinaus. Der vielleicht schönste Panoramablick im gesamten Wandergebiet! Der künstlerisch wertvolle Kreuzweg hoch zur Stahlbergkapelle verleiht unserer Wanderung schließlich auch eine spirituelle Komponente. Für innere Einkehr ist also bestens gesorgt, für eine leibliche steht leider nur eine nicht bewirtschaftete Schutzhütte bereit. Immerhin ein schöner Ort für ein Picknick.

Ausgangspunkt: Gamburg, Marktplatz (163 m). Anfahrt mit ÖV: Bahn bis zum Bahnhaltepunkt Gamburg; dann zu Fuß über Bahnhof- und Brückenstraße (ca. 800 m). Navi: 97956 Werbach-Gamburg, Brückenstraße (Parkplatz u. Wohnmobilstellplatz bei der Tauberbrücke).
Anforderungen: Überwiegend moderate An- und Abstiege; meist auf geteerten u. geschotterten Wegen; auch mit Kindern empfehlenswert.
Markierung: G2/G3, ohne Markierung, G2, etappenweise »1250 Jahre Uissigheim«, ohne Markierung, G2/G3.
Einkehr: Unterwegs keine Möglichkeit. Daher Rucksackproviant und Getränke mitnehmen; für ein Picknick bietet sich die Schutzhütte auf dem Stahlberg an. In Gamburg: Burgcafé der Burg Gamburg, Tel. 09348/605, burg-gamburg.de, Öffnungszeiten wie die Burg; Gasthof Grüner Baum – Schlupfescheune, Tel. 09348/222, gruenerbaum-gamburg.de, Di–So ab 11.30 Uhr, Mo Ruhetag, im Winter verkürzte Öffnungszeiten.
Karte: W204 Wertheim 1:25 000.
Tipps: 1) Wer mehr über die Künstlerfamilie Buscher erfahren möchte, folge der 13,5 km langen Rundtour »Auf den Spuren der Buscher-Brüder«; nähere Informationen dazu unter kuelsheim.de/freizeit-tourismus/wandern-radeln/wanderwelt-kuelsheim.
2) Winzertipps: Weingut Haag & Martini, Ritter-Arnold-Str. 18, 97900 Külsheim-Uissigheim, Tel. 09345/95330, weingut-haag-martini.de; Weingut Katzeneck, Johannes Bergauer, Ritter-Arnold-Str. 45, 97900 Külsheim-Uissigheim, Tel. 09345/6928, weingut-bergauer.de, mit Besenwirtschaft.

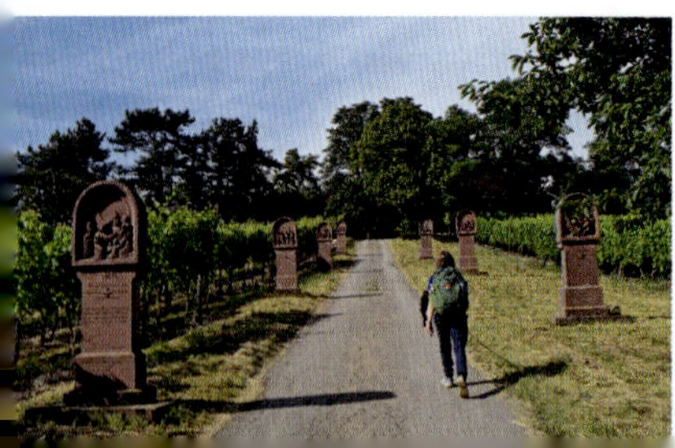

Kreuzwegstationen auf dem Stahlberg.

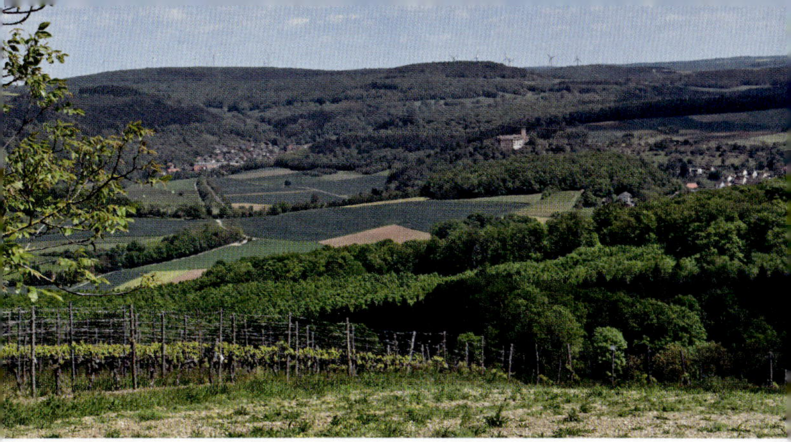

Burg Gamburg liegt in Sichtweite.

Unsere kleine Tour beginnt in **Gamburg** in der Ortsmitte beim **Dorfbrunnen** ❶, der ein bisschen unsere Aufmerksamkeit verdient. Auf ihm ist nämlich der »Hokemo« (Hakenmann) dargestellt, eine lokale Sagengestalt mit Froschgesicht, die unartige Kinder und neugierige Mägde zu sich in die Tauber zieht. Geschaffen hat den Brunnen 1906 der Bildhauer Clemens Buscher aus der bekannten Gamburger Künstlerfamile. Später auf unserer Wanderung werden wir noch mit Kunstwerken eines anderen Buschers in Berührung kommen. Zunächst halten wir uns mit Blick zur Tauberbrücke nach links und flanieren längs der Uissigheimer Straße entlang, wobei wir uns an den Markierungen G2 und G3 orientieren. Hinter der **Dorfmühle** und nach Überqueren des Maisenbaches schwenken wir bei einem Bildstock rechts in den Tauberweg ein. Auf diesem gelangen wir, vorbei an den letzten Häusern, zu einer Weggabelung bei einem großen **Kruzifix** ❷ am Waldrand.

Dort bleiben wir geradeaus und wandern, jetzt nur noch geleitet von G3, immerzu an der Talaue der **Tauber** entlang, die rechts von uns mit zunehmendem Abstand dahinplätschert. Nach etwas mehr als 1 km stoßen wir auf einen Querweg, auf dem wir ohne Markierung links längs eines Waldes den Abhang hochsteigen. Bei der nächsten Gabelung biegen wir links in den Forst hinein ab und gelangen in einer weiten Linksbiegung hoch zu einer breiten Waldfuhre. Dieser folgen wir bei einem **Gedenkstein** nach rechts weiter aufwärts, teils sogar etwas steiler.

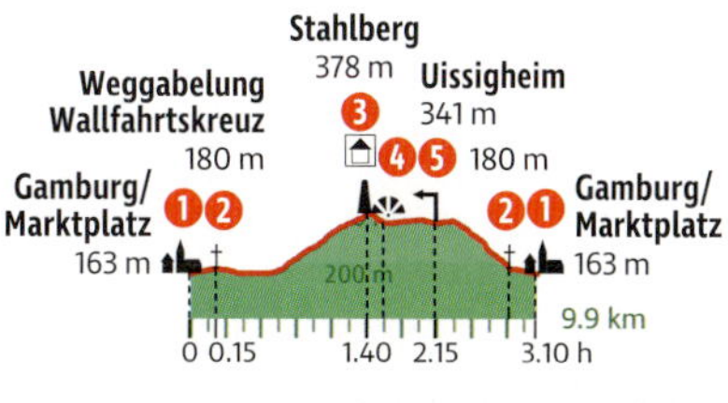

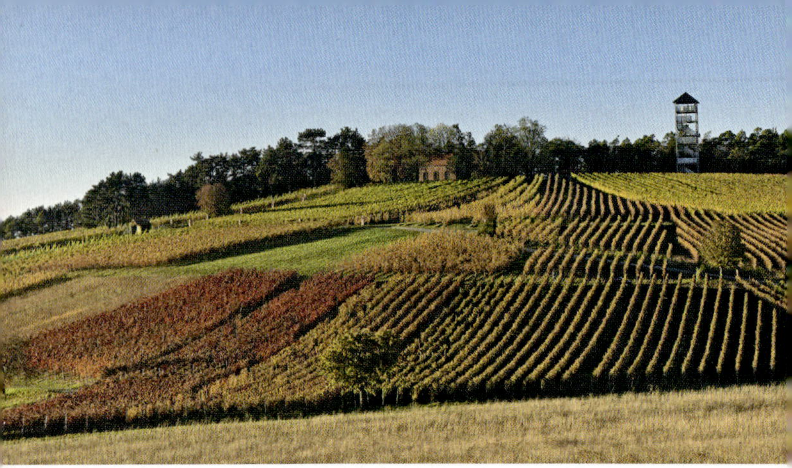

Rebhänge am Stahlberg in herbstlichen Farben.

Ab jetzt ist G2 unsere Markierung, wenn auch in der Folge davon leider nicht allzu viel zu sehen ist. Die Orientierung ist so oder so nicht schwierig – einfach weiter auf unserem breiten Weg aus dem Wald hinaus, über Streuobstwiesen und einen querenden Flurweg hinweg, hoch auf die offene Feldflur. Nachdem wir eine Hecken- und Baumreihe passiert haben, halten wir uns beim nächsten Abzweig nach rechts. Auf einem geteerten Wirtschaftsweg erklimmen wir durch weite Rebflächen hindurch den Südhang des **Stahlberges**. Rechts abbiegend kommen wir auf den letzten Metern nach oben an 14 aus rotem Buntsandstein gehauenen Stationen vorbei, die links und rechts des Weges errichtet wurden. Geschaffen wurden die Plastiken in den 1860er-Jahren von Karl August Cölestin Buscher (1844–1887), dem ältesten der sechs Geschwister der Gamburger Künstlerfamilie.

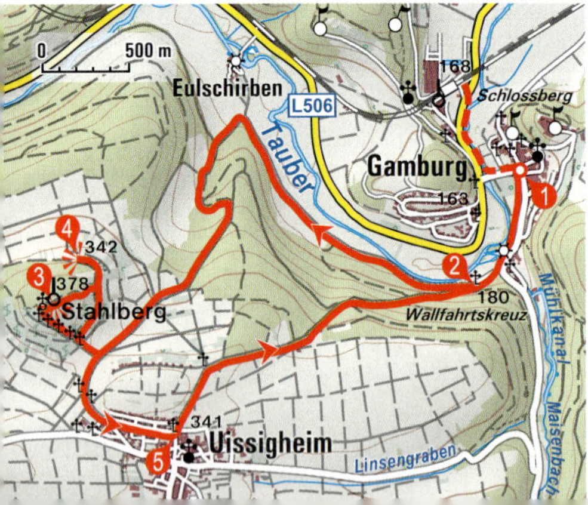

Der Kreuzweg endet bei der anno 1870 eingeweihten **Dreifaltigkeitskapelle**, die oft auch Stahlbergkapelle genannt wird. Dort wenden wir uns nach rechts und folgen nun dem Wanderweg »1250 Jahre Uissigheim« zum nahen **Aussichtsturm** 3. Die erst 2022 errichtete Metallkonstruktion hat sich zu einem wahren Publikumsmagneten im Unteren Taubertal entwickelt. Es lohnt sich unbedingt, auf 104 Stufen in 21 m Höhe hochzusteigen, um von dort den herrlichen Rundumblick ins Taubertal, den Odenwald, den Spessart und bei klarer Sicht bis zur Rhön auszukosten. Neben dem Turm bietet sich die ebenfalls neu gebaute Schutzhütte für ein Picknick an.

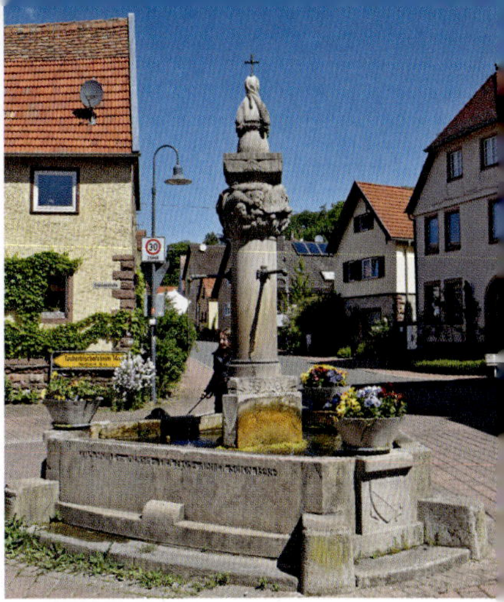

Auf dem Marktplatz in Gamburg.

Unseren Weg längs des Waldsaumes fortsetzend, gelangen wir in leichter Abwärtstendenz hinunter zu einem Weinbergshäuschen, bei dem man den Blick erneut ins Taubertal und zur Burg Gamburg schweifen lassen kann. Ein Stück weiter abwärts biegen wir auf dem querenden Schotterweg zunächst links ab, bis nach etwa 150 m ein **Rastplatz** ❹ an der Hangkante den Blick nach Nordwesten bis zu den Weinbergen bei Kembach und Lindelbach freigibt.

Dann kehren wir auf demselben Wege zurück zu unserer Abbiegestelle, wo wir uns diesmal geradeaus halten und in der Folge längs des Südhanges des Stahlberges durch die Rebenfelder flanieren. Unser Schotterweg mündet schließlich in den geteerten Wirtschaftsweg, der hoch aufs Gipfelplateau führt. Jetzt gehen wir auf ihm hinunter zu einem querenden Asphaltweg, auf den wir rechts einschwenken. In einer weiten Linkskurve ist es nicht weit bis zum Ortsrand des Winzerdorfes **Uissigheim**. Nach Passieren des Sportplatzes folgen wir bei einem großen Weinfass der Höhenstraße geradeaus bis zu einer markanten **Madonnensäule** ❺. Dort links in die W.-A.-Berberich-Straße, auf der wir schon wieder aus dem kleinen Ort hinaus auf die Wiesenhochfläche gelangen.

Bei der folgenden Wegverzweigung bei einem **Bildstock** verlässt uns der Jubiläumsweg »1250 Jahre Uissigheim« nach links, wir biegen ohne Markierung rechts ab und steuern abwärts auf ein Waldgebiet zu. Zunächst gehen wir knapp 500 m an ihm entlang, dann links abbiegend in den Forst hinein. Immerzu hangabwärts gelangen wir über einen breiten Querweg hinweg auf der Uissigheimer Steige hinunter in den Taubergrund. Unten bei dem großen **Kruzifix** ❷, das wir bereits auf dem Hinweg passiert haben, stoßen wir wieder auf die G3-Markierung. Sie führt uns auf bekannten Wege zurück zu unserem Ausgangspunkt beim **Dorfbrunnen** ❶ in **Gamburg**. Dort bietet sich sozusagen als Zugabe ein kleiner Abstecher hoch zur Burg an, bevor wir die Heimreise antreten.

TOP

↗ 200 m | ↘ 200 m | 10.7 km

40 Von Külsheim zum Hohen Herrgott

3.20 h

Wasser, Wein und Weite

So lautet das offizielle Motto unserer Tour, die seit 2018 als »Qualitätswanderweg Wanderbares Deutschland« ausgewiesen ist. Tatsächlich kommen wir unterwegs mit allen drei genannten Fakten in Berührung. Dem Wasser begegnen wir in Külsheim in Gestalt vieler, teils äußerst pittoresker Brunnen und unterwegs auf einer Passage längs des quirligen Amorsbaches. Dann geht es hoch in die Weinberge der Lage Hoher Herrgott, wo auf Buntsandstein- und Muschelkalkböden Trauben höchster Qualität heranreifen. Über die Kapelle am Roten Rain führt die Route schließlich auf den Galgenberg, der einen herrlichen Rundumblick zu bieten hat und damit Weite spürbar macht. Alles in allem eine höchst abwechslungsreiche Wanderung, die niemanden enttäuschen wird.

Ausgangspunkt: Külsheim, Schlossplatz (315 m). Anfahrt mit ÖV: Bahn bis Bahnhof Wertheim, von dort (ZOB) mit Bus 971 bis Haltestelle Külsheim Moret-Brunnen; dann Tourenbeginn hier. Navi: 97900 Külsheim, Schlossplatz (kostenlose Parkplätze vorhanden).

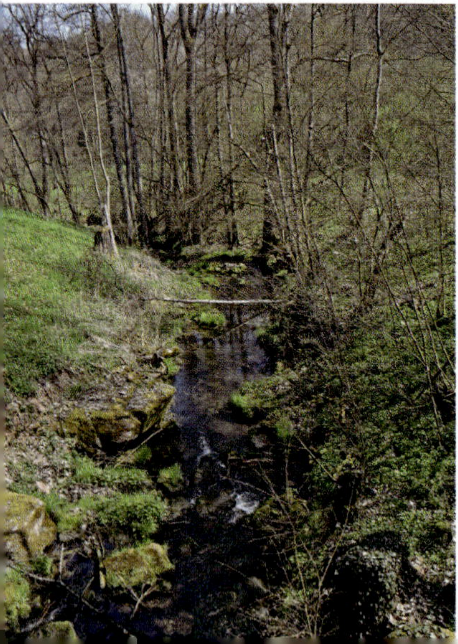

Anforderungen: Ausschließlich moderate An- und Abstiege; etwa zur Hälfte auf naturbelassenen/unbefestigten und geschotterten/geteerten Wegen; teils über offenes Gelände mit wenig Schatten; auch mit Kindern empfehlenswert.
Markierung: LT 6.
Einkehr: Vinothek & Weinlounge im Hofgut Grimm, Roter Rain 2, Tel. 0160/4125150, hofgut-grimm.de, Mi–Fr ab 17 Uhr, Sa ab 16 Uhr, So/Fei ab 15 Uhr. In Külsheim: Gasthaus Zum Speer, Hauptstr. 81, Tel. 09345/385, gasthaus-zum-speer.de, aktuelle Öffnungszeiten s. Webseite; Gasthaus Zur Rose, Hauptstr. 40, Tel. 09345/928789, rose-kuelsheim.de, Mi–So ab 17 Uhr, So auch 11.30–14 Uhr, Mo/Di Ruhetage.
Tipp: Nach der Tour sollte man sich unbedingt ein bisschen Zeit für einen Bummel durch das nette Städtchen Külsheim nehmen. Einerseits der 18 Brunnen wegen, denen der Ort den Beinamen »Brunnenstadt« verdankt. Zum anderen sind auch das Schloss, die Kirche St. Martin, das Alte Rathaus von 1522, die Katharinenkapelle von 1444 sowie einige pittoreske Bildstöcke eine Besichtigung wert (kuelsheim.de).

Am idyllischen Amorsbach.

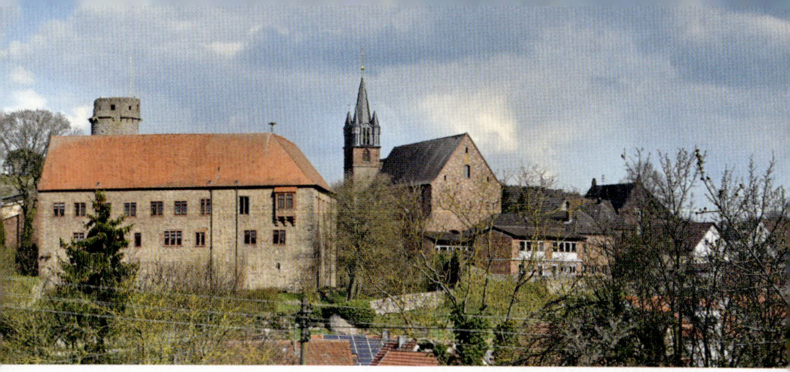

Schloss und Kirche in Külsheim.

Unsere durchgängig mit LT 6 ausgeschilderte Tour beginnt auf dem **Schlossplatz** ❶ von **Külsheim**, wo ein Wanderportal den Ausgangs- und Endpunkt der Route markiert. Bei der Brücke zum Schloss steigen wir auf einer Treppe hinunter in den Schlossgraben und umrunden das Bauwerk darin. Auf der Nordseite gelangen wir auf einer weiteren Treppe wieder nach oben auf eine Holzbrücke, auf der wir links abbiegend den Graben überschreiten. Danach gehen wir auf einem schönen Grasweg durch Gesträuch hindurch oberhalb des Städtchens entlang, bis wir auf einen Asphaltweg stoßen.

Auf diesem abwärts zu einem Querweg, dem wir durch Wiesen hindurch nach rechts folgen. Links abbiegend auf ein querendes Sträßchen gelangen wir hinunter zur **Ölmühle**, an der wir rechts vorbeiwandern. Dahinter nehmen wir bei einer Gabelung bei einem **Flurkreuz** den links abzweigenden, naturbelassenen Weg und gehen auf ihm eine Weile parallel zum **Amorsbach**, der links von uns dahinplätschert. Begleitet werden wir ab jetzt für die nächsten Kilometer von der Markierung und einzelnen Infotafeln des örtlichen Geologisch-Naturkundlichen Wanderweges. Dann weist uns unsere Markierung über eine Wiese nach links und auf einem Steg über den Bach. Am anderen Ufer geht es auf einem getreppten Weg die steile Uferböschung hoch in den Wald hinein. Oben knickt unsere Route nach rechts ab und führt uns in der Folge längere Zeit in leichtem Auf und Ab durch das lichte Gehölz.

Schließlich mündet unser Weg nach einer kurzen Linksbiegung in einen geteerten Fahrweg, der sich längs der nahen Landstraße (L509) hinzieht. Wir schwenken auf diesen links ein, wobei wir rechter Hand in der Straßenböschung eine Felswand

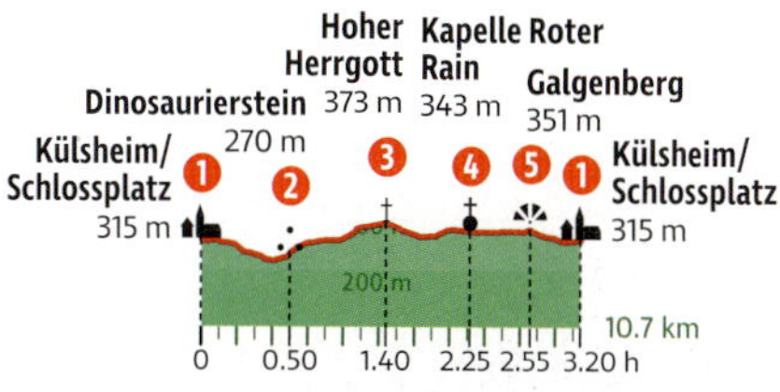

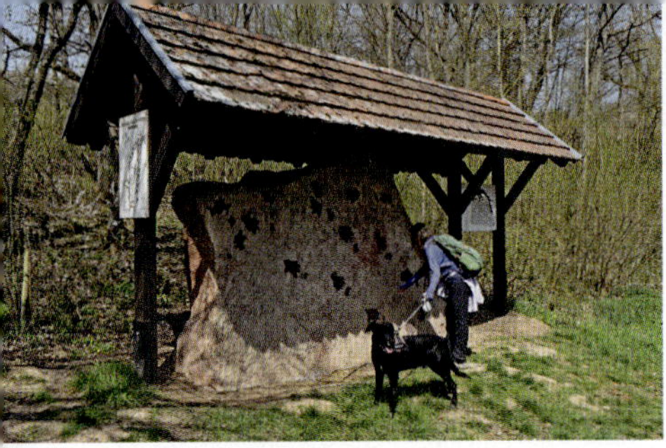

Der Dinosaurierstein.

aus rotem Buntsandstein passieren. Nachdem wir die Straße etwas versetzt überquert haben, erreichen wir einen Park- und Rastplatz, auf dem der sogenannte **Dinosaurierstein** ❷ zur Schau gestellt wird. Dabei handelt es sich um eine überdachte Felsplatte mit Trittspuren eines Archosauriers (Vorläufers der Dinosaurier) aus der Triaszeit. Dahinter erklimmen wir rechts abbiegend den Abhang hoch zur Tafel »Zeugenberg« des Lehrpfades, zugleich ein schöner Aussichtspunkt ins Umland. Dort wenden wir uns nach links und gelangen in einem Rechtsknick hoch zu einem geteerten Flurweg. Der Geologisch-Naturkundliche Lehrpfad biegt nun links ab, wir halten uns mit unserer LT-6-Markierung nach rechts. Beim folgenden Abzweig steigen wir links hoch an den Rand der Weinberge und schwenken rechts auf einen Wirtschaftsweg ein, der unterhalb der Rebflächen mit leichtem Gefälle auf einen Wald zusteuert.

Darin mit zunehmender Steigung aufwärts und bei erster Gelegenheit nach links halten. Ein weiterer Wirtschaftsweg, der kontinuierlich ansteigt, bringt uns aus dem schattigen Laubwald hinaus und führt uns dann längs

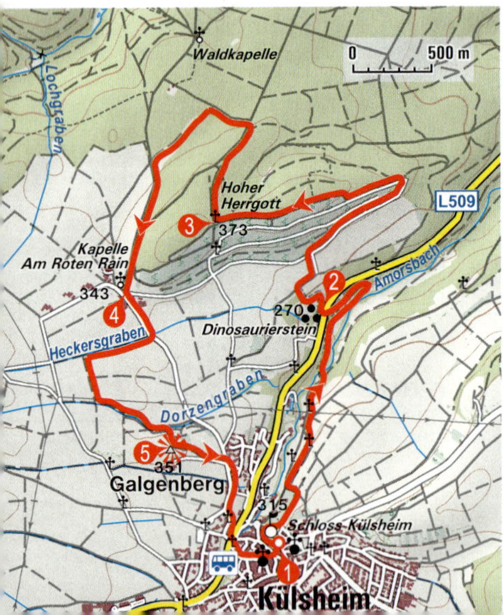

des Forstes oberhalb der Weinberge entlang. Nach knapp 300 m biegen wir, das Waldeck umschreitend, rechts ab und gehen oben links abbiegend eine Zeitlang zwischen Wald und Rebflächen entlang. An einigen pittoresken Weinbergshäuschen vorbei flanierend, gelangen wir zum **Hohen Herrgott** ❸, einem ganz besonderen Flurkreuz, von dem sich der Name der hiesigen Weinbergslage ableitet. Auf dem sogenannten Caravacakreuz erkennt man ein Englein, das das Blut des Gekreuzigten in einem Kelch auffängt. Eine Inschrift verrät, dass es im Jahr 1730 ein Ehepaar »Gott zu Ehren« errichten ließ.

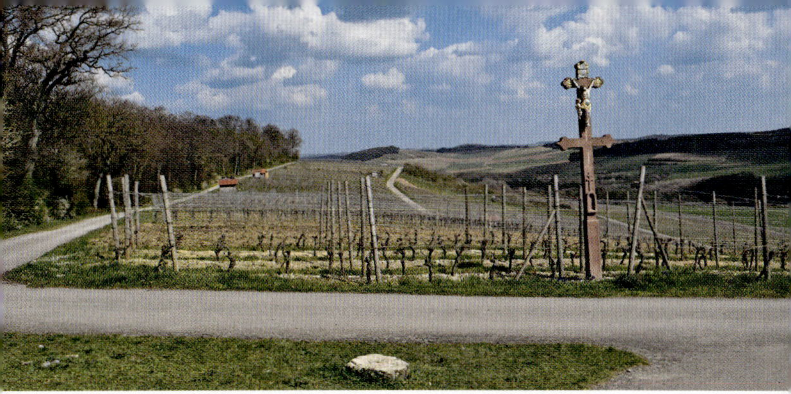

Das Flurkreuz Hoher Herrgott bei der gleichnamigen Weinlage.

Nachdem wir das Flurdenkmal ausgiebig betrachtet und die tolle Aussicht von hier oben auf die Stadt Külsheim genossen haben, wenden wir uns nach rechts (aus Sicht unseres Herweges) in den Wald hinein. Darin führt uns unsere LT-6-Markierung zuverlässig bis zu einer T-Kreuzung, wo wir links in den namentlich ausgewiesenen »Hüttenweg« einschwenken. Nach Passieren einer Schonung biegen wir links ab und gelangen vorbei am Hochzeitswald Berberichswiese aus dem Wald hinaus. Dort bei einer Wegkreuzung links haltend, wandern wir über eine Kuppe hinweg längs des Waldrandes hinunter in den Weiler **Roter Rain**, wo die gleichnamige **Kapelle** ❹ und ein alter Bildstock unsere Aufmerksamkeit finden.

Hinter dem eigentlich nur aus Aussiedlerhöfen und Reitställen bestehenden Örtchen folgen wir kurz einem Sträßchen, biegen dann aber rechts auf einen unbefestigten Feldweg ab, der an einem Bachgraben entlang verläuft. Nach einem Jägerstand wenden wir uns nach links und steigen über die Ackerhochfläche hinweg hinunter zu einem Querweg. Auf diesem erneut nach links bis zu einer Gruppe von Feldscheunen, dort rechts auf einem Pfad hangaufwärts und in einer Rechtsbiegung hoch auf den **Galgenberg** ❺. Von seinem Plateau bietet sich uns ein herrlicher Blick in alle Himmelsrichtungen und auf die Altstadt von Külsheim (eine Panoramatafel erläutert die Aussicht im Detail).

Auf einem Wiesenweg geht es hinunter zu einem Querweg, der uns links abbiegend an den Ortsrand von **Külsheim** bringt. Wir schwenken rechts in den Seeweg ein und folgen ihm bis zur breiten Hardheimer Straße. Diese überqueren wir auf einem Zebrastreifen und flanieren danach auf der lang gezogenen Hauptstraße (zu Beginn die Bushaltestelle Moret-Brunnen) durch die Altstadt. Nach der Kreuzung mit der Rathaus- und Spitalstraße wechseln wir links auf eine steile Treppe, die uns zum Kirchbergweg hoch führt. Auf diesen links abbiegend erreichen wir nach wenigen Metern unseren Ausgangspunkt auf dem **Schlossplatz** ❶.

↗ 290 m | ↘ 290 m | 13.3 km

41 Auf dem Dörlesberger Kapellenweg

3.40 h

Wege zu sich selbst

Wandern und Philosophieren passen gut zusammen. Wer eine Zeitlang allein in einer herrlichen Landschaft weitab von den Problemen des Alltags unterwegs ist, kommt automatisch ins Sinnieren. Oder man tauscht sich mit seinen Begleitern über Themen und Fragestellungen aus, für die im normalen Leben sonst keiner Zeit hat. Wandern ist längst für viele Menschen eine Art Sinnsuche geworden und zwar nicht nur auf speziellen Pilgerwegen, die meist in mehreren Etappen ans Ziel führen. Nach dem Motto »Der Weg ist das Ziel« finden spirituell orientierte Wandernde fast überall Wege zu sich selbst. In Tauberfranken und Umgebung laden eigens angelegte Kapellenwege zur inneren Einkehr ein. Einer davon ist der Dörlesberger Kapellenweg, der gleich vier Feldkirchlein miteinander verbindet. Seine Wegführung längs des Schönertsbaches und durch das Waldgebiet Schönert hindurch überzeugt aber auch agnostische Wandernde.

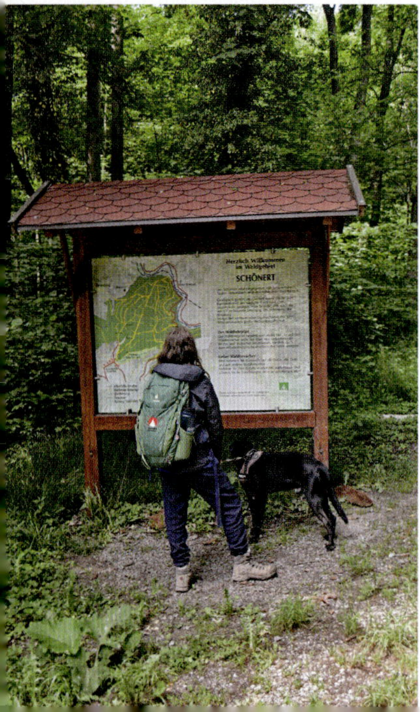

Ausgangspunkt: Dörlesberg, Bushaltestelle Waage (290 m) in der Hundheimer Straße. Anfahrt mit ÖV: Bahn bis Bahnhof Wertheim, von dort (ZOB) mit Bus 971 bis Haltestelle Dörlesberg Waage. Navi: 97877 Wertheim-Dörlesberg, Sonnenstr. 36 (Parkplatz beim Waldsportplatz 6 – Autofahrer können die Tour dort beginnen).
Anforderungen: Überwiegend moderate An- und Abstiege, nur die kurze Etappe von der Ebenmühle hinauf zum Waldsportplatz ist etwas steiler; meist auf geschotterten und geteerten Wegen; auch mit Kindern empfehlenswert.
Markierung: Ohne Markierung, roter Punkt, ohne Markierung.
Einkehr: Vinothek & Weinlounge im Hofgut Grimm, Roter Rain 2, Tel. 0160/4125150, hofgut-grimm.de, Mi–Fr ab 17 Uhr, Sa ab 16 Uhr, So/Fei ab 15 Uhr; Gaststätte Waldsporthalle Dörlesberg, Sonnenstr. 36, Tel. 0179/2654632, waldsporthalle.de, Mo–Fr 16–23 Uhr, Sa 13–24 Uhr, So 10–23 Uhr.
Karte: W204 Wertheim 1:25 000.

Eine Tafel informiert über das Waldgebiet Schönert.

Von der **Bushaltestelle** ❶ in **Dörlesberg** gehen wir auf der Hundheimer Straße an der barocken **Kirche St. Dorothea** vorbei in westlicher Richtung. Zunächst gibt uns keine Markierung die Richtung vor, doch kurz vor dem Rathaus stoßen wir auf den roten Punkt, mit dem wir uns links ans Dorfende halten. Erneut links abbiegend wandern wir auf einem Asphaltweg hinaus in die Feldflur, wobei wir an einem Pferdegestüt vorbeikommen und einen Waldstreifen queren. Gleich danach steht am Wegesrand mit der modernen **Muttergottes-Kapelle** das erste von vier Kirchlein, denen wir unterwegs begegnen werden.

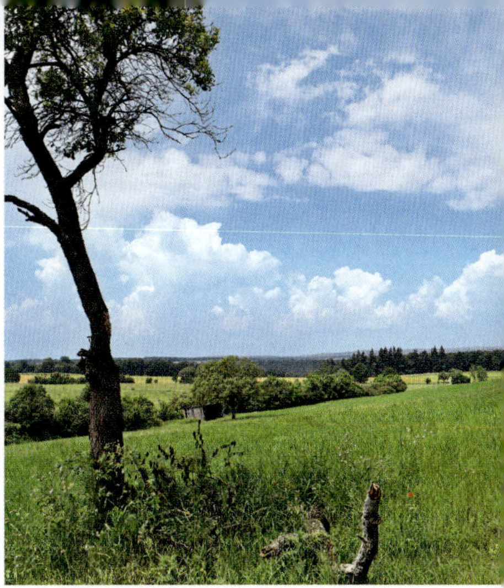

Blick vom Kapellenweg in den Spessart.

Dann geht es, weiter abschüssig, in den Wald hinein – nach wie vor ist der rote Punkt unser Wegzeichen. Hinter zwei Fischteichen überqueren wir den Schönertsbach und biegen in einer Linkskurve unseres Weges auf eine rechts abzweigende Waldfuhre ab. Nun wandern wir längere Zeit stetig aufwärts hoch zu einer Verflachung und von dort hinunter in den Einschnitt des Lochgrabens. Die Roter-Punkt-Markierung weist uns leicht abschüssig nach rechts in Richtung des Schönertsbaches, dann nach etwa 70 m links an dessen tief eingeschnittenem Bachbett entlang. Unser schöner, naturbelassener Pfad mündet in einen Schotterweg, dem wir nach rechts folgen. Durch den lichten Laubwald wandern wir hinaus auf die Wiesenflur und halten uns am Waldrand entlang, bis wir auf einen scharf links abzweigenden **Stationsweg** ❷ stoßen. Wir schwenken ohne Markierung auf diesen ein und verabschieden uns von der Roter-Punkt-Markierung, die geradeaus weiter verläuft.

Die Birkenkapelle lädt zur Rast ein.

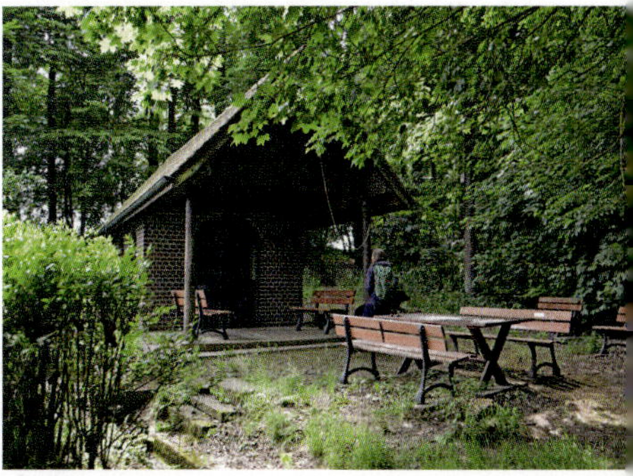

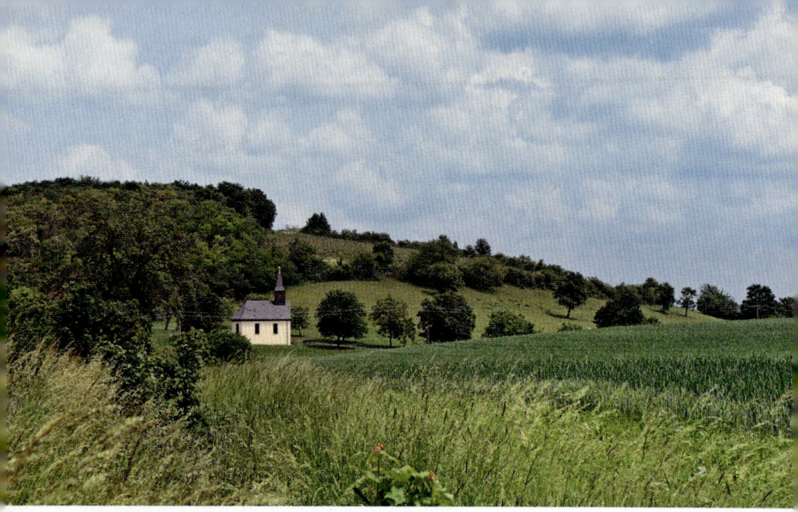

Die Kapelle am Roten Rain ist unser nächstes Ziel.

Stetig aufwärts gelangen wir zur **Birkenkapelle** ❸, die am Waldrand links etwas abseits des Weges liegt. Ruhebänke laden dort zu einer ersten Rast ein. Dahinter biegen wir, weiterhin ohne Markierung, rechts ab und lassen uns von einem Schotterweg abwärts über die offene Feldflur führen. Dabei ergeben sich schöne Ausblicke über die Gamburg hinweg zum Spessart. Auf Höhe eines Aussiedlerhofes links auf einem Sträßchen, vorbei an weiteren Höfen und danach rechts haltend, gehen wir in den Weiler **Roter Rain** hinein. Dort biegen wir bei der sehenswerten **Kapelle Am Roten Rain** ❹ links ab.

Nach einem Blick auf das 1974 auf den Grundmauern eines weit älteren Vorgängerbaues errichtete Kirchlein wandern wir auf einem Asphaltweg in leichtem Anstieg längs des Waldrandes in den Forst hinein. Wir passieren einen Wanderparkplatz mit Infotafel zum **Waldgebiet Schönert** und halten uns bei der folgenden Weggabelung – dort befinden sich ein Rastplatz mit Pilzdach und eine Sonnenuhr – halb links. Nun geleiten uns diverse

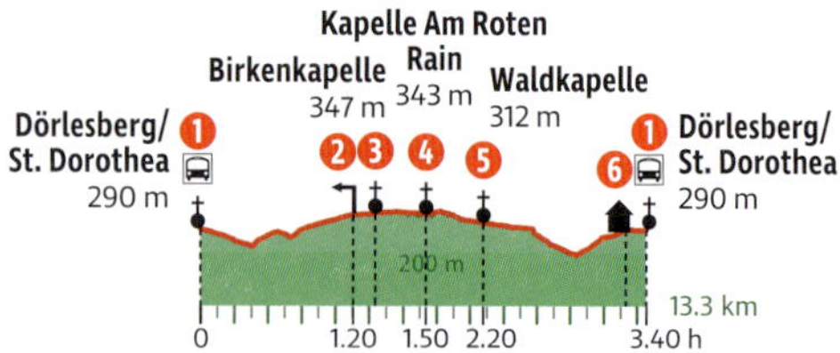

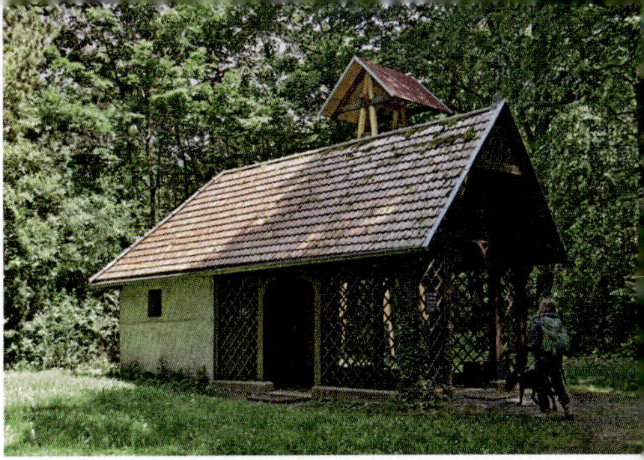

Die friedvoll gelegene Waldkapelle.

Stationen eines Waldlehrpfades bis zur **Waldkapelle** 5, die sich ein paar Meter rechts des Weges befindet. Der friedvolle Ort mitten im Wald verführt zu einer kleinen Pause – oder tatsächlich vielleicht auch zum Meditieren über Gott und die Welt.

Bei der Wegspinne daneben nehmen wir den linken Weg (aus Sicht unseres Herweges). Kurz danach rechts abbiegend folgen wir einem breiten Schotterweg immerzu durch den Wald, zunächst nahezu ebenerdig, dann leicht abschüssig hinunter zu einem ebenfalls geschotterten Querweg. Auf ihm nach links hinunter in die Talaue des **Schönertsbaches**; diesen überqueren und danach bei einer Wegkreuzung nach rechts. Ein Sträßchen bringt uns vorbei an einer **Mariengrotte** zum **Ferienhof Ebenmühle**. Hinter diesem schwenken wir links auf einen unbefestigten Pfad ein, der uns in einer etwas steileren Passage hangaufwärts durch den Laubwald führt.

Oben angekommen biegen wir auf den querenden Schotterweg scharf links ab und gelangen auf diesem in einer weit ausholenden Rechtskurve zum **Waldsportplatz** 6 von **Dörlesberg**. Von dort gehen wir links (rechts die Gaststätte Waldsporthalle) auf der Sonnenstraße ortseinwärts. Über eine erste Straßenkreuzung hinweg biegen wir an der zweiten rechts ab in die Straße »Zum Mühltal«. An deren Ende links in die Hundheimer Straße einschwenkend kommen wir wieder zurück zu unserem Ausgangspunkt bei der **Bushaltestelle** 1.

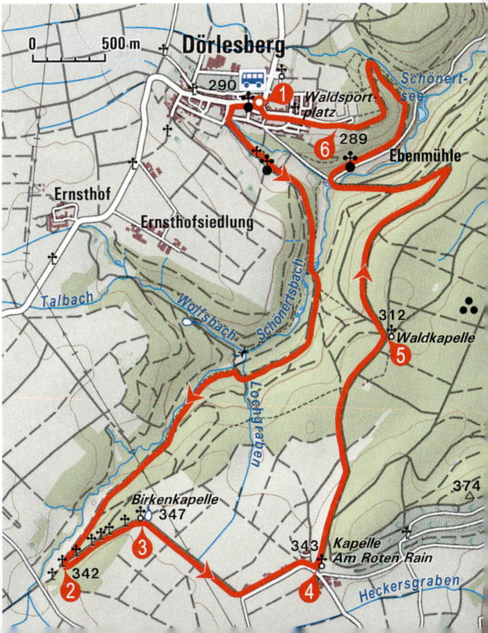

↗ 440 m | ↘ 440 m | 21.4 km

42 Von Hardheim über Breitenau nach Steinfurt

6.30 h

Längs der Täler von Erfa und Katzenbach

Aufgrund ihrer Länge und einiger steilerer Passagen darf diese Tour als durchaus anspruchsvoll eingestuft werden. Dazu bietet sie viel Abwechslung, auch wenn sie größtenteils durch ausgedehnte Waldgebiete verläuft. Ausgehend vom Schlossplatz in Hardheim wandern wir zunächst längs des Talgrundes des Flüsschens Erfa zur Wohlfahrtsmühle. Dann geht es steil hinauf zur Kappelruine auf dem Kappelsberg und in der Folge über den Einschnitt der Einsiedlerklinge wieder hinunter ins Tal. Dort erreichen wir über den kleinen Fluss hinweg das alte Hofgut Breitenau, das mit einigen historischen Gebäuden aufwarten kann. Anschließend führt uns eine Waldetappe längs des idyllischen Katzenbaches nach Steinfurt, das mit dem Landgasthof Grüner Baum über eine nette Einkehrmöglichkeit verfügt. Auf dem Weg zurück nach Hardheim begleitet uns zwar kein Fließgewässer mehr, dafür bietet sich uns kurz vor Erreichen unseres Ausgangspunktes ein toller Blick ins Umland vom Pavillon am Schmalberg.

Ausgangspunkt: Hardheim, Schlossplatz (274 m). Anfahrt mit ÖV: Bahn bis Bahnhof Tauberbischofsheim, von dort mit Bus 999 bis Haltestelle Hardheim Post. Navi: 74736 Hardheim, Schlossplatz (kostenlose Parkmöglichkeiten).
Anforderungen: Diese lange Tour mit einigen steileren An- und Abstiegen erfordert eine gute Kondition; überwiegend auf geschotterten Wegen, etappenweise auf Asphalt und naturnahem Untergrund.
Markierung: LT 5, etappenweise auch Rotpunkt, Rotstrich und blaues Dreieck.
Einkehr: In Hardheim: Gasthaus »der Ochsen«, Walldürner Str. 3, Tel. 06283/2299570, der-ochsen-hardheim.de, Mi–Fr ab 18 Uhr; Pizzeria Dolce Vita, Querspange 21 (Sportheim), Tel. 06283/2287878, Di–Sa 11.30–14 Uhr u.

Die einladende, an der Erfa gelegene Wohlfahrtsmühle.

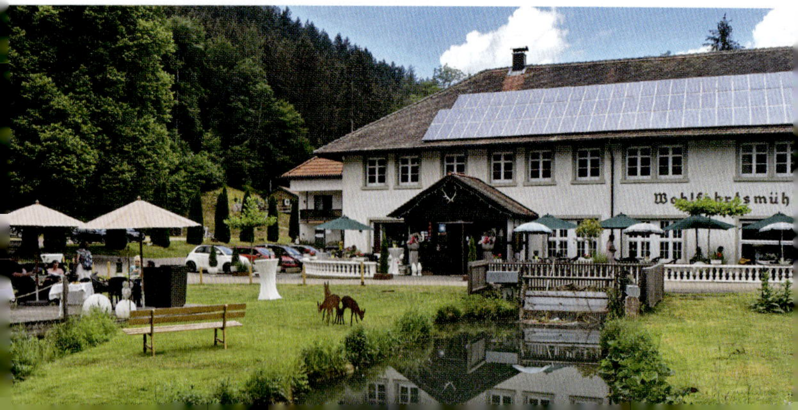

17–22.30 Uhr, So 12–22.30 Uhr, Mo Ruhetag; Restaurant und Waldhotel Wohlfahrtsmühle, Wohlfahrtsmühle 1, Tel. 06283/22220, wohlfahrtsmuehle.com, Mi ab 17.30 Uhr, Do–Sa 11.30–14 Uhr u. 17.30–21 Uhr, So–Di Ruhetage. In Steinfurt: Hotel und Landgasthof Grüner Baum, Rüdentaler Str. 12, Tel. 0934/5211, gruenerbaum-steinfurt.de, Mo, Di u. Fr ab 17 Uhr, Sa 11.30–14 Uhr u. ab 17 Uhr, So ab 10 Uhr durchgehend, Mi/Do Ruhetage.
Karten: W205 Walldürn 1:25 000 und W204 Wertheim 1:25 000.
Info: Sehenswert in Hardheim sind neben dem Schloss der Steinerne Turm, die katholische Kirche St. Alban und

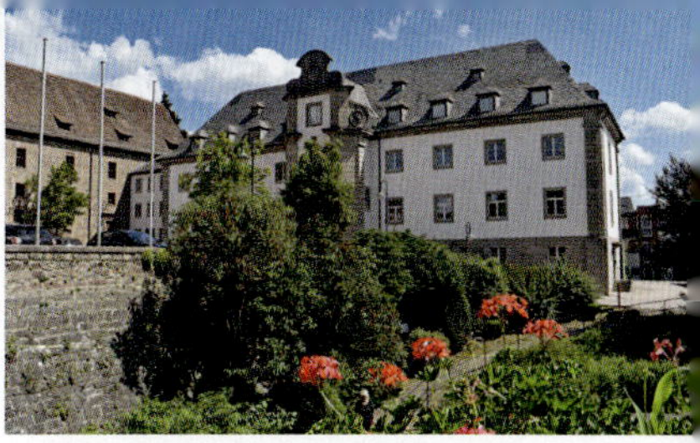

Am Schlossplatz von Hardheim.

insbesondere das Modell einer Ariane-V-Rakete am Ortseingang. Letztere soll an den großen Sohn der Gemeinde, Dr.-Ing. Walter Hohmann (1880–1945) erinnern, einen Wegbereiter der Raumfahrt (Infos unter hardheim.de).

Auf dem **Schlossplatz** ❶ in **Hardheim** finden wir den Einstieg in unseren mit LT 5 markierten Rundweg. Wir folgen seinem Wegzeichen auf einem Fußweg an der Kirche vorbei und weiter über die Burggasse hinunter zur Wertheimer Straße. Diese etwas versetzt überquerend gehen wir auf der Langen Gasse in südlicher Richtung, biegen dann aber rechts in die Straße »Hinterm Dorf« ab. Bei der nächsten Straßenkreuzung halten wir uns nach links über die Erfa hinweg zur **Steinenmühle** und wandern dahinter auf einem Stationsweg aufwärts aus dem Ort hinaus. Bei einem alten Bildstock nehmen wir den links abzweigenden Schotterweg, der uns hoch zu einer mächtigen Kreuzigungsgruppe bringt. Dort machen wir auf dem Parkplatz einen Abstecher nach links zu der am Rand der Hochfläche hinter einem Wäldchen verborgenen **Josefskapelle** ❷. Wieder zurück an unserer Abbiegestelle gehen wir mit unserer LT-5-Markierung über Wiesen und durch ein Waldstück hindurch hinunter zur **Wohlfahrtsmühle** ❸ im Talgrund der Erfa. Obwohl es für eine Rast noch zu früh ist, verlockt der Biergarten des dortigen Restaurants zumindest zu einer kurzen Kaffeepause.
Danach flanieren wir an dem Zufahrtssträßchen entlang und biegen vor Erreichen der Kreisstraße (K3910) links ab. Bereits nach wenigen Metern halten wir uns bei einer Gabelung rechts halbwegs steil hoch in den Wald. Unser Schotterweg macht gleich eine enge Rechtskehre und verläuft anschließend nahezu geradlinig weiter aufwärts, in etwa parallel zur Kreisstraße und der Erfa rechts unter uns. Nach einer kurzen, sehr steilen Aufwärtspassage erreichen wir einen querenden Schotterweg, auf den wir rechts einschwenkend hinunter zur K3910 gelangen. An dieser gehen wir etwa 100 m entlang und biegen dann rechts auf einen Schotterweg ab, der gleich wieder nach links abknickt. Bei der folgenden Gabelung links hoch zu einer Wegverzweigung, an der wir uns rechts weiter aufwärts bis zu einer Wegkreuzung halten. Dort ohne Markierung halb links abbiegen und

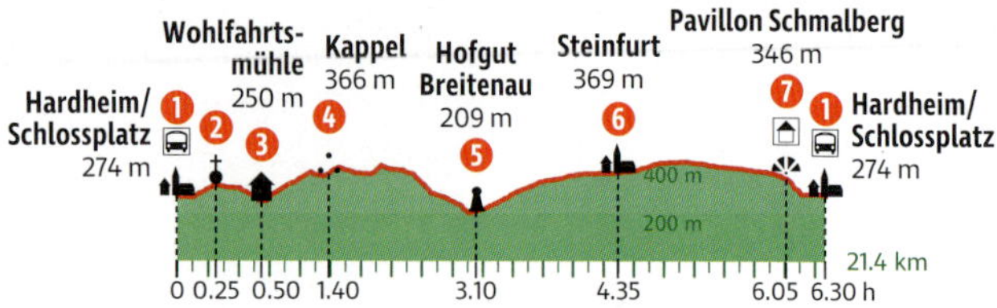

bei der nächsten Verzweigung rechts zur **Kappelruine** 4, die sich inmitten hoher Buchen- und Ahornbäume im Wald versteckt. Von der Anfang des 15. Jh. erbauten »Kapelle zu unserer lieben Frau im Walde« sind allerdings nur wenige Mauerreste übrig geblieben.

Ein Pfad bringt uns zurück zu unserer Route, der wir in einer Linksbiegung hoch zu einem querenden Schotterweg folgen. Auf diesem geht es eine Zeitlang abwärts, bis wir einen Querweg erreichen, auf den wir links einschwenken. Nun geht es wieder, teils sogar etwas steiler, aufwärts bis zu einem weiteren Querweg, der uns rechts hoch zu einem T-Kreuz führt. Dort rechts abbiegend nehmen wir den Abstieg hinunter in den Bacheinschnitt der **Einsiedlerklinge** in Angriff, wobei wir uns nun vorwiegend am roten Punkt orientieren. Denn von der LT-5-Markierung ist auf diesem Wegabschnitt kaum etwas zu sehen.

Auf der anderen Bachseite knickt der Weg nach rechts ab und führt uns in der Folge nach einer Linksbiegung stetig abwärts am Abhang entlang, bis wir nach einiger Zeit auf einen querenden Schotterweg stoßen. Rechts abbiegend verlassen wir den Wald, überqueren auf einer Brücke die **Erfa** und gelangen über den Talgrund hinweg zum **Hofgut Breitenau** 5. Vor dem im Jahr 1206 als Amtssitz der Prälaten von Kloster Bronnbach gegründeten Anwesen steht ein Standbild für Kaiser Karl VI., der im Jahr 1711 nach seiner Wahl in Frankfurt hier vorbeigekommen ist.

Wir wechseln auf Höhe der Kapelle über die vielbefahrene Landstraße (Vorsicht!) und erklimmen auf einer steilen Holztreppe die Böschung hoch in den Wald. Oben auf dem Schotterweg halten wir uns nach rechts, wobei wir uns neben dem sporadischen LT 5 jetzt am Rotstrich orientieren. Es geht nun die nächste Zeit zunächst ebenerdig, dann stetig leicht ansteigend durch den Forst – parallel zum Tal des Katzenbaches rechts von uns. Am Ende des Waldes führt unsere Route in einer Links-rechts-Folge an

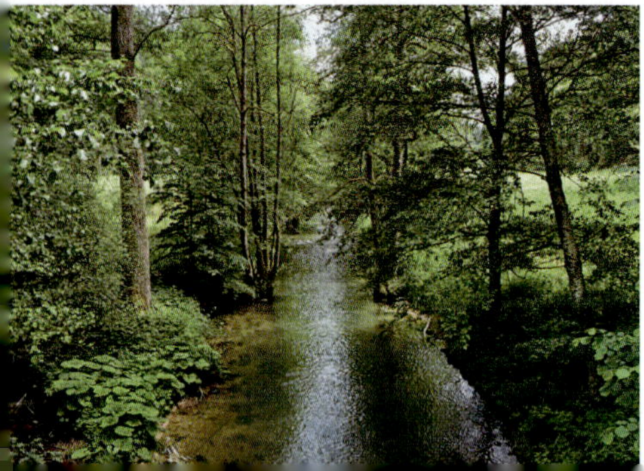

Die Erfa in der Nähe von Breitenau.

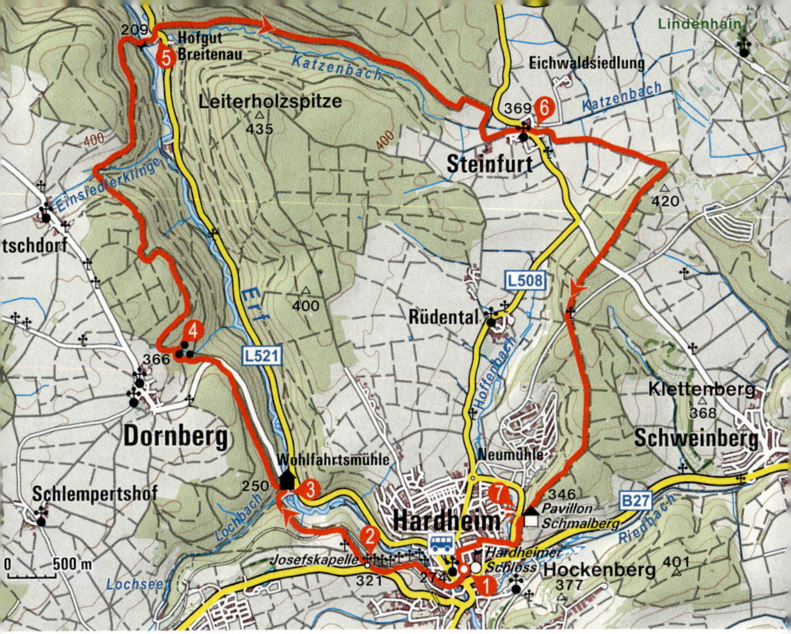

dessen Rand entlang und knickt vor der Landstraße (L508) rechts ab. Über den Wiesengrund des Katzenbaches steuern wir auf eine Biogasanlage zu, davor wenden wir uns nach links hinein ins nahe **Steinfurt.** In der Ortsmitte biegen wir rechts ab, passieren den **Landgasthof Grüner Baum** 6 und halten uns dahinter links in den Königheimer Weg.

Neben LT 5 begleitet uns nun auch das blaue Dreieck zurück nach Hardheim. Hinter dem Dorf erst rechts und gleich wieder links abbiegend wandern wir über Felder leicht aufwärts auf ein Waldgebiet zu. Darin bei der ersten Wegkreuzung rechts, dann immerzu nahezu geradlinig durch den Forst, wobei wir einen geteerten Fahrweg queren. In der Folge überqueren wir etwas versetzt eine Landstraße und halten uns auf der anderen Straßenseite über einen Parkplatz hinweg nach links. Dann mehr als 1 km weiter geradewegs durch den Wald bis zu einer Wegspinne, wo wir erneut links abbiegen. Schließlich erreichen wir den Waldrand und auf einer Wiese dahinter den **Pavillon** 7 am **Schmalberg** mit schöner Sicht auf Hardheim. Ein steiler Pfad bringt uns hinunter an den Ortsrand von **Hardheim** und dort in einem Linksknick zur Alten Würzburger Straße. Ihr folgen wir nach rechts und schwenken nach knapp 50 m links in die Straße »Am Brennhäusle« ein. Über die Kolpingstraße, die Bürgermeister-Henn-Straße und die Schlossstraße gelangen wir zurück zum **Schlossplatz** 1.

↗ 270 m | ↘ 240 m | 12.6 km

43 Von Wertheim zum Kloster Bronnbach

4.10 h

Vom Main zur Tauber

Im romantischen Städtchen Wertheim mündet nicht nur die Tauber in den Main, hier beginnt (oder endet) auch eine der schönsten Streckentouren im Wandergebiet dieses Führers. Sie führt, gespickt mit vielen tollen Panoramablicken, an den Randhöhen des mäandernden Flüsschens entlang bis zum Kloster Bronnbach. Alleine schon wegen dieses kulturellen Höhepunktes am Ziel lohnt es sich, sich auf den Weg zu machen. Doch auch unterwegs lassen sich einige kunsthistorische Entdeckungen wie die Dreifaltigkeitskapelle und das Steinkreuznest machen. Weinfreunde werden außerdem ihre Freude haben an der Wegetappe über den Satzenberg, den letzten verbliebenen Terrassenweinberg in Tauberfranken. Und natürlich an den Vinotheken in Reicholzheim und im Kloster Bronnbach, in denen der eine oder andere Tropfen verkostet werden kann.

Ausgangspunkt: Bahnhof Wertheim (138 m). Anfahrt mit ÖV: Maintalbahn aus Richtung Miltenberg oder Tauberbahn aus Richtung Bad Mergentheim. Navi: 97877 Wertheim, Linke Tauberstr. 2 (Parkplatz Tauber – im hinteren Bereich gebührenfrei).
Endpunkt: Bahnhaltepunkt Bronnbach (166 m). Rückfahrt mit der Bahn, Bahnstrecke Lauda–Wertheim.
Anforderungen: Im Verlauf der Tour geht es mehrmals auf und ab, jedoch mit meist moderaten An- und Abstiegen; überwiegend auf geschotterten Wegen; auch mit Kindern empfehlenswert.
Markierung: Ohne Markierung, LT 3.
Einkehr: In Reicholzheim: Gasthaus Zum Riesen, Richolfstr. 60, Tel. 09342/4049, riesen-reicholzheim.de, Mi–Sa 17–23 Uhr, So 11–14.30 Uhr u. 17–23 Uhr, Mo/Di Ruhetage; Hotel Restaurant Martha, Am Felder 11, Tel. 09342/78796, hotel-restaurant-martha.de, tägl. 12–14 Uhr u. 18–21.30 Uhr. In Bronnbach: Restaurant Kloster Bronnbach, Tel. 09342/935210, hotel-kloster-bronnbach.de, Mi/Do

Burg Wertheim thront über dem Main.

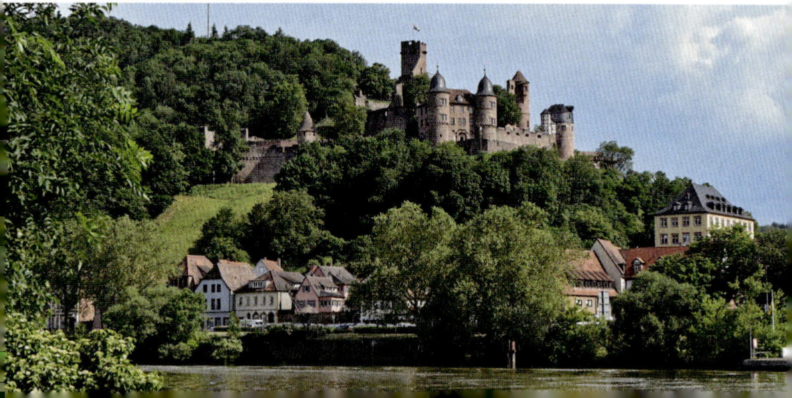

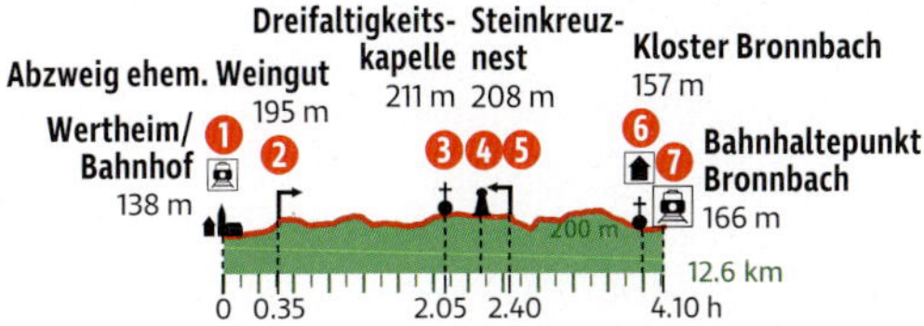

11.30–17 Uhr, Fr/Sa 11.30–22 Uhr, So 11.30–17 Uhr, Mo/Di Ruhetage; Gasthaus Klosterhof, Tel. 09342/7316, gasthaus-klosterhof.de, Mo/Di/Fr 11–14 Uhr u. 17.30–20 Uhr, Sa/So 11–20 Uhr, Mi/Do Ruhetage.
Variante: Wer eine Rundtour bevorzugt, sollte von Wertheim aus der roten Weintraube des Wein-Tauber-Wanderweges bis zum Kloster Bronnbach und wieder zurück nach Wertheim folgen. Die insgesamt 21 km lange Tour setzt sich aus zwei Schlaufen zusammen, die sich in Reicholzheim kreuzen. Die PDF-Version eines Flyers mit einer Wegbeschreibung und Karte kann auch unter reicholzheim.de heruntergeladen werden.
Karte: W204 Wertheim 1:25 000 (LGL Baden-Württemberg) oder ATK25 Blatt E03 Marktheidenfeld 1:25 000 (LDBV Bayern).
Info: Für eine Besichtigung des weitläufigen Areals von Kloster Bronnbach sollte genügend Zeit eingeplant werden. Kernstück der Anlage ist die romanische Kirche mit barocken Altären und Chorgestühl sowie gotischem Kreuzgang. Sehenswert sind auch der Bernhard- und der Josephsaal mit ihrer barocken Ausstattung. Aus der Vielzahl der weiteren Sehenswürdigkeiten sei hier noch auf die Orangerie und die Vinothek im ehemaligen Cellarium hingewiesen. Ferner fungiert das Kloster als Veranstaltungsort für Konzerte, Seminare, Workshops, Führungen und Weinproben (Bronnbacher Kultouren; kloster-bronnbach.de).
Tipp: Winzertipps: Taubertal-Vinothek, St.-Georg-Str. 1–3, 97877 Wertheim-Reicholzheim, Tel. 09342 / 2900-0, gwf-frankenwein.de, Mo–Fr. 9.30–18.00 Uhr, Sa 9.30–14 Uhr, Mi geschlossen; Vinothek im Kloster Bronnbach, Bronnbach 9, 97877 Wertheim-Bronnbach, Tel. 09342 / 9 35 20 20 20, kloster-bronnbach.de, 2. Nov. bis 17. März Do 11–16 Uhr, 18. März bis 1. Nov. Mo–Sa 10–17.30 Uhr, So/Fei 11.30–17.30 Uhr.

Das romantische Städtchen **Wertheim** mit seiner Burgruine und seiner historischen Altstadt ist der Ausgangspunkt unserer Wanderung. Wir starten beim **Bahnhof** ❶ und gehen zunächst ohne Markierung auf der Bahnhofstraße ortseinwärts. Links abbiegend überqueren wir auf einer Brücke die Tauber, kurz bevor sie in den Main mündet. Geradeaus kommen wir auf der Brückengasse zum pittoresken **Marktplatz** und gelangen rechts über diesen hinweg in die Mühlenstraße. Auf ihr sind es nur wenige Meter zum Stadtpalais bzw. **Rathaus**, wo unsere mit LT 3 markierte Route beginnt. Es gibt allerdings kein Wanderportal, auf dem man sich über den Streckenverlauf informieren könnte.
Wir folgen weiter der Mühlenstraße ortsauswärts und verlassen sie auf Höhe des Sportgeländes (liegt am anderen Ufer der Tauber) nach links. Wir steigen auf einem geteerten Weg hoch zu einem **ehemaligen Weingut** ❷ und biegen dort rechts ab. Vorbei an alten, nicht mehr bewirtschafteten

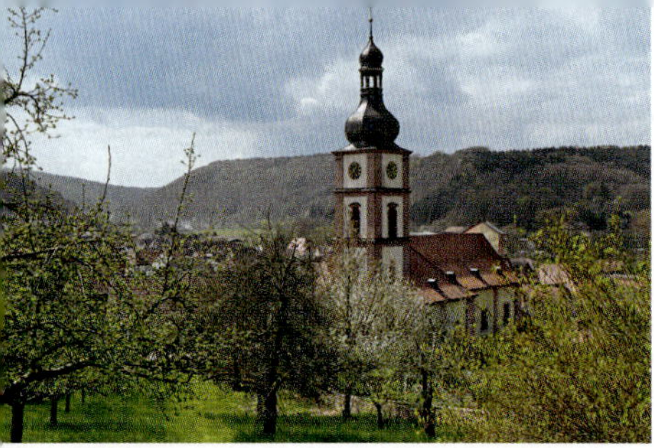

Reicholzheim mit der Pfarrkirche St. Georg.

Weinbergen umrunden wir den **Flöhberg** und passieren in einer weiten Rechtsbiegung das auf der gegenüberliegenden Tauberseite gelegene Waldhausen mit seiner Wehrkirche. Von da ab geht es durch einen Wald hindurch hinunter zu einer Gabelung, die sich gegenüber der Teilbacher Mühle (links der Tauber) befindet. Wir folgen kurz dem links abzweigenden Weg, biegen dann aber rechts ab. Nun wandern wir eine Zeitlang halbwegs ebenerdig parallel zur Tauber, bis uns ein Anstieg hoch zu einem T-Kreuz bei einem Motocross-Gelände bringt. Rechts einschwenkend gelangen wir kurz darauf zur **Dreifaltigkeitskapelle** ❸ auf der baumlosen Hochfläche. Eine Ruheliege lädt zu einer Verschnaufpause ein und zum Genuss des schönen Blickes auf das zu unseren Füßen liegende Reicholzheim.

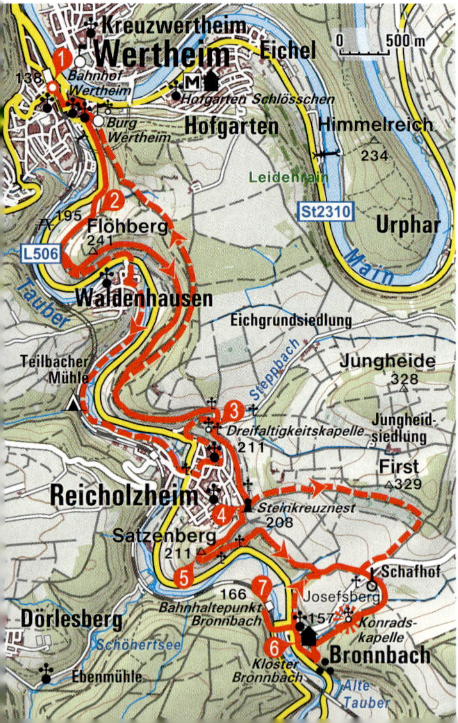

Wem nach einer längeren Einkehr zumute ist, gelangt von dort hinunter in den Ort. Ansonsten orientieren wir uns nach halb links und gehen in leichtem Auf und Ab oberhalb des Winzerdorfes entlang bis zum sagenumwobenen **Steinkreuznest** ❹ am südwestlichen Ortsrand von **Reicholzheim**. Es besteht aus 14 Steinkreuzen, die in einer Sandsteinstützmauer eingebettet sind. Außerdem komplettiert ein alter Bildstock das Ensemble. Bei der folgenden Wegkreuzung halten wir uns rechts abwärts hinein in den **Satzenberg** ❺, den einzigen noch bewirtschafteten Terrassenweinberg im Taubertal. Auf seinen Buntsandsteinböden gedeihen hervorragende Riesling- und Weißburgunder-Weine. Allerdings müssen die Winzer reine Handarbeit betreiben, der Einsatz von Maschinen ist wegen der steilen Rebflächen nicht möglich.

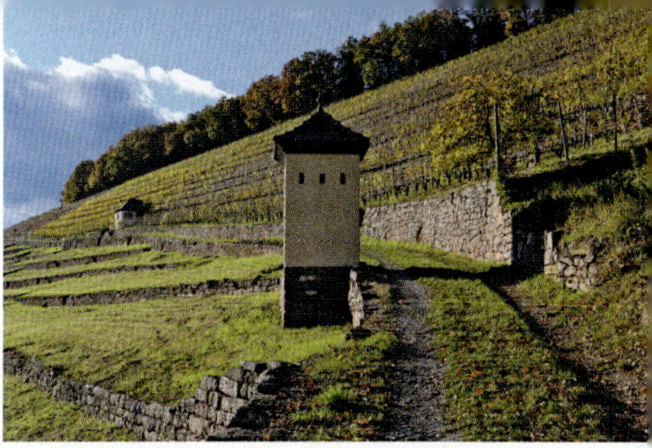

Alte Weinbergterrassen am Satzenberg.

In einer engen Rechtskehre steigen wir mit schönem Blick hinüber zum Kloster Bronnbach ins Tal und wenden uns unten kurz vor der Landstraße (L506) nach links. Längs eines Waldes geht es hoch zu einem Querweg, dem wir nach rechts folgen. Er führt uns über einen Bacheinschnitt hinweg auf die baumlose Ackerhochfläche zum **Schafhof**, einem ehemaligen Wirtschaftshof (eine sogenannte Grangie) des Klosters Bronnbach. Anschließend überqueren wir erneut einen Bachgrund und biegen danach bei einer Gabelung rechts ab. Nun geht es immerzu durch einen Wald hindurch hangabwärts, bis wir auf einen Querweg stoßen.

Auf diesen rechts einschwenkend erreichen wir bald darauf das weitläufige Areal von **Kloster Bronnbach** 6. Das im Jahr 1153 gegründete und 1803 im Zuge der Säkularisation aufgelöste Zisterzienserkloster beherbergt heute neben vielen Sehenswürdigkeiten auch eine eindrucksvolle Vinothek sowie ein Restaurant. Man sollte sich für eine Besichtigung etwas Zeit nehmen.

Zu unserem Ziel beim **Bahnhaltepunkt** 7 gelangen wir auf einem Sträßchen, das von der Durchgangsstraße links abzweigt und die Tauber quert. Am anderen Ufer sind es dann nur noch wenige Meter nach rechts.

Die ehemalige Zisterzienserabtei Bronnbach.

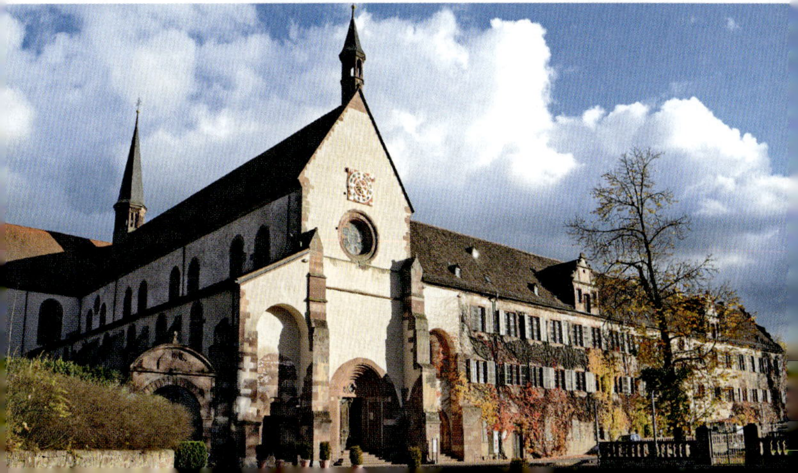

↗ 180 m | ↘ 180 m | 14.3 km

44 Von Kreuzwertheim ins Himmelreich

4.00 h

Unterwegs entlang der Mainschleife

Es mag ja viele Wanderungen geben, die das Attribut »himmlisch« verdienen, doch auf dieser Tour gelangen wir tatsächlich ins Himmelreich. Zwar nicht ins biblische Paradies, dafür aber zu einem vom mäandernden Main geschaffenen Naturphänomen ersten Ranges. Der Fluss macht nämlich östlich von Wertheim eine enge Schlaufe, wodurch eine lang gezogene löffelförmige Halbinsel entstanden ist. Diese »Himmelreich« genannte Landzunge ist etwa 4 km lang und an der schmalsten Stelle gerade mal 400 m breit. Der Reiz unserer Wanderung besteht darin, dass wir zunächst, ausgehend vom bayerischen Kreuzwertheim, auf der rechten Mainseite am Ufer entlangflanieren, bis wir den Scheitelpunkt der Flussschlaufe erreichen. Von dort gelangen wir in einem kurzen Anstieg hoch auf den dicht bewaldeten Bergrücken, den wir in einer längeren Passage überqueren. Zurück nach Kreuzwertheim passieren wir den Rainberg und an dessen Südwestabfall die sonnenreiche Weinlage Kaffelstein. Schon Goethe wusste die Qualität der Wertheimer Weine zu schätzen. Zählt man alle Facetten dieser erlebnisreichen Tour zusammen, ergibt sich unter dem Strich eine kombinierte Fluss-, Wald- und Weinwanderung vom Feinsten.

Ausgangspunkt: Kreuzwertheim, Parkplatz am Mainufer (134 m). Anfahrt mit ÖV: Bahn bis Wertheim, von dort mit Bus OVF-Linien 8071, 8072 oder 8074 bis Haltestelle Kreuzwertheim Brückenstraße; dann Tourenbeginn an der Mainbrücke. Navi: 97892 Kreuzwertheim, Junkergasse (kostenlose Parkplätze).
Anforderungen: Erlebnisreiche Wanderung mit nur moderaten An- und Abstiegen; etwa zur Hälfte auf geteerten bzw. geschotterten Wegen und auf naturbelassenen Pfaden; auch mit Kindern empfehlenswert.

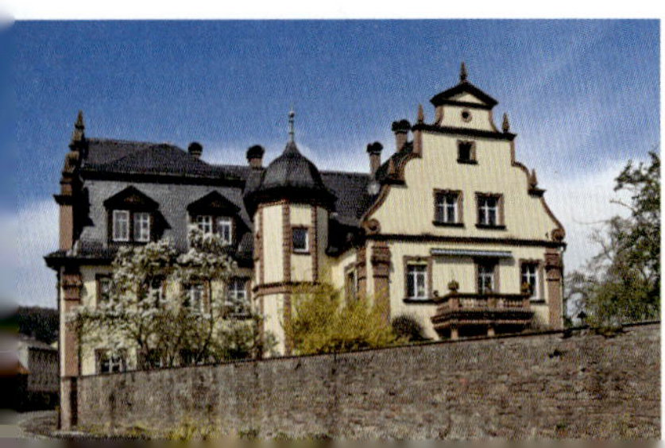

Markierung: H (Hainweg), M (Mainwanderweg), ohne Markierung.
Einkehr: Unterwegs keine Möglichkeit. In Kreuzwertheim: Biergarten Ankerplatz, Fährgasse am Mainufer, Tel. 0170/4929882, biergarten-ankerplatz.de, Mai–Sept. bei guter Witterung Di–Fr 15–22 Uhr, Sa/So 11–22 Uhr, Mo Ruhetag; Hotel-Restaurant-Weinhaus Lindenhof, Lindenstr. 41, Tel. 09342/915940, weinhaus-lindenhof.de, Mo–Sa 11.30–13.45 Uhr u. 17.30–20 Uhr, So bis 15 Uhr; Landgasthof Franz, Hauptstr. 18, Tel. 09342/6600, landgasthof-franz.de, Mo u. Mi–Sa 16–23 Uhr, So 16–22 Uhr, Di Ruhetag.
Karte: ATK25 Blatt E03 Marktheidenfeld 1:25 000 (LDBV Bayern).
Tipps: 1) Der 730 m lange ehemalige Eisenbahntunnel der aufgelassenen Bahnstrecke Lohr–Wertheim durch den Bettingberg kann mit einer Taschenlampe begangen werden, jedoch nicht

Schloss in Kreuzwertheim.

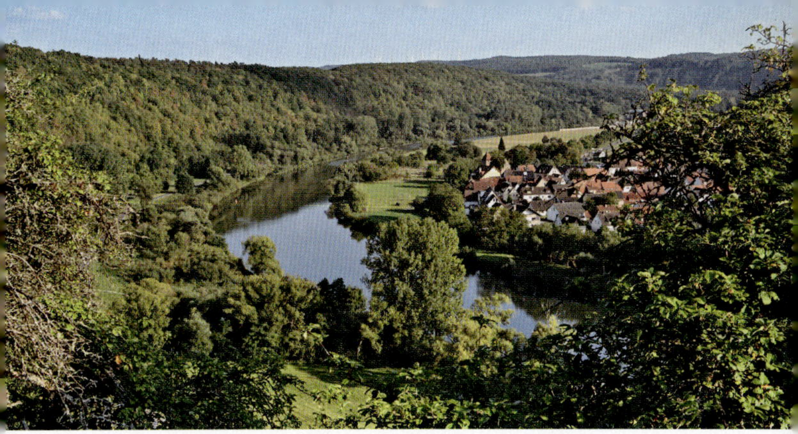

Blick vom Rainberg auf das Maintal bei Eichel.

von Okt. bis Ende Mai, weil dann Mopsfledermäuse darin überwintern. Das Westportal ist vom Wegpunkt 2 aus auf dem Wanderweg K 1 und über zwei unmarkierte Waldwege zu erreichen (einfache Strecke 1,1 km).
2) Winzertipp: Weingut Alte Grafschaft, Rathausgasse 5, 97892 Kreuzwertheim, Tel. 09342/5500, altegrafschaft.com; das älteste Weingut der Region (gegründet 1594) bewirtschaftet die beiden Steillagen Kaffelstein und Satzenberg, wo Trauben für hervorragende Spätburgunder-, Riesling- und Silvanerweine heranreifen.

Beim **Parkplatz** 1 am Mainufer in **Kreuzwertheim** stoßen wir auf die H-Markierung für den Hainweg und folgen ihr immer am Fluss entlang auf einem naturbelassenen Pfad, vorbei an schönen alten Häusern in gepflegten Gartenanlagen. Auf der gegenüberliegenden Mainseite liegt Wertheim mit seiner imposanten Burgruine. Wir unterqueren die große **Mainbrücke** und folgen weiterhin dem schönen Weg längs der mit Büschen bewachsenen Uferlinie. Beim **Wegweiser »Grillplatz Wittwichsplatz«** 2 biegen wir mit dem H rechts auf den geteerten Fahrweg ab, der ebenfalls parallel zum Main verläuft (vor dem Abbiegen bietet sich dort ein Abstecher auf dem örtlichen Rundweg K1 zum Bettingbergtunnel an – siehe Tipp).
Linker Hand tauchen zwischen den Bäumen und Sträuchern des Prallhanges immer wieder alte Weinbergterrassen auf. Am gegenüberliegenden Ufer sehen wir den Wertheimer Vorort Eichel mit seiner wehrhaften Veitskirche (sie gilt als das älteste Gotteshaus im badischen Mainfranken) und gelangen nach etwa einem Kilometer zur **Staustufe Eichel** 3. Ab hier führt der Weg, jetzt geschottert, in den Wald, bleibt aber stets nahe am Fluss. Nun ist es nicht mehr weit bis zur Biegung der **Mainschleife**, wo eine kleine **Bucht** 4 zu einem Fotostopp oder einer kleinen Rast einlädt.
Kurz danach biegt unser Weg mit der H-Markierung scharf nach links ab und führt hangaufwärts durch den Wald; beim nächsten Wegkreuz rechts

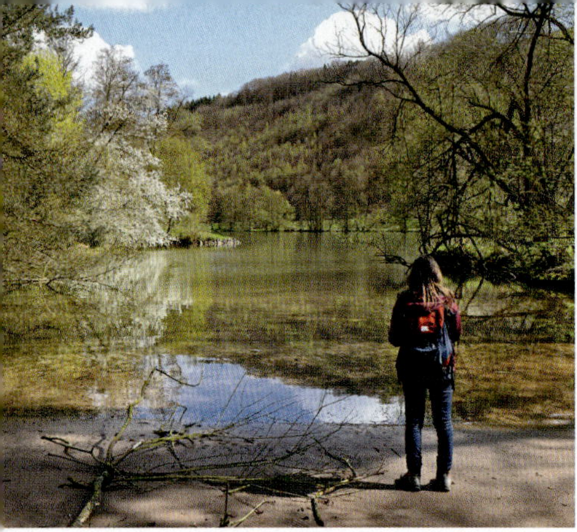

Versteckte Bucht in der Mainschleife.

halten und weiter den Hang hoch. Der wunderschöne Pfad führt auf die Kammhöhe des **Himmelreichs** 5 und verläuft dann weitgehend ebenerdig durch ein altes Steinbruchareal aus Buntsandstein. Eine Infotafel verrät, dass hier einst eine Burganlage, die sogenannte Wetterburg, stand. Alte Holzwegweiser, die nach links in Richtung Wertheim und Kreuzwertheim verweisen, ignorieren wir und halten uns weiter mit dem H geradeaus durch den Wald. Bei einem Wegkreuz biegt unsere Markierung nach rechts ab und führt einige Meter hangabwärts bis zur Hangkante. Hier links abbiegen und dann immer geradeaus, parallel zum unter uns fließenden Main. Durch die Bäume hindurch erkennen wir rechts des Flusses die Ortschaft Bettingen.

Nach etwas mehr als einem Kilometer verlassen wir beim **Wegweiser »Hallstattgräber«** 6 den Hainweg und orientieren uns nun am blauen M des Mainwanderweges nach links. Es geht steil hangabwärts, bis die breite Talaue des **Wittwichsbaches** erreicht ist, den wir auf einer **Brücke** überqueren. Unmittelbar danach beim gleichnamigen **Wegweiser** 7 nach links über die Wiese, dann am Waldrand entlang und nach etwa 150 m rechts in den Wald hinein. Jetzt erwartet uns eine steilere Passage hangaufwärts bis an den Rand des Kreuzwertheimer Ortsteils **Unterwittbach**. Hier zunächst der Straße ortseinwärts folgen, dann aber gleich wieder links zurück in den Wald. Beim nächsten Wegkreuz wieder links halten und auf diesem Weg aus dem Wald hinaus. Nach einer Rechtskurve gehen wir eine Zeitlang an einer alten Steinmauer entlang – über uns, jedoch für uns nur schlecht einsehbar, die Weinberge am **Rainberg**. Die Aussicht von hier oben über die Biegung des Mains bei Eichel und über die bewaldete Landzunge des Himmelreichs ist mehr als einen Blick wert.

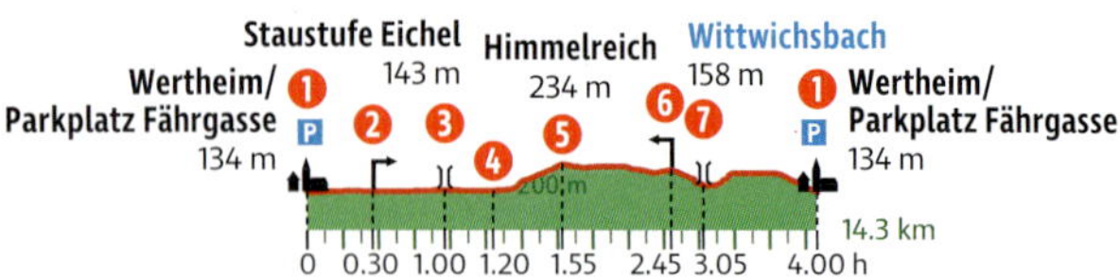

Im weiteren Verlauf führt uns das blaue M an der legendären Weinlage **Kaffelstein** vorbei und danach hinunter nach **Kreuzwertheim**. Hier verlassen wir den Mainwanderweg und halten uns ohne Markierung auf dem Kaffelsteinweg hangabwärts. Bei der Straße »Am Schloss« biegen wir links ab und gelangen über die Hauptstraße und den Fahrgassenweg zurück zu unserem Ausgangspunkt am **Parkplatz** 1 beim Mainufer.

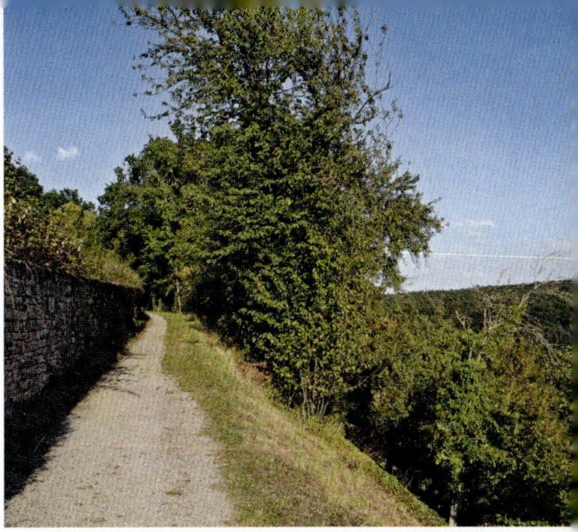

Weg entlang alter Weinbergsmauern am Kaffelstein.

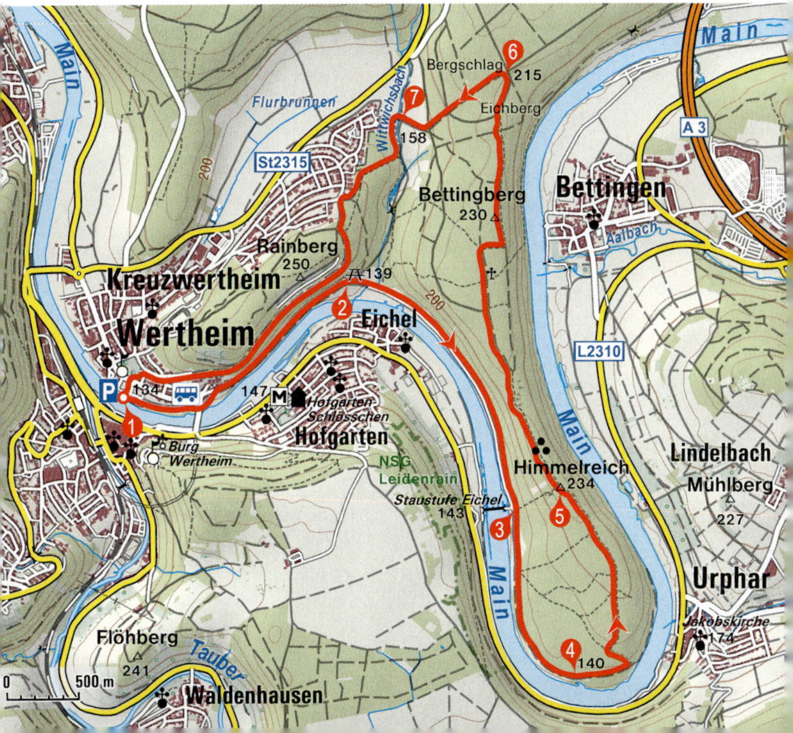

↗ 230 m | ↘ 230 m | 13.3 km

45 Längs der Mainschleife von Wertheim nach Urphar

3.40 h

Ein Blick ins Himmelreich

Bereits der Einstieg in diese Tour bei der Burg Wertheim ist äußerst stimmungsvoll. Allerdings fordert uns gleich ein steiler Anstieg auf einem Treppenweg einiges an Kräften ab. Oben auf der Hochfläche werden wir aber in einer gemütlichen Etappe längs des Plateaurandes für die Anstrengung voll entschädigt. Gelegentlich ergeben sich dabei herrliche Panoramablicke auf die Mainschleife und die bewaldete Halbinsel Himmelreich zu unseren Füßen. Dass wir eine Zeitlang auf dem Jakobsweg Main–Taubertal unterwegs sind, macht uns nicht zuletzt die mittelalterliche Jakobskirche in Urphar bewusst. Der Rückweg führt dann immerzu am Main entlang in den Wertheimer Ortsteil Hofgarten. Dort lädt das Café im Schlösschen zu einer verdienten Einkehr ein, bevor wir zur Burg Wertheim zurückkehren.

Ausgangspunkt: Wertheim, Hirschtor am Aufgang zur Burg (173 m). Anfahrt mit ÖV: Bahn bis Bahnhof Wertheim, von dort zu Fuß durch die Altstadt zur Burg. Navi: 97877 Wertheim, Packhofstraße (Parkgarage Altstadt – gebührenpflichtig) oder 97877 Wertheim, Linke Tauberstr. 2 (Parkplatz Tauber – im hinteren Bereich gebührenfrei).
Anforderungen: Überwiegend moderater Streckenverlauf, nur der Anstieg von der Burg Wertheim zum Weißen Turm ist sehr steil; meist auf geschotterten und geteerten Wegen; etappenweise über offenes Gelände ohne Schatten; auch mit Kindern empfehlenswert.
Markierung: Jakobsweg Main–Taubertal, ohne Markierung.
Einkehr: In Urphar: Ristorante & Pizzeria Cavallino, Maintalstr. 12, Tel. 09342/9197666, cavallino-urphar.com, Mi–Sa 17–22 Uhr, So/Fei 11–13 Uhr u. 17–21 Uhr, Mo/Di Ruhetage. In Wertheim-Eichel: Café Sahnehäubchen, Hofgartenstr. 2, Tel. 09342/9348437, sahnehaeubchen-hofgarten.de, Do 13–18 Uhr, Fr–So 9–18 Uhr, Mo–Mi Ruhetage; Miller's American Diner, Würzburger Str. 71, Tel. 09342/4833, millers-diner.com, Mo–Do ab 17 Uhr, Fr/Sa ab 16 Uhr, So/Fei ab 12 Uhr; Restaurant Zum Vogel Strauß, Brunnengasse 2, Tel. 09342/4664, zum-vogel-strauss.de, Fr/Sa 17–21 Uhr, So 12–14 Uhr u. 17–21 Uhr. Burg Wertheim: Burgrestaurant, Schlossgasse 11, Tel. 09342/913238, burg-wertheim.de, April–Okt. Mo/Di ab 16 Uhr, Mi–So/Fei ab 11 Uhr, Nov./Dez. Fr ab 16 Uhr, Sa/So ab 11 Uhr, Jan. bis Mitte März Winterpause.
Karte: ATK25 Blatt E03 Marktheidenfeld 1: 25.000 (LDBV Bayern); W204 Wertheim 1: 25.000 (LVG Baden-Württemberg).
Info: Nähere Informationen zur Burg Wertheim und den übrigen Sehenswürdigkeiten der Zwei-Flüsse-Stadt finden sich unter tourismus-wertheim.de.
Tipp: Ideale Zeiten für die Tour sind das zeitige Frühjahr und der Spätherbst, wenn die kahlen Bäume den Blick auf die Mainschleife ohne Einschränkung freigeben.

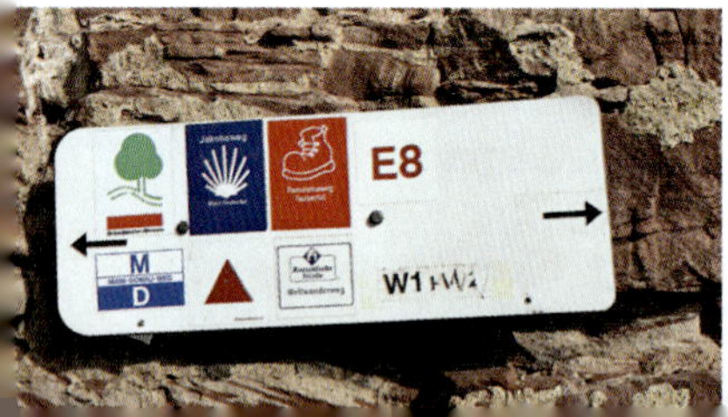

Wegmarkierungen am Hirschtor.

Beim **Hirschtor** ❶ am Aufgang zur **Burg Wertheim** orientieren wir uns an der stilisierten Jakobsmuschel des Jakobsweges Main–Taubertal und halten uns rechts durch das Tor hindurch. Dahinter links abbiegend erwartet uns gleich die steilste Etappe unserer Wanderung: In mehreren Serpentinen geht es auf einem Treppenweg an der Burg vorbei nach oben, wobei man öfters stehenbleiben sollte, um den tollen Blick auf die Stadt auszukosten. Auf halber Höhe nehmen wir den rechts abzweigenden Pfad und steigen auf ihm weiter aufwärts in den lichten Laubwald hinein. Mit Passieren einer **Sendeanlage** des SWR nimmt die Steigung ab, oben auf dem Hochplateau ist schließlich nahezu ebenerdiges Gehen angesagt. Dann mündet unser Pfad in einen Schotterweg, dem wir nur kurz geradeaus folgen, um dann sofort links abzubiegen. Diese ebenfalls geschotterte Waldfuhre bringt uns nach einer weiten Rechtsbiegung an den Waldrand, wo der **Weiße Turm** ❷, ein Teil der ehemaligen Stadtbefestigung, unsere Aufmerksamkeit findet. Eine Steintafel im Mauerwerk verrät: »Erbaut von seiner Durchlaucht dem regierenden Fürsten Georg zu Löwenstein-Wertheim im Jahr 1838«.

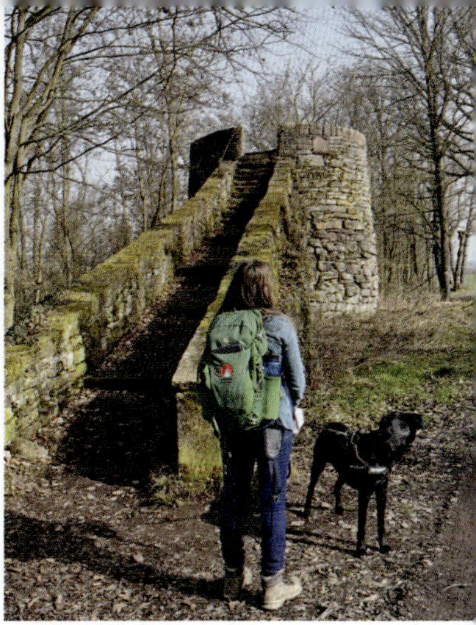

Beim Weißen Turm.

Danach wandern wir längs des Waldrandes über die offene Feldflur, bis wir eine Wegkreuzung erreichen. Kurz davor verabschiedet sich der Jakobsweg scharf nach rechts (stößt aber später wieder zu uns), wir halten uns nun ohne Markierung auf einem geteerten Fahrweg nach rechts. Nach etwa 1,5 km führt dieses Sträßchen nahe an die Hangkante heran und ermöglicht uns damit einen ersten Ausblick durch das Gesträuch hindurch auf die Mainschleife. Nach ein paar Metern bietet sich uns bei einigen **Ruhebänken** ❸ links des Weges das vielleicht beste Panorama auf die enge Flussbiegung mit der Staustufe Eichel im Westen bis nach Urphar im Osten.

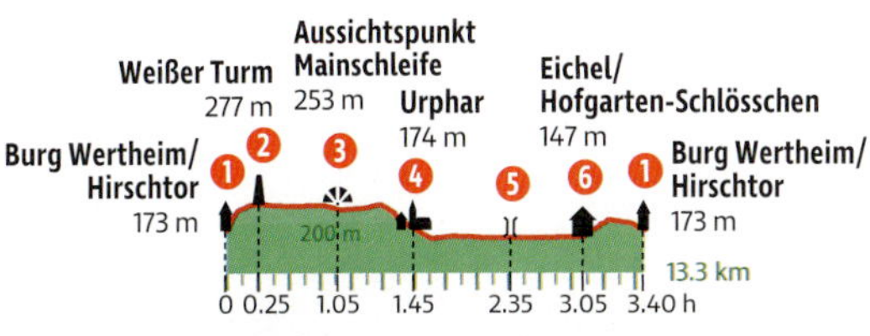

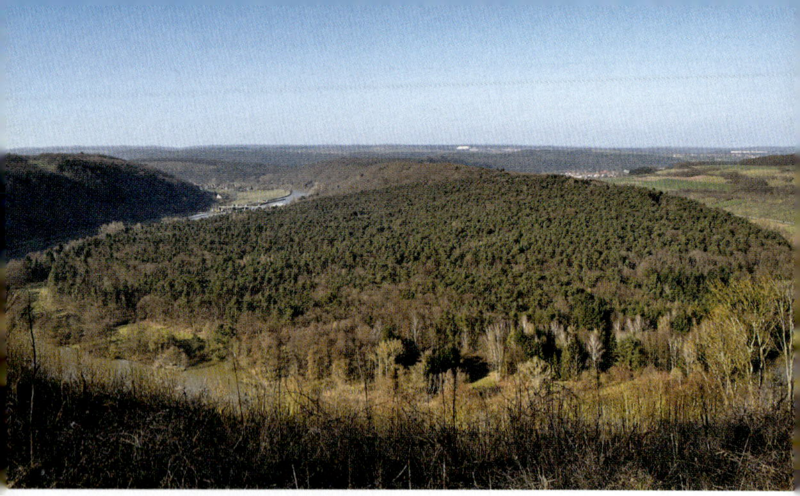

So schön sieht man die Mainschleife nur im Winterhalbjahr.

Mittlerweile hat sich der Jakobsweg wieder zu uns gesellt und wir folgen seiner Markierung zunächst weiter auf dem Fahrweg, biegen dann aber links auf einen unbefestigten Feldweg ab. Dieser knickt nach rechts ab und führt uns zu einer Wiese am Plateaurand, von der aus man einen weiteren schönen Blick über die komplette Mainschleife und das Himmelreich hat (dort steht eine Infotafel des Fliegerklubs). Dann stetig abwärts durch ein Wäldchen und über Wiesen hinunter zu einem Sträßchen und davor nach

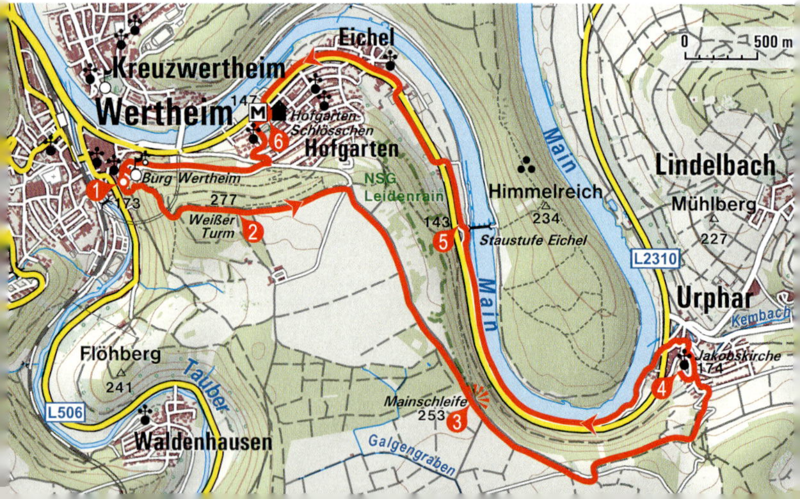

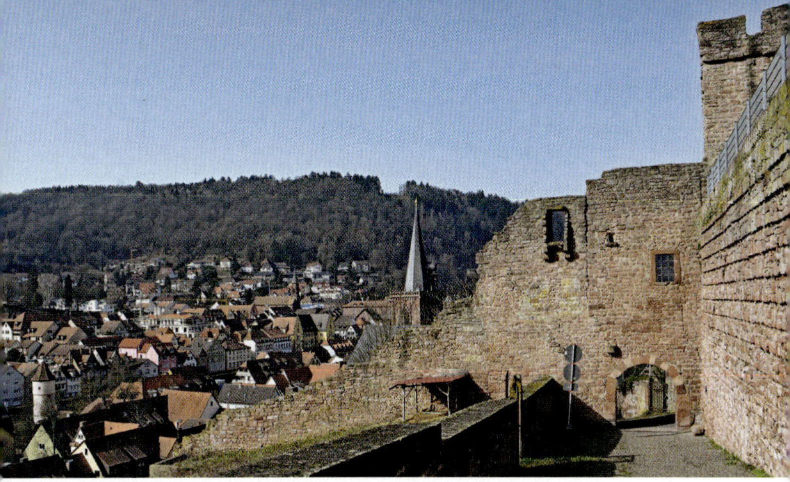

Blick von der Burg über die Stadt Wertheim.

links einschwenken. Ein Flurweg bringt uns hangabwärts an den Ortsrand von **Urphar** (»Urfar« gesprochen, die Einheimischen nennen das Dorf »Orfel«), wo wir uns links auf der Straße »Zum Lochholz« hinunter ins Dorf halten. Wir unternehmen einen kleinen Abstecher zur sehenswerten **Jakobskirche** ❹ und verabschieden uns dort vom Jakobsweg (eigentlich biegt er schon am Ortseingang rechts ab).

Zurück nach Wertheim gibt es nun keine Markierung mehr. Wir gehen die Wehrkirchstraße hinunter und biegen links in den Brunnweg ab. Dann erneut links auf der Gustav-Rommel-Straße weiter abwärts bis zur Maintalstraße (Durchgangsstraße) und dieser etwa 30 m nach links folgen. Hinter dem Feuerwehrhaus rechts hinunter zu einem geteerten Fuß- und Radweg (hier verläuft auch der Mainradweg) und jetzt links abbiegend immerzu an der Mainschleife entlang. Im weiteren Verlauf passieren wir die **Staustufe Eichel** ❺ und wechseln danach auf die andere Straßenseite der L2310. Durch den Wertheimer Ortsteil **Eichel** hindurch erreichen wir das in einem Park gelegene **Schlösschen im Hofgarten** ❻, wo sich das Café Sahnehäubchen für eine Verschnaufpause anbietet. Hinter dem Park links auf dem Parkweg hoch zur Gerhart-Hauptmann-Straße, auf dieser rechts zur Eichelsteige und dieser wiederum rechts aufwärts längs des Ortsrandes folgen.

Bei erster Gelegenheit biegen wir rechts auf einen Wirtschaftsweg ab, der uns durch einen Wald hindurch in einer sachten Abwärtspassage zur **Burg Wertheim** bringt. Neben einer famosen Aussicht über die Dächer der Stadt hinweg ins Maintal erwartet uns dort am Ende unserer Tour auch eine nette Einkehrgelegenheit. Hinunter zu unserem Ausgangspunkt beim **Hirschtor** ❶ sind es nur noch wenige Meter.

↗ 270 m | ↘ 270 m | 9.9 km

46 MainWeitBlick-Tour bei Kembach

3.00 h

Von der Sonnenberghütte durch aussichtsreiche Weinberge

Wandern durch sonnenbeschienene Rebenhänge und dabei herrliche Blicke ins Umland genießen – das ist das Alleinstellungsmerkmal dieser Tour. Ihren Namen hat sie von der gleichnamigen Aussichtsplattform oberhalb von Lindelbach, die eine phänomenale Sicht auf die Mainschleife bei Urphar bietet. Quasi als Kontrastprogramm führt der Rückweg durch aussichtslosen, dafür Schatten spendenden Wald. Der Start-/Endpunkt befindet sich bei der Sonnenberghütte oberhalb des zu Wertheim gehörigen Dorfes Kembach. »Hütte« ist allerdings stark untertrieben, denn dazu gehört ein ganzes Areal mit Grillplatz, Spielplatz, überdachtem Rastplatz sowie zwei Wirtschaftshütten. Das Gelände liegt waldrandnah zwischen Bäumen in einem ehemaligen Muschelkalkabbau. Es gibt zwar keine Bewirtung, aber für ein ausgiebiges Picknick nach der Wanderung ist der schattige Platz wunderbar geeignet.

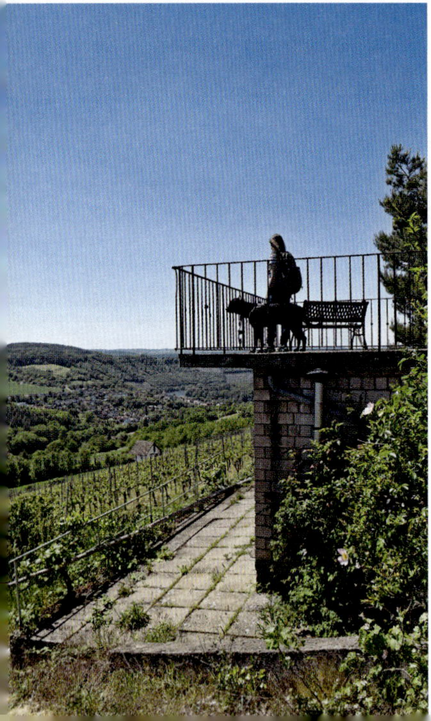

Ausgangspunkt: Sonnenberghütte (309 m), oberhalb von Kembach. Anfahrt mit ÖV: Bahn bis Bahnhof Wertheim, von dort (ZOB) mit Bus 973 bis Haltestelle Kembach, von dort dem Radweg durch die Sonnenbergstraße aus dem Ort hinaus folgen und bei einem Einzelgrundstück rechts; beim nächsten Abzweig links hoch zur am Waldrand liegenden Sonnenberghütte (3,4 km zusätzliche Wegstrecke hin/zurück), Navi: Koordinaten 49.750611, 9.625377 (Parkplatz nördlich des Hüttengeländes am Waldrand).
Anforderungen: Kurze Tour mit mehreren etwas steileren Anstiegen; meist auf geschotterten Wegen, etappenweise auch auf geteerten Flurwegen; teils über offenes Gelände; auch mit Kindern empfehlenswert.
Markierung: Emblem des MainWeitBlick-Weges.
Einkehr: Keine Möglichkeit. Daher Rucksackproviant mitnehmen; zum Picknick bietet sich die Sonnenberghütte an.
Karte: ATK25 Blatt E03 Marktheidenfeld 1:25 000 (LDBV Bayern).

Die Aussichtsplattform MainWeitBlick.

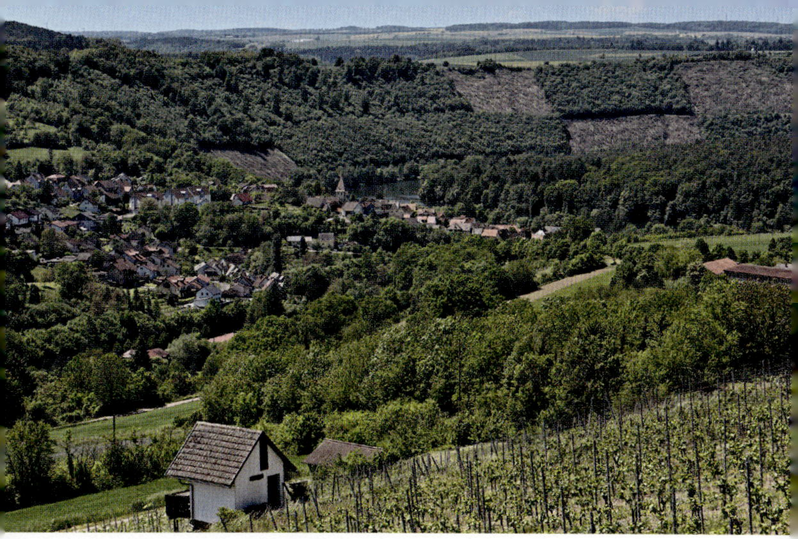

Aussicht auf die Mainschleife bei Urphar.

Wir starten beim Wanderportal der MainWeitBlick-Tour neben der **Sonnenberghütte** ❶ oberhalb von **Kembach**. Die Ausschilderung weist uns in westlicher Richtung in die Weinberge der Lage Sonnenberg hinein, durch die wir gemütlich auf einem Asphaltweg hindurchflanieren. Dem ersten Querweg folgen wir in einer Linkskurve hinunter zu einem Schotterweg, auf den wir scharf rechts einschwenken. Dieser bringt uns nach einer Rechtsbiegung aus den Rebenfeldern hoch in einen Nadelwald. Darin nach knapp 500 m links auf einen querenden Waldweg und kurz danach nochmals nach links auf einen breiten Fahrweg abbiegen. Wir gehen ein Stück an ihm entlang und halten uns dann auf einen links abzweigenden Schotterweg, der uns hangabwärts aus dem Wald hinausführt.

Längs des Waldrandes geht es nun über die Feld- und Wiesenflur hinunter in Richtung des kleinen Dorfes Dietenham, wobei wir den oberen Rand eines kleinen Weinberges passieren. Unten im Tal gehen wir ein paar Meter rechts an einem Sträßchen entlang, folgen aber sogleich unserer Markierung nach rechts. Ein geteerter Flurweg bringt uns nun in einem steilen Anstieg, vorbei an einem Weinberg, hoch an den Waldrand. Unser mittlerweile geschotterter Weg knickt jetzt nach links ab und verläuft oberhalb des Reben-

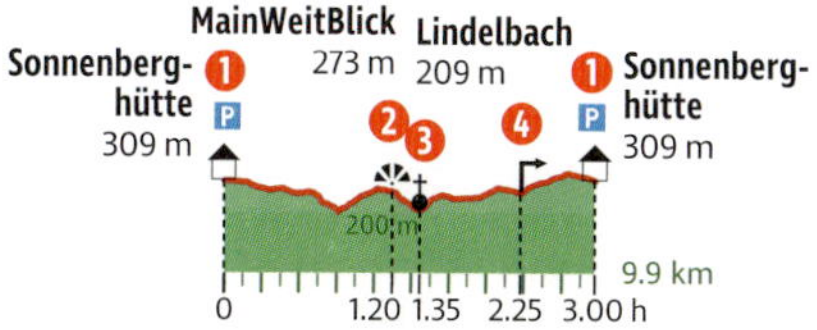

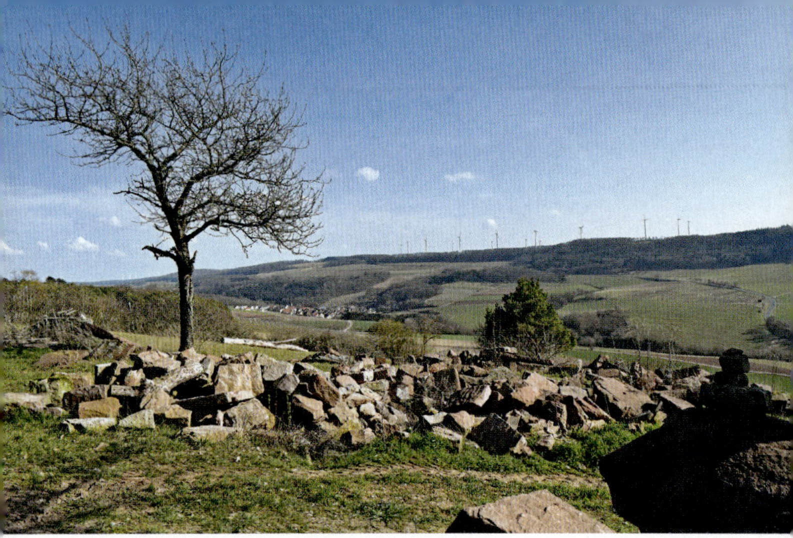

Landschaftsimpression oberhalb von Lindelbach.

feldes. In der Folge führt uns unsere Route in drei kleinen Richtungswechseln um den Wald herum hoch zu einer Wegkreuzung. Dort halten wir uns geradeaus und wandern nach einer Linksbiegung leicht abschüssig durch die Rebenfelder der Lage **Ebenrain**, bis wir die links des Weges gelegene **Aussichtsplattform MainWeitBlick** ❷ erreichen. Sie ist nicht nur die Namensgeberin unserer Tour, sondern auch ihr absoluter Höhepunkt. Der Blick schweift über die Rebenhänge bis zur Mainschleife bei Urphar und die umliegenden Spessartrandhöhen. Glücklich, wer eine Flasche guten hiesigen Frankenweines in den Rucksack gepackt hat, um sie hier zu entkorken. Anschließend machen wir uns auf den Weg hinunter nach Lindelbach, wobei die beiden Abbiegestellen bestens markiert sind. Im Ort **Lindelbach** passieren wir die barocke **Dorfkirche** ❸ aus dem 18. Jh. und halten uns danach etwas versetzt über die Mittlere Dorfstraße hinweg geradeaus in die Kirschgartenstraße. Diese geht am Ortsende in einen geteerten Flurweg über, auf dem wir über Streuobstwiesen hoch in die Weinberge der Lage **Schöneberg** gelangen. Rechts abbiegend wandern wir durch sie hindurch und halten uns beim Flurbereinigungsdenkmal längs des Waldes und vorbei an der Rebenfläche hinunter zu einem Querweg. Auf diesem gelangen wir in einer Rechtsbiegung zu einem breiten Asphaltweg, auf dem wir nur etwa 30 m nach links gehen, um gleich wieder rechts in Weinberge hinein abzubiegen.

Durch diese hindurch steigen wir hinunter zu einem Sträßchen, das uns links in ein Waldgebiet hineinführt. Darin schwenken wir auf die erste

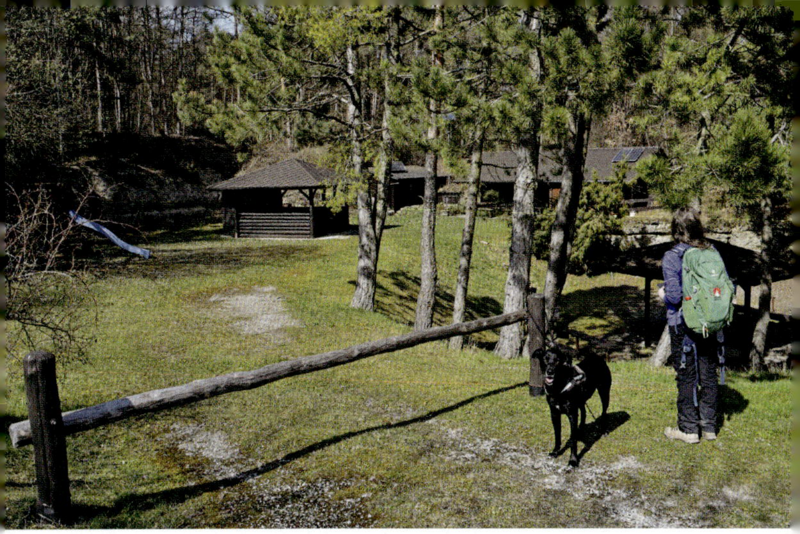

Das weitläufige Areal der Sonnenberghütte lädt zum Picknick ein.

rechts abzweigende Waldfuhre ein und folgen ihr längere Zeit leicht hangabwärts. Bei einer **Wegverzweigung** ❹ rechts leicht aufwärts zu einem Schotterweg und auf diesem nach links in nahezu ebenem Verlauf weiter durch den Forst, vorbei an einem Wasserbehälter. Am Waldende über die Feldflur bis zu einem querenden Schotterweg und diesem nach rechts folgen. Er bringt uns in einer erneuten Waldpassage zurück zu unserem Ausgangspunkt bei der **Sonnenberghütte** ❶.

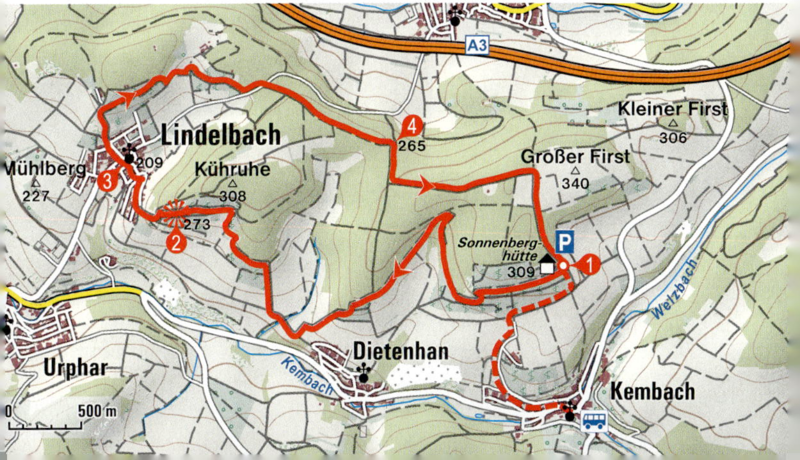

TOP

47

↗ 450 m | ↘ 450 m | 16.8 km

Von Boxtal über Wessental nach Rauenberg

5.30 h

Wo der Wildbach rauscht

Dass der Wildbach meist eher gemütlich vor sich hinplätschert und nicht rauschend dem Main zustrebt, soll den Wanderfreuden auf dieser Tour überhaupt keinen Abbruch tun. Sein von bewaldeten Berghängen flankierter Talgrund darf dennoch als idyllisch bezeichnet werden. Auf unserer Wanderung tangieren wir ihn zwar nur zweimal, haben unterwegs aber öfters die Möglichkeit, einen Blick von oben auf ihn zu werfen. Die Route verläuft überwiegend durch ein ausgedehntes Mischwaldgebiet, wobei naturnahe oder zumindest nur leicht geschotterte Wege die Füße der Wandernden erfreuen. Für Abwechslung sorgen zudem einige interessante Geländepunkte wie der Hoi-Hop-Gedenkstein und das Naturdenkmal Hohe Steine. Eine Tour für alle Jahreszeiten, besonders empfehlenswert aber im Sommer, wenn die Bäume des Waldes viel Schatten spenden.

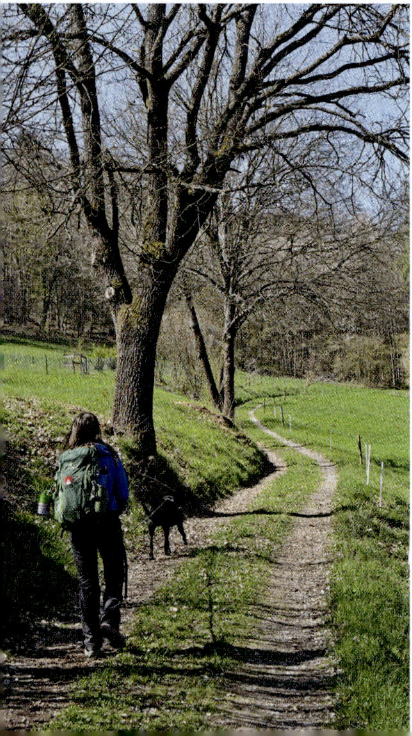

Ausgangspunkt: Boxtal, bei der Kirche St. Nikolaus (149 m). Anfahrt mit ÖV: Bahn bis Bahnhof Wertheim, von dort (ZOB) mit Ruftaxi 9872 bis Haltestelle Boxtal Linde. Navi: 97896 Freudenberg-Boxtal, Kirchstr. 11 (kostenlose Parkplätze vorhanden).
Anforderungen: Überwiegend moderate An- und Abstiege; meist auf naturnahen und geschotterten Wegen, etappenweise auch auf Asphalt; auch mit Kindern empfehlenswert.
Markierung: LT 2.
Einkehr: Unterwegs keine Möglichkeit. Daher Rucksackproviant und ausreichend Getränke. In Boxtal: Gasthof-Hotel Zur Rose, Kirchstr. 15, Tel. 09377/1212, rose-boxtal.de, Di–Sa 17–23 Uhr, So/Fei 11–14 Uhr u. 17–23 Uhr, Mo Ruhetag.
Variante: Mit gelbem Quadrat auf Weiß vom Eichberg hinunter zur Blankenmühle und dann auf der Landstraße entlang des Wildbaches bis zur Antoniusmühle; von dort längs des Rauhbaches nach Rauenberg; dann weiter wie beschrieben (Tour verkürzt sich auf 14,3 km).
Karte: W204 Wertheim 1:25 000.

Auf abwechslungsreichem Weg unterwegs nach Rauenberg.

Wir starten in **Boxtal** bei der **Kirche St. Nikolaus** ❶ am Wanderportal für den Rundweg LT 2 (auch als »Qualitätsweg Wanderbares Deutschland« ausgezeichnet), den wir uns auf dieser Tour erwandern wollen. Zunächst gehen wir, mit dem Rücken zum Gotteshaus, über den **Wildbach** hinweg ein paar Meter vor zur Wildbachstraße, an der die erste LT-2-Markierung auftaucht. Wir folgen ihr links an der Straße entlang, biegen rechts in die Eichbergstraße ab und gehen weiter geradeaus in die Straße »Wintersgraben«. Ein links abzweigender Fußweg bringt uns ansteigend aus dem Dorf hinaus und verläuft dann nach einer weiten Rechtsbiegung mit zunehmender Steigung auf ein Waldgebiet zu. An dessen Rand sollte man sich bei einer Wellenliege umdrehen und den Blick über Boxtal hinweg ins Maintal schweifen lassen.

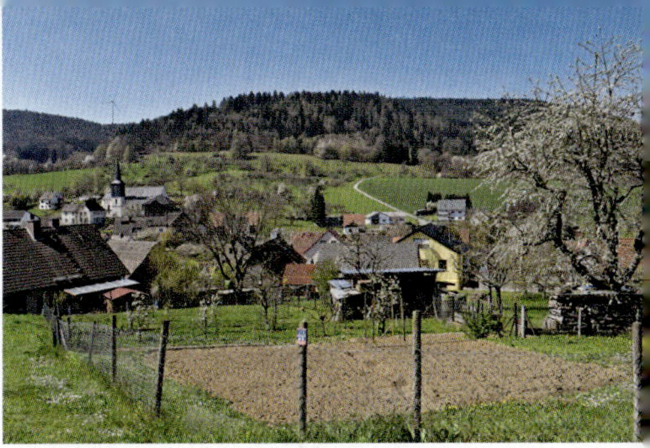

Boxtal liegt im Talkessel des Wildbaches.

Im Wald geht es nun ständig etwas steiler aufwärts, dafür ist die Wegführung sehr schön: Streckenweise wandern wir auf Trittsteinen aus rotem Buntsandstein, dazu kommen wir an diversen Steinmännchen vorbei, die von fleißigen »Vorgängern« errichtet worden sein müssen. Oben auf dem Plateau des **Eichberges** bei einer Wegkreuzung rechts abbiegend, gelangen wir zur **Jagdhütte Diana** mit kleinem See und einer Waldwiese. Dort kommt von links das gelbe Quadrat des Vier-Länder-Weges zu uns, das uns nun etwa 1 km durch den Forst begleitet. Dann verabschiedet es sich nach einer weiten Linksbiegung unserer Waldfuhre bei einem **Wegabzweig** ❷ nach rechts. Wer mag, kann es ihm gleichtun und damit den Weg nach Rauenberg abkürzen (siehe Variante).

Ansonsten bleiben wir geradeaus, wandern hinunter zu einer Wegtriangel bei einem Grenzstein und biegen dort rechts ab. Nach etwa 70 m bei der nächsten Gabelung links halten und diesem Schotterweg zunächst in einer Linksbiegung, dann fast geradlinig in leichter Abwärtstendenz folgen. Später weist uns die LT-2-Markierung nach rechts auf einen Pfad, der etwas steiler hangabwärts verläuft. Unsere gut markierte Route führt uns nun in wenigen Richtungswechseln hinunter ins Tal, wo wir am Waldrand auf die

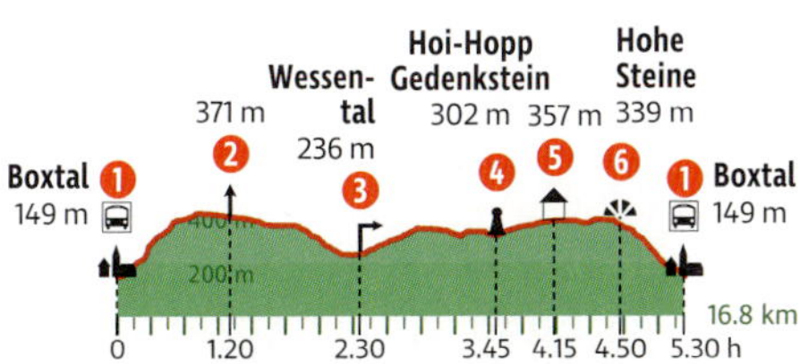

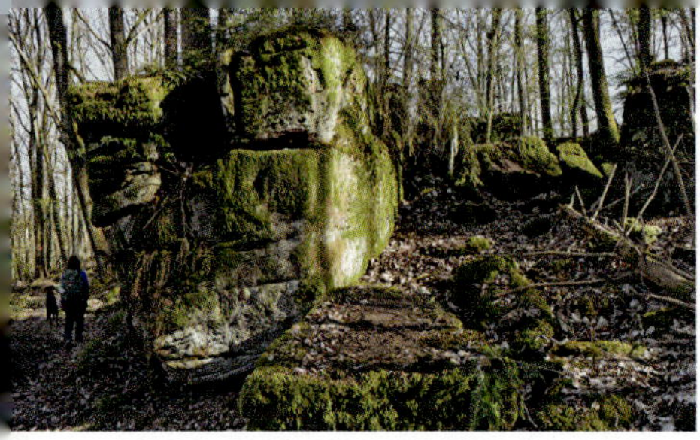

Bei den imposanten Hohen Steinen.

Kreisstraße K2879 stoßen. Auf ihr gelangen wir links hinein in das lang gezogene Dorf **Wessental**, in dessen Mitte **3** wir rechts abbiegen und den kanalisierten **Wildbach** überqueren. Beim Spielplatz erneut rechts und auf einer Brücke über den Sonderrieter Wildbach. Dahinter gehen wir rechts auf dem Alten Kirchenweg vorbei an Kirche und Friedhof hangaufwärts aus dem Dorf hinaus.

Über Streuobstwiesen und durch einen Mischwald hindurch wandern wir nahezu ebenerdig über die Hochfläche. Wir passieren einen Marienaltar neben einem ausgetrockneten Bachbett und in der Folge den **Wendelinusstein**, bevor wir nach **Rauenberg** hinuntersteigen. Im Dorf biegen wir rechts in die Raubachstraße ab, überqueren den Bach und halten uns danach

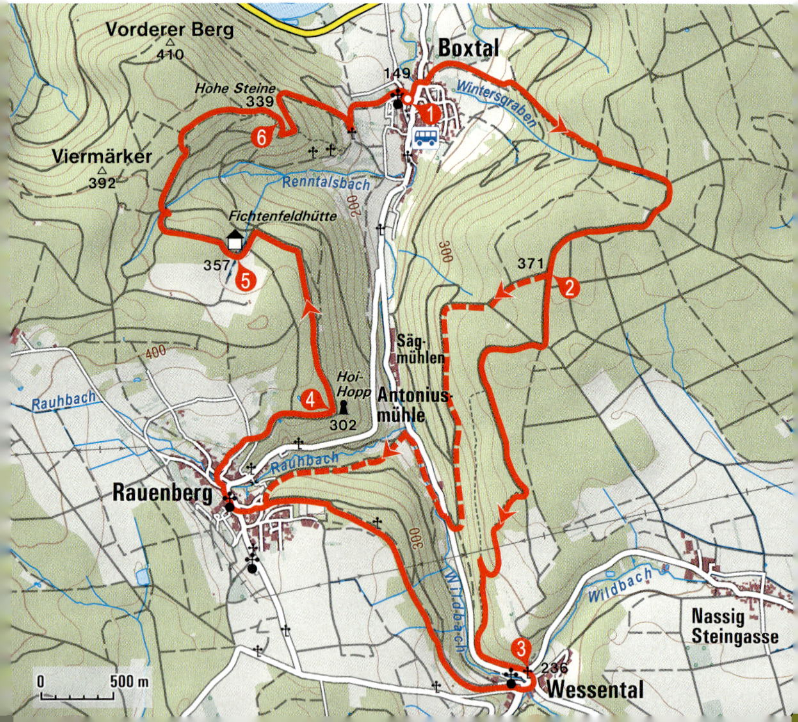

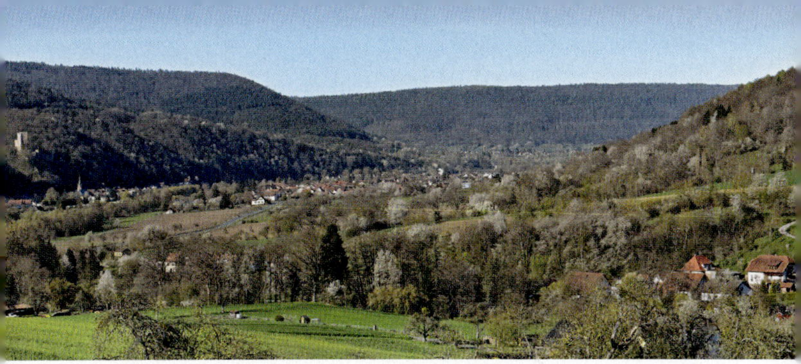

Herrlicher Blick ins Maintal zwischen Boxtal und Stadtprozelten.

nach links. Über die Schulstraße hinweg verlassen wir auf dem Heideweg aufwärts den Ort und wandern über Streuobstwiesen auf ein Waldgebiet zu. Darin gelangen wir in einer Linkskurve unserer Turmweg genannten Waldfuhre zum **Hoi-Hopp-Gedenkstein** ❹, der an einen früheren Grenzstreit erinnert. Eine Tafel erläutert die dazugehörige Sage.
Dann immerzu geradeaus durch den Forst, vorbei an einem hölzernen Aussichtsturm rechts des Weges, der allerdings keine Sicht mehr bietet. Nach ungefähr 500 m links abbiegen und bei der folgenden Wegspinne erneut links auf dem Fichtenweg hinunter zu der am Waldrand gelegenen **Fichtenfeldhütte** ❺. Dahinter rechts auf dem Dürrhofweg wieder in den Wald hinein und nun dem bestens markierten Routenverlauf folgen, der uns links über einen ausgetrockneten Bacheinschnitt hinweg zu einer Wegkreuzung führt. Dort halten wir uns auf dem Hirschbrünnlesweg halb rechts den Abhang hoch und wandern dann eine Zeitlang an der Hangkante entlang. Schließlich erklimmen wir auf einem links abzweigenden Pfad eine weitere Steigung und wenden uns oben nach rechts – jetzt auch begleitet von den Markierungen des Jakobsweges und des Panoramaweges Taubertal. Leicht abwärts erreichen wir das Naturdenkmal und Geotop **Hohe Steine** ❻, eine pittoreske Felsgruppe aus Buntsandstein. Eine Aussichtsplattform ermöglicht schöne Ausblicke durch die Bäume hindurch ins Untermaintal bis zur Henneburg.
Von dort geht es steil hinunter zu einem Querweg, der in einer Linksbiegung weiter abwärts zu einer Wegkreuzung führt. Dort kommt von links der Mainwanderweg zu uns, sodass wir uns jetzt geleitet von vier Wegzeichen nach rechts wenden. Eine Abwärtspassage bringt uns aus dem Wald hinaus auf die Wiesenflur, wo wir bei einem **Bildstock** links abbiegen. Beim nächsten Abzweig steuern wir rechts über Streuobstwiesen das im Wildbachtal gelegene **Boxtal** an. Vorbei am Friedhof und rechts einschwenkend auf die Kirchstraße gelangen wir zurück zu unserem Ausgangspunkt bei der **Kirche St. Nikolaus** ❶.

↗ 550 m | ↘ 550 m | 19.0 km

48 Von Mondfeld über Fechenbach nach Kirschfurt

6.20 h

Burgentour hoch über dem Main

Zwei imposante Burgruinen und ein Schloss aus der Barockzeit machen diese Wanderung längs der zum Main hin steil abfallenden Spessart-Randhöhen zu einer aussichtsreichen Burgentour. Gleich zu Beginn ermöglicht die hoch über Stadtprozelten thronende Henneburg eine Zeitreise zurück ins Mittelalter. Die im 12. Jh. als staufische Höhenburg errichtete und später dem Deutschen Orden und dem Erzstift Mainz zugehörige Festung gilt als eine der größten Burgruinen Deutschlands. Von Feindeshand zerstört wurde sie jedoch nie, sie verfiel allmählich zur Ruine, nachdem sie ihre strategische Bedeutung verloren hatte. Das gleiche Schicksal teilt mit ihr die etwa ebenso alte Kollenburg, deren Ruine im weiteren Verlauf an unserer Route liegt. Famose Ausblicke ins Maintal bieten sie beide. Das kann das im Tal gelegene Schloss in Fechenbach zwar nicht, dafür erstrahlt es in barockem Glanz. Quasi als Zugabe lockt am Ende der Tour die auf der anderen Mainseite hoch über Freudenberg gelegene Burgruine zu einer letzten historischen Exkursion – für diejenigen, die noch genügend Zeit, Lust und Kondition haben.

Ausgangspunkt: Mondfeld, an der Mainfähre (134 m). Anfahrt mit ÖV: Bahn bis Bahnhof Wertheim, von dort mit Bus 977 bis Haltestelle Mondfeld Ort, von dort 5 Min. Fußweg zur Fähre. Navi: 97877 Wertheim-Mondfeld, Fährgasse (kostenlose Parkplätze vorhanden).
Endpunkt: Bahnhaltepunkt Kirschfurt (135 m); von dort mit der Bahn zurück zum Bahnhof Stadtprozelten und mit der Fähre hinüber nach Mondfeld.
Anforderungen: Aufgrund ihrer Länge und einiger steilerer An- und Abstiege erfordert die Tour eine gute Kondition; überwiegend auf geschotterten Wegen, etappenweise auch auf naturnahem Untergrund und auf Asphalt.
Markierung: Roter Balken/Spessart-Weg 2, Fränkischer Marienweg.
Einkehr: In Stadtprozelten: Landgasthof Waldeck, OT Neuenbuch, Obere Dorfstr. 20, Tel. 09392/8821, gasthof-waldeck.de, Mi–So ab 17 Uhr; Café Wolz, Hauptstr. 59, Tel. 09392/7089; Henneburg-Schänke, Tel. 0175/2037798, Fr–So 11–18 Uhr. In Dorfprozelten: Gasthaus Goldener Stern, Maingasse 5, Tel. 09392/7295, stern-dorfprozelten.de, Di–So ab 11 Uhr, Mo Ruhetag; Gasthof Goldene Krone, Hauptstr. 61, Tel. 09392/7528, krone-dorfprozelten.de, Mi–Mo 10–1 Uhr, Di Ruhetag. In Collenberg: Zur Alten Eisenbahn, Hauptstr. 41, Tel. 09376/998838, Do–Sa 17–22 Uhr, So 10.30–13.30 Uhr u. 17–22 Uhr, Mo–Mi Ruhetage; Bäckerei-Konditorei Fuchs (mit Café), Hauptstr. 6, Tel. 09376/208, fuchs-1812.de, Mo 5.30–13 Uhr, Di–Fr 5.30–18 Uhr, Sa 6.30–12 Uhr, So geschlossen; Bistrorante Piso 2, Paul-Hohe-Str. 2a, Tel. 09376/7269885, bistrorante-piso2.de, Di–Sa 17–22 Uhr, So 12–14 Uhr u. 17–22 Uhr; Gasthaus Zum Schiff, Mainstr. 3, Tel. 09376/222, Di–So 17–23 Uhr, Mo Ruhetag.
Karte: ATK25 Blatt E02 Stadtprozelten 1:25 000.
Info: Die Türme und der Wehrgang der Henneburg dürfen aus Gründen des Fledermausschutzes jährlich vom 15. Oktober bis einschließlich 31. März nicht begangen werden.

Unsere Tour beginnt am **Fähranleger 1** in **Mondfeld** zunächst äußerst gemütlich, denn wir schippern erst einmal mit der Fähre über den Main hinüber nach **Stadtprozelten** (womit wir von Baden-Württemberg nach Bayern wechseln). Am anderen Ufer folgen wir den Markierungen Rotstrich und Spessartweg 2 rechts am Fluss entlang und halten uns mit ihnen links durch die Bahnunterführung hindurch in den Ort hinein. Auf der Hauptstraße ein paar Meter nach rechts, dann links auf dem Burgenweg hangaufwärts. Oben am Ortsrand schwenken wir links auf einen Pfad ein, der uns in einer weiten Kehre hoch zur **Ruine Henneburg 2** bringt. Wir betreten die weitläufige Anlage links durch das Tor der Vorburg und nehmen uns die Zeit für eine kleine Besichtigung der im 12. Jh. erbauten staufischen Höhenburg. Besonders beeindruckend ist die tolle Aussicht von hier oben über Stadtprozelten hinweg ins Maintal.

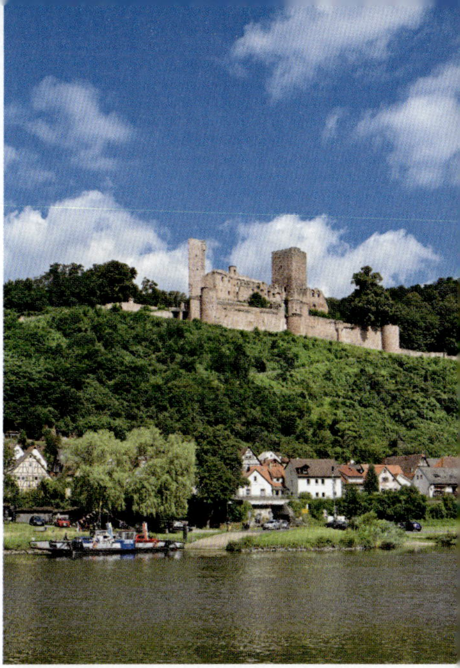

Die Henneburg über Stadtprozelten, davor die Mainfähre.

Zurück am Zugang zur Ruine orientieren wir uns nun neben dem Logo des Spessartweges 2 auch an der Markierung des Fränkischen Marienweges (und des E8), die Rotstrich-Markierung verabschiedet sich hier nach halb rechts. Wir folgen dem Zufahrtssträßchen abwärts, bis es eine enge Rechtskehre macht, und biegen dort rechts auf einen grob geschotterten Weg ab. Auf diesem geht es durch den Übungsplatz eines Bogenschießclubs hindurch und vorbei am Friedwald etwas steiler durch einen Laubwald

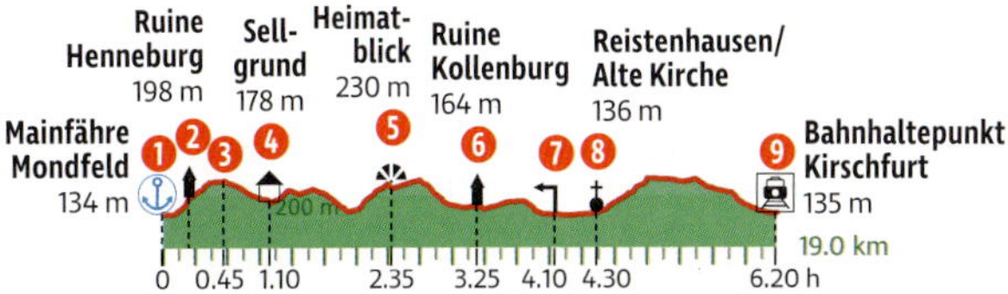

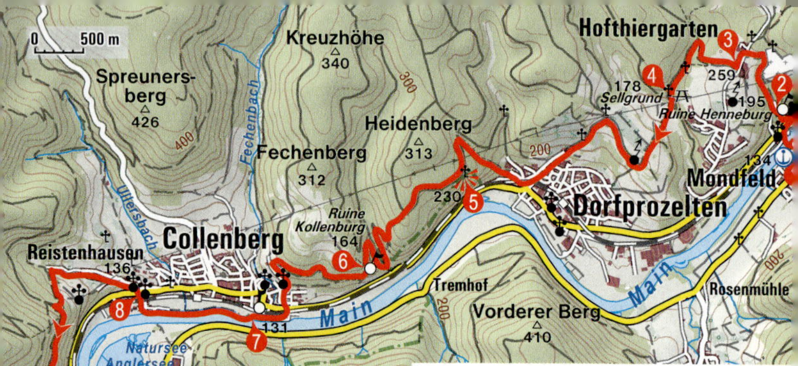

aufwärts. Oben bei einer Gabelung halten wir uns auf dem Marienweg links aus dem Forst hinaus, der Spessartweg 2 zweigt dort kurzzeitig nach rechts ab. Auf dem querenden Sträßchen links abbiegend gelangen wir in den Weiler **Hofthiergarten** ❸ – kurz davor gesellt sich der Spessartweg 2 wieder zu uns.

Am Ortsende mit beiden Markierungen rechts über Wiesen in einen Wald hinein und darin auf dem Spessartweg 2 geradeaus bleiben und nicht dem Marienweg nach links folgen. Denn dieser Weg ist im Sommer von dichtem Dornengestrüpp überwuchert und dadurch kaum passierbar. Unser Schotterweg führt uns nach einer Rechtsbiegung etwas steiler hinunter in den Totengraben (Wegweiser), wo wir den Spessartweg 2 verlassen und ohne Markierung scharf links abbiegen. Nach etwa 300 m stoßen wir erneut auf den Marienweg (und den E8), der uns nun bis ans Ende unserer Tour die Richtung vorgeben wird. Wir wandern auf dem ebenerdigen breiten Schotterweg bis zu einer Wegkreuzung am Rand des idyllischen **Sellgrundes** ❹ und über diese hinweg weiter geradeaus erneut in den Wald hinein. Darin auf einem Hohlweg hoch auf die Ackerhochfläche bis zum Wegweiser »Bichelberg« und dort rechts abbiegen.

Über Streuobstwiesen geht es hinauf zum Wegweiser »Obstplantage«, wo wir uns nach links wenden. Stetig abwärts erreichen wir, an Weinbergen entlangflanierend, den Ortsrand von **Dorfprozelten**. Wir gehen auf der Höhbergstraße hinunter ins Zentrum und biegen kurz vor der Bahnlinie rechts in die Steingasse ab. Sie bringt uns ansteigend aus dem Wohngebiet in den Wald hinein, darin mutiert das geteerte Sträßchen zu einem unbefestigten Hohlweg. Es folgt ein halbwegs steiler Aufstieg hoch zum

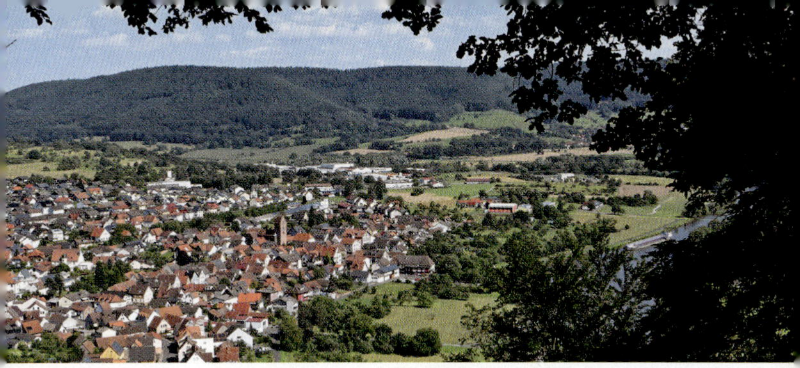

Blick vom Aussichtspunkt Heimatblick auf Dorfprozelten.

Wegweiser »Zur Kriegerkapelle«, wo wir uns links an der Hangkante entlang halten. Nach etwa 400 m weichen wir von unserer Route links zum **Aussichtspunkt Heimatblick** 5 ab, der etwas abseits des Weges liegt. Er bietet eine schöne Sicht auf Dorfprozelten und das umliegende Maintal.

Dann weiter auf unserem Schotterweg am Plateaurand entlang, bis uns in einer Rechtskurve unsere Markierung auf einen geradeaus abzweigenden Pfad weist. Er führt uns hinunter zu einem Schotterweg, auf den wir links einschwenken und dem wir dann in einer spitzen Rechtskehre weiter abwärts folgen. Bei nächster Gelegenheit links in einer längeren Abwärtspassage hinunter in einen Taleinschnitt und dort, noch vor der nahen Landstraße (St. 2315), scharf rechts abbiegen. Wir steigen in etwa parallel zu unserem Herweg ein Stück den Abhang hoch und halten uns oben links hinunter zur **Ruine Kollenburg** 6, die sich auf einer Verflachung am Rand des Talhanges befindet. Es lohnt sich, das Areal zu erkunden und den Ausblick ins Maintal zu genießen.

Zurück auf dem Marienweg geht es durch eine Senke hindurch rechts abbiegend wieder aufwärts und oben aus dem Wald hinaus. Einige Zeit wandern wir nun halbwegs ebenerdig an alten Weinbergterrassen und einem Marienaltar vorbei bis zum Wegweiser »Zur Marienruh«. Von dort links auf einem geteerten Fahrweg (zugleich ein Stationsweg mit meditativ beschrifteten Stelen) durch den Friedhof hindurch hinunter nach **Fechenbach**. Dort geht es etwas versetzt über die Schlossstraße hinweg und unter der Bahn-

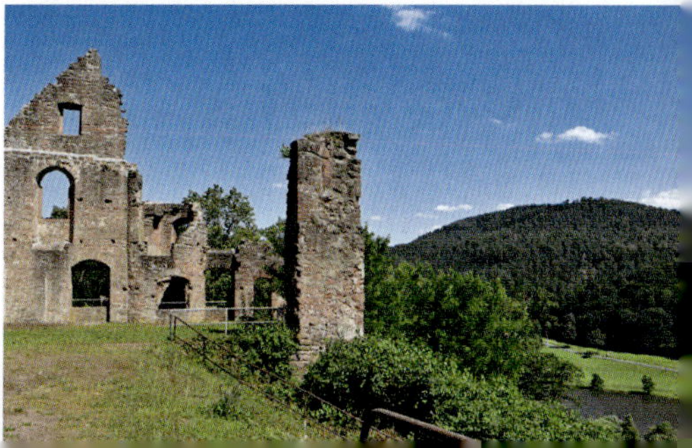

In der Ruine Kollenburg.

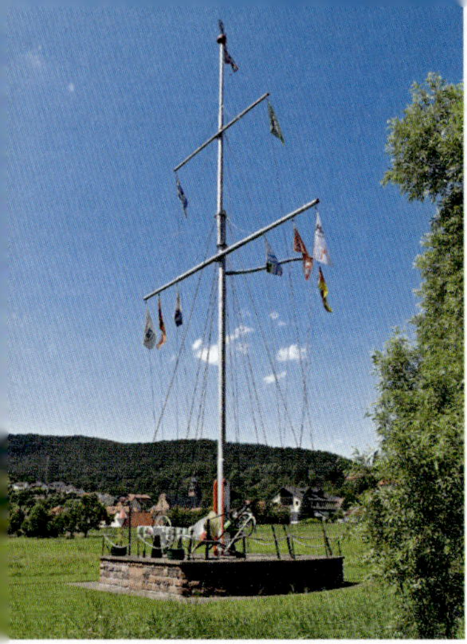

Schiffermast bei Reistenhausen.

trasse hindurch in Richtung Main. Beim Campingplatz rechts auf einem Fuß- und Radweg am **Schloss Fechenbach** vorbei und am **Wegabzweig** 7 hinter dem Sportgelände links abbiegend, immer am Fluss entlang. Beim Wohnmobilstellplatz in **Reistenhausen** (ebenso wie Fechenbach ein Ortsteil der Gemeinde Collenberg) rechts auf der Mainstraße in die Ortsmitte. Auf Höhe der **Alten Kirche** 8 (heute Ausstellung zum Buntsandstein) geradeaus über die Durchgangsstraße in die Hainbuchenstraße und dieser in einer Linksbiegung aus dem Wohngebiet hinaus folgen.

Die Straße wird zu einem geteerten Flurweg, der uns hoch in ein Waldgebiet führt. Am dessen Rand halten wir uns weiter aufwärts nach links und biegen nach einer Rechtskehre unseres Schotterweges links in den Forst hinein ab. Nach einer Rechtsbiegung geht es nahezu ebenerdig am Ostabfall des **Rotenberges** entlang, wobei wir in einer weiten Schlaufe den Einschnitt des Reißentales umgehen. Schließlich erreichen wir in einer Abwärtspassage am Waldrand den Wegweiser »Freudenberger Weg« und halten uns von dort weiter abwärts über die Feld- und Wiesenflur hinunter nach **Kirschfurt**. Auf dem Roter-Brunnen-Weg und über die Hauptstraße ist unser Ziel bzw. Endpunkt beim **Bahnhaltepunkt** 9 schnell erreicht. Wer noch Zeit und Lust hat, kann auf der Mainbrücke hinüber ins benachbarte Freudenberg wandern und als krönenden Abschluss unserer Tour die über dem Ort thronende Burgruine aufsuchen.

Kornfelder vor Kirschfurt.

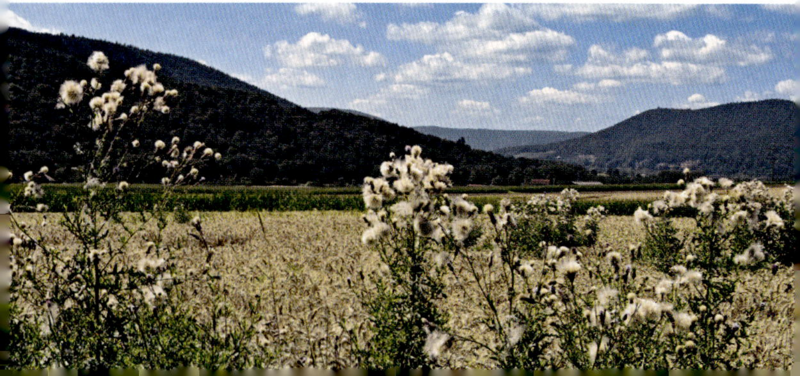

↗ 370 m | ↘ 380 m | 12.8 km

3.40 h

TOP

Von Freudenberg nach Miltenberg

49

Unterwegs auf dem Nibelungensteig

In Freudenberg am Main beginnt beim Rathaus der 130 Kilometer lange Nibelungensteig, der über die Höhen des Odenwaldes hinweg bis Zwingenberg an der Bergstraße verläuft. Den kompletten Weg mit seinen insgesamt rund 4000 Höhenmetern wollen wir aber nicht abwandern, wir begnügen uns mit der ersten Etappe bis ins romantische Mainstädtchen Miltenberg. Sie führt uns über den dicht bewaldeten Doppelgipfel von Wannenberg und Bürgstadter Berg, wobei wir immer wieder auf Relikte früherer Geschichtsepochen stoßen, darunter die am Wegesrand liegenden mysteriösen Heunesäulen. Dazu erwartet uns sowohl am Ausgangs- wie auch am Ankunftsort unserer Tour je eine Burg mit herrlicher Aussicht auf das Maintal zu unseren Füßen. Damit unterwegs auch der Genuss nicht zu kurz kommt, empfiehlt sich eine ausgiebige Pause in Bürgstadt, das für seine hervorragenden Rotweine berühmt ist.

Ausgangspunkt: Freudenberg, Rathaus (137 m). Anfahrt mit ÖV: Bahn bis Bahnhaltepunkt Kirschfurt, von dort zu Fuß über Mainbrücke nach Freudenberg. Navi: 97896 Freudenberg-Kirschfurt, Am Bahnhof (kostenlose Parkplätze vorhanden).
Endpunkt: Bahnhof Miltenberg (130 m); zurück nach Freudenberg entweder mit der Bahn (Haltepunkt Kirschfurt) oder mit einem Ausflugsdampfer der Reederei Henneberger (Infos unter reederei-henneberger.com oder Tel. 09371/3330).
Anforderungen: Erlebnisreiche Tour mit eher moderaten An- und Abstiegen; nur der Aufstieg von Freudenberg hoch zur Burg und der Abstieg von der Centgrafenkapelle hinunter nach Bürgstadt sind etwas steiler; zumeist auf geschotterten bzw. gut ausgebauten Wegen; auch mit Kindern empfehlenswert.
Markierung: Rotes N (Nibelungensteig), gelbes L, rotes N (Nibelungensteig), blaues M (Mainwanderweg).
Einkehr: In Bürgstadt: Adler Landhotel, Hauptstr. 30, Tel. 09371 /97880, adlerlandhotel.de, Fr–Mi 17–21 Uhr, So individuell geöffnet, Mo Ruhetag; Hotel-Weinhaus Stern, Hauptstr. 23/25, Tel. 09371 /40 35 0, hotel-weinhaus-stern.de, Do–So 17–22.30 Uhr, Mo–Mi Ruhetage; Öffnungszeiten der Häckerwirtschaften unter gaeste-info-buergstadt.de. In Miltenberg: zahlreiche Cafés, Biergärten, Gaststätten und Weinstuben; siehe miltenberg.de/freizeit-tourismus.
Karte: ATK25 Blatt F02 Miltenberg 1:25 000 (LDBV Bayern) oder W204 Wertheim 1:25 000 (LGL Baden-Württemberg).

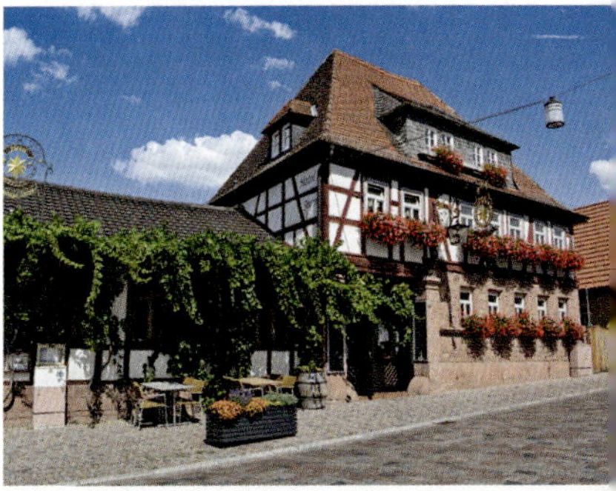

Das schön restaurierte Hotel-Weinhaus Stern in Bürgstadt.

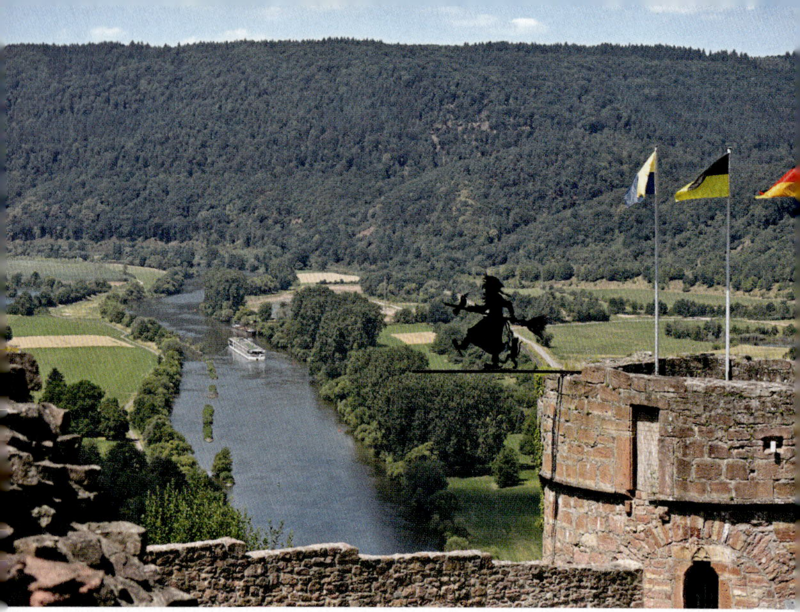

Mainblick von der Ruine Freudenburg mit Burghexe.

Info: Neben der Rekonstruktion eines freigelegten Tores in einem Ringwall der Urnenfelderzeit (ca. 1200–800 v. Chr.) sowie der nie fertiggestellten Centgrafenkapelle von 1630 erregen besonders die rätselhaften Heunesteine und Heunesäulen das Interesse der Wandernden. Sie finden sich an mehreren Stellen mitten im Wald und werden als Zeugnisse mittelalterlicher Steinbearbeitung gedeutet. Vor allem die am Boden liegenden, mehrere Meter langen Säulen aus hartem Felssandstein boten immer wieder Anlass für Spekulationen und sollten gar bis auf die Römer zurückgehen. Wahrscheinlicher ist jedoch, dass die Entstehung der Heunesäulen im Zusammenhang mit dem Wiederaufbau des Mainzer Doms um 1100 steht. Vermutlich wurden sie aber wegen mangelnder Festigkeit nicht abtransportiert und liegen daher bis heute an ihrem Entstehungsort. Der Name »Heune« (= Hüne) geht auf frühere Zeiten zurück, als die Menschen glaubten, dass nur Riesen solche gewaltigen Monumente erschaffen haben konnten.

Tipps: 1) Gastrotipp: Ein besonderer Tipp in Miltenberg ist das Gasthaus zum Riesen, das angeblich älteste Wirtshaus in Deutschland (erste Erwähnung Mitte 12. Jh.). Das schön renovierte historische Fachwerkhaus befindet sich inmitten der romantischen Altstadt. Hauptstr. 99 Tel. 09371/989948, riesen-miltenberg.de, Do–So 11–22 Uhr, Fr/Sa bis 23 Uhr, Di/Mi Ruhetage.

2) Weintipp: Weinfreunde sollten in Bürgstadt der Churfrankenvinothek einen Besuch abstatten. Hier bekommt man die Weine diverser örtlicher Winzer und darüber hinaus aus der ganzen Region Churfranken, im Weinbistro werden auch kleine Gerichte serviert. Hauptstr. 2, Tel. 09371/9488679, churfrankenvinothek.de.

Wir starten beim **Rathaus** 1 von **Freudenberg**, wo uns sogleich das rote N des Nibelungensteigs ins Auge springt. Wir folgen ihm auf der Wachgasse, einem rechts abzweigenden Fußweg und auf steilen Treppen hoch zur **Burgruine Freudenberg** 2. Die imposante Anlage geht auf das Jahr 1197 zurück und wurde 1552 im Markgräflerkrieg zerstört. Es lohnt sich, ein wenig hier zu verweilen und die Aussicht über den Main hinweg auf die Spessarthöhen am anderen Ufer zu genießen. Hinter der Ruine biegen wir rechts in den Wald hinein ab, den wir nun längere Zeit durchwandern werden.

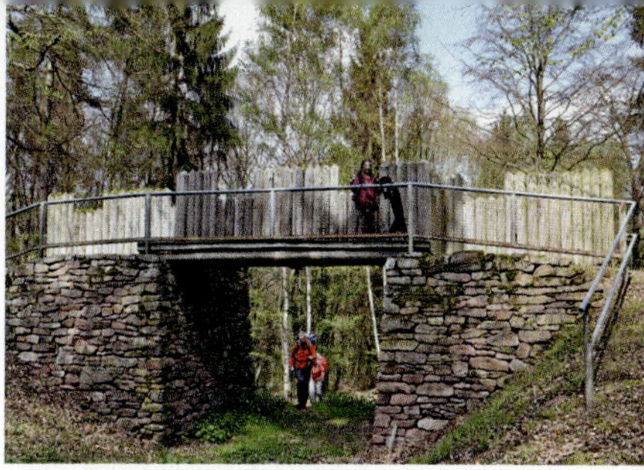

Rekonstruiertes Tor im Ringwall.

In einer weiten Biegung einen Bacheinschnitt umgehend gelangen wir vor dem Räuberschlösschen (Wegweiser) zu einer Gabelung und halten uns dort scharf nach links. Ein Pfad, der im weiteren Verlauf zu einem breiten Schotterweg mutiert, bringt uns vorbei an Felswänden aus rotem Buntsandstein und in der Folge in einer spitzen Rechtskehre stetig bergauf. Auf einer querenden Schotterfuhre gehen wir nur wenige Meter nach rechts und biegen gleich links auf einen Pfad ab, der hoch zu einer Wegverzweigung führt. Rechts abbiegend erreichen wir in einer weiten Linksbiegung eine Wegkreuzung, an der wir uns rechts halten und in mäßigem Anstieg das Gipfelplateau des **Wannenberges** 3 erreichen. Obwohl mitten im Wald gelegen, steht dort ein Gipfelkreuz, in dessen steinernem Podest ein Gipfelbuch deponiert ist. Wer mag, trage sich darin ein und hinterlasse der Nachwelt einen mehr oder weniger geistreichen Ausspruch.
Dann geht es rechts hinunter in den Sattel zwischen Wannenberg und Bürgstadter Berg, den wir nahezu ebenerdig durchschreiten. Dem ersten links abzweigenden Weg leicht aufwärts folgend stehen wir nach wenigen Metern vor einem beeindruckenden vorgeschichtlichen Denkmal: der Rekonstruktion eines Tores in einem spätbronzezeitlichen **Ringwall**, der einst einen Großteil des Bergplateaus eingenommen hat. Näheres dazu kann man einer Infotafel entnehmen.

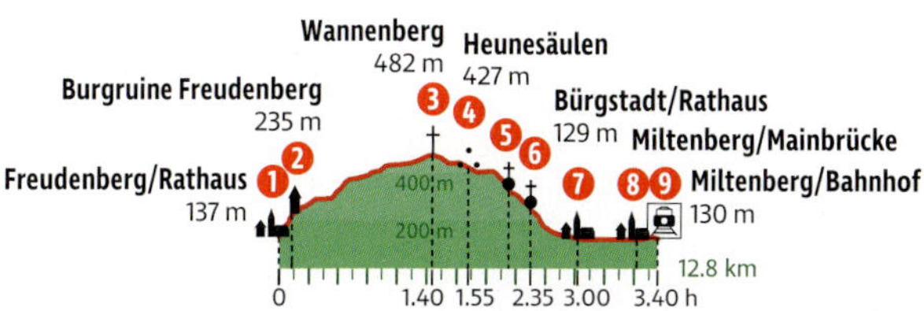

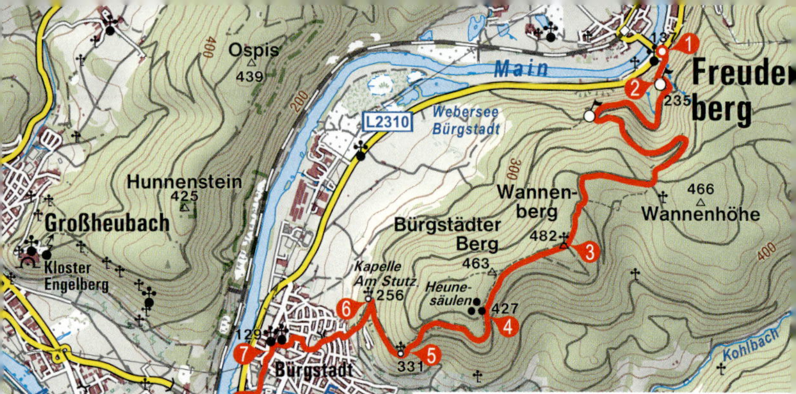

Danach führt uns unser rotes N kontinuierlich bergab an der Hangkante entlang, wobei wir zunächst die **Heunesäulen** ❹ passieren, die links des Weges auf einer kleinen Verflachung des Abhanges liegen. Über deren Entstehung und Zweck wird bis heute genauso spekuliert wie bei den **Heunefässern**, die in der nächsten Biegung rechts des Weges bestaunt werden können (siehe Info). Ein links abzweigender Pfad bringt uns schließlich hinunter zur Ruine der **Centgrafenkapelle** ❺, wo uns ein schattiger Rastplatz und der schönste Aussichtspunkt auf dieser Tour mit Sicht auf Bürgstadt, Miltenberg und das Untermaintal erwarten.

Wir folgen einem breiten Schotterweg nach rechts, biegen aber schon nach knapp 25 m links auf einen Pfad ab, der den Abhang hinunterführt. Unten auf dem Querweg rechts bis zu einer Gabelung und dort den links abzweigenden Weg nehmen. Dieser beschreibt in der Folge eine Linksbiegung und mündet in einen geteerten Fahrweg, auf den wir links – nach wie vor in Abwärtstendenz – einschwenken. Die einige Meter rechts des Weges gelegene **Kapelle am Stutz** ❻ lohnt einen kleinen Abstecher wegen der tollen Aussicht auf das unter uns liegende Bürgstadt und die Weinlage Mainhölle auf der anderen Flussseite. Weiter abwärts endet bald darauf beim Wanderparkplatz am Stutz unsere bisherige lange Waldwanderung, die bei der Burgruine Freudenberg begonnen hat.

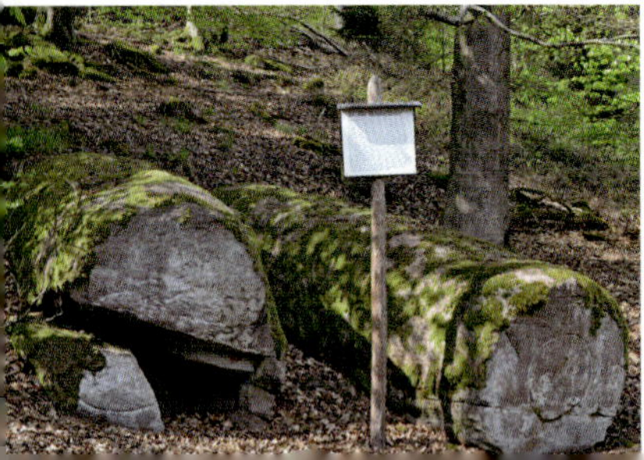

Mysteriöse Heunefässer.

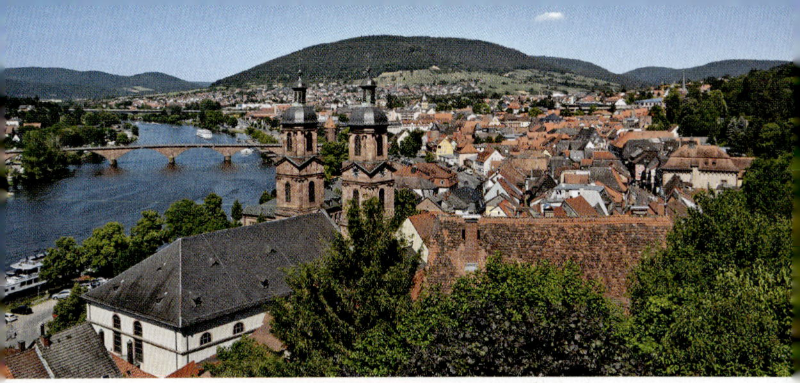

Miltenberg, Main und Bürgstadter Berg von der Mildenburg aus.

Kurzzeitig werden wir unserem Nibelungensteig untreu und folgen stattdessen dem gelben L des Lehrpfades »Mainhölle und Bildermeer« des Geo-Naturparks Bergstraße-Odenwald, das uns halb links über Wiesen hinunter an den Ortsrand von **Bürgstadt** führt (wir kürzen unsere Route damit ein wenig ab). Nach Überqueren der Mozartstraße treffen wir wieder auf den Nibelungensteig, der auf einem Fußweg abwärts durch eine Parkanlage verläuft. Über Königsberger Straße, Karlsbader Straße, Danziger Straße und einen Fußweg zur Martinskapelle und dort links in die Martinsgasse. Weiter auf einem rechts abzweigenden Fußweg zur Freudenberger Straße und auf dieser links abbiegend in die Ortsmitte zum sehenswerten **Rathaus** **7**. Von dort geht es auf der Krummgasse und der Weidengasse schon wieder aus dem Marktflecken hinaus. Am Ortsrand durchschreiten wir auf einem Fußweg eine Schrebergartenanlage und überqueren dahinter auf einem **Steg** das Flüsschen **Erf**.
Dann rechts an diesem entlang bis zu seiner Mündung in den Main und nach einer Linksbiegung längs des größeren Stromes hinein in die Außenbezirke von **Miltenberg**. Vorbei am Hallenbad gelangen wir zum großen Parkplatz an der alten **Mainbrücke** **7**, wo wir kurz innehalten und Tschüss zum Nibelungensteig sagen, der geradeaus am Main entlang weiterverläuft. Wer gleich zum **Bahnhof** **9**, dem Endpunkt unserer Tour, will, steigt hoch zur Brücke mit ihrem markanten Tor und folgt dem blauen M des Mainwanderweges rechts ortsauswärts dorthin.
Ansonsten bietet es sich an, den Tag mit einem Bummel durch die sehenswerte Altstadt von Miltenberg ausklingen zu lassen. Am besten auf der lang gezogenen Hauptstraße bis zum Marktplatz, auch bekannt als »Schnatterloch«, entlangflanieren und von dort hoch zur Mildenburg. Die traumhafte Aussicht über die Dächer der Stadt und den Main hinweg auf die umliegenden Spessart- und Odenwaldhöhen sollte man sich keinesfalls entgehen lassen.

↗ 2700 m | ↘ 3000 m | 136,7 km

50 Panoramaweg Taubertal

5 Tage

In fünf Etappen von Rothenburg nach Freudenberg

Für alle, die sich die Höhepunkte des Wandergebietes in einer mehrtägigen Streckenwanderung erschließen möchten, sei abschließend der Panoramaweg Taubertal in Kürze beschrieben. Die seit 2012 mit dem Siegel »Qualitätsweg Wanderbares Deutschland« ausgezeichnete Route verbindet auf einer Länge von rund 135 km so ziemlich alles, was die historisch gewachsene Kulturlandschaft Tauberfrankens auszeichnet: Kleinstädte mit mittelalterlichem Flair, romantische Weinorte sowie eine Vielzahl an Bildstöcken, Burgen, Schlössern und Klöstern. Für landschaftliche Abwechslung sorgen zudem sonnenbeschienene Weinberge, von Steinriegeln durchzogene Kalkmagerrasenhänge und schattige Misch- und Buchenwälder. Auch darf der Name Panoramaweg ernst genommen werden, denn unterwegs bieten sich den Wandernden immer wieder herrliche Ausblicke in die Täler von Tauber, Main und ihren Nebenbächen.

Wir folgen der offiziell empfohlenen (sportlichen) Aufteilung der Gesamtstrecke in fünf Tagesetappen, die allesamt mehr als 20 km – eine sogar mehr als 30 km – lang sind. Wem dies zu anstrengend ist oder wer sich mehr Zeit für Besichtigungen nehmen möchte, kann aber natürlich auch ein paar Tage mehr einplanen. Der Panoramaweg Taubertal ist ausgezeichnet markiert, sodass auf eine exakte Beschreibung der einzelnen Abbiegestellen und Richtungsänderungen hier verzichtet werden kann.

Im malerischen Rothenburg ob der Tauber beginnt der Panoramaweg Taubertal.

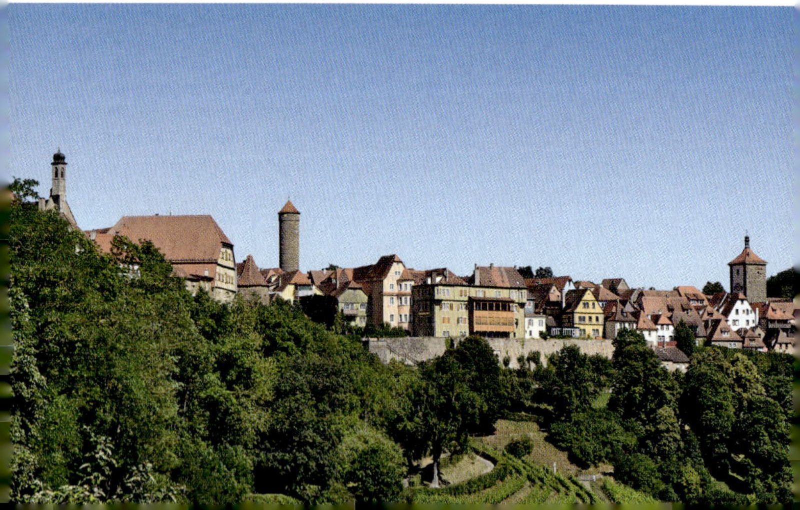

Ausgangspunkt: Rothenburg ob der Tauber, Bahnhof (422 m). Anfahrt mit ÖV: Bahn über Umsteigebahnhof Steinach. Anreise per PKW nicht empfehlenswert, da es sich um eine Strecken-Fernwanderung handelt und es zudem keine kostenlosen Parkplätze für eine mehrtägige Parkdauer gibt (siehe parken-rothenburg.de).
Endpunkt: Bahnhaltepunkt Freudenberg-Kirschfurt (135 m); an der Bahnlinie Aschaffenburg–Miltenberg–Wertheim.
Anforderungen: Wie jeder Fernwanderweg erfordert der Panoramaweg Taubertal eine gute Kondition; überwiegend moderate An- und Abstiege, die Route verläuft vor allem auf halber Höhe an den Talflanken der Tauber bzw. an der Hangkante der Ackerhochfläche entlang; meist auf naturnahen und feingeschotterten Wegen, nur etappenweise auf Asphalt.
Markierung: Ohne Markierung, Zubringer Panoramaweg Taubertal (roter Wanderschuh auf Weiß), Panoramaweg Taubertal (weißer Wanderschuh auf Rot), Fränkischer Marienweg/Nibelungensteig (rotes N auf Weiß).
Variante: Wem die einzelnen Etappen zu lang sind, kann individuell eine eigene Streckeneinteilung vornehmen. Meine Empfehlung:
1. Etappe: Rothenburg ob der Tauber – Tauberzell, 12,5 km;
2. Etappe: Tauberzell – Röttingen, 17,8 km;
3. Etappe: Röttingen – Bad Mergentheim, 24,9 km;
4. Etappe: Bad Mergentheim – Lauda, 18,9 km;
5. Etappe: Lauda – Gamburg, 21,5 km;
6. Etappe: Gamburg – Wertheim, 14,5 km;
7. Etappe: Wertheim – Boxtal, 15,8 km;
8. Etappe: Boxtal – Freudenberg, 10,8 km.
Karten: ATK25 Blatt G05 Rothenburg ob der Tauber 1:25 000 (LDBV Bayern); Wanderkarten 1:25 000 Blätter W208 Bad Mergentheim, W207 Tauberbischofsheim und W204 Wertheim (alle LGL Baden-Württemberg).

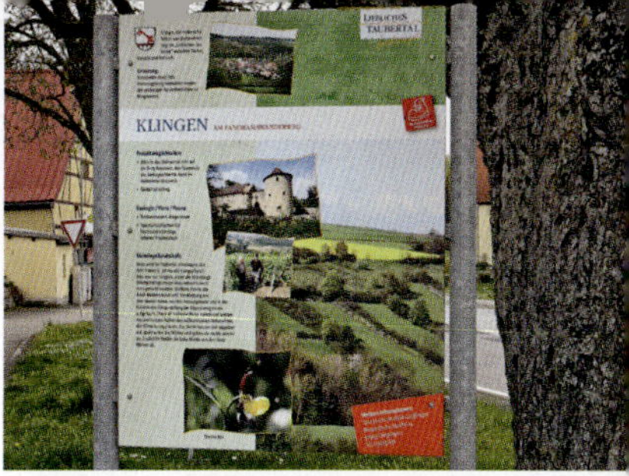

Panoramaweg-Wanderportal in Klingen.

Markierung mit Wanderschuh.

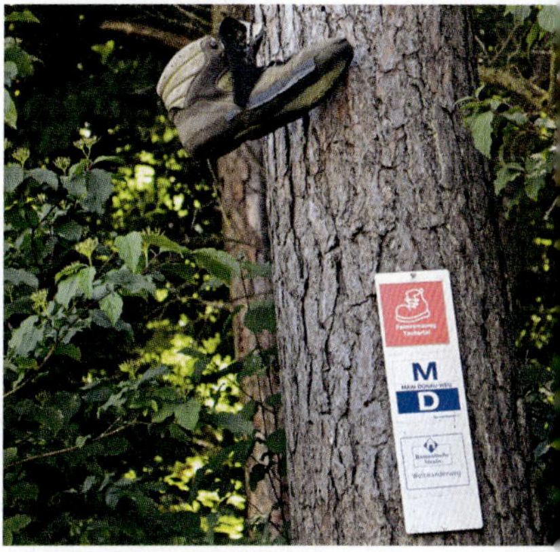

Info: Längs des Weges sind an 35 Pfostenstandorten, die an zentralen Ausgangspunkten und Wegkreuzungen stehen, grüne Wegweiserschilder angebracht worden. Ihnen kann man Entfernungsangaben in Kilometern zu den nächsten Etappenorten und zu weiter entfernten Wanderzielen entnehmen; außerdem zu Orten mit Bushaltestellen und Bahnhöfen. Spezielle Informationstafeln vermitteln zudem an vielen Stellen Wissenswertes zu landschaftlichen Highlights und Sehenswürdigkeiten und geben Tipps zu Einkehr- und Übernachtungsmöglichkeiten.

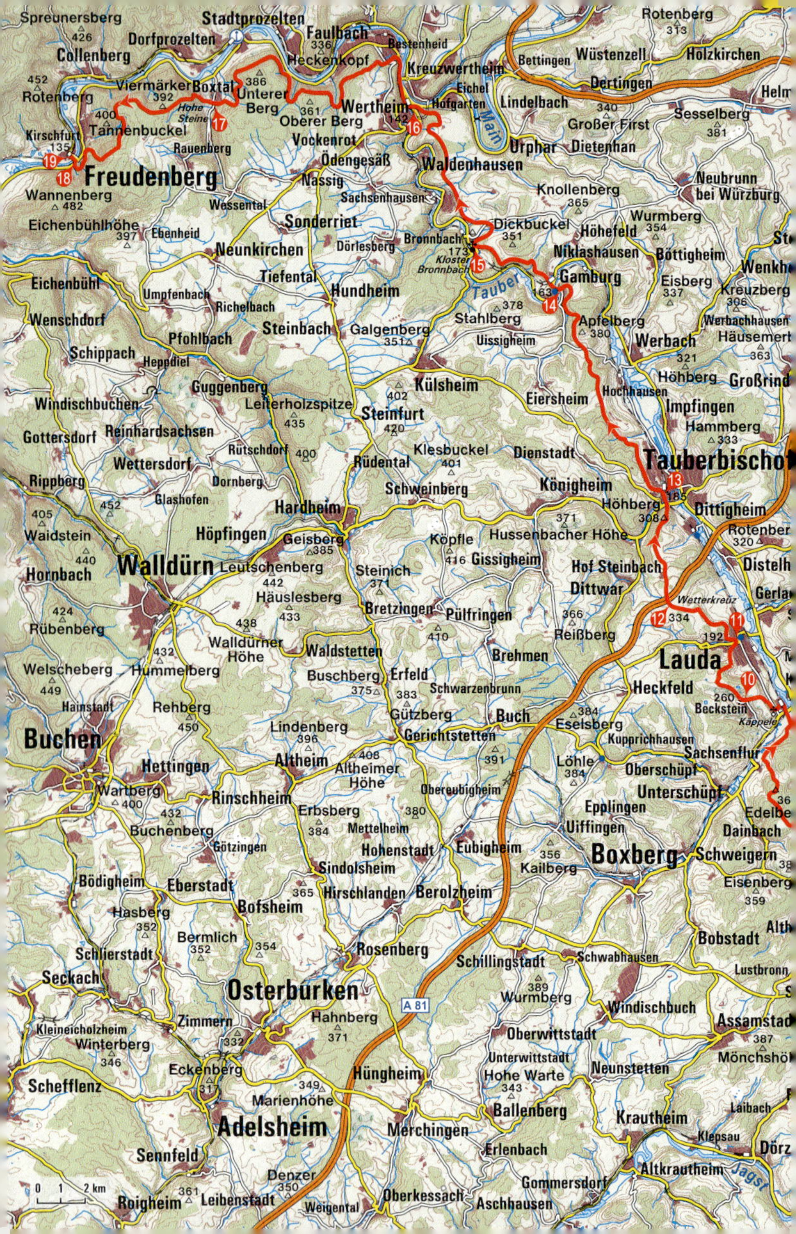
Spreunersberg
Stadtprozelten
Faulbach
Rotenberg
Dorfprozelten
Collenberg
Heckenkopf
Bestenheid
Bettingen
Wüstenzell
Holzkirchen
Kreuzwertheim
Rotenberg
Viermärker
Boxtal
Unterer Berg
Wertheim
Eichel
Hofgarten
Lindelbach
Dertingen
Hohe Steine
Oberer Berg
Main
Großer First
Sesselberg
Kirschfurt
Tannenbuckel
Rauenberg
Vockenrot
Urphar
Dietenhan
Ödengesäß
Waldenhausen
Freudenberg
Nassig
Neubrunn bei Würzburg
Wannenberg
Sachsenhausen
Knollenberg
Wessental
Eichenbühlhöhe
Sonderriet
Dickbuckel
Höhefeld
Wurmberg
Ebenheid
Neunkirchen
Dörlesberg
Bronnbach
Niklashausen
Böttigheim
Kloster Bronnbach
Tiefental
Gamburg
Eichenbühl
Hundheim
Tauber
Eisberg
Kreuzberg
Umpfenbach
Richelbach
Stahlberg
Apfelberg
Werbachhausen
Wenschdorf
Steinbach
Galgenberg
Werbach
Hausemert
Pfohlbach
Uissigheim
Schippach
Heppdiel
Höhberg
Großrind
Külsheim
Guggenberg
Hochhausen
Windischbuchen
Leiterholzspitze
Eiersheim
Impfingen
Steinfurt
Gottersdorf
Reinhardsachsen
Hammberg
Rütschdorf
Klesbuckel
Dienstadt
Wettersdorf
Rüdental
Tauberbischof
Rippberg
Dornberg
Schweinberg
Königheim
Glashofen
Hardheim
Höhberg
Dittigheim
Waidstein
Höpfingen
Rotenber
Geisberg
Köpfle
Hussenbacher Höhe
Hornbach
Walldürn
Leutschenberg
Gissigheim
Distelh
Steinich
Hof Steinbach
Häuslesberg
Dittwar
Gerla
Bretzingen
Pülfringen
Wetterkreuz
Rübenberg
Walldürner Höhe
Reißberg
Waldstetten
Lauda
Hummelberg
Brehmen
Welscheberg
Buschberg
Erfeld
Heckfeld
Schwarzenbrunn
Hainstadt
Rehberg
Beckstein
Gützberg
Buch
Eselsberg
Käppele
Lindenberg
Buchen
Gerichtstetten
Kupprichhausen
Sachsenflur
Altheim
Altheimer Höhe
Löhle
Hettingen
Oberschüpf
Wartberg
Rinschheim
Obereubigheim
Unterschüpf
Erbsberg
Epplingen
Edelbe
Buchenberg
Mettelheim
Uiffingen
Dainbach
Götzingen
Hohenstadt
Eubigheim
Boxberg
Schweigern
Sindolsheim
Kailberg
Bödigheim
Eberstadt
Eisenberg
Hirschlanden
Berolzheim
Hasberg
Bofsheim
Bermlich
Bobstadt
Schlierstadt
Rosenberg
Schillingstadt
Schwabhausen
Lustbronn
Seckach
Osterburken
Wurmberg
A 81
Windischbuch
Hahnberg
Assamstad
Zimmern
Kleineicholzheim
Oberwittstadt
Winterberg
Mönchshö
Unterwittstadt
Hohe Warte
Eckenberg
Neunstetten
Schefflenz
Hüngheim
Marienhöhe
Ballenberg
Krautheim
Laibach
Adelsheim
Merchingen
Klepsau
Dörz
Sennfeld
Erlenbach
Altkrautheim
Jagst
Denzer
Gommersdorf
0 1 2 km
Roigheim
Leibenstadt
Oberkessach
Weigental
Aschhausen

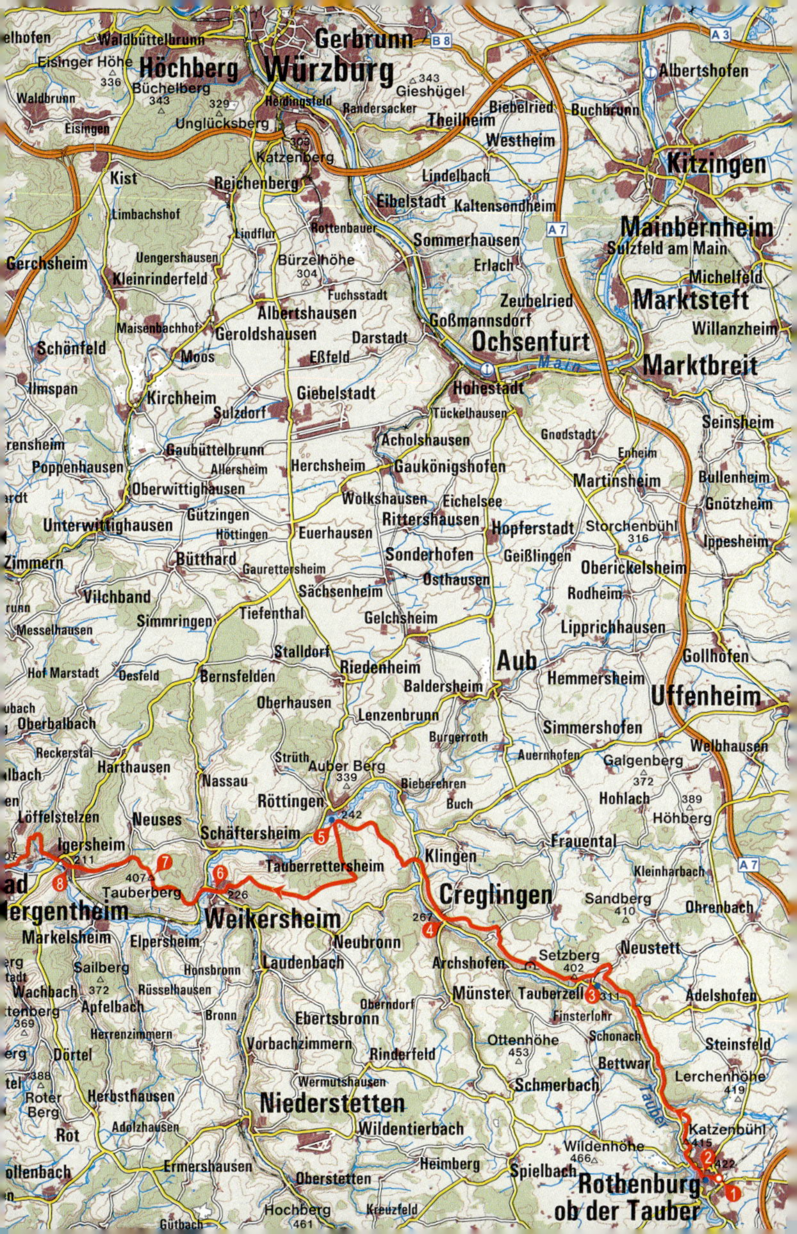

Waldbüttelbrunn
Gerbrunn
B 8
A 3
Eisinger Höhe
336
Höchberg
Würzburg
343
Gieshügel
Albertshofen
Waldbrunn
Büchelberg
343
329
Heidingsfeld
Randersacker
Biebelried
Buchbrunn
Eisingen
Unglücksberg
Theilheim
Westheim
Katzenberg
Kitzingen
Kist
Reichenberg
Lindelbach
Eibelstadt
Kaltensondheim
Limbachshof
Mainbernheim
A 7
Lindflur
Rottenbauer
Sommerhausen
Sulzfeld am Main
Gerchsheim
Uengershausen
Bürzelhöhe
304
Erlach
Michelfeld
Kleinrinderfeld
Fuchsstadt
Marktsteft
Zeubelried
Albertshausen
Goßmannsdorf
Maisenbachhof
Geroldshausen
Willanzheim
Darstadt
Ochsenfurt
Schönfeld
Moos
Eßfeld
Marktbreit
Main
Ilmspan
Kirchheim
Giebelstadt
Hohestadt
Sulzdorf
Tückelhausen
Seinsheim
Acholshausen
Gnodstadt
Gaubüttelbrunn
Enheim
Poppenhausen
Allersheim
Herchsheim
Gaukönigshofen
Bullenheim
Martinsheim
Oberwittighausen
Wolkshausen
Eichelsee
Gnötzheim
Gützingen
Rittershausen
Unterwittighausen
Hopferstadt
Storchenbühl
Höttingen
Euerhausen
316
Ippesheim
Sonderhofen
Geißlingen
Zimmern
Bütthard
Gaurettersheim
Obericke lsheim
Ostha usen
Vilchband
Sächsenheim
Rodheim
Simmringen
Tiefenthal
Gelchsheim
Lipprichhausen
Messelhausen
Stalldorf
Aub
Gollhofen
Riedenheim
Hof Marstadt
Oesfeld
Bernsfelden
Hemmersheim
Baldersheim
Uffenheim
Oberhausen
Oberbalbach
Lenzenbrunn
Simmershofen
Burgerroth
Welbhausen
Reckerstal
Auernhofen
Galgenberg
Harthausen
Strüth
Auber Berg
339
372
Nassau
Biebe rehren
Hohlach
389
Röttingen
Buch
Höhberg
Löffelstelzen
242
Neuses
Schäftersheim
Frauental
Igersheim
Klingen
211
Tauberrettersheim
Kleinharbach
407
A 7
Tauberberg
226
Creglingen
Sandberg
Bad Mergentheim
Weikersheim
410
Ohrenbach
267
Markelsheim
Elpersheim
Neubronn
Neustett
Archshofen
Setzberg
Sailberg
Honsbronn
Laudenbach
402
372
Rüsselhausen
Münster
Tauberzell
311
Adelshofen
Wachbach
Apfelbach
Oberndorf
Finsterlohr
369
Bronn
Ebertsbronn
Schonach
Herrenzimmern
Ottenhöhe
Steinsfeld
Dörtel
Vorbachzimmern
453
Rinderfeld
Bettwar
388
Wermutshausen
Lerchenhöhe
Schmerbach
419
Roter Berg
Herbsthausen
Niederstetten
Tauber
Rot
Adolzhausen
Wildentierbach
Katzenbühl
415
Wildenhöhe
466
422
Ermershausen
Heimberg
Spielbach
Oberstetten
Rothenburg ob der Tauber
Hochberg
Kreuzfeld
461
Gütbach
1
2
3
4
5
6
7
8

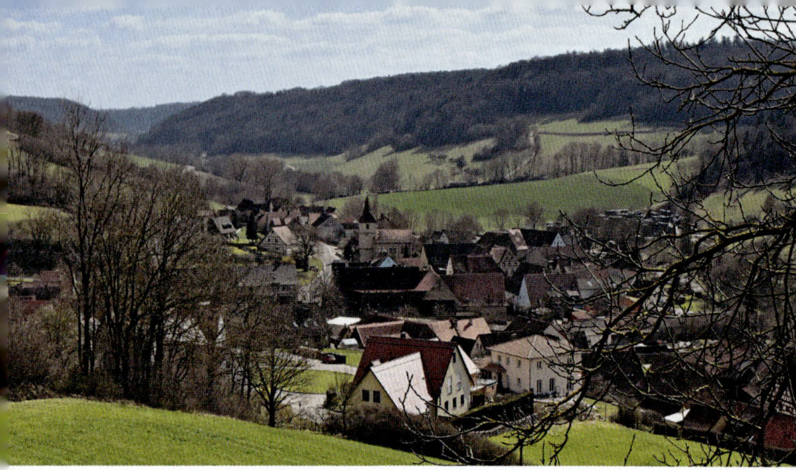

Im Tal liegt Tauberscheckenbach.

1. Etappe: Rothenburg ob der Tauber – Creglingen

Gehzeit 6.45 h / Länge 23.3 km / Aufstieg 440 m, Abstieg 590 m

Einkehr: In Bettwar, Tauberzell, Holdermühle, Archshofen und Creglingen.
Übernachtung: In Creglingen: Gasthaus zum Goldenen Roß, Tel. 7939/470, goldenes-ross.de; Landgasthof Grüner Baum, Tel. 07933/618, gruener-baum-creglingen.de; Gasthaus-Pension Zum Herrgottstal, 07933/518, gaestehaus-herrgottstal.de; Urlaubshof Gerlinger, Tel. 07933/1207, ferienhaus-gerlinger-creglingen.de; Zur Post (OT Craintal), Tel. 07933/322; siehe auch creglingen.de.

Vom **Bahnhof ❶** in **Rothenburg ob der Tauber** geht es zunächst ohne Markierung über die Bahnhofstraße, die Ansbacher Straße, die Rödergasse und die Hafengasse zum **Marktplatz ❷**. Weiter über die Kirchgasse und die Klingengasse zur Klingentorbastei und von dort mit der Markierung des Zubringers (roter Wanderstiefel auf Weiß) hinunter ins Taubertal. Bei der Bronnenmühle über den Fluss und an ihm entlang nach **Detwang**, wo der Panoramaweg offiziell beginnt. Im Dorf bietet sich eine Besichtigung des Riemenschneider-Altars in der St.-Peter-und-Pauls-Kirche an.

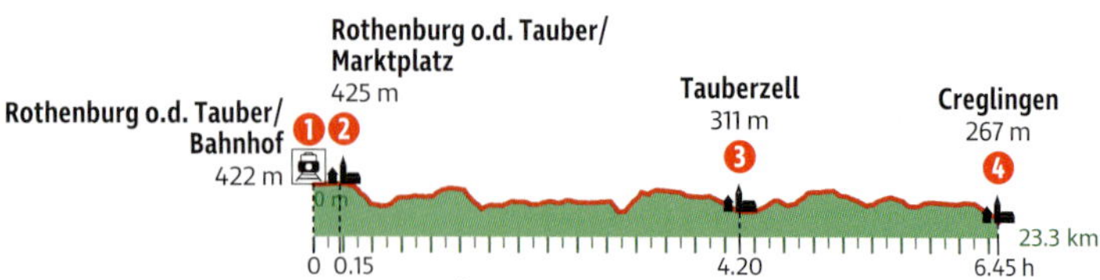

1. Etappe: 6.45 h | 23.3 km

Nun immerzu dem Emblem mit dem weißen Wanderstiefel auf Rot folgen, mit dem der Panoramaweg bestens ausmarkiert ist. Es führt uns in der nächsten Zeit auf halber Höhe an der rechten Talflanke entlang, links unter uns die Tauber mit einigen Mühlen. Nach Passieren der Unteren Walkmühle verläuft die Route über die Ackerhochfläche und von dort in einem steilen, »Kniebrecherin« genannten Abstieg hinunter nach **Steinbach**. Es folgt ein längeres gemütliches Wandern längs des bewaldeten Talhanges über Bettwar hinunter nach **Tauberscheckenbach**, wo uns die Wegführung vom Tal in einem steileren Anstieg erneut auf die Hochfläche bringt. Durch die Weinberge der Lage Hasennestle hindurchflanierend und nach Umgehen eines Bacheinschnittes ist in einer Abwärtspassage der Ortsrand von **Tauberzell** 3 schnell erreicht. Wer in das romantische Winzerdorf mit einer schönen Einkehrmöglichkeit will, halte sich weiter abwärts.
Ansonsten folgen wir unserer Markierung oberhalb des Ortes vorbei an Streuobstwiesen und Weinbergen. Die unter uns im Taubergrund gelegene Holdermühle bietet sich mit ihrer Biergartenwirtschaft für einen kleinen Abstecher an. Im schattigen Mischwald des Korallenholzes wechseln wir unmerklich von Bayern hinüber nach Baden-Württemberg und wandern danach am Rand der Hochfläche entlang, wobei wir die im Tal liegenden Dörfer Archshofen und Craintal passieren. Durch Gesträuch hindurch geht es schließlich hinunter nach **Creglingen** 4, Zielort der ersten Etappe.

Das Tauberwehr in Creglingen, wo die erste Etappe endet.

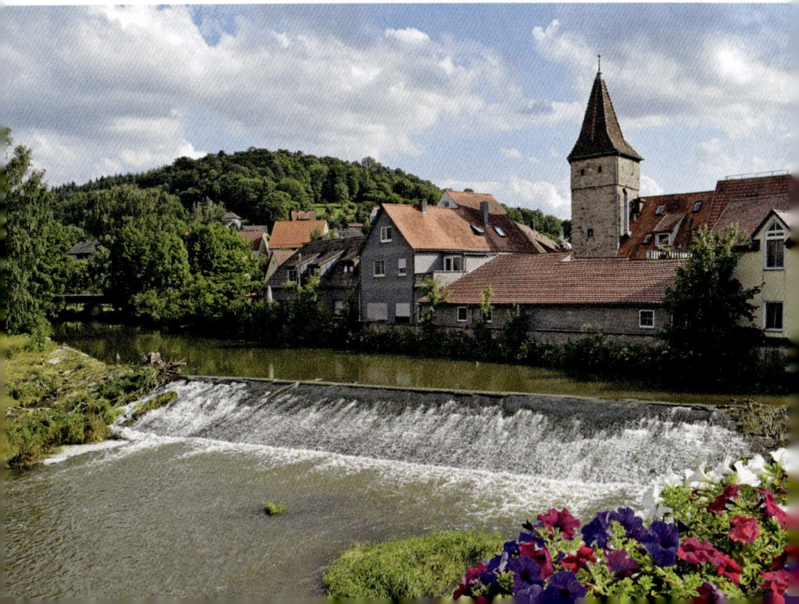

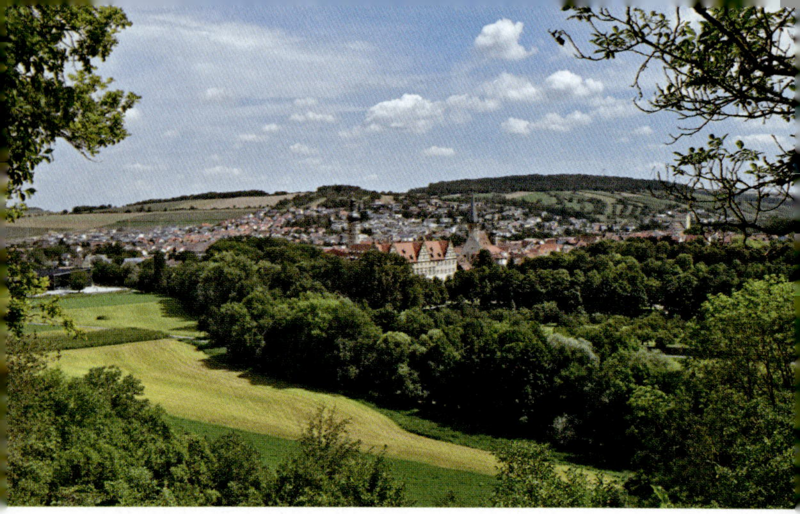

Weikersheim mit dem Karlsberg ist in Sicht.

2. Etappe: Creglingen – Bad Mergentheim

Gehzeit 9.15 h / Länge 31.9 km / Aufstieg 660 m, Abstieg 720 m

Einkehr: In Röttingen, Weikersheim, Igersheim und Bad Mergentheim.
Übernachtung: In Bad Mergentheim: Hotel Alexa, Tel. 07931/97270, haus-alexa.de; Gästehaus Margret, Tel. 07931/45691, gaestehaus-margret.de; siehe auch visit.bad-mergentheim.de.

Bevor wir weiterwandern, sollten wir uns in **Creglingen** 4 ein wenig umsehen und zumindest dem berühmten Marienaltar von Tilman Riemenschneider in der etwas außerhalb gelegenen Herrgottskirche einen Besuch abstatten. Ansonsten gehen wir auf der Mergentheimer Straße bis ans Ortsende und dort rechts den Abhang hinauf. An diesem auf halber Höhe entlang, zunächst über Streuobstwiesen, dann in einen Wald hinein. Darin hinunter in den Talgrund, wo wir am Waldrand, ohne es zu ahnen, wieder von Baden-Württemberg nach Bayern wechseln.

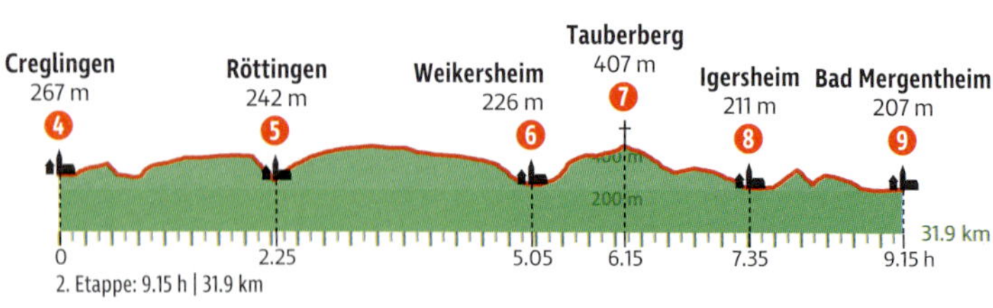

Längs der Landstraße und über die Tauber hinweg erreichen wir das kleine Dorf **Klingen**, wo unsere Route hinauf auf die weite Ackerhochfläche abbiegt. In mehreren Richtungswechseln geht es leicht ansteigend über die baumlose Feldflur und dann am Rand des Waldgebietes Rüderich entlang, bis der höchste Punkt des Plateaus erreicht ist. Nun stetig abwärts durch Wein und Streuobst hindurch an den Ortsrand von **Röttingen** 5. Dessen sehenswerte historische Altstadt mit vielerlei Einkehrmöglichkeiten sollte man nicht am Wegesrand liegen lassen.

Unser Weg wendet sich allerdings gleich wieder nach oben und taucht in einen ausgedehnten Laubwald ein. An dessen Ende biegt der Panoramaweg nach rechts ab und führt in der Folge am Waldrand entlang über die Ackerhochfläche. Nach einem erneuten Rechtsschwenk geht es in leichter Abwärtstendenz über den **Karlsberg**, wobei wir direkt an der unsichtbaren Landesgrenze entlangwandern. Dabei ergeben sich schöne Ausblicke auf das rechts von uns im Taubertal liegende Tauberrettersheim.

Schließlich wenden wir uns nach links hinein nach Baden-Württemberg, das wir nun bis ans Endziel unseres Fernwanderweges nicht mehr verlassen werden. Ein Abstieg bringt uns hinunter nach **Weikersheim** 6, das mit einer schönen Altstadt und einem prächtigen Barockschloss samt Parkanlage aufwarten kann. Wir verlassen das Städtchen über die Tauber hinweg und nehmen nach einem Verkehrskreisel den Anstieg hoch auf den **Tauberberg** 7 in Angriff. Belohnt werden wir oben mit einem herrlichen Panoramablick in alle Himmelsrichtungen. Von dort erfolgt ein etwas steilerer Abstieg ins Tal des Neuseser Baches, der uns dann die Richtung nach **Igersheim** 8 vorgibt. Längs der bewaldeten Westflanke des Altenberges und vorbei an einem Golfplatz geht es in stetem Auf und Ab schließlich hinunter nach **Bad Mergentheim**. Im Kurpark überqueren wir erneut die Tauber und steuern, vorbei am Deutschordensschloss, auf den **Marktplatz** 9 zu, wo die zweite Etappe endet.

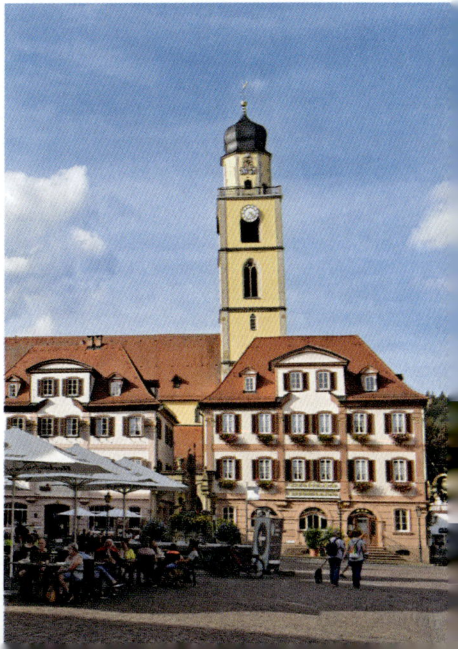

Am Ziel der zweiten Etappe, dem Marktplatz von Bad Mergentheim.

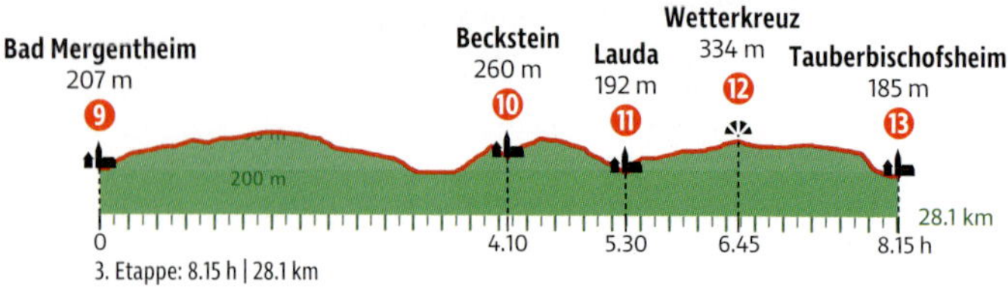

3. Etappe: Bad Mergentheim – Tauberbischofsheim

Gehzeit 8.15 h / Länge 28.1 km / Aufstieg 550 m, Abstieg 570 m

Einkehr: In Königshofen, Beckstein, Lauda und Tauberbischofsheim.
Übernachtung: In Tauberbischofsheim: Hotel Badischer Hof, Tel. 09341/9880, hotelbadischerhof.de; Haus Rosi, Tel. 09341/13323, haus-rosi.com; siehe auch tauberbischofsheim.de.

Auch in der Kur- und Deutschordensstadt **Bad Mergentheim** 9 lohnt sich eine kleine Besichtigungstour. Über die Mühlwehrstraße und die Boxberger Straße geht es aus dem Ort hinaus. Die Route führt uns hoch in den Bürgerwald, wo wir an einem weitläufigen Firmenareal vorbeiwandern. Nach Passieren der Ackerfreifläche auf der Kuhplatte folgt ein längerer Abstieg durch den Forst, bis wir bei Sachsenflur hinaus in die Weinberge gelangen. Darin weist uns unsere Markierung nach scharf rechts hinunter zum am Rand des Taubertales gelegenen Bahnhof von **Königshofen**. Dort unterqueren wir die Bahngleise und erklimmen die halbwegs steile Ostflanke des Frauenberges, wobei wir am **Käppele**, einem kleinen Kirchlein, vorbeikommen. Über die Hochfläche geht es hinunter nach **Beckstein** 10, das allseits von Rebenhängen umgeben ist. Der wohl bekannteste Weinort Tauberfrankens lädt förmlich zu einer Einkehrpause ein.
Danach führt uns unser Weg durch Weinberge hindurch wieder auf die Hochfläche, über die wir hinunter nach **Lauda** 11 wandern. Die Altstadt des im Taubertal liegenden Städtchens hat ein bisschen Aufmerksamkeit verdient. Von dort halten wir uns längs des Altenberges und des Ölberges aufwärts auf die Ackerhochfläche. Beim **Wetterkreuz** 12 bietet sich uns eine tolle Aussicht bis in den Spessart hinein. Nachdem wir die Autobahn A81 unterquert haben, gelangen wir in leichtem Auf und Ab und schließlich über den Höhberg hinweg hinunter nach **Tauberbischofsheim** 13, dem Ziel der dritten Etappe.

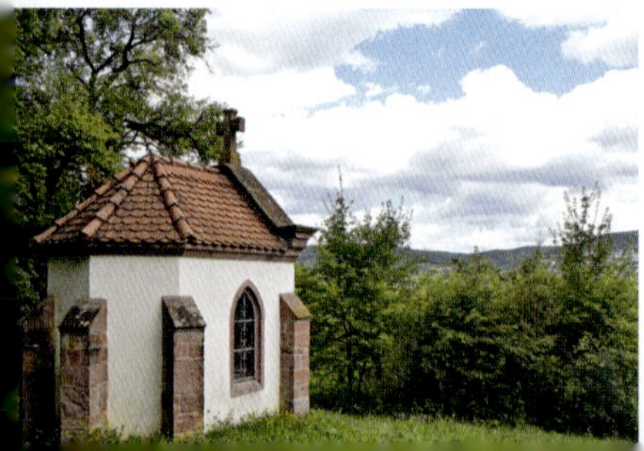

Das Käppele oberhalb von Königshofen.

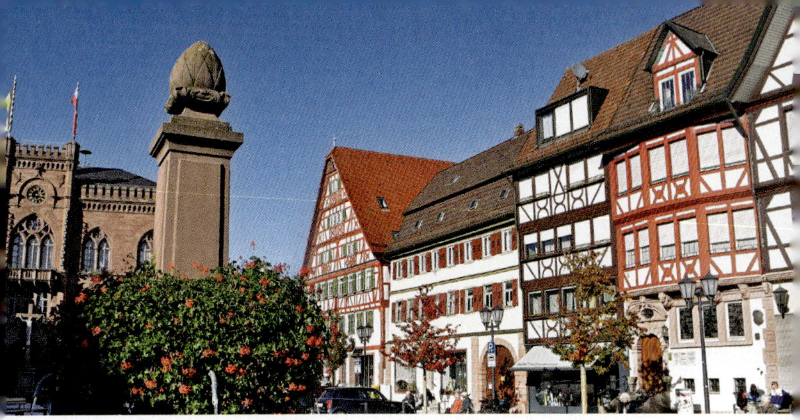

Am Marktplatz von Tauberbischofsheim.

4. Etappe: Tauberbischofsheim – Wertheim

Gehzeit 7.30 h / Länge 25.7 km / Aufstieg 500 m, Abstieg 550 m

Einkehr: In Gamburg, Kloster Bronnbach, Reicholzheim und Wertheim.
Übernachtung: In Wertheim: Hotel-Restaurant Martha, Tel. 09342/7896, hotel-restaurant-martha.de; Forstgut Haidhof (Ferienwohnungen), Tel. 09342/39604; siehe auch tourismus-wertheim.de.

Natürlich hat die tauberfränkische »Metropole« **Tauberbischofsheim** ⓭ viel Sehenswertes zu bieten, doch wir wollen weiter auf dem Panoramaweg vorankommen. Über die Bahngleise hinweg geht es hoch an den westlichen Ortsrand und von dort längs der bewaldeten Hangkante hinunter ins **Leintal**. Vorbei an alten Weinbergsparzellen gewinnt der Weg wieder an Höhe und verläuft über Felder, durch einen lichten Nadelwald und über eine Wacholderheide auf ein Waldgebiet zu. Darin in einer Abwärtspassage wieder hinunter in die Feldflur und am Apfelberg mit seinen unter Naturschutz stehenden Halbtrockenrasen vorbei. Dann weiter abwärts durch einen Wald und über Felder bis zu einer Wegverzweigung vor **Gamburg** ⓮. Dort bietet sich ein Abstecher zur Burg an, bevor wir in den Ort hinuntersteigen.

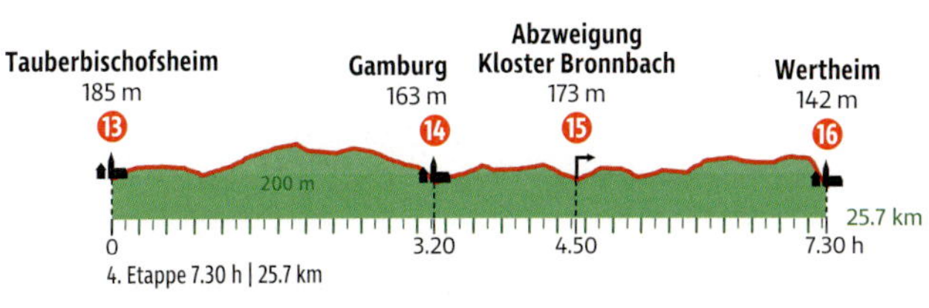

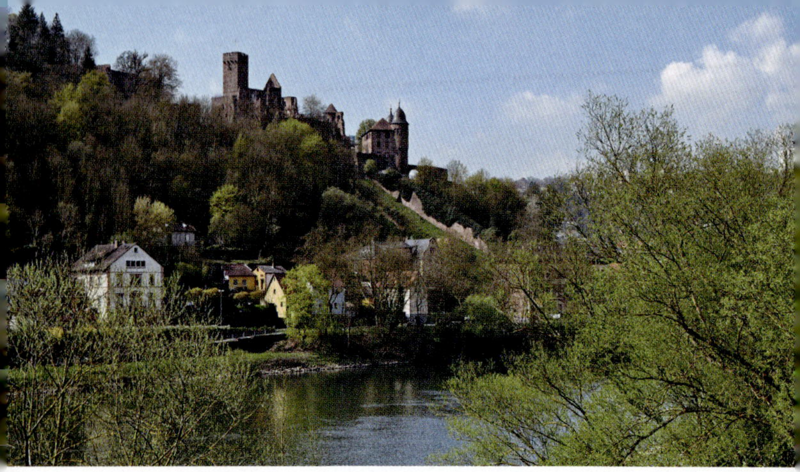

Wertheim mit seiner imposanten Burg ist erreicht. Hier mündet die Tauber in den Main.

Nach Überqueren der Tauber auf der alten Steinbogenbrücke nach rechts und gleich wieder links den Abhang hoch. Die Route führt zunächst über die Wiesenhochfläche, taucht dann in den Wald ein und verläuft darin in leichtem Auf und Ab in etwa parallel zur Tauber. Sie kürzt aber in der Folge eine Schlaufe des Flusses ab, indem sie vorher nach rechts abknickt. Erst beim **Abzweig** 15 zum **Kloster Bronnbach** kommen sich Panoramaweg und Tauber wieder nahe. Wer die alte Zisterzienserabtei besichtigen möchte, gelangt geradeaus nach einem halben Kilometer dorthin.
Ansonsten biegt unser Weg rechts ab und führt längs eines Waldes hoch auf die Feldflur zum Schafhof. Von dort wandern wir über die weite Ackerhochfläche zum Winzerdorf **Reicholzheim**, an dessen oberem Ortsrand wir entlanggehen. Hinter der malerischen Dreifaltigkeitskapelle verläuft der Panoramaweg in stetem Auf und Ab durch Wald und Feld und ermöglicht herrliche Ausblicke auf das sich verengende Tal der Tauber. Ab dem Haidhof geht es nur noch abwärts durch einen Wald hindurch, bis die Burgruine von **Wertheim** 16 vor uns auftaucht. An ihr vorbei steigen wir auf einem getreppten Weg hinunter in die Altstadt und beenden auf dem Marktplatz die vierte Etappe.

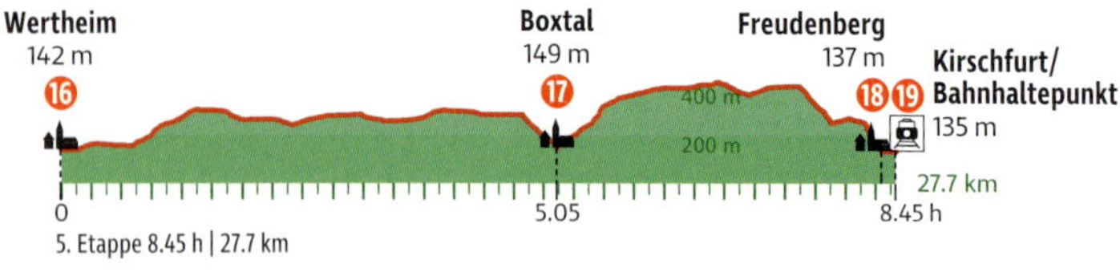

5. Etappe: Wertheim – Freudenberg

Gehzeit 8.45 h / Länge 27.7 km / Aufstieg 620 m, Abstieg 640 m

Einkehr: In Boxtal und Freudenberg.
Übernachtung: In Freudenberg: Hotel Goldenes Fass, Tel. 09375/9299970, goldenesfass.com; siehe auch freudenberg-main.de.

In **Wertheim** 16 sollte ein bisschen Zeit für einen Bummel durch die Altstadt sein, bevor wir die letzte Etappe in Angriff nehmen. Wir überqueren die Tauber ein letztes Mal und werfen ihr einen wehmutsvollen Blick zu, bevor sie in den Main mündet. Über die Hospitalstraße, die Brummgasse, die Bismarckstraße und einen Fußweg steigen wir hoch zur Georg-Feuerstein-Straße, auf der wir die Stadt verlassen. In einem Wald geht es stetig aufwärts bis an den Ortsrand von **Bestenheid**, wo sich unser Weg nach Westen wendet. Es folgt ein längerer Wegabschnitt in stetem Auf und Ab und mit mehreren Richtungswechseln durch das ausgedehnte Mischwaldgebiet des Schenkenwaldes. Eine Abwärtspassage bringt uns danach hinunter nach **Boxtal** 17 im Wildbachtal. Im Dorf sollte man eine kleine Pause einlegen, denn gleich steht uns ein erneuter Anstieg bevor.
Wieder im Wald gelangen wir hoch zum **Naturdenkmal Hohe Steine**, das mit einem wunderschönen Ausblick ins Maintal bis zur Ruine Henneburg aufwarten kann. Weiter ansteigend erklimmen wir die Anhöhe des **Ziegelberges** und halten uns danach über eine weitere Kuppe hinweg hangabwärts bis zum Wanderparkplatz Kreuzschleife. Dort knickt unsere Route scharf links ab und führt uns hinunter zur **Burgruine Freudenberg**, die einen fantastischen Blick auf unseren Zielort und das umliegende Maintal bietet. Über eine Treppe gelangen wir hinunter zum Rathaus von **Freudenberg** 18, wo der Panoramaweg Taubertal endet. Mit der Markierung des Fränkischen Marienweges und des Nibelungensteigs setzen wir auf der Brücke über den Main ins bayerische **Kirschfurt** 19 über und beenden an der dortigen **Bahnstation** 18 unsere Wanderung.

Ausblick ins Maintal vom Naturdenkmal Hohe Steine.

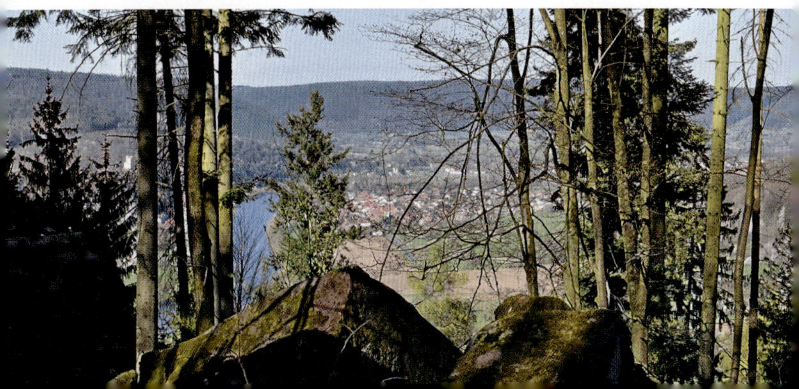

STICHWORTVERZEICHNIS

Umschlagbild: Die Doppelbrücke vor der Altstadtsilhouette von Rothenburg ob der Tauber.

Bild im Innentitel: Herrlicher Blick auf Tauberzell und die Weinlage Hasennestle.

Alle 231 Fotos vom Autor, ausgenommen die Fotos der Seiten 1 und 79 (Dagmar Mayer).

Kartografie:
49 Wanderkärtchen im Maßstab 1:50 000/1:75 000 und
1 Weitwander-Tourenkärtchen im Maßstab 1:300 000
Geodaten © OpenStreetMap und Mitwirkende
Kartografisches Design: SHOCart (CZ), shocart.cz
sowie zwei Übersichtskärtchen im Maßstab 1:500 000 und 1:1 Mio.
© Freytag & Berndt, Wien

Werk-Nr.: 4597

1. Auflage 2024

ISBN 978-3-7633-4597-7

MIX
Papier | Fördert gute Waldnutzung
FSC® C147178
www.fsc.org

Wir freuen uns über jeden Korrekturhinweis zu diesem Wanderführer!
Bitte per E-Mail an: leserzuschrift@rother.de

ROTHER BERGVERLAG · Keltenring 17 · D-82041 Oberhaching
Tel. +49 89 608669-0 · rother.de